KB068994

개정판

Korean Thought

한국
사상과
종교
15강

황준연 저

박영사

Fifteen Lectures on
Korean Thought and Religion

Hwang, Joon-yon

Parkyoung Publishing Co.
SEOUL, KOREA

개정판 머리말

'음수사원'(飮水思源)이라는 말이 있다. "물을 마시는 자는 근원을 생각해야 한다"라는 뜻이다. 그지없이 넓은 바닷물도 한 방울의 물이 모인 결과이다. 바다 → 강 → 계곡을 거슬러 올라가면, 깊은 산중의 옹달샘을 만난다. 우리는 물을 마실 때 그 물이 어디서 오는지 생각해야 한다.

한국사상은 하나의 바다이다. 태평양처럼 넓고 깊지는 않더라도 우리의 바다임에 틀림없다. 여러 곳의 물길이 모여서 바다를 이룬다. 우리는 이를 거슬러 올라가 근원을 찾는 노력이 필요하다. 예를 들어 보자.

한국의 불교문화는 인류의 문화유산에 공헌한다. 이 찬란한 업적은 우리의 자부심이요, 자랑거리이다. 그런데 한국불교를 이해하기 위한 전제(前提) 조건이 있다. 크게 세 가지를 들어본다.

① 중국불교를 먼저 파악해야 한다.
② 한자(漢字)의 이해는 필수다.
③ 한국과 중국의 역사책을 이해해야 한다(예:『삼국사기』,
　『삼국유사』,『양고승전梁高僧傳』,『송고승전宋高僧傳』 등).

한국불교에 관심을 가진 사람은 중국불교의 산맥을 넘어야 한다. 태평양의 연어(salmon)가 태어난 고향을 찾듯이, 한국불교는 중국불교,

그중에서도 임제종(臨濟宗)을 이해하지 못하면 한 걸음도 나아갈 수 없다. 이것은 현실이다. 이는 역사적 사실이므로 밉고 곱고의 문제가 아니다. 이 점 유교와 도교의 경우도 마찬가지이다.

작년 12월 출판사측이 이 책의 재판(再版)에 대한 의견을 물었을 때, 저자는 개정(改訂)의 뜻을 밝혔다. 저자의 연구 분야 중 취약한 불교사상에 대한 보완(補完)이 필요하였던 까닭이다. 개정의 과정에서 저자는 설명의 범위를 너무 많이 늘어놓지 않으려고 애를 썼다. — 이 일은 생각보다 어렵다 — 이 책이 어디까지나 대학의 일반교양과목에 대한 요구에 적합해야 한다는 기본 명제가 있기 때문이다.

다른 분야도 그렇지만 불교 교학(敎學)에 대한 이해는 피를 말리는 과정을 거쳐야 한다. 심각한 점은 언어표현의 문제이다. 글을 읽지 않았더라면 인생이 단순하고 평안(?)하였을 것으로 생각도 하였다. 어쩌다 독서인(지식인)이 되어버렸는가? 명색 글을 읽는다고 하지만, 책좀벌레[서두書蠹]와 같은 존재가 아닌가? 그러나 지식에 대한 중독(中毒)이 섹스(sex)보다 더한 쾌락을 주고 있는데, 이를 거절할 수 있겠는가?

개정은 주로 불교분야에서 이루어졌다. 중국불교의 '8대 종파'에 대한 이론적 설명이 첨가되었고, 한국불교 부분이 보완되었다. 그중에서도 백파(白坡)와 초의(草衣)의 선(禪) 논쟁은 이 책의 [부록 1]에 추가 배치하였다. 또한 도교의 신(神)에 대한 설명을 단순화하였다. — 도교의 신(神)에 대한 설명 중 전문성을 띤 부분은 [부록 2]로 옮겼다 — 나머지 분야는 보완 없이 윤문(潤文; 문장을 다듬는 것)에 그쳤다.

생각하면 우리 인생은 새가 하늘을 날아가는 것과 같다. 새들이 하늘을 헤집고 날아갔지만 자취는 없다. 그러므로 우리가 하늘에 도장[印章]을 찍거나, 혹은 물에 도장을 찍는 경지는 말로 표현할 수 없다. 저자는 중근기(中根器; 인간을 상·중·하의 3급으로 나눌 때, 재주가 중간 정도의 인간)의 인물로 진흙에 도장을 찍는 수준이다. ― 하늘과 물에 인장을 찍으면 흔적이 없다. 진흙에 찍는 인장은 흔적이 남는다. 이상의 비유는 중국 스님 임제(臨濟)의 어록(語錄)에서 채용하였다 ―

　　여러 가지 점에서 부족한 책을 읽는 독자들에게 고마움을 전한다. 아울러 출판사의 노고에 감사한다.

　　　　　　　　　　2014년 元月 전북대학교 연구실에서
　　　　　　　　　　저자 황 준 연 합장

머 리 말

　이 책은 한국의 대학에서 교양교육의 한 과목으로 개설되어 있는 〈한국사상의 이해〉, 〈한국종교의 이해〉 혹은 〈한국사상 및 종교〉 등의 강좌를 위하여 집필된 것이다. 이와 같은 과목은 주로 대학의 학부 1학년~2학년 학생들을 대상으로 마련된 과목인데, 전공에 관계없이 대학생이라면 누구나 기본적으로 이해할 필요가 있는 과목들이다.

　저자는 이 책의 이름을 『한국사상과 종교 15강』이라고 이름 짓는다. 저자가 말하는 '사상'이란 일정한 체계를 갖춘 사유(思惟)의 다발(덩어리)이며, 그 안에는 설명 가능한 논리가 자리잡고 있다. 또한 '종교'란 일정한 사상을 기반으로 교리, 조직 및 의식(儀式)을 갖추고, 그 안에는 설명 가능한 논리와 동시에 설명 불가능한 세계를 포함한 것이다. (설명 불가능한 세계는 ― 설명이 불가능하므로 ― 이 책에서는 취급하지 않는다. 예; 천당, 지옥, 기적 등.) 그리고 이 책에서는 있는 그대로의 '종교현상'에 대하여만 언급하며, 종교 일반 ― 종교의 본질, 목적 혹은 역할 등 ― 에 대해서는 언급하지 않는다.

　이상과 같은 '사상'과 '종교'가 '한국'이라는 특수한 대상과 어우러지는 까닭에, 이 책은 한국의 역사를 떠날 수 없다. 그리고 한국이 등을 대고 있는 전통문화 ― 예를 들어 중국문화(사상＋종교) ― 와 연관성을 가지며, 제한된 범위 내에서 언급된다.

　이 책을 저자의 독창적인 창조물로 말할 수는 없다. 창조란 결코 쉬운 일이 아니다. 그러나 누군가 길을 열면, 그 길을 따라가기는 그렇게 어렵지 않다. 이미 열린 길을 잘 따라가면, 소강(小康)은 유지할 수 있다. 그리고 계속 가다 보면 남에게 보이지 않았던 다른 길이 보이는 법이다.

우리말 속담에 "구슬이 서 말이라도 꿰어야 보배"라는 표현이 있다. 이 책은 장바닥에 어지럽게 흐트러진 서 말의 구슬을 저자의 힘으로 주워 모은 결과물이다. (문제는 교육은 형식이고, 교육을 위하여 형식을 준비해야 하는 현실에 있다.) ― 이는 L. 비트겐슈타인의 사유에 의하면, 주어진 "원자 사실"(atomic facts)을 꿰매어서 하나의 사례(事例; case) 혹은 사실(事實; facts)로 정리하는 것과 같다(비트겐슈타인, 『논리-철학 논고』 2). 그러므로 이 책 15개의 '강'(講)은 "원자 사실"로 비유할 수 있는데, 각 '강'은 각자 독립되어 있으며; 동시에 고리가 연결된 것처럼, 서로 걸려 있다(『논리-철학 논고』 2.061 & 2.03).

이제 세계는 국가와 국가, 국가와 가족 또는 개인과 개인 간에 지구적 차원에서 연결되고 있다. 그리고 정치, 경제, 사회, 기술, 문화 등 각 분야에 걸쳐서 점점 증대하는 상호 의존성을 피할 수 없게 되었다. 우리는 이와 같은 질서를 놓고 '국제화'(Globalization)의 시대라는 인식을 공유한다. (국제화는 매우 오랜 시간을 통하여 진행되어 왔으며; 지구적 차원의 기술, 교통, 통신의 발달로 피할 수 없는 대세大勢가 된 듯하다.)

그러나 한편으로 생각하면, 세계화 혹은 국제화가 '나'[自我]를 말살하는 질서는 아니다. (아니어야 한다.) 세상에 '나'를 아끼지 않는 사람이 있을까? '얼' 빠진 사람이 아닌 이상, 누구나 '나'의 존재가 귀중하다는 사실을 알고 있다. 한국사상과 종교에 대한 포괄적인 연구는 결국 '나' 자신을 진단하고 유지하는 과정이다. 이는 자아의 정체성(正體性; identity)을 확보하는 절실한 문제이며, 따라서 이를 보호주의(protectionism)라고 말해서는 안 된다. ― 한글의 의미가 충분하지 못하니, 영어로 표현함을 양해하시라. 한국사상과 종교에 대한 연구는 애국심(patriotism)의 추구이며, 애국심(nationalism)의 추구는 아니다 —

그런데 현실은 어떠한가? 힘이 있고 돈이 많은 어떤 나라 사람들이 혹시 '치킨수프'를 강요하고, 토종 '된장국'을 반대하는 일이 없지 않은가? (그들은 결코 '된장국'을 먹지 말라고 말하지는 않는다. 그들은 여우처럼 교활한 점이 있어서, '치킨수프'가 가진 장점을 최대한 광고하고, '된장국'에 대해서는 침묵 혹은 가끔 비하卑下하는 태도를 취한다. 참을 수 없는 일은 이러한 주장에 세뇌洗腦당한 머리 좋은 인재들이 우리들 주위에 많다는 점이다.) — 예를 들면 한의학(韓醫學)을 의학으로 인정할 수 없다는 태도를 취하는 의사들이 꽤나 있다. 저자는 그 이름이 한의학(韓醫學), 중의학(中醫學) 혹은 양의학(洋醫學)이든 무엇이든, 사람의 몸과 마음의 망가진 부분을 체계적으로 진단하고 치료하는 기능을 수행한다면, 그것은 훌륭한 의학이라고 믿는다 —

그런데 반대의 경우도 있지 않을까? 자기 고집을 피우면서 오로지 토종만이 최고라고 말하는 사람은 없는가? 그러므로 저자는 이렇게 생각한다. 어차피 몸을 부딪치며 뒤섞여서 살아야 하는 세상이라면, 우리 자신이 '김치'와 '된장국'을 먹으면서, 동시에 '치즈'와 '치킨수프'를 소화할 수 있는 체질을 길러야 한다는 점이다. 그러므로 국제화 시대는 위장이 튼튼한 사람들이 살아남는 시대라고 말할 수 있겠다. — 우리는 재치 있는 '어름-사니'[남사당패의 줄타기 고수]가 되지 않고서는 살아남기 힘들다는 슬픈 현실을 맞고 있다 —

수학(數學)을 기초로 하는 자연과학은 전 지구적인 표준에 따라서 움직인다. 왜냐하면 수학은 사상성(思想性)이 배제된 기호의 세계이기 때문이다. 그러므로 한국의 수학이 있고, 일본의 수학이 있으며, 서양의 수학이 따로 존재하는 것이 아니다. 그러나 문사철(文史哲)의 인문학은 전 지구적인 표준화의 방향으로 갈 수 없고, 어쩌면 가서도 안 된다. 예를 들면 이슬람의 성전(聖典)인 『꾸란』을 제대로 이해하려면 아랍어로 읽어야 하며, 프랑스의 상징주의 시인인 보들레르(C. P. Baudelaire) 혹은 말라르메(S. Mallarmé)의 작품은 프랑스어로 읽어야 하고, 한국의 시인 서정주의 작품은 한글로 읽어야 한다. 마찬가지로 일본의 마쓰오 바쇼(芭蕉)의 하이쿠(俳句)는 일본어로 읽어야 한다. (이상의 이야기는 번역을 하지 말라는 말이 아니다. 각국의 고유 언어로 작성된 작품들이 타 외국어로 번역된다고 해서 그 의미가 충분히 전달되는 것이 아니라는 뜻이다. 번역은 없는 것보다는 낫지만, 그것은 최소한의 이해를 위한 것이지, 번역서를 읽고서 어떤 대상을 충분히 안다고 말할 수는 없다.) 인문학은 이와 같이 각기의 고유한 특징을 지닐 때에 빛이 나며, 또 그렇게 모인 빛이 아름다운 법이다.

그러므로 저자는 언어의 세계화를 반대한다. 언어는 호미자루와 같은 단순한 도구가 아니라, 인간의 본질을 규정하는 그 무엇이다. 세상에는 아름다운 꽃이 많이 있으므로 더욱 아름답듯이, 세상에는 아름다운 언어들이 많이 있어서 더욱 아름답다. (그리스도교의 『성서The Bible』에 등장하는 바벨Babel 탑의 이야기는 인간에 대한 하나님의 시기猜忌 혹은 저주가 아니라, 언어를 흩트려 놓음으로써 인간의 자유 혹은 개성을 보호하는 오묘한 뜻이 들어 있다고 생각한다.)

그러므로 비록 '국제화'의 질서가 피할 수 없는 것이라고 할지라도, 실체도 없는 허황스러운 '세계시민' 혹은 '세계정신' 어쩌고 하면서, 각 민족의 앞날에 '마름쇠'[고대 전쟁 시 사용하던 쇠못]를 뿌리지 말았으면 한다.

머리말에 갈음하여 저자는 한 가지를 건의하고자 한다. 2007년 봄 현재 한국에서는 교육(인적자원)부의 '3不정책'을 놓고 찬반 논쟁이 뜨겁다. 이는 대학입학에 있어서 본고사, 고교등급제, 기여입학제를 금지한다는 내용인데 3가지 모두 형식문제를 다루고 있다.

대학에 있어서 어떠한 교양과목이 필요한지에 대해서는 대학 자

체의 결정으로 진행되어 왔다. 그러나 각 대학들이 어떤 반찬(강좌)을
마련하여 학생들에게 먹도록 할 것인지에 대해서 생각할 필요가 있
다. 저자는 대학교육의 중요성에 비추어 교양과목에 관한 한, 어떤 과
목을 가르치는 것이 바람직한지에 대해서 사회적 차원의 합의가 필요
하다고 믿는다.

2007년 2월 미국의 명문 하버드대학은 30년 만에 일대 교과개편
을 단행하였다. 그들이 새로 마련한 반찬은 일종의 퓨전 음식인데, '세
계화'와 '종교' 분야의 교육을 강화한다는 내용이다. 하버드대의 교양
교육 특별전문위원회가 제시하고 있는 강좌를 들여다보기로 한다:

① 미학과 해석의 이해 (Aesthetic and Interpretive Understanding)
② 문화와 신앙 (Culture and Belief)
③ 경험적 논증 (Empirical Reasoning)
④ 도덕적 논증 (Ethical Reasoning)
⑤ 생명체 과학 (Science of Living Systems)
⑥ 물리적 공간과 과학 (Science of the Physical Universe)
⑦ 세계 여러 나라의 사회 (Societies of the World)
⑧ 세계 속의 미국 (The United States in the World)
　　(이상 하버드 가제트 Archives, 2007 참조)

이상의 8개 과목은 하버드대학의 학부생이라면 누구를 막론하고
수강해야 하는 필수 교양과목들이다. 전문위원회는 왜 철학영역 4과
목, 과학영역 2과목, 사회영역 2과목을 배정하였을까? 저자는 구체적
인 사정을 모르지만, 2001년 9.11 테러 이후 미국은 특히 그리스도교
와 이슬람교의 갈등에 대하여 주의를 기울이고, 세계의 여러 종교에
대한 이해를 증진시켜야 한다는 공감대가 형성되었다고 본다.

한국의 대학들은 어떠한 교양과목을 제시하고 있는가? 한국은 비록 작은 나라이지만, 향후 어떻게 하면 '세계 속의 한국인'으로서 위상(位相)을 정립하고, 품격(品格) 있는 국민과 국가가 될 수 있을까 를 고민해야 할 듯싶다. — 하버드대의 기준을 그대로 한국에 적용하 자는 이야기는 아니다. 그러나 더 좋은 대안(代案)이 있는가? —

저자는 이 책의 이름을 『한국사상과 종교 15강』이라고 이름 짓는 다. 위에서 언급한 기준에 의하면, 이 책의 내용은 ②번 '문화와 신앙' 의 카테고리에 속한다. 저자는 〈한국사상과 종교〉 과목(또는 그와 유 사한 과목)이 대학 교양강좌의 하나로 필요하다고 믿는다. 본 강좌는 인문학에 속하고, 문화의 측면에서 '동아시아적' 질서, 그중에서도 한국 의 역사와 깊은 관련을 맺고 있다.

그렇다면 왜 '15강(講)'인가? 여기에는 약간의 설명이 필요하다. 2000년 중국 베이징(北京)대학 측은 중국의 10개 중점대학과 여러 연 구소 등이 협동으로, 각 학문분야에 걸쳐서 수준 있는 책을 편찬하는 작업을 전개하자고 의견을 제시하였다. 《명가통식강좌서계名家通識講 座書系》("전문분야에서 반드시 알아야 할 강좌 시리즈")라고 이름하는 이 편찬 작업을 위하여 편집위원회가 구성되었고; 위원회는 구체적으로 문사철(文史哲), 예술, 사회과학, 자연과학 등 주요 영역의 "대학 교양 교육 교재 시리즈"로서 100종의 서적을 확정하고 학계의 전문가들에 게 집필을 의뢰하였다. (이들 가운데 52종은 과목명이 확정되었고, 나머지 48과목은 계획중이다.)

위원회가 확정한 8개 영역을 명시하면 다음과 같다:

① 철학-종교 (9과목)
② 사회과학 (6과목)
③ 문화 일반 (10과목)

④ 언어 (2과목)

⑤ 문학 (8과목)

⑥ 예술 (6과목)

⑦ 역사 (4과목)

⑧ 자연과학 – 의학 (7과목)

(이상 베이징 대학 《名家通識講座書系》제 1 차 選定목차 참조)

그리하여 2004년 9월 현재 25종의 대학 교양교재가 탄생하였다. 이미 출간된 시리즈에는 『서방철학 15강』, 『미학 15강』, 『정치학 15강』, 『도교문화 15강』, 『주역周易 경전 15강』, 『미국문화와 사회 15강』, 『중국문학 15강』, 『당시송사唐詩宋詞 15강』, 『서방미술사 15강』, 『음악 감상 15강』, 『중국역사 15강』, 『문과 물리 15강』 등이 있다. 이처럼 15강 시리즈는 중국 대학교재의 고품위(高品位)의 독서물로서, 향후 중국 대학생들의 지식수준을 가늠할 수 있는 지침서가 될 것으로 보인다.

저자는 개인 차원에서 이 '15강' 시리즈의 출간을 본따서('15강'이라는 제목을 모방한다는 것이지, 내용을 훔친다는 것은 아님), 이 책의 제목을 『한국사상과 종교 15강』이라고 이름 짓는 것이다. 그리고 가능하다면, 한국의 대학들도 수준 높은 교양교재의 개발을 위하여 대학연합 차원에서 교양과목의 종류와 이름을 확정하고, 교재 개발에 착수하기를 건의한다.

2007년 4월 황준연은 UC 버클리 캠퍼스에서
PC의 키보드를 두드리다

일러두기

가. 장절(章節)의 번호

① 제 1 강 제 1 장 제 1 절은 1.1.1의 순서와 같다.

② 제 2 강 제 1 장 제 1 절은 2.1.1의 순서와 같다. (이하 동)

나. 부호의 용례

① 『　』 독립된 문헌(저술)

② 「　」 독립된 문헌 속의 일부분

③ "　" 인용문(강조)

④ '　' 강조어 또는 인용문 속의 인용

⑤ [　] 한자어와 발음이 일치하지 않는 경우

⑥ 📖 표기는 "읽을거리"임

다. 책의 출처 표시

① 본문 중에는 저자, 책이름, 출판연도의 순서로 한다.

② 출판사는 "읽을거리"에서만 밝힌다.

③ 출처 페이지는 언급하지 않는다.

라. 한어(중국어) 발음 표기

① 서명(書名)은 한글발음대로 표기한다.

② 지명(地名)은 한글발음과 보통화(普通話) 발음을 혼용한다.

③ 인명(人名)은 1911년 이전은 한글발음으로, 그 이후는 현재 통용되는 보통화 발음으로 표기한다.

목 차

제 1강

문명에 대한 이야기
- 한국사상을 보는 전제조건 -

1.1 전통사회의 한국문명은 중국과의 관계 속에서 이해해야 한다
—'독립문명' 그리고 '위성문명'에 대한 A. 토인비의 가설

한국사상 및 한국종교 연구의 전제 조건으로 문명(文明; civiliza-tion)에 대하여 살펴보고자 한다. 왜냐하면 한국사상 혹은 한국종교도 문명의 진화 과정에서 발생한 소산물(所産物)이기 때문이다. 문명이란 원시적인 상태를 벗어나 정신적, 물질적으로 고도로 발달한 개화의 상태를 말한다. 비슷한 용어로 문화(文化; culture)가 있다. 이는 각 민족이 독자적으로 만들어 낸 종교, 기술, 습관 등의 생활양식을 가리킨다. 문화는 특히 정신면에서의 활동에 중점이 주어진다.

문명 혹은 문화의 기록을 우리는 역사라고 부른다. 그러므로 저자의 강좌 내용 한국사상 및 한국종교는 한국문명(혹은 한국문화)의 기록 속에 담겨 있다. 이러한 까닭에 우리는 한국사상을 이해하는 전제 조건으로 문명에 대하여 알아볼 필요가 있다.

일찍이 영국의 역사학자 아놀드 토인비(Arnold Toynbee; 1889-

1975)는 인류의 문화형태를 연구한 뒤, 자신의 저서『역사의 연구』(12
권) ― 책의 제목을 "A Study of History"라고 붙인 점에 주의하시라.
정관사 'the'를 쓰지 않았으므로, 자신의 저술은 역사 연구의 하나의 가
설임을 말하고 있다 ― 에서 일종의 문명사관(文明史觀)을 제시하였다.
그는 문명을 하나의 유기체(有機體; 전체와 부분이 서로 밀접한 관계를 가
지고 움직이는 조직체)로 파악하고, 유기체의 생멸(生滅) 과정이 역사이
며, 그 생성과 멸망에는 일종의 규칙성이 있다고 진단하였다. 역사의
규칙성이란 어떤 문명이 발생, 성장, 쇠퇴 그리고 해체의 과정을 주기
적으로 되풀이한다는 것이다.

    A. 토인비 교수는 지구촌의 공간적 한계를 조사하고, 문화의 측
면에서 크게 다섯 가지 사회(문명)로 분류하였다:

    ① 서구 그리스도교 사회(Western Christendom)
    ② 러시아 정교 그리스도교 사회(an Orthodox Christian Society)
    ③ 이슬람 사회(an Islamic Society)
    ④ 힌두 사회(a Hindu Society)
    ⑤ 극동 사회(a Far-Eastern Society)

    이와 같은 문화적 분류를 현재의 지리적 측면에서 본다면 1) 서유
럽 및 미국, 2) 동남 유럽 및 러시아, 3) 북아프리카, 중동지역, 4) 인도
의 아열대 대륙, 5) 한국, 일본을 포함한 중국 등으로 이해할 수
있다.

    토인비는 거시적인 관점에서 다시 문명의 종류를 21개로 세분하
여 설명하고 있다. 그리고 그중에서도 대표적인 것으로 헬레네-중국
모델(the Helleno-Sinic model)을 지적하였다. 헬레네 문명은 오늘날 서
구문명의 뿌리이다. 독자들은 아마도 고등학교 시절 '헬레니즘'이란
말을 들어본 일이 있을 것이다. 헬레니즘(Hellenism)이란 "고대 그리스

문화의 사상, 정신 혹은 양식"등을 말하는 용어이다. 이와 같은 헬레
네 문명은 중국문명과는 독립되어 있으며 서로 친근(親近; affinity) 관
계가 없다. 그러나 어떤 문명은 다른 문명과 일종의 친근 관계를 맺
고 있는데; 한국, 일본, 베트남 문명의 중국문명과의 관계가 그것
이다.

　　A. 토인비 교수는 문명의 모습을 진단하면서, 이를 크게 두 가지
로 나누어 개화(開花)한 문명과 유산(流産)한 문명으로 분류하였다. 개
화한 문명을 다시 독립문명과 위성문명으로 나누었다. 토인비 교수에
의하면 전통사회의 한국, 일본, 베트남 문명은 중국문명의 위성(衛星)
문명이라는 것이다. 이상의 논의를 정리하면 다음과 같다.

(1) 개화(開花)한 문명(FULL-BLOWN CIVILIZATIONS)

① 독립문명(INDEPENDENT CIVILIZATIONS)
　　중앙아메리카
　　이집트
　　인더스
　　중국
　　헬레네
　　서구
　　이슬람 etc.

② 위성문명(SATELLITE CIVILIZATIONS)
　　미시시피 of 중앙아메리카
　　북 안데스, 남 안데스 of 안데스
　　한국, 일본, 베트남 of 중국 etc.

(2) 유산(流産)한 문명(ABORTIVE CIVILIZATIONS)

네스토리안 기독교(이슬람에 의해 먹힘)
스칸디나비아(서구에 의해 먹힘) etc.

A. 토인비의 가설을 놓고서, 우리는 옳고 그름의 판단을 떠나서 한국사상 및 한국종교의 문제를 진단하는 참고 자료로 삼을 수 있다. 전통사회에 있어서 한국사상이 등을 대고 있는 한국문명은 헬레네 모델보다는 중국 모델에 가깝다. 그렇다면 한국문명은 중국문명의 하위 개념이란 말인가?

이에 대하여 토인비 교수의 이야기를 직접 인용한다. 그는 1972년 수정 요약판 『역사의 연구』에서 다음과 같이 말하고 있다:

> 그러므로 서구문명과 중국문명과의 관계는 완전히 독립적이다. 이와 대조적으로, 서구문명은 동방정교, 그리스도교문명 및 이슬람문명과 친근성(親近性; affinity)이 있다. 왜냐하면 동방정교, 그리스도교문명, 이슬람문명이 모두 동질적인(同質的; identical) 헬레네–시리아 '문화 복합체'(culture-compost)에 뿌리를 박고 있기 때문이다. 더욱 밀접한 친근 관계는 중국문명과는 다른 한국, 일본, 베트남 문명과의 관계에서 찾을 수가 있다. 이상 세 문명은 중국문명에서 영감(靈感)을 받고 있긴 하지만, 각기 독자적 노선에 입각하여 중국문명으로부터 빌려 온 것(loans)을 발전시켜 왔다.

토인비 교수의 표현을 놓고 생각하면, 전통사회에 있어서 한국문명은 중국문명과 상호 복합체(複合體; compost; '합성물')의 관계를 맺고 있으며, 깊은 친근성을 유지하였음을 알 수 있다. 이때의 '친근성'이란 무슨 말인가?

　독자의 이해의 편의를 위하여 친근성의 대표적인 경우를 언어를 중심으로 설명하고자 한다. 유니버씨티 university(英), 우니베르씨따 università(伊), 우니버지테트 Universität(獨), 위니베르씨떼 université(佛) 등은 상호 친근 관계에 있다. 발음과 문자를 놓고 볼 때, 그 친근 관계가 보통이 아니다. 이들 용어는 같은 의미의 동양어 '대학'과는 전혀 친근하지 않다. 반면 따슈에 da4xue2 / 大學(중국), 대학 / 大學(한국), 다이가꾸 だいがく / 大學(일본) 등은 상호 친근관계가 깊다. — 동양 3국의 대학(大學) 즉 university를 가리키는 개념은 한자어에서 유래하였다. 이러한 문자적인 관계 때문에 '한자 문화권'이라는 용어의 사용이 가능하다 — 전통사회에 있어서 이들 3개국은 문자를 공유하였기 때문에, 말을 사용하지 않고 의사를 소통시키는 '필담'(筆談)의 문화가 존재하였다. 그만큼 상호 친근성이 깊었다는 말이다.

　한국사상이 내포된 한국문명은 중국사상이 내포된 중국문명에 비하여 친근성을 지니면서 일종 특수성을 지니고 있다. 그렇다면 한국사상 또한 나름대로의 특수성을 지닌 채 발전하여 왔다는 진단이 가능하다. 구체적인 예를 들어 보자. 한국 불교사상은 중국을 통하여 수용되었지만, 원효(元曉; 617-686) 혹은 지눌(知訥; 1158-1210) 등을 통하여 한국적인 특징을 더하였다. 한국 성리학은 중국을 통하여 수입되었지만, 퇴계 이황(李滉; 1501-1570) 및 율곡 이이(李珥; 1536-1584)와 같은 성리학자들에 의해 한국적 특수성을 발휘하였다.

　우리는 전통시대 한국사상이 중국사상에 비하여 갖는 하위적인 (sub-class) 성격을 부정할 수 없다. 영국 역사학자가 한국문명을 놓고, 중국의 위성(satellite)문명이라고 표현해도 감정을 상할 필요는 없다. 문명에는 단위(單位)가 있으며, 큰 단위 문명권에는 작은 단위의 문명이 복합체를 이루고 존재하기 때문이다. — 문화(혹은 문명)는 물처럼 흐르는 성질이 있다. 고급문화는 문화수준이 낮은 저급문화 지역으로

쉬지 않고 흘러간다 ―

1. 2 현대의 한국은 중국문명을 벗어나 서양문명 속에 편입되고 있다
― '위성문명'을 벗어나 '독립문명'을 창조할 수 있는가?

독자들은 A. 토인비 교수의 방대한 저서 『역사의 연구』 12권을 모두 읽을 수 없을 것이다. 이 글을 쓰는 저자도 12권을 모두 읽지 못하였다. 이러한 일을 위하여 수고한 사람이 있어서 고마움을 느낀다. 저자가 읽은 책은 D. C. 솜머벨(Somervell)의 축약본(1957년 완성), 그 중에서 1961년판 옥스퍼드대학 출판본이다. 토인비 교수는 세상과 작별하기 3년 전(1972년), 비서 제인 카플란(Jane Kaplan)과 합작으로 자신의 저서를 수정하고 축약하여(revised and abridged) 새로운 판본을 내어 놓았다. 관심 있는 독자는 이 책의 한글 번역본을 읽기를 권장한다(아놀드 토인비, 『도설圖說 역사의 연구』, 강기철 역, 1978).

문명의 문제는 현대 학자들에게도 관심거리이다. 미국의 학자 새뮤얼 P. 헌팅턴(Samuel P. Huntington; 1927-2008) 교수도 그 한 사람이다. 하버드대학 J. M. 올린 전략연구소 소장이었던 헌팅턴 교수는 1993년 "문명충돌론"(The Clash of Civilizations)을 제기하여 유명하게 되었다. 1993년 『포린 어페어즈』(Foreign Affaires) Vol. 72 - Vol. 73 에 발표된 글을 요약하면, 문명의 단위가 다음과 같이 7개 혹은 8개 영역으로 나누어진다(한글 번역은 저자가 원문의 형용사를 명사로 번역한 것임):

① 서구(Western)

② 유교(Confucian)

③ 일본(Japanese)

④ 이슬람(Islamic)

⑤ 힌두(Hindu)

⑥ 슬라브-러시아(Slavic-Orthodox)

⑦ 라틴 아메리카(Latin American)

⑧ (아마도) 아프리카(possibly African)

　이상 일곱 혹은 여덟 개의 영역은 형용사로 서술되어 있으므로, 각 영역 뒤에 문명의 의미 'civilization'을 붙여야 의미가 확실해진다. 여기에서 두 번째 'Confucian'은 중국을 말한다. 놀라운 일은 과거 중국문명의 위성(衛星)에 속하였던 일본이 하나의 문명단위로 등장하였다는 사실이다. 적어도 새뮤얼 P. 헌팅턴 씨는 그렇게 보고 있다. 독자들이 외교 분야의 외국 잡지를 참조하는 데 한계가 있을 것이므로, 국내 한글 번역본을 참고하기를 권한다(새뮤얼 P. 헌팅턴, 『문명의 충돌』, 이희재 옮김, 2000).

　저자(황준연)는 독자의 이해를 위하여 『포린 어페어즈』 기고문을 요약한다. 헌팅턴 씨는 냉전(冷戰) 시대 세계는 제1세계(서방 자유진영), 제2세계(공산주의 국가) 그리고 제3세계(서방 세계와 공산사회주의 진영의 어떤 곳에도 편입되기를 거부하는 국가들)로 나뉘어 있었으나, 이와 같은 분류는 더 이상 적절하지 않다고 주장한다. 이와 같은 세계의 분류는 정치적 체제보다는 문화 혹은 문명의 용어로서 의미를 지닌다.

　그는 세계는 공간의 측면에서 점점 좁아지고 있으며, 미래에 국가 간의 갈등(conflicts)은 문명의 차원에서 발생한다고 진단한다. 그의 시각은 힘에 의존하는 국제정치 분야에 놓여 있다. 헌팅턴 교수는 서구 사회는 에너지 확보를 위하여 페르시아 만(灣)에 과도하게 의존하였으며, 그 때문에 여러 차례의 전쟁이 있었음을 지적한다. 즉 프랑스-알제리아 전쟁(1950), 영국·프랑스 연합군의 이집트 침공(1956), 미국의 레바논 및 리비아 공격(1958), 미국의 페르시아만 개입(1990), 미국의 이라크 전쟁(2007) 등이 그것이다. 이와 같은 과정에서 동질의 문명에 속하는 국가들은 다른 문명권의 국가와의 전쟁에 있어서 같은 문명에 속하는 국가를 지원한다는 것이다. 이것을 '인접(隣接)국가 신드롬'(kin-country syndrome)이라고 부른다.

인접국가 신드롬의 예를 든다면, 걸프 전쟁(Gulf War) 당시 이슬람 원리주의자들의 조직은 서구 배경의 쿠웨이트와 사우디 아라비아보다는 이라크를 지원하였다. ─이라크의 사담 후세인(Saddam Hussein)은 아랍권 엘리트들로부터 지지를 받았다. 이란의 아야톨라 알리 호메니(Ayatollah Ali Khamanei), 후세인 요르단 국왕 등은 서구에 대한 이슬람의 성전(聖戰; a jihad)을 선포하였다─ 물론 같은 문명권에 속하는 국가간에도 갈등과 폭력이 없는 것은 아니다. 그러나 이들의 폭력행위는 다른 문명권의 국가보다는 가혹하지 않다.

헌팅턴 교수는 어떤 나라가 문명에 있어서 복합적인 모순을 보일 때, 그 나라를 '찢겨진 나라'(torn country)라고 부르고, 전형적인 예(例)로 터키와 멕시코를 들고 있다. 터키는 서방과 이슬람 사이의 문명에서 찢겨져 있고, 멕시코는 북아메리카와 라틴 아메리카 문명 사이에 찢겨져 있다는 말씀이다.

헌팅턴 씨는 일본을 서구에 속하는 국가로 진단하였다. 그는 놀랍게도 유교-이슬람 연대(the Confucian-Islamic connection) 가능성을 지적하였다. 그 증거로 중국, 북한 등이 이슬람 문명권의 국가들에게 무기를 수출하고 있다는 것이다. ─여기에서 헌팅턴 교수가 북한을

'Confucian' 문명에 속하는 것으로 진단하였음을 알 수 있다 ― 그리고 문화적 공통성이 경제적 통합의 필수조건이라면, 미래의 동아시아 경제의 블록은 중국을 중심으로 집중될 것으로 보았다(2014년 현재 중국의 경제적 위상으로 보아서 그 가능성이 높아졌다고 판단된다).

끝으로 헌팅턴 교수는 가까운 장래에 보편적 문명은 없을 것이지만, 서로 다른 문명을 이해하여 공존의 길을 찾아야 한다고 결론지었다.

저자(황준연)는 새뮤얼 P. 헌팅턴 교수의 분류를 전적으로 옳다고 생각하지 않는다. 앞에서 말한 유교-이슬람 연대 가능성은 무기(武器)의 조합이지, 문명의 조합으로 볼 수 없다고 판단한다. 서구 학자들도 그의 견해를 놓고 담론(談論)을 벌인 사실이 있다. ― 예를 들면 독일의 하랄트 뮐러(Harald Müller) 교수와 같은 사람이 대표적이다 ― 헌팅턴의 의견이 미국의 국익을 반영하는 입장에서 작성되었지만, 완전히 거부할 만한 성격은 아니다.

그의 견해를 받아들인다면, 저자는 화가 치밀어 오른다. 다른 나라는 몰라도 과거 일본은 한국문명을 수입하여 써먹은 나라가 아닌가? 오늘날 그 일본이 독립문명의 단위(unit)가 되어 있다는 것이 아닌가? "사돈네가 논을 사면 배가 아프다"는 속담이 있는데, 솔직히 저자는 배가 조금 아프다. 그러면서 한편 가슴에 손을 얹고 반성을 해본다. ― 헌팅턴 교수가 일본에 아첨(阿諂)할 이유는 없다고 본다. 현재의 일본이 하나의 단위로서 '독립문명'을 성공적으로 달성한 것은 그만한 이유가 있는 것이다. 저자는 일본이 기술과 경제적 자본축적으로만 선진화의 과정으로 진입하였다고 생각하지 않는다. 최근세의 일본은 상당히 주목할 만한 문화(culture)의 축적이 있었다 ―

이상의 8개 영역을 놓고 볼 때, 현재 한국(남한)의 위치는 제②번 '유교'(Confucian)에 해당하는지, 혹은 제①번 '서구'(Western)로 보

아야 할지 헷갈린다. 아마도 제②번 '유교'에서 제①번 '서구'로 이
행중이라고 보는 것이 정직한 답변일 것이다. ―'유교'(문명)에서 '서
구'(문명)로의 이행이 바람직한 것인지는 별개 문제이다. 어떠한 사회
가 이상적 사회인지에 대해서는 정답이 없으며, 사람마다 견해가 다
르다―

독자들은 조선왕조 500년을 제②번 '유교'(Confucian) 사회라고 보
는 데 다른 의견이 없을 것이다. 학문(성리학)과 관혼상제의 예절의 측
면에서 본다면, 조선왕조는 당시 세계에서 가장 강렬한 유교국가였다.
그 문명은 동아시아의 역사에 있어서 일정부분 공헌한 바가 있었다.

저자는 여러 가지 근거에서 조선왕조를 비교적 괜찮은 나라에 속
한다고 판단하고 있다. 그러나 왕조의 멸망과 더불어 유교문명은 해
체(解體)의 과정에 들어섰다. 그것은 자신의 반성의 결과가 아닌 타의
(他意)에 의한 해체라는 점에서 비극적인 성격이 짙다. 수술대 위에
오른 왕조를 놓고 칼을 들이대어 살갗을 발라낸 녀석들은 일제(日帝)
사무라이들이다. 그들은 매우 지능적으로 조선의 역사, 사상 및 종교
를 난도질하였다. 그리하여 많은 한국인들로 하여금 조선왕조를 '별
볼일 없는 나라'로 인식시키는 데 성공하였다. ―1960년대만 해도
"유교가 나라를 망쳤다"라고 주장하는 사람이 많았다. 지금도 같은
주장을 외치는 조선 사람이 있는지 모르겠다. 과연 유교가 조선을 망
치게 한 주범(主犯)인가?―

1945년 일제(日帝)의 굴레를 벗어나 해방을 맞이하였으나, 한국은
왕조시절로 되돌아 갈 수 없었다. 그것은 뼈 속까지 칼을 들이민 미
군정(美軍政)의 영향일 것이다. 점령군처럼 등장한 코큰 카우보이들은
조선왕조의 문명(유교)을 전혀 존중하지 않았다. ― 미국 군정은 충칭
(重慶)의 임시정부를 정부로 인정하지 않았고, 하지 중장(中將)은 김구
(金九) 주석을 위협하여 "배신하면 죽이겠다"라고 하였다(1995년 5월 2

일 중앙일보) — 1950년 한국전쟁의 결과 남북이 찢어짐으로써 비극에
또다시 비극을 보탰다.

이처럼 한국전쟁으로 말미암아 국토가 분단되었는데, 세월이 한
참 흐른 2000년대 중반 현재의 문명에서 볼 때에 한국은 '찢겨진 나
라'가 아닐까? 현재의 북한은 공산주의 혹은 사회주의 국가라기보다
는, 오히려 유교적(Confucian) 민족주의 군주국(君主國)으로 볼 수 있
다. — 북한 정권은 김일성(父) → 김정일(子) → 김정은(孫)으로 3대째
이어지고 있다. 그들을 가리켜 세습적 군주가 아니라고 말할 수 있겠
는가? —

이에 대하여 한국(남한)은 유교적인 전통사회와 단절하고(다시 말
하면 중국문명과는 작별하고), 곧바로 서구문명을 향하여 달음박질하였
다. 이것은 한국이 서구문명의 위성(satellite) 속으로 편입되고 있음을
뜻한다. 그런 의미에서 현재의 남한은 유교적 민족주의 국가에서 서
구적 자본주의 공화국으로 진행 중에 있다.

하나의 가설이지만, 국가간에도 우주에서 발생하는 중력(重力;
Gravity)의 법칙이 작용하는 듯하다. I. 뉴턴은 "거리 d만큼 떨어진 질
량 m_1과 m_2의 두 물체 사이에 작용하는 중력의 크기가 두 질량의 곱
에 비례하고, 거리의 제곱에 반비례한다"라고 말하였다. 이는 다음과
같은 공식으로 표현된다.

$$F = G \times m_1 m_2 / d^2$$

만물(萬物)에는 인력(引力)이 존재하며, 이때 두 물체간(m_1과 m_2)
에는 강약(强弱)이 있어서, 강한 자에게 약한 자가 끌려간다. 지구가
사과를 끌어당기는 것이지, 사과가 지구를 끌어당기지는 않는다.

향후 남한과 북한의 대화는 어디에서 공통점을 찾을 수 있을까?
— 만일 미국과 중국이 예를 들어 타이완[대만臺灣] 문제로 충돌이 발

생할 경우(결코 그러한 일이 일어나서는 안 된다), 북한과 중국에 짝하여
남한과 미국의 연대가 형성될 수 있을까? — 우리는 이와 같이 한반도
에서 문명충돌에 의한 갈등이 발생할 수 있다는 가능성을 염두(念頭)
에 두어야 한다.

　사돈(일본)이 논을 샀는데, 우리는 논을 살 만한 능력이 없는가?
이 문제를 검토해 보자. 문명의 측면에서 볼 때, 자연과학 분야는 각
국의 독립문명이라는 용어를 사용할 수 없다. 과학기술은 서유럽의
산업혁명 이후 전 지구적 차원으로 확산되었고, 국가를 넘어서 국제
적으로 통용되는 표준을 향하여 정리되고 있다.

　정신의 영역인 인문학(철학, 종교, 윤리) 분야에서는 할 이야기가
많이 남아 있다. 이 분야에서 한국인이 A. 토인비 교수가 언급한 위
성문명을 벗어나서 독립된 문명으로 나아가려면 어떻게 해야 할까?
그것은 불가능한 꿈인가? 이 문제에 대한 거대 담론(談論)을 펼치기에
저자의 능력은 부족하다. 만일 누군가 대안이 무엇인가를 묻는다면,
그래도 하나의 의견이 없는 것은 아니다.

　우리는 서두르지 않고 차근차근 자체 역량을 길러나가야 한다.
문화의 저변에서부터 기초를 착실하게 쌓아나간다는 자세가 필요하
다. 그리고 가까운 장래에 한반도의 지리적, 정치적 통일을 달성하도
록 노력을 기울여야 한다. 정치적, 지리적 통일이 달성되었을 때를 생
각하여, 사상(정신)의 통합을 미리 준비해야 한다.

　분단의 역사가 60년을 넘고 있는 이때, 정치적, 지리적 통합 이후
남한과 북한은 상당기간 정신적 갈등을 겪을 가능성이 매우 높다. 남
한 인민의 그리스도교化 + 자본주의化 문명과 북한 인민의 주체사상
+ 왕조시대 유교化 문명을 놓고 본다면, 쌍방의 정신적 갈등을 해소
시키는 일이 중요한 과제가 될 것이다. 저자의 판단으로는 한국이 '위
성문명'을 벗어나 '독립문명'을 창조할 수 있는 단계는, 남북이 하나

의 정치문화의 단위로 통합된 이후, 전통을 바탕으로 새로운 창조력
을 발휘할 때라고 본다.

　예상 가능한 일은 자연과학 기술의 고도화이며, 이에 따른 경제
선진화이다. 기술과 자본이 없이는 독립문명의 창조가 불가능하다.
여기에 덧붙여서 문화 축적이 필요하다. 다시 말하면 기술(이공계) +
경제(사회계) + 문화(인문계)의 3위 일체를 갖추었을 때, 한국은 '그레
이트 코리아'의 꿈을 성취할 수 있을 것이다. ― 여기서 말하는 '그레
이트 코리아'(위대한 한국)는 남북한의 정치적, 지리적 통합이후 탄생
하는 한국을 뜻한다. 그것은 문명의 개념을 담고 있으며, "우리 민족
끼리" 운운하는 폐쇄적 민족주의 혹은 배타적 국수주의(國粹主義)를
말하지 않는다 ―

📖 읽을거리

● 오스발트 슈펭글러, 『서구의 몰락』, 박광순 옮김, 범우사, 1995.
● 아놀드 토인비, 『역사의 연구』 I·II(D. C. 솜머벨의 축약본), 지경자
　옮김, 홍신문화사, 1992.
● 아놀드 토인비, 『도설圖說 역사의 연구』, 강기철 역, 일지사, 1978.
● 새뮤얼 P. 헌팅턴, 『문명의 충돌』, 이희재 옮김, 김영사, 2000.
● 하랄트 뮐러, 『문명의 공존』, 이영희 옮김, 푸른숲, 2000.
● Arnold Toynbee, *A Study of History*, Abridged by D. C. Somervell,
　Oxford University Press, 1961.
● Samuel P. Huntington, "The Clash of Civilizations," *Foreign Affaires*,
　Vol. 72 - Vol. 73, 1993.

제2강
언어 및 문자 이야기
- 언어는 하나의 세계이다 -

2.1 언어에 대한 철학적 견해

인간은 언어적 존재이다. 언어의 교환 없는 인간을 생각할 수 없다. 언어가 없이는 사유(思惟)조차 없다. 인간이 어떤 생각을 한다는 것은 특정 언어의 틀 속에서 생각한다는 뜻이다. 설령 신(神)이라 할지라도, 그것은 언어로 표현되는 하나의 이름[名]이다.

사람들은 신이 먼저이고, 언어가 나중이라고 생각한다. 그리고 신이 창조한 '단일 언어'가 존재하였다고 믿는다. 그리스도교의 『성경』 (The Bible)의 구약 「창세기」 제11장에 보이는 바벨탑(Tower of Babel) 이야기는 그와 같은 생각을 반영한다. ― 언어학자들의 연구에 의하면, 단 하나의 '오리지널' 언어가 있었던 것은 아니다 ―

저자(황준연)는 신에 앞서서 언어가 존재한다고 생각한다. 언어로 명명(命名)된 신의 존재는 그것을 이름한 인간의 신이다. 그런데 '이름 붙여진 자', 곧 피명명자(被命名者)는 '이름 붙인 자', 즉 명명자(命名者)에게 예속되게 마련이다. 유태교에서는 신의 이름을 부르는 것을 금지한다고 한다. 왜냐고? 일단 이름을 부르면 이름의 존재는 곧

'이름 붙인 자'(인간)에게 예속되기 때문이다.

이 문제와 관련하여 하나의 예를 들고자 한다. 미국의 작가 알렉산더 파머 헤일리(Alexander Palmer Haley; 1921-1992)의 자서전적 소설 『뿌리』를 바탕으로 탄생한 TV 미니시리즈는 인상 깊은 장면을 방영하였다. 아프리카 감비아 만딩카족의 청년 쿤타 킨테(Kunta Kinte)는 미국으로 잡혀가 노예가 된다. 그는 자신의 이름 '쿤타 킨테'를 고집하고, 미국식 이름을 받아들이지 않는다. 노예 감독은 그에게 무자비하게 채찍질을 가하고, '토비'(Toby)라고 이름 붙여 준다. 쿤타 킨테는 결국 '토비'라는 이름을 받아들인다. 이름 붙인 자(명명자), 즉 노예 감독은 이름 붙여진 자(피명명자) '토비'를 지배한다.

문명의 종류가 다양한 것처럼 인간의 언어 또한 매우 다양하다. 사람들은 자신이 속한 문명권에서 익힌 언어로 사고하고, 그 틀 속에서 자신의 '주체'(identity)를 만들어 간다. 우리는 사용하는 언어를 통하여 세계를 인식하며, 그에 따라서 인생과 세계를 보는 일종의 '표상' 혹은 '관념' — 이와 같은 한글의 단어는 저자가 말하고자 하는 개념을 담기에 부족하다. 독일어 'Anschauung'이 여기에 합당한 개념이다 — 이 형성되고, 이것을 우리는 '세계관'(Welt + Anschauung) 혹은 '인생관'(Lebens + Anschauung)이라고 부른다.

언어는 인간의 사유와 사유형식을 형성시킨다. 언어는 곧 우리 자신이다. 사람은 언어에 앞서서 존재하는 것이 아니다. 인간의 교제는 언어의 교환이고, 인간의 상호 이해는 언어의 이해 속에서 가능하다. 이와 같은 성격 때문에 상호 이질(異質) 언어를 사용하는 사람들과의 교섭이 쉬운 일은 아니다.

이것이 무슨 말인가? 예를 들어 보자. 라틴어의 'Deus', 프랑스어의 'Dieu', 이탈리아어의 'Dio', 영어의 'God', 독일어의 'Gott'는 모두 같은 개념으로 단수의 神, 즉 유일신(唯一神)을 가리킨다. 이들 대문자의 단어에는 복수형이 없다. 서구인들은 언어를 익히는 어린 시절 부터 '신'이란 단수적인 절대자 개념으로 받아들인다.(그들의 神은 'God'로 표현하고, 동양의 諸神은 'gods'로 표기한다.)

문명이 전혀 다른 중국인에게 '神'은 결코 단수적(singular) 개념이 아니다. 한어(漢語)에는 유일신 'Deus'의 뜻을 전달할 마땅한 어휘가 존재하지 않는다. ― 이탈리아 선교사 마테오 리치(Matteo Ricci; 1552-1610)는 유일신의 개념을 '上帝'라고 번역하고 선교 사업에 몰두 하였다. 그리하여 독서인 계급에서 몇 몇의 신도를 확보하였지만, 그 의 사업은 전반적으로 성공을 거둘 수 없었다 ― 그렇다면 한글의 '하 나님'은 과연 어떤 의미를 담고 있을까?

현대 철학자 버트런드 러셀(Bertrand Russell)이 그리스도교 『성경』 창세기 제1장 첫 구절(In the beginning, God created heaven and earth.) 을 놓고 회의에 빠진 것은 'God'의 개념이었다. 누가 이 개념을 만들 었는가? 그는 제1원인 즉, 태초(太初)의 개념을 받아들일 수 없었다. 애당초 'God'이 존재였다는 것은 논리적 모순이라고 말이다. 이것은 개가 자기 꼬리를 물고 빙빙 돌아가는 모습과 다를 것이 없다. 그리 하여 B. 러셀은 서구문명의 용감한 비(非)그리스도 교인으로 남았다 (B. 러셀, 『나는 왜 기독교인이 아닌가』, 송은경 옮김, 2011).

오스트리아 출신의 천재 철학자 루트비히 비트겐슈타인(Ludwig Wittgenstein; 1889-1951)은 인간은 언어라는 투명한 유리를 통해서 세 상을 본다고 주장하였다. 우리는 언어의 틀 속에서 사물을 이해한다 는 말이다. 비트겐슈타인은 "나의 언어의 한계는 나의 세계의 한계를 의미한다"(『논리-철학 논고』 5.6)라는 명제를 정립함으로써 인간이 언 어의 그물 속에서 살아가는 사실을 지적하였다. 그는 누구나 확실하 게 이해할 수 있는 언어 모델을 찾아서 방황하였는데, 한 가지 점에서 는 결론을 얻었다. "참된 명제들의 총체는 전체 자연과학이다"(『논리-

철학 논고』 4.11)라는 표현이 그것이다. 이는 자연과학의 언어가 가장
올바른 언어라는 생각이다. 자연과학의 언어는 수학이다. 수학의 명
제야말로 참된 명제라는 주장이다.

L. 비트겐슈타인도 인생의 후반기에 생각이 바뀌었다. 그는 예술,
종교, 윤리 등의 형이상학적 분야에도 고유한 법칙의 언어가 내재한
다는 결론을 얻었다. 형이상학의 세계는 형이상학에 적용되는 일종의
'언어놀이'(Sprachspiel)가 있다는 것이다. ― 독일어 'Sprachspiel'을
'언어놀이', '언어유희(遊戲)', 혹은 '말놀이'라고 밖에 번역할 수 없음
이 유감이다. 한글의 어휘로 이 개념의 전체적인 의미를 담을 수 없
다. 독일어 'spiel'은 어떤 규칙성을 뜻하며, 일정한 규칙이 없는 '장
난'이 아니다 ― 비트겐슈타인도 결국 "말할 수 없는 것에 대하여는
침묵을 지켜야 한다"(Wovon man nicht sprechen kann, darüber mußman
schweigen.)라는 유망한 말을 남겼다(『논리-철학 논고』 7).

인간의 언어가 도구적 수단으로서만 역할하지 않고, 인간성 내지
인격의 본질까지도 규정하는 점에서 언어의 중요성을 아무리 강조해
도 부족하다. 사물을 규정하는 언어의 본질적 기능의 다른 예를 들어
보자. '북두칠성'(北斗七星)이라는 어휘는 일곱 개 별의 조합(組合) 혹
은 집합(集合)이라는 언어에 의해서 규정된다. 만일 '북두칠성'이라는
개념이 없으면 일곱 개 별의 조합은 의미가 없으며, 그저 일곱 개의
흐트러진 별의 존재밖에 없다. 우리는 '북두칠성'이라는 개념을 내세
움으로써, '북두칠성'의 존재를 인식한다.

불교의 한 종파인 선종(禪宗)에서는 "언어문자를 세우지 말고, 곧
바로 사람의 마음에 호소하라"(不立文字, 直指人心)라고 주장한다. 이
는 언어가 깨침[覺]을 얻는 데 장애물이 되는 것처럼 인식하고 있다.
그러나 '곧바로 사람의 마음에 호소하라'라는 명제의 핵심에 마음(人
心)이 놓여 있다. 마음은 하나의 텅 빈 공간인가? 그것은 일종의 작용

이며, 현대 의학에서는 두뇌(brain)의 작용으로 결론짓고 있다.

마음이 두뇌의 신경 작용일진댄, 거기에는 하나의 표상(表象)이 맺혀지며, 맺혀진 표상은 어떤 언어적 형상(이미지image, 혹은 그림이라도 좋다)을 지닌다. 그것이 사유(思惟)형태로 연결되면, 우리는 이미 어떤 언어를 동원하고 있다. 다시 말하면 입술로 소리를 내지 않을 뿐이며, 두뇌 속에서는 언어적 논리가 작용하고 있다. 그러므로 언어의 사용 없이 '곧바로 깨침'(돈오頓悟)과 같은 일은 결코 일어날 수 없다.

이와 같이 인간은 언어적 존재이다. 언어는 개념으로 이루어지고, 개념의 집합체는 의미를 형성한다. 그 집합체의 이면에는 언어 고유의 문법이 존재한다. 문법이 없는 언어는 없다. 문법이 없으면 의미 없는 소리의 다발에 불과하다. 우리의 인식 작용은 문법을 바탕으로 한 언어의 이해과정이다.

이와 같은 견해를 놓고 볼 때, 한국사상 연구에 있어서 한국인이 사용하는 언어 연구가 필수적이다. 전통시대에 있어서 한국인의 언어는 한어(중국어)의 문법이 지배적이었고, 조선조에 있어서 한글의 탄생과 함께 이중적(二重的) 언어가 중첩적으로 사용되었다. 한국인은 말을 넘어서 문자를 가지게 된 것이다.

2.2 문자 이야기

인간에 있어서 말과 글은 의사소통(communication)의 기본 양식이다. 아주 오래 전에 한국인에게 말[言]이 있었고, 글보다 먼저 말이 있었다. 말은 음성의 형태로 존재하므로 탄생하자마자 사라지고, 글은 문자의 형식을 취하므로 보존 형태에 따라서 오랫동안 존속된다. ─ 문자의 보존 형태는 다양하다. 가령 진흙 덩어리[점토판], 동물의 뼈 조각

[갑골], 쇠와 돌[금석], 대나무[죽간竹簡], 비단[백서帛書], 종이 등이 그것
이다 — 우리의 감각기관은 귀[ear; 청각]보다는 눈[eye; 시각]에 더욱 영
속성을 갖는다. 인간이 발명한 문화재 가운데에 글보다도 더욱 효과적
인 의사소통의 수단이 없다고 판단한다. —그림은 그 상징성이 높고
인간의 직관에 호소하지만, 의사소통의 수단으로서는 불완전하다—

   이와 같은 까닭으로 저자는 말보다 글이 귀중하다고 생각한다.
사상의 표현을 놓고 본다면 더욱 그렇다. 사상의 표현이란 일회적(一
回的)인 말보다는 영속적인 문자(文字) —녹음기의 발명으로 말을 보
존할 수 있는 기술이 개발되었다. 그러나 인간의 사상을 체계화하여
전달하는 데는 한계가 있다. 말에 비하여 오래 전달되는 글자라 하더
라도 영속적인 것은 아니다. 이 지구상에는 과거에 쓰이다가 이제는
사라진 문자가 수없이 많이 있다— 에 의지한다. 문자야말로 한 사상
체계를 이해하는 데 필수적인 도구이다.

   전통사회의 한국은 중국의 한족(漢族)이 발명한 문자, 즉 한자(漢
字)를 의사소통의 수단으로 사용하였다. 현재 한국인의 조상이 라틴
어 혹은 찌릴 문자(예; 러시아어) 등을 사용하였다는 기록은 전혀 찾아
볼 수 없다. 한자의 사용은 전통사회의 한국인이 중국문명의 영향을
받았음을 실증하는 자료이다.

   고대 이집트(Egypt) 문명은 일찍이 서양문명의 시원적인 역할을
하였고, 그만큼 서구문명에 미친 영향이 컸다. 그렇지만 이집트 문명
이 중세 혹은 근대 이후 서구문명의 모델이 되지 못한 까닭은 이집트
문자의 취약점에 있다고 생각한다. 문명을 전달하는 언어의 수단에
있어서 이집트 상형문자는 보편성을 지니기에는 약점이 너무 컸다.

   엉뚱한 생각이지만, 만일 한글이 B.C. 500년대 —이 시기를 가
리켜 서양 철학자 카를 야스퍼스(Karl Jaspers; 1883-1969)는 'the Axial
Age'라고 불렀는데, 우리말로는 '기축(基軸) 시대' 혹은 '축심(軸心) 시

대'라고 번역된다. 이 시기는 인류 문명의 획기적인 시기이다 — 에 탄생되었다면 어떻게 되었을까? 시간의 흐름을 고려하건대, 한글로 이루어진 철학적 어휘(카테고리)가 많이 탄생하였을 것이다. 그렇다면 우리는 중국인이 개발한 수많은 추상명사(추상명사의 발명은 사상의 발전과 깊은 관계가 있다.)를 벗어나 독자적 추상명사의 개발이 이루어졌을 것이다. 그리고 한국문명은 중국문명의 위성(衛星)으로서가 아니라, 하나의 독립된 별(항성恒星)로 존재하였을 가능성도 상당히 크다고 볼 수 있다.

안타까운 일은 일찍이 우리에게는 우리 문자가 없었기 때문에(혹은 있었다고 하더라도 지금까지 전해지지 않기 때문에), 남의 나라 문자 한자(漢字)를 빌려 사용하였다는 점이다. 이것은 엄연한 역사적 사실이고, 하나의 현실이다. 우리 한국인은 고대에 한국인 고유의 문자가 없었으므로, 한국인 고유의 사유(思惟) 체계를 정립하는 데 장애가 있었다. 한국인에 의해서 작성된 기록은 대부분 한문(漢文)을 빌려서 사용하였던 점을 잊어서는 안 된다. — 문화 전파의 모습으로 보아서 한자는 한국, 일본의 지식인들이 함께 사용하는 '공용'(共用) 문자가 되었다 —

'한자'(漢字)는 중국민족 중에서도 대다수를 차지하는 한족(漢族)의 글자이다. 중국은 다민족 국가이므로 여러 민족으로 구성되어 있고, 한족 이외의 소수민족 가운데 그들의 문자를 가진 경우가 많았다. 가령 돌궐족의 돌궐문(突厥文), 위구르족의 회골문(回鶻文), 서하왕조의 서하문(西夏文), 거란족의 거란문(契丹文), 여진족의 여진자(女眞字) 등은 현재 사라진 문자들이다. 지금도 사용 중인 소수민족의 문자로는 위구르족의 위구르문(維吾爾文), 몽골족의 몽골문(蒙古文), 그리고 중국인의 입장에서는 조선족이 사용하는 조선문(朝鮮文; 한글)도 소수민족의 문자 가운데 하나이다. 전통시대 한국인들이 한족의 문자를 빌려서 의사표시를 할 수밖에 없었다는 사실은 한국인들이 한족(중국인)의 사상에 영향을 받았음을 말한다. 즉 한족이 개발한 카테고리가 전통사회 한국사상의 카테고리를 구성하고 있다.

조선시대 세종 임금의 주도로 창제된 '한글'은 한국사상의 측면에서 볼 때 중요한 의의가 있다. 그러나 조선시대 한글이 창제된 이후에도 우리의 지식인들은 한자로써 저술 작업을 하였고, 한글을 사용하지 않았다. 조선왕조 500년간의 기록물인 『조선왕조실록』이 한자로 기록된 사실을 독자들은 아는가? 왜 그랬을까?

이 문제는 조금 복잡한 감정을 유발시키는데, 저자는 조선조의 지식인들이 '모화'(慕華; 중국문화에 대한 숭배) 사상에 젖어 있어서 한글을 제쳐놓고 한자를 숭상하였다고 생각하지 않는다. 가령 중세 유럽의 지식인들은 라틴어를 학술문자로 사용하여 저술 작업을 하였다. 비유하자면 라틴어가 중세 유럽의 공용문자였듯이 중세 아시아의 공용문자는 곧 한어(漢語)였다. 만일 어떤 지식인이 '지구화'의 차원에서 의사를 통하고자 원한다면, 상호 공유할 수 있는 어떤 문자로 저술을 하는 것이 필요하지 않을까?

한자와 한글을 놓고 전용(專用)이니, 혼용(混用)이니 하면서 침을 튀기며 토론할 수 있다. 이 문제는 싸워서 이기고 지는 문제가 아닌데도 싸우고 있다. 싸움의 결론이 어떻든 한글을 갈고 닦아야 함은 우리의 의무이다. 그러나 한자를 폐기처분하는 일은 현명하지 못하다. 과거 한국인이 남긴 정신적 자료를 내버리자는 말인가? 아니면 전통을 내팽개침으로써 스스로 '기억 상실증' 환자가 되려는 것인가?

현실에 있어서 한국어(한글)는 한자의 뜻을 배제(排除)시키면, 무수하게 오해가 생길 수 있다. 한국어의 명사(名詞)는 한자의 한국식 발음기호 역할을 하고 있는 현실을 직시해야 한다. ─현재의 일본은 '한자'를 히라카나 가타가나와 함께 광범위하게 혼용(混用)하고 있다.

일본인들은 주체성이 없어서 남의 나라 문자를 즐겨 사용하고 있는 것일까? 우리 한국인들이 주체성을 강조한 나머지 배타적인 성품을 갖지 않았는지 생각해 볼 일이다 —

예를 들어 보자. '學校'라는 단어의 글자 뜻을 아는 사람은 이 말이 무엇을 가리키는지 결코 모를 수 없다. 이 글자는 '배움 터' 혹은 '배움의 집'의 뜻을 담고 있다. 한국인은 이 글자를 "ㅎ+ㅏ+ㄱ, ㄱ+ㅛ"(학교)로 읽는다. 이 글자를 만든 한족 후예들의 보통화 발음은 "xue + xiao"(슈에 샤오)이다. — 산동 지방에서 "hue + xiao"(후에 샤오)로 발음하는 경우도 있다 — 광동어(Cantonese)로는 "hohk + haauh"(혹 하우)로 발음된다. 같은 글자를 놓고 바다 건너 일본인들은 "がっ+こう"(각고-)로 발음한다. 명사에 관한 한 동아시아의 한, 중, 일 3국은 같은 글자를 사용하고 있으며, 발음만이 다를 뿐이다.

문자가 없었던 고대 한국인이 한자를 받아들여 사용하였으나, 의사소통에 장애가 많았다. 때문에 이두(吏讀)라는 독특한 방법을 개발하여 사용하였다. 이두문은 하급 관리[吏]가 읽기[讀] 편하게 한자의 음소(音素)를 빌려서 적은 것인데, 기층 민중의 어려움(예: 재산상의 소송 문제 등)을 기록하였다. 조선시대 훈민정음 반포 때 세종 임금이 "어리석은 백성이 말하고자 하는 바가 있어도, 마침내 그 뜻을 충분히 펼 수 없는 사람이 많다. 내가 이를 불쌍하게 여겨서 새로 스물여덟 글자를 만든다"라고 하였다. 이는 한글이 한문을 대체하는 것이 아니고 '통속문자'의 성격으로 태어났음을 말하는 것이다. — 여기서 '통속通俗'이란 비하의 말이 아니다. 앞에서 말한 중국 소수민족의 돌궐문자, 회골문자, 서하문자, 거란문자, 여진문자 등이 한문을 대체한 것이 아니고 보조적인 통속문자로 사용되었다 —

이두는 한글 창제 이후에도 조선왕조의 공사문서에 사용되었고 (특히 소송訴訟 관계의 법률문서에 많이 사용되었음), 한글은 '언문'(諺文)

의 이름으로 기층민중 사이에 전파되었다. 그러므로 조선왕조는 한문, 이두문, 한글(언문) 등 3종 문자를 동시에 병용(倂用)하였음을 기억할 필요가 있다.

이와 같은 3종 문자의 공용은 한말 1895년 "국한문 혼용(混用)에 관한 법률"에 의하여 통합되어, 이두와 한문은 사라지고 한글이 주인으로 등장한다. 북한은 1948년 한자를 폐기(廢棄)시켰고, 한국(남한)은 1990년대에 한글 전용시대에 진입하였다. 중국은 "연변조선족자치주조례"에 의거하여, 동북지방 일대에 조선족 인민들의 조선문자(한글) 사용을 허가하고 있다.

— 저자의 생각이지만, 한글 전용이 실시된 까닭은 문자의 기계화와 관련이 있다. 지금 박물관에서나 볼 수 있는 '공병우 타자기' 혹은 정부의 '표준 타자기' 등의 발명은 상당한 행정 편의를 제공하였다. PC의 보급이 일반화된 현재 한자(漢字)를 혼용해도 문제가 없을 것으로 본다. 중국인들이 병음(倂音; Pingyin) 방식으로 한자를 입력하는 것을 보면, 한자를 쓰기 어렵다고 배격할 일이 아니다. 한자를 손으로 쓸 필요가 없는 세상에 그것을 죽어라고 폐기시켜야 하는 것인가? —

2.3 한국사상의 카테고리(범주; category)

하나의 사상 체계에는 살펴보아야 마땅한 범주(範疇), 즉 카테고리가 있다. 한국사상의 범주 또한 예외가 아니다. 우리는 '카테고리'의 의미를 살펴볼 필요가 있다.

철학사에 있어서 카테고리는 '최고의 유(類) 개념'에 속하는데, 보통은 '술어'(述語) 정도의 의미로 받아들여지고 있다. 고대 그리스의 피타고라스(Pythagoras) 학파에 의해서 서로 대대적인 관계가 있는 개념 즉 유한(有限)과 무한(無限), 일(一)과 다(多), 동(動)과 정(靜) 등의 카테고리가 정하여졌다. 플라톤(Platon)을 거쳐서 아리스토텔레스 (Aristoteles)에 이르러서는 실체(ousia), 질량, 성질, 관계, 능동과 피동 등의 10가지 범주가 정하여졌다(이들 범주는 모두 추상명사이며, 구체적 사물을 지시하지 않는다).

칸트(I. Kant)는 아리스토텔레스의 범주를 불완전한 것으로 인정 하고, 3단 논법의 형식에 따라서 '12가지 카테고리'(twelve categories)로 분류하였다. 이해의 편의를 위하여 먼저 칸트의 12가지 카테고리 분류를 살펴보도록 하자. 그것은 세 항목의 내용이 4개의 세트로 구성 된다. 이를 요약하면 다음과 같다(버트런드 러셀의『서양철학사』참고) :

① 양(量; quantity)의 문제 — 통일성(unity), 다수성(plurality),
  전체성(totality)
② 질(質; quality)의 문제 — 실재성(reality), 부정성(negation),
  한계성(limitation)
③ 관계(relation)의 문제 — 실체성과 우연성(substance and
  accident), 인과관계(cause-and-effect), 상호관계(reciprocity)
④ 양상(modality)의 문제 — 가능성(possibility), 현존성(existence),
  필연성(necessity)

I. 칸트의 '12가지 카테고리' 이야기는 독자들에게 어렵게 느껴질 수 있다. 그의 유명한 저서『순수이성비판』에서 언급되고 있다는 점 을 지적하고 넘어간다.

한국사상의 이해를 위하여 중국사상의 카테고리를 검토해야 할 차례이다. 전통사회에 있어서 한국사상의 독자적인 카테고리를 찾기 는 어렵다. 중국 고대철학의 전통에서는 비교적 풍부한 카테고리를 만날 수 있다. 가령 어떤 사람이『논어』를 읽을 때는 다음과 같은 어휘가 고려되어야 마땅하다.

    a. 도(道) b. 천(天) c. 인(仁) d. 예(禮) e. 신(信) f. 의(義)
    g. 지(智) h. 심(心) i. 화(和) j. 덕(德) k. 선(善) l. 문(文)
    m. 효(孝)

어떤 사람이 한국의 조선시대 성리학자들의 글을 읽을 때는 다음과 같은 술어들을 만난다. 다음의 예는 성리학(송학宋學)의 카테고리이다. 만일 이하의 카테고리의 뜻을 알지 못하면, 조선시대 유교사상을 전혀 이해할 수 없다는 결론을 내릴 수 있다. 그만큼 카테고리의 문제는 중요하다.

    a. 태극(太極) b. 이(理) c. 기(氣) d. 심(心) e. 성(性) f. 정(情)
    g. 의(意) h. 인심(人心) i. 도심(道心) 등

이상은 유교사상의 카테고리인데, 마찬가지로 한국 전통사회의 불교사상을 이해하기 위하여서는, 다음과 같은 술어들을 고려해야 한다.

    a. 삼계(三界) b. 육도(六道) c. 연기(緣起) d. 견성(見性) e. 색(色)
    f. 고(苦) g. 돈오(頓悟) h. 반야(般若) i. 열반(涅槃) j. 해탈(解脫)
    k. 소승(小乘) l. 대승(大乘) m. 진여(眞如) n. 법성(法性) o. 법계
    (法界) p. 불성(佛性) 등

이상과 같은 어휘 혹은 술어가 곧 중국철학의 카테고리를 구성하면서, 동시에 한국사상의 카테고리에 해당한다. 여기에서 우리는 매우 중요한 사항을 지적할 수 있다. 일찍이 한국사상가에 의하여 개발된 혹은 철학적 용어로 굳어진 카테고리가 존재하는가 하는 문제이

다. ―'한국철학'이라는 용어가 사용되고 있다. 위의 논리에 비추어 볼 때, 이는 '한국에서의 철학' 혹은 '한국인이 이해하는 철학' 정도로 받아들이는 편이 옳다. '한국철학'을 한국인이 독자적으로 개발하고 발전시킨 철학의 뜻으로 사용할 수는 없다―

　　A. 토인비 교수의 표현을 다시 빌리면, 한국문명은 중국문명과 상호 복합체(compost)의 관계를 맺고 있다. 상호간에 친근성이 있다. 그러므로 우리는 이렇게 말할 수 있다. 전통시대의 한국사상은 카테고리에 관한 한, 중국사상에 상당부문 내포되어 있다. 이와 같은 이유에서 전통시대의 한국사상을 들여다보려고 하는 사람은 중국고전(古典)을 탐독해야 한다. 한국사상은 중국문명으로부터 빌려온 것(loans)을 독자적인 노선에 입각하여 발전시킨 것으로 보아야 하겠다.

📖 읽을거리

- 이기상, 『철학노트』, 까치, 2002.
- 버트런드 러셀, 『서양철학사』, 한철하 역, 대한교과서주식회사, 1982.
- 루트비히 비트겐슈타인, 『논리-철학 논고』, 이영철 옮김, 천지, 2000.
- 임마누엘 칸트, 『순수이성비판』 1-2, 백종현 옮김, 아카넷, 2011.
- 박영식 외, 『언어철학연구』 I, 현암사, 1995.
- 이근수, 『훈민정음 신연구』, 보고사, 1995.
- 홍이섭, 『세종대왕』, 세종대왕기념사업회, 1980.
- 정시호, 『21세기의 세계 언어전쟁』, 경북대학교출판부, 2000.
- Roger T. Ames and Henry Rosemont, Jr., *The Analects of Confucius: A Philosophical Translation,* Ballentine Books, New York, 1998. (로저 T. 에임즈 & 헨리 로즈몽 Jr., 『공자의 논어: 철학적 번역』)

| 제 3 강 | 한국의 샤마니즘 |

3. 1 샤마니즘이란 무엇인가?

한국사상의 원초적인 고향을 찾아 여행하려는 사람은 샤마니즘, 그중에서 시베리아 샤마니즘에 관심을 기울여야 한다. 이에 대한 검토에 앞서서 곤혹스러운 일은 용어(用語) 문제이다. 하나의 개념이 인간의 인식작용에 얼마나 중요한 것인지는 언어문제를 말할 때 드러났다. 샤마니즘은 개념의 혼란으로 인하여 초장부터 사람을 괴롭힌다.

이를 피할 수 없는 것이라면, 용감하게 부딪쳐야 한다. ― 샤마니즘의 용어 혼란은 샤마니즘에 관한 문화 현상이 애당초 혼란에서 출발하였기 때문에 숙명일 수 있다 ― 대체로 사용되고 있는 용어들에는 무속, 무교, 샤만교, 샤마니즘 등이 있는데, 이 용어들을 정리하면 다음과 같다:

① 무속(巫俗) = 무(巫) 현상에 관한 민속 혹은 세속(世俗)의 측면
② 무교(巫敎) = 한자어 무(巫) + 한자어 종교(宗敎)의 형태
③ 샤만교(薩滿敎) = 샤만(薩滿) + 한자어 종교(宗敎)의 형태

④ 샤마니즘 = 샤만 + ism의 형태로 영문으로 'Shamanism'으로
표기

이상의 용어를 놓고 볼 때에, '한자문화권'에서는 ①, ②, ③의 용
어를 사용하고 있고, 서구에서는 ④를 사용하고 있다. 이와 같은 기본
적인 술어를 놓고, 저자 자신도 헷갈린 탓에 한때 '무속' 혹은 '무교'
라는 명칭을 사용하였다. 그러나 이제부터는 '샤마니즘'으로 통일하
기로 한다. — 샤마니즘 연구의 '메시아'처럼 등장한 시카고대학의 미
르치아 엘리아데(Mircea Eliade; 1907-1986)에 의하여 굳어진 이름으로
동서간의 구별 없이 보편 개념으로 자리 잡았다 —
종교 형태를 놓고 볼 때에, 샤마니즘은 일정한 경전(經典)이 없으
며, 조직도 약하고 창시자도 없다. 절간 혹은 도관(道觀) 혹은 교회와
같은 건축물도 없다. 있는 것은 오로지 무당과 무당이 벌이는 굿(퍼포
먼스)이 있을 뿐이다. 샤마니즘을 이해하려면 매우 조심해야 한다. 샤
마니즘의 이해를 위하여 기본 관념을 정리한다.
샤마니즘 신앙은 세계의 존재하는 것에 모두 영혼이 깃들어 있다
고 보는 데서 출발한다. 자연계의 변화가 인간의 화복(禍福)에 영향을
준다고 믿는다. 자연계의 정혼(精魂), 귀신(鬼神) 혹은 신령(神靈)의 의
지작용에 의해서 인간이 영향을 받는다는 것이다.
샤마니즘의 세계에서는 불[火]을 숭배한다. 불은 신성한 물건이
고, 정결(淨潔) 작용이 있으며, 일체의 더러운 것 혹은 마귀(魔鬼)를 제
거하는 힘이 있다. 다음으로 산(山)을 숭배한다. 산은 각종 동물을 관
리하기 때문에 신성한 존재이다. 산에는 이를 주관하는 신령(산신령)
이 살고 있다. 다음으로 해와 달, 별 그리고 번개[뇌전雷電]를 숭상한
다. 이들은 생명을 주관하는 신성한 존재이기 때문이다. 샤마니즘의
세계에서는 또한 동물을 숭배하는데 곰, 호랑이 등 마을에 따라서 종

류가 다양하다. 이 세계에서는 또한 조상신을 숭배한다.

종교적 측면을 놓고 볼 때, 한국인의 전통적인 삶은 대체로 유교, 불교 그리고 도교사상의 영향을 받았다. 유교, 불교, 도교 등 3교사상이 전통사회에 미친 영향은 엄청나다. 이와 같이 짜임새 있는 사상(종교)만으로는 전통시대 한국인의 삶을 설명하는 데 충분하지 않다. 오히려 기층 인민의 삶은 샤마니즘의 신비적이고 초속적(超俗的)인 생활영역과 깊게 연결되어 있었다.

샤마니즘은 샤만[巫]을 중심으로 한 종교체계를 말한다. 이 세계와 현상에 관한 합의된 용어는 없다. '샤만' 혹은 '샤먼'은 한자어로는 '薩滿'[살만; sa-man3]으로 표기되는데, 현재 중국 동북지방의 여진족 계통의 언어로 본다. 이 지역의 소수민족 어웬커(鄂溫克) 부족의 말에 'sa-man'이란 본래 '격분(激奮)하는 사람' 혹은 '발광(發狂)하는 사람'의 의미를 담고 있다고 한다. 만주 퉁구스 계통의 이 말은 때때로(時로) 코를 고는 러시아인 학자 S. M. 시로코고로프(Shirokogoroff)에 의해서 러시아와 유럽으로 전해졌다. 훗날 미르치아 엘리아데(Mircea Eliade)와 같은 종교학자에 의해서 '샤마니즘'이라는 이름이 굳어진 것이다.

샤마니즘의 주체는 '샤만'(Shaman), 곧 무당이다. 무당은 여성이 대부분이지만 남자무당도 있다. 한자어로는 전자를 무당(巫堂) 혹은 무녀(巫女)라고 부르고, 후자를 격(覡)이라고 부른다. 때로는 남자 무당을 '박수무당'이라고 부르기도 한다. 박수무당은 손바닥으로 박수를 치는 일도 있지만, 그보다는 한자어 박사무당(博士巫堂)에서 유래된 것이다. 저자(황준연) 자신도 박사(博士) 학위를 가졌고, 입에 거품을 품으며 떠들어대니 박수무당임에 틀림없다.

어떤 사람이 이와 같은 무당이 될까? 이는 크게 보아서 두 가지로 나누어진다. 하나는 저절로 '신(神)이 내린' 강신무(降神巫)이고, 다른 하나는 혈통을 따라서 '물려받은' 세습무(世襲巫)이다. 통계적으로 강신무는 한국의 중부와 북부지방에 많고, 세습무는 남부지역에서 우세하다. 전자는 신이 내린 이후 일종의 신통력을 얻어 점을 쳐서 미래를 예언하기도 하고 의식(儀式; ceremony)이 있을 때 무당 자신이 춤을 춘다. 이때 무당의 몸에 신이 내려 신과 무당이 일원화되는 현상을 보인다. 후자는 신통력하고는 관계가 없으며, 행사가 있을 때 의식을 주관하는 경우가 보통이다. 그(녀)를 일종의 사제(司祭)라고 부를 수 있을까? 후자의 경우에는 신과 무당이 이원화되는 현상을 보인다 (김태곤, 『한국무속연구』, 1981).

강신무의 경우는 종교체험으로서 특수한 꿈이나 환각작용 가운데서 신령을 보게 되고, 신령의 지시를 받는다. 이는 질병 형태로 나타나며, 이를 무병(巫病)이라고 부른다. 조심할 점은 무병은 이상심리나 정신질환과는 구별된다는 점이다. 조흥윤 교수의 조사에 의하면, 박수무당인 1930년생 이지산 씨의 강신사례는 매우 흥미롭다(조흥윤, 『한국의 巫』, 1983). 한국무당의 경우 강신무와 세습무 이외에 학습을 통하여 무당이 되는 학습무를 보탤 수 있으나, 여기서는 생략한다.

이 같은 무당의 존재는 언제부터 발생하였을까? 멀리 고조선시대의 단군신화 이야기에서 단군(檀君)을 '샤만(Shaman)적인 군장(君長)'으로 이해하고 있는 경우가 있다. 이 견해를 받아들인다면, 무당의 시원이 오래된 것임을 알 수 있다. 또한 상고시대의 부족국가에 있어서 부여의 영고(迎鼓), 고구려의 동맹(東盟), 동예의 무천(舞天) ─ 최근 '무천' 의식(儀式)이 고조선 시대부터 있었다는 연구 결과가 발표된 바 있다 ─ 등의 의식행사는 다분히 당시의 통치권을 행사하였던 군장(君長; Chiefdoms), 즉 무당에 의해서 행하여졌을 가능성이 높다.

신라의 경우 훗날 유교문화의 호칭 왕호를 사용하기 전까지는 무당의 칭호가 직접 사용되었는데, 제2대 남해 차차웅의 '次次雄'은 군

주, 왕 혹은 무당의 뜻을 담고 있다. ─ 이병도 역주본『삼국사기』의
해석에 의하면, 차차웅(次次雄)과 자충(慈充)은 동음어(同音語)이다. 慈
充을 반절(半切)하면 "ㅈ + ㅜ + ㅇ = 중"이 된다. 남자 중(男僧)의 방
언이 "중"이고 "중"은 원래 무(巫)를 의미하였다 ─

남북국(삼국) 시대에 이와 같은 무당의 존재가 인정되고 있었을
뿐만 아니라, 고려왕조 때에 샤마니즘이 불교와 연결을 맺게 되었
다. 공식적으로는 서울에 국무당(國巫堂)을 두었으니 ─ 불교에 국사
(國師)의 존재가 있듯이, 샤마니즘에 국무당(國巫堂)이라는 직책이 있
었다 ─ 나라의 일에 대하여 점(占)을 치는 공식관리가 있었다는 말이다.

조선왕조는 유교(성리학)의 합리주의가 지배하였던 까닭에, 샤마
니즘은 표면적으로 존재를 인정받을 수 없었다. 그러나 제도적인 측
면에서 샤마니즘의 존재가 위협을 받았다고 하지만, 아주 씨를 말리
지는 못하였고 명맥을 계속 유지하여 왔다.

왜 그런지 원인을 알 수 없지만, 인간은 태어나면서부터 근심과
걱정거리 속에서 파묻혀 살아간다. 불교에서 말하는 "중생은 고해(苦
海)"라는 표현이 빈 말이 아니다. 하필 불교뿐이겠는가? 세계의 각 종
교들이 이 문제에 대해서 저마다 해석을 내리고 있으나, 그로 인하여
근심과 걱정이 모두 제거되는 것은 아니다. 진단과 처방이 각기 여러
가지임이 인생의 모습이다.

어찌되었건 사람은 근심과 걱정이 발생할 때, 그것을 제거하려고
한다. 그것은 일종의 본능이다. 그와 같은 경우 어떤 의식(儀式)을 통
하여 최소한의 마음의 위로라도 구하려는 심정을 우리는 탓할 수 없
다. 샤마니즘을 가리켜 "무당이라는 사제(司祭)가 신도들을 위해 제의
를 베풀어 그들의 마음을 위로하고 안심시키는 우리의 토속 종교"라
고 정의를 내리는 경우도 있다(황루시,『한국인의 굿과 무당』, 1988).

3.2 굿은 하나의 퍼포먼스이다

무당(샤만)은 무엇을 하는 사람들이었을까? 다시 말해서 무당은 무엇을 위해서 존재하는 것인가? 무당은 굿을 위해서 존재한다. 한국 샤머니즘 연구의 전문가 조흥윤 교수는 다음과 같이 말하고 있다:

> 굿은 한국 무(巫)에서 무당과 인간, 그리고 신령이 함께 만나서 인간의 문제를 풀어버리는 결정적인 계기가 된다.

굿의 존재는 샤머니즘에 있어서 절대적이다. 현대 언어로 표현하면 일종의 퍼포먼스이고, 프랑스어로는 세앙스(séance)이고, 한자어로는 무의(巫儀)라고 표현한다. 무당굿의 종류는 크게 마을 굿, 개인 굿, 무(巫) 굿으로 나누어진다. 마을 굿은 해마다 정기적으로 행하는 마을의 굿이요, 개인 굿이란 개인의 복을 비는 재수 굿과 사람이 죽었을 때 그 혼을 달래는 넋 굿, 그리고 병 굿으로 나뉜다. 무(巫) 굿은 주로 강신무들 사이에서 행해지는 내림굿이나 신령 굿을 말한다(황루시, 『한국인의 굿과 무당』).

현대 산업사회 및 정보사회에서 굿은 많이 퇴색하였고, 특히 마을 굿은 급격하게 소멸하고 있다. 개인 굿에 있어서도 살아 있는 개인의 복을 비는 재수 굿이 또한 사라지는 위기에 있다. 그러나 죽음의 문제를 담고 있는 —그러므로 특히 종교적인 성격이 농후하다— 넋 굿은 전국적으로 많이 행해지고 있으며, 앞으로도 존속할 것으로 본다. 굿은 이렇게 세 가지 분류 이외에도 그 목적에 따라 다른 이름으로 부르는데, 이를 조흥윤 교수의 분류에 따르면서 저자의 설명을 첨가하는 방식으로 소개한다(이하 조흥윤, 『한국의 巫』, 1983).

① 나라 굿 : 국무(國巫)가 맡아 하던 굿으로 마을 굿의 연장선에
   있다.

② 신령기자 굿 : 무당이 저희 스스로를 위하여 하던 굿. 무(巫)
   굿에 속한다.

③ 천신(薦新) 굿 : 무당의 신도들(이들을 '단골'이라 함)의 집안의
   재수를 위하여 벌이는 굿으로 개인 굿의 성격이 있다.

④ 진오기 굿 : 죽은 이를 위하여 벌이는 굿. 개인 굿.

⑤ 용신 굿 : 강이나 바다에서 용신(龍神)을 위해 행하는 굿. 마을
   혹은 개인 굿.

⑥ 성주받이 굿 : 남자아이를 가지고 싶은 욕심으로 벌이는 굿.
   개인 굿.

⑦ 마마배송 굿 : 마마신(천연두)을 돌려보내는 굿. 개인 굿.

⑧ 병 굿 : 병이 났을 때에 하는 굿. 개인 굿에 속함.

⑨ 도당 굿 : 마을의 수호신을 위해서 벌이는 굿. 마을 굿.

⑩ 풍농(豐農) 굿 : 풍년을 비는 굿. 마을 굿에 속함.

⑪ 천존 굿 : 한해나 역병과 같은 천재지변이 들 때 왕궁에 의해
   서 베풀어지는 굿. 마을 굿의 연장.

⑫ 여탐 굿 : 환갑 혹은 결혼식과 같은 집안의 경사를 조상에게
   알리는 굿이다. 개인 굿에 속함.

굿의 종류를 통해서 우리는 무당이 단골의 요청에 의해서 굿판을 벌
이는 상황을 알 수 있다. 이때의 굿(퍼포먼스)이란 신령·무당·단골의 3
자 관계로 형성되어진다. 조흥윤 교수는 이들 관계를 도표로 그려서 설
명하고 있는데 매우 적절한 방법으로 생각된다(조흥윤 지음, 『한국의 巫』
정음사, 1986, p.10에서 인용).

한국 무(巫)의 구조

그림을 참고할 때, 무당 곧 샤만은 인간으로서 다른 인간(단골)을 신령에 연결하는 중매자적인 입장에 처한다. 그러므로 굿판(퍼포먼스)이란 신령과 무당과 인간이 함께 어우러지는 한 마당이다.

하나의 굿은 세 명의 무당과 약간의 악사(樂士)에 의해서 진행된다. 이들은 협동을 맺고 있고, 동업자의 사이를 유지한다(조흥윤,『한국의 巫』). 무당의 사회적 신분이 낮았던 것은 그들에게 많은 갈등을 주었던 요소이다. 중요한 사실은 전통사회에 있어서 신분의 고하를 막론하고 단골이 많이 있어서 무당의 존재를 요구하였고, 굿에 대한 요청이 있었다는 점이다.

3.3 굿에 대한 세 가지 실제적인 보기

굿(퍼포먼스)은 이론보다는 직접 그 세계에 뛰어들어 문화적 충격을 경험하는 것이 효과적이다. 최근에 굿의 실제적인 보기를 간접 경험할 수 있는 수단이 많이 개발되었다. 우리들은 관련 전문가들이 조

사연구의 방법으로 수행된 자료들, 예를 들면 녹음기, 녹화기, 카메라
등의 장비를 동원하여 남긴 테이프, VCD 혹은 CD 등을 통하여 이를
감상할 수 있다. 그중에서도 황루시의 위도 띠뱃놀이에 대한 조사연
구와, 황루시 / 최길성의 전라도 씻김굿에 대한 조사연구 그리고 제주
도 금녕리의 마을 굿을 소개한다.

3.3.1 위도 띠뱃놀이

섬(도서; 島嶼) 지방은 육지와 달라서 우환이 많이 발생한다. 아침
에 배를 타고 바다로 나간 어부가 저녁에 돌아오지 않는 일이 쉽게
발생하는 곳이 섬이다. 통신수단과 교통수단의 미흡함, 의료시설 등
의 부족으로 인하여 섬에서는 인명의 손상이 많이 발생하기 쉬운 가
능성을 지니고 있다. 게다가 3면이 바다로 둘러싸인 지리적 환경이
섬 지방 특유의 폐쇄적이면서 고유한 문화를 많이 보유하게 만들
었다.

위도는 현재의 전라북도 부안군 위도면에 속하는 조그만 섬이다.
샤마니즘 연구가 황루시는 1985년 겨울, 섣달그믐 하루 전날 이 곳에
가기 위해 곰소나루에서 위도행 배를 탄다. ― 2014년 현재 곰소 항은
폐쇄되었고, 격포 항구에서 배를 타야 한다 ― 대리마을이 굿(퍼포먼
스)의 장소가 되었고, 이는 일종의 마을 굿의 형태를 지니고 있다. 이
해의 편리를 위해서 굿의 개관을 아래와 같이 정리한다.

일시 : 1986년 1월 3일 오전 9시경-오후 5시경
장소 : 전북 부안군 위도면 대리마을
무당 : 인간문화재 조금례(70세)
굿의 책임자(화주) : 동네사람 이창영(44세)

　　음식 및 심부름 책임자 : 김호범(30세), 장봉욱(29세)
　　굿의 비용 : 마을 120가구에서 5천원씩 거둠

　　굿의 과정은 인근지역 변산반도 줄포 장날에 장터에 나가 굿에
필요한 음식 등을 마련하는 작업부터 시작한다. 이때 물건 값을 전혀
깎지 않으며, 음식을 운반할 때에 택시를 이용한다. 그리고 객선에서
는 방을 따로 잡는다. 이렇게 제수가 음식을 만들 제만집에 도착하면
금줄을 치고 잡인(雜人)의 출입을 금한다.
　　굿은 정월 초사흘 아침 9시경에 시작되었다. 사람들은 굿을 주관
하는 화주와 음식 책임자(원화장) 및 심부름 책임자(부회장) 등을 중심
으로 원당에 오른다. 장구와 징, 꽹과리의 농악이 뒤따르고 거센 바람
과 눈보라 속에 원당으로 올라간다. 원당은 당젯봉의 두 칸짜리 기와
집이다. 이곳에 도착하자 곧 제기(祭器)를 깨끗이 닦고 제물을 차려
놓는다. 쌀, 떡, 돼지고기, 메, 나물, 생선적, 과일, 그리고 술을 빼놓
을 수 없다. 특히 장군님 앞에는 돼지머리에 칼을 꽂아 통째로 놓는
것을 잊지 않는다.
　　이곳에서 황루시는 인간문화재로 등록된 무녀 조금례를 처음 만
난다. 간략한 인사가 있고 곧 성주굿에 들어간다. 성주[성조成造; 가택
수호신]님에게 동네가 태평하고 재수 있게 해 달라고 비는 것이다. 농
악대는 원당 밖에 나가서 소리를 울려 동네에 원당의 굿에 대한 상황
을 알린다. 그러는 사이 마을에서는 남정네들이 짚, 띠, 가마니 등을
집집마다 돌아다니며 얻어와 띠배를 만든다.
　　오전 10시가 넘어갈 때, 뱃기를 든 주민들이 올라온다. 무당은 신
이 나서 손님석을 노닌다. 11시 30분경 기굿이 시작된다. 사람들이
기[旗]를 들고 당 안으로 들어가면 무당은 기 상단을 모아 쥐고 무가
(巫歌)를 부른다. 무가가 끝나면 풍어(豊漁)를 비는 노래를 하는데, 사

람들은 후렴을 따라 부른다.

얼씨구나 낭장망, 절씨구나 낭장망, 낭장망에 고기잡아 도장원만 시켜
주소, 가래질로만 날이 새고 가래질로만 날이 지내, 한 물 괴기는 천만
원이요, 두 물 괴기는 이천만 원, 얼씨구나 가래질, 절씨구나 가래질.

이러는 가운데에 원당에 올라온 사람들이 깃손(백지에 'XX호 원당
서낭'이라고 적어 백기상단에 묶도록 하는 것)을 모두 받으면, 마을 이장
(里長)은 나머지 배이름의 명부를 놓고 하나씩 지워가면서 깃손을 받
는다. 바로 이 깃손을 받고 선주들이 돈을 내는 것이므로, 이장은 빠
진 배가 없는지 조심한다.

굿은 돼지머리를 들고 당주위를 한 바퀴 돈 후, 제물을 약간씩 땅
에 묻는 오방굿(五方에 예물을 드리는 것)으로 12시 30분경에 끝이 난
다. 사람들은 모두 술에 취해서 산을 내려간다. 그중에서도 원화장이
산에서 구를 정도로 취해서 마을로 기어간다. 그는 마을에 와서는 드
디어 곯아떨어지고 만다.

무당은 띠배가 완성되어 놓여 있는 마을 중간쯤의 선창에 다다른
다. 띠배는 길이 3미터, 선미가 1.5미터 가량 되어 보이는 배로서 조
기잡이 돛단배를 본따서 만든 것이다. 가마니로 돛을 달고 짚으로 만
든 허수아비 선원들을 자기 위치에 배치하였다.

물이 들어올 때까지 시간을 끌면서 사람들은 용왕상을 두 개 차
려 놓고 용왕굿의 준비를 한다. 이때 황루시는 이 섬의 또 한 사람의
인간문화재 이복동 노인을 만난다. 그는 4해의 용왕들에게 모든 액을
띠배로 걷어가 달라고 발원하는 내용의 축문을 읽는다.

이어서 무녀가 용왕상 앞에서 용왕굿을 하는데, 마을의 풍어를
비는 것이 그 하나요, 두 번째 상으로 옮겨가서는 바다에서 죽은 떠돌
이 영혼을 위로하며 많이 먹고 한(恨)을 풀라고 하는 것이 그 두 번째

이다. 무가가 있고, 농악소리가 요란한 가운데에 큰 상의 음식들을 모두 띠배에 붓는다.

이날 오후 4시쯤 선미에 띠배를 묶은 모선(母船)이 선창을 출발하였다. 농악대원을 태우고 주민들의 전송을 받으며 배는 바다로 나간다(모선에 여자를 태우는 것은 금기사항인데, 황루시는 배를 타고 바다에 나간 듯하다). 드디어 배가 멈추고 술 한 잔을 바다에 뿌리면서 모선에서 띠배를 떼어 낸다. 띠배가 떨어져 나가 바다에 떠갈 때 사람들은 모두 춤을 춘다. 모선은 띠배를 전송한 후 오후 5시경 마을로 돌아온다. 띠뱃굿은 끝이 났으나 신명이 난 풍물꾼들은 한 시간 남짓 노래를 부르고 춤을 추다가 이후 어디론가 흩어져 버렸다. 잔치가 끝나고 흩어지는 것은 인생 자체와 같다.

3.3.2 전라도 씻김굿

지역적 측면에서 볼 때에 전라도 섬 지방은 민속자료의 보물창고이다. 이곳은 이래저래 서민들의 한(恨)이 발생하기 쉬운 환경이다. 사람들은 걱정과 근심에 직면하여 마음을 달래고 살아가는 독특한 방식을 개발하였다. 씻김굿은 그와 같은 유산 중에서 가장 의미 있는 한풀이의 모습이 아닐까 한다. 여기에서는 황루시와 최길성의 조사사례를 중심으로 서술하고자 한다(한국의 굿 시리즈 제6권, 『전라도 씻김굿』, 열화당, 1985).

씻김굿의 용어가 '씻김굿' 내지 '시끔굿' 등으로 다양하게 쓰임을 지적한다. 저자는 이를 죽은 사람[망자亡者]이 저승으로 들어가기 위해 깨끗이 씻기는 의례로 보아서 씻김굿으로 통용한다. 황루시의 전남 영광지방의 씻김굿조사를 먼저 언급한다(황루시, 『한국인의 굿과 무당』, 1988).

일시 : 1982년 8월 14일–15일

장소 : 전남 영광군 영광읍 교촌리 2구 박금만의 집

굿 받는 사람 : 최대례(94세, 사망), 김대자(44세, 사망)

무당 : 김앵순(65세), 신기녀(67세)

악사 : 김성락, 김상구, 전병기

귀신들이 낮보다는 밤을 좋아하는 까닭에, 씻김굿은 저녁에 시작하여 밤을 지새우고 동트기 전에 마친다. 굿당은 크게 안방과 마당으로 나누어진다. 안방에는 성주상과 조상상을 차리고 망자를 위한 상과 사자상(使者床)은 마당에 차린다. 굿의 순서는 지역에 따라 다소의 차이가 있으나, 영광 씻김굿을 중심으로 보면 다음과 같다.

① 당산철융   ② 성주굿   ③ 지왕

④ 칠성   ⑤ 지신   ⑥ 장자풀이

⑦ 오구물림(바리데기)   ⑧ 제석   ⑨ 고풀이

⑩ 씻김   ⑪ 질(길)닦음   ⑫ 종천멕이

하나의 굿은 먼저 제사의 장소에서 부정을 물리는 것으로부터 시작된다. 그런데 씻김굿에서는 부정거리가 없으므로, 굿의 도입부분이 극도로 생략된다.

① 당산철융(地神에 대한 굿)

이는 굿의 도입부에 해당한다. 무당은 굿의 목적이 불쌍한 망자의 천도(薦度)에 있음을 알리면서 당산, 철융, 성주, 조상, 삼신(이는 모두 사람이 복과 수명, 재수를 관장하는 신격이 부여되어 있다)을 청해 들이는 굿을 한다. 이를 당산철융이라 하는데, 최길성의 조사에서는 이것

이 혼건지기와 조왕메기(부엌의 부뚜막 신에게 제물을 차려 놓고 징을 치고 巫歌를 부름)의 형태로 대신하고 있다(최길성, 『한국의 무당』, 1985).

② 성주굿

가택(家宅) 수호신에 대한 굿이다. 무당(전라도 말에 무당을 '당골'이라고 부르는데, 전술한 '단골'과 구별된다)은 댓잎가지 끝에 백지를 묶은 성주대를 들고 안방에 서서 굿을 한다.

③ 지왕(地王)

자손을 얻게 해 주고 명(命)과 복(福)을 잘 길러 주는 신으로 삼신할머니와 비슷한 기능을 갖는다. 전라도 당골들은 굿을 할 때도 대개 흰치마 저고리의 평복을 입는다. 무당은 안방에 서서 밖의 구경꾼과 잽이들을 향해 지왕풀이를 부른다.

④ 칠성(七星)

칠성풀이의 준말인데, 무당은 안방의 굿상을 향해서 장고를 치며, 서사무가(敍事巫歌)인 칠성풀이만을 칭한다. 칠성풀이는 주로 충청도 이남과 전라도에 전승되는 무가이다. 도교(道敎)의 칠성사상이 민간에 전승되어 무가의 형태로 발전된 것으로 판단된다.

⑤ 지신(地神)

지신은 마당의 산기둥 주춧돌 밑이 그 근본(本)이다. 모양은 괴상하게 생겼으나 농사일을 도와서 풍년을 이루게 하고, 광 안에 곡식을 가득 쌓게 한다. 이는 살아 있는 사람을 위한 축원이다.

⑥ 장자풀이

씻김굿에서 전승되고 있는 서사무가이다. 그 내용을 보면, 사마
장자, 우마장자, 제석장자의 3장자가 있었는바, 오직 사마장자가 불효
자에 부자이면서 구두쇠이다. 도사스님이 사마장자에게 시주를 청하
지만, 사마장자는 시주는 커녕 매 때리고 거름(분뇨?)을 한 바가지 퍼
줄 따름이다. 이후 시왕님은 사마장자를 잡으러 나오지만, 사마장자
의 말[馬]인 용천마(龍天馬)를 잡아간다(왜냐하면 사마장자의 며느리가 스
님에게 시주를 하고, 시아버지의 허물을 용서해 달라고 부탁했기 때문이다).
이와 같은 서사무가의 내용에서 유교와 불교사상이 스며들어 있음을
볼 수 있다. 최길성의 장관도(長串島) 사례에서는 이와 같은 장자풀이
는 등장하지 않는다.

⑦ 오구물림

저승에 가서 약물을 구해서 죽은 아버지를 살려내는 효녀(孝女)
바리데기 신화이다. 바리데기 신화는 제주도를 제외한 전국의 망자를
위한 굿에서는 반드시 구송(口誦)되는 무가이다. 바리데기는 일곱 번
째 딸로 태어나 아버지에 의해서 버림받는다. 아버지는 자식을 버린
죄로 죽을 병이 드는데, 저승의 약물을 먹어야만이 살아날 수 있다는
진단을 받는다. 공들여서 키운 여섯 딸은 누구도 저승에 가려고 하지
않는다. 할 수 없이 내버린 바리데기를 찾아가 그 일을 부탁하니, 마
음착한 바리데기는 원망 없이 길을 떠난다. 저승에 도착하여 나무하
기 3년, 물 긷기 3년, 불 때기 3년 등 온갖 고행을 치르고, 드디어 저
승의 약물을 얻는 데 성공한다. 집에 도착하니 아버지가 죽어서 상여
가 나가고 있었다. 바리데기는 약물을 먹여서 죽은 아버지를 살려내
고, 그 공로로 저승세계의 오구신이 된다. 오구풀이가 끝나면 무당은
빈 오구시루 안에 쌀 주발을 놓고 타래실을 시루 밑의 구멍으로 나오

게 뽑아 놓는다. 무당은 그 실을 빼내어서 손가락에 감으면서 극락세
계에 가라고 축원한다. 실이 다하면 노래도 그친다.

⑧ 제석

제석은 집안의 재수굿에서 모셔지는데, 오직 전라남도에서만은 씻
김굿에서도 보인다. 이는 황해도를 제외한 전국에서 채록이 되고, 구경
꾼의 참여도가 높다. 최길성의 조사에서는 나타나지 않고 있다.

⑨ 고풀이

씻김과 더불어 상징성이 매우 뛰어난 행위이다. 기둥에 무명천
한 끝으로 쌀 담은 주발을 묶어 맨 후, 나머지 헝겊에 일곱 개의 매듭
을 만든다. 무녀는 신칼을 들고 잠시 무가를 부른 뒤에 춤을 추며 '고'
를 하나씩 풀어 나간다. 이는 죽은 자(망자)의 생전의 한(恨)을 푸는
상징적 행위이다. '고'를 다 풀면 사람들이 모두 기뻐하고 무녀는 다
시 무가를 부른다.

⑩ 씻김(一名 영돈말이)

이름 그대로 씻김굿의 하이라이트이다. 이는 일명 '영돈말이' — 죽
은 이의 옷을 한지와 짚으로 싸고 일곱 매듭으로 묶어 사람의 신체모
양을 만든다. 이것이 영돈(허재비)이다 — 라고도 한다. 이는 죽은 자
가 저승에 쉽게 들어가도록 깨끗이 씻기는 의례이다(저승에 곧바로 가
지 못하고 떠도는 귀신이 되어선 안 된다). 마당의 조그만 상 위에는 쑥
물, 향물, 맑은 물, 쌀, 비누, 수건, 빗자루 등이 준비되어 있다. 망자
의 신체를 상징하는 영돈(허재비)을 세우고 그 위에 넋과 돈을 담은
주발을 올리고 바가지(어떤 곳은 솥뚜껑)를 덮는다. 무당은 바가지 위
에 쑥물을 조금 뿌린다. 이어 향물을 조금 붓고, 비누로 씻은 후 맑은

물로 헹군다. 다시 빗자루로 띄우고 밥주발을 넣는다. 물은 저승으로 가는 강이고, 바가지는 배가 되는 셈이다. 무당은 신칼로 바가지를 돌리면서 소리를 지른다. "가자스라 가엾은 망재[亡者]씨, 오늘 이 씻김 받으시고 액사지옥을 면하시고, 왕생극락 하자스라."

⑪ 질(길)닦음

죽은 자[亡者]가 저승으로 갈 길을 닦는 의례이다. 안방에서부터 마당까지 무명천(이것은 저승으로 향하는 다리인데, 질베라고도 한다)을 팽팽하게 펼쳐 잡는다. 무당은 대바구니 속에 쌀, 망자의 옷, 넋 상자(당석이라고 함)를 다리(즉 질베) 위에 올려놓는다. 무녀는 쌀을 뿌리면서 신칼을 들고 노래한다. 악사들이 음악을 울리는 가운데에 무녀는 신칼과 넋 상자를 다리(즉 질베) 위로 움직여 나간다. 말하자면 망자는 가족을 떠나서 저승길로 접어드는 것이다.

⑫ 종천멕이

씻김굿의 마무리이다. 굿판에는 망자의 혼령뿐만이 아니라 떠돌아다니는 객귀(客鬼)들이 무엇인가 얻어먹으려고 모여든다. 그러므로 이러한 잡귀들을 먹이고 집 밖으로 내몰아야 한다. 굿상의 음식을 조금씩 떼어서 바가지에 담고 풀어먹인다. 오방(五方)굿이 이와 비슷하다. 대문 밖에 또 다른 상을 차려서 객귀들을 위로한다. 이제 마지막 의식은 짚으로 만든 허재비(영돈), 망자의 옷, 넋 상자(당석) 등을 모두 태워 버리는 것이다. 이렇게 해서 굿이 끝난다.

씻김굿의 목적은 죽은 자의 극락천도에 있다. 그러나 살아 있는 사람들의 발복(發福)과 재수를 비는 점도 적지 아니하다. 아무튼 씻김굿의 핵심은 죽은 자를 극락으로 안내(천도)하는 부분인바, 오구풀이

(바리데기), 고풀이, 씻김, 질(길)닦음 등이 그 대표적인 구성요소이다.

3.3.3 제주도 금녕리 마을 굿 ― '돗제'

제주시 구좌읍 금녕리에는 과거부터 전해오는 마을 굿 '돗제'가
있었다. 이는 오랜 기간 사라졌다가 최근(2013년 12월) 복원(復原)되어
마을 주민에게 선을 보였다(자료 한겨레 2013년 12월 31일자 참고).

일시 : 2013년 12월 30일
장소 : 제주특별자치도 구좌읍 금녕리
굿을 받는 사람 : 금녕리 마을 주민
굿을 주관하는 사람 : 금녕리 마을 박윤보 리장
후원 관청 : 제주관광공사

'돗제'란 돼지를 뜻하는 제주 말[語] '돗'(豚)과 제사라는 의미의
'제'(祭)가 합쳐진 말이다. 제사를 겸한 이 굿은 마을에 있는 신을 위
해 돼지를 바치는 민간신앙의 하나다.

제주관광공사와 금녕리는 2013년 세모(歲暮)에 금녕리 어울림센
터 일대에서 돗제를 열었다. 마을 주민 500여 명이 참가하는 성황을
이루었다. 돗제는 사단법인 제주큰굿보존회의 진행으로 제청(祭廳) 차
림, 초감제, 뼈감상, 고기 썰기, 돗제 본풀이 등의 순서로 치러졌다.
돗제가 끝난 뒤에는 '돗 추렴' ― 돗제를 마치고 참가자들이 함께 남
은 음식과 돼지고기를 나누어 먹는 풍습(이를 음복飮福이라고 함) ― 을
재현했다.

금녕리 박윤보 리장(里長)은 "돗제는 집안에 우환이 있으면 돼지
를 잡고 무당(제주語로 '심방'이라고 함)을 초청해 굿판을 벌여 액운을

막고 안녕을 빌어 가족들의 평안을 기원하는 의식"이라고 말했다.

축제장 한편에는 '돗 통시'(돼지우리)를 재현(再現)하여 제주의 독특한 문화를 널리 알렸다. 이날 행사에는 지질(地質)문화축제의 특성을 살려 지질 느낌을 내는 지질비누 만들기, 돌하르방 인형 만들기 등의 체험행사도 펼쳐졌다.

돗제가 열린 구좌읍 금녕리에는 세계지질공원과 유네스코 세계자연유산인 만장굴이 있다. 이번 축제는 '유네스코 세계지질공원 핵심마을 활성화 사업'으로 열렸다. 옛날부터 금녕리에서는 주로 겨울철 집집마다 좋은 날을 택일하여 돗제를 치러왔다. 그러나 여러 가지 이유에서로 지금 거의 사라지고 일부 집안에서만 명맥을 유지하고 있다. 돗제가 끝난 뒤에는 이 지역에서만 조리하는 음식으로 돼지고기를 삶은 물에 모자반(몸)과 조, 쌀을 넣어 끓인 '몸죽'을 만들어 돼지고기와 함께 이웃 주민이나 낯선 이들에게도 대접한다. 이와 같은 마을 굿은 가족의 평안을 기원함과 동시에, 동시에 마을 주민의 단합에도 기여하는 기능이 있다.

후원 관청인 제주관광공사 관계자는 "과거 생선이나 어패류 이외의 동물성 지방과 단백질 섭취가 어려웠던 제주사람들이 이웃과 나누기 위해 끓였던 것이 몸죽이다. 이를 금녕리의 핵심 콘텐츠로 육성하겠다"라고 말하였다. 돗제는 제주의 지질 특성과 제주문화가 결합된 문화축제이지만, 굿의 이면에는 가족의 무사안일을 바라고, 마을의 안녕을 기원하는 샤마니즘적 사유(思惟)가 자리 잡고 있다.

3.4 샤마니즘의 기능

샤마니즘은 어떠한 사회적 기능을 수행하게 되었을까? 이것은 무

당의 개인적 행위와 무당이 연출하는 굿의 모습으로 분리할 수 있으나,
실제로는 무당의 행위가 퍼포먼스(세앙스)의 형태로 조합하여 나타나므
로 이를 뭉뚱그려진 상태에서 보는 것이 좋다.

무당의 사회적 기능으로서 네 가지를 들 수 있다. 첫째는 종교인
(사제)으로서의 기능이요, 둘째는 치병(治病)의 기능이며, 셋째는 예언
적 기능이며, 넷째는 유희적(遊戲的) 기능이다(박계홍, 『한국민속학개론』,
1983).

종교인으로서 무당은 고대 부족국가에 있어서 중요한 역할을 수행
하였다. 현재 그 기능이 쇠퇴하고 다만 주술자(呪術者) 정도로 머물고
있다. 병을 고치는 기능은 전통사회에 있어서는 가장 중요한 기능이었
다. 의료시설이 척박한 환경에서 또는 의료의 설비가 좋다고 하더라도
불치(不治)의 병에 신음하는 환자에게는 무당에 의한 구병(救病) 행위
가 의미를 지녔을 것이다. 예언적 기능은 인간의 불안 심리에서 나타
나는 것인바, 점복(占卜)의 기능이 그것이다. 전통사회에서는 국가의
공공기관으로서 관상감이나 서운관 등의 존재가 인정되었는데, 이것은
예언의 필요성 때문에 설치된 기관이라 하겠다.

끝으로 샤머니즘의 유희적 기능을 지적하지 않을 수 없다. 인간
의 특성을 가리켜 '놀이하는 인간'(Homo Ludens)이라고 지적한 서양
의 철학자가 있거니와 ─ 네덜란드 철학자 J. 호이징가(Johan Huizinga)
가 사용하였음 ─, 인간은 춤추고 노래하고 놀지 않고서는 살 수 없는
존재이다. 물론 굿의 종교성이 단순한 놀이를 지양함에는 의문이 있
겠지만, 놀이(유희遊戲)를 제거한 굿이란 처음부터 있을 수 없지 않
을까?

샤머니즘의 윤리적 기능 또한 무시할 수 없는 영역이다. 그러나
이 분야에 대한 연구는 사실상 전무한 편이다. 전술한 굿(퍼포먼스)의
사례를 중심으로 윤리적 의의를 살펴보고자 한다.

위도 띠뱃놀이의 예에서 보는 것처럼, 퍼포먼스는 마을 공동체 의식을 강화하는 힘이 있다. 강이나 바다에서 용신(龍神)을 위해서 벌이는 용신굿이나 풍년을 비는 풍농굿, 마을 수호신을 위한 도당굿 등은 마을 구성원의 눈에 안 보이는 응집력을 증대시킨다. 그러므로 이와 같은 인간관계의 응집력을 두려워한 일제(日帝) 통치자들이 통치의 한 수단으로 샤마니즘을 의식적으로 격하시키고, 미신으로 규정하여 조직적인 탄압을 강행(强行)하였다.

불행하게도 이러한 탄압은 1945년 해방 후에도 연결되어 1970년대에 추진된 새마을사업은 일제(日帝) 시대의 정책을 무비판적으로 수용, 마을굿(당굿)을 미신으로 몰아서 그 때까지 남아 있던 당집을 철저히 부수고, 당굿의 씨를 말리게 하였다. 이것은 한국인이 지니고 있던 마을에 대한 긍지를 박탈한 사건으로 비극이 아닐 수 없다.

샤마니즘에는 현세(現世)에 대한 유교적 긍정과, 내생(來生)에 대한 불교적 극락의 세계가 동시에 인정되고 있다. 산 자와 죽은 자의 공동의 안심(安心; 표현상으로는 살아있는 자의 안심이 되겠으나 극락천도를 위한 길이므로 죽은 자의 영혼도 안심시킨다고 본다)을 지향하고 있는 말이다.

영광 씻김굿에서 보는 바와 같이 산 사람의 복(福)을 바라는 심정이 죽은 자의 한(恨)을 씻는 절차를 빌려서 표현되고 있다. 오구물림에서는 바리데기를 통한 유교문화의 효(孝)의 관념이 지배적인 것으로 묘사된다. 씻김에서는 왕생극락을 기원하는 불교적 윤회(輪廻)사상이 자리 잡고 있다.

인간이란 어떤 하나의 현상으로 그 존재를 설명하는 데는 한계가 있다. 물체의 이면에 그늘이 존재하듯이 인간의 삶에도 그늘이 필요하다. 유교문화의 합리성과 고급성이 눈에 보이는 양(陽)의 측면이라

면, 샤머니즘의 푸닥거리(퍼포먼스)는 잠재된 그늘의 세계를 표현하는
음(陰)의 세계이다. 그것은 애잔한 민중의 한(恨)을 풀어내는 해원(解
寃)의 기능을 수행한다. ― 나중에 언급하겠지만, 이와 같은 샤머니즘
의 기능을 이해하면, 한말 민중종교인 동학(東學)과 증산교(甑山敎)를
이해하는 데 도움이 크다 ―

　　외부적 생산성에만 눈을 돌리고 합리화의 극대화를 추구하는 현
대의 산업사회, 정보사회에서 샤머니즘은 한낱 미신에 그치고 말 것
인가? 행여나 이와 같은 샤머니즘의 세계를 우리의 일상생활에서 제
거함으로써, 그늘이 없어진 현대인의 심성이 날로 포악해지고 온갖
범죄와 사회악이 늘어나게 된 것은 아닌지 반성할 일이다. (전통 마을
굿의 일부를 재현하기를 권장한다. 제주도 금녕리 '돗제'는 한 가지 예이다.
이를 미신 행위라고 비난하는 사람이 있다면, 대체 인간은 무엇을 위해서 살
아가는지 생각해볼 일이다.)

📖 읽을거리

- 변태섭, 『한국사통론』, 삼영사, 1986.
- 박계홍, 『한국민속학개론』, 형설출판사, 1983.
- 양민종, 『샤먼 이야기』, 정신세계사, 2003.
- 김태곤, 『한국무속연구』, 집문당, 1981.
- 조흥윤, 『한국의 巫』, 정음사, 1983.
- 조흥윤, 『한국의 샤머니즘』, 서울대학교출판부, 1999.
- 황루시, 『한국인의 굿과 무당』, 문음사, 1988.
- 류동식, 『한국巫敎의 역사와 구조』, 연세대학교출판부, 1975.
- 이능화, 『朝鮮巫俗考』, 이재곤 옮김, 동문선, 1961.

● 박미경, 『한국의 무속과 음악』, 윤화중 역, 세종출판사, 1996.
 (← 이 책에 첨부된 CD "진도 씻김굿 음악"은 巫 음악 감상자료임)
● 민속박물관 학술총서 V, 『진도무속 현지조사』(其一, 其二), 전라남도,
 1988.
● 최길성, 『한국의 무당』, 열화당, 1985.
● 차옥숭, 『자료와 해설 한국의 철학사상』 무속 부분, 예문서원, 2001.
● 한국의 굿 시리즈, 제 6 권, 『전라도 씻김굿』, 열화당, 1985.
● 미르치아 엘리아데, 『샤마니즘』, 이윤기 옮김, 까치, 1994.
● 秋浦, 『薩滿敎硏究』, 上海人民出版社, 1985.
● 劉小萌·定宜庄, 『薩滿敎與東北民族』, 吉林敎育出版社, 1990.

제4강 한국사상의 고유성 문제

한국사상의 기술(記述)에 있어서 중요한 문제의 하나로 고유성(固有性)을 들 수 있다. 이 문제는 자칫하면 폐쇄적인 주장에 빠질 위험이 있기 때문에 조심스러운 접근이 필요하다. 지구촌의 '국제화' 혹은 '세계화'의 시대에 민족 개념이 엷어져가는 현실에서, 민족을 주장하는 것은 과연 촌스러운 일인가? 우리는 세계화 혹은 국제화를 하나의 추세로 받아들일 수밖에 없으나, 그렇다고 '나'의 존재를 거부할 수는 없다. 실체도 없는 '세계화'라는 거대한 용어 앞에서 주눅 들지 말고, '나' 자신을 정면으로 쳐다볼 필요가 있다. ―세계화를 주장하여 민족주의를 탈색(脫色)시킴으로써 이익을 보고자 하는 무리들이 누구인지 생각해 볼 필요가 있다는 말이다. 이와 같은 입장에서 저자는 고유성의 문제를 두 가지 점에서 검토한다. 그 하나는 '단군신화'요, 또 다른 하나는 '풍류도'이다 ―

4. 1 한국의 고유사상 (1) — 단군신화를 중심으로

4.1.1 신화란 무엇인가?

나의 존재는 역사적인 존재이며, 나는 민족의 일원이다. 이것은 이웃과 문을 닫는 폐쇄적 사고가 아니며, 나를 찾는 주체적(主體的) 사유의 연장이다. 만일 민족을 말하고자 한다면, 내가 등을 대고 있는 한민족(韓民族)의 옛날을 쳐다보아야 한다. 단군(檀君)의 존재는 그와 같은 내 존재의 근원과 연결되어 있다.

한국사상의 정립에는 어려운 점이 많다. 그 하나가 단군신화에 관한 내용이다. 신화를 엄정한 논리를 요구하는 학문세계에서 취급할 수 있는가에 대해서 의문을 제기하는 사람도 있을 것이다. 그러나 한 국사상의 시원(始源)을 결정하는 데 있어서 신화의 검토 작업은 필수 적이다. 저자는 단군의 문제를 로고스(logos)의 차원에서 다루지 않고, 뮈토스(mythos)의 차원에서 고찰한다. 뮈토스는 일종의 이야기의 세 계인데, 신화란 전승된 이야기이다.

제기되어야 할 문제는 신화(神話)란 무엇인가 하는 점이다. 신화 는 허황되고 믿을 수 없는 공상적인 것일까? 그것은 무시해도 괜찮은 무가치한 기록일까? 저자는 먼저 『중국의 고대신화』를 저술한 유안커 (袁珂, 1940년대 대만의 인물)의 이야기를 들어 보기로 한다:

무엇이 신화인가? 이것은 뚜렷한 해답을 내리기가 매우 어려운 문제 라고 할 수 있다. 우리나라[중국]는 옛날부터 신화라 하는 이름도 없 었다. 그것은 근세에 들어와 외국으로부터 수입되어 들어 온 명사에 불과하다. 따라서 대부분의 사람들은 누구나 신화란 현실생활과는

무관한 것이며, 곧 인류의 두뇌에서 공상적으로 발생한 것에 불과하
다는 생각을 하고 있다. 그러나 이 같은 인식은 이만저만한 착오가
아닐 수 없다. 일반적으로 말해 신화란 곧 자연현상을 의미하며, 그
것은 또한 자연에 대한 인류의 투쟁과 광범위한 사회생활을 개괄적
으로 반영한 것이라고 볼 수 있다. 다시 말해 신화의 발생은 인류의
현실생활에다 기초를 두고 있는 만큼 결코 인간두뇌의 공상(空想)에
서 비롯된 것은 아니라는 점이다(袁珂, 『중국의 고대신화』, 정석원 역,
1988).

　이처럼 신화란 공상의 산물만은 아니다. 신화란 인간으로서 마땅
히 가질 만한 꿈(몽상夢想)의 세계에서 출발한다. 중국, 인도, 그리스,
이집트 등과 같은 고대문명국가들은 신화를 가지고 있다. 미국처럼
역사가 짧은 나라는 신화가 없지만 ― 오늘날 미국은 세계에서 가장
존경받는 국가이면서 동시에 증오의 대상이 되는 나라이다. 미국은
'신화'를 현대에서 만들고 있는 나라이다. 이 나라는 앨런 브링클리
(Alan Brinkley)의 표현대로 "The Unfinished Nation"이다(앨런 브링클리,
『있는 그대로의 미국사』, 황혜성 외 옮김, 휴머니스트) ― 오랜 역사를 가진
나라들은 대체로 신화를 가지고 있고, 그 나라 국민들의 신화에 대한
자부심은 강한 편이다. 신화는 인간세상에서 쓸데없는 하찮은 것이
아니다. 신화는 나름대로 기능을 가지고 있다.
　신화의 내용은 문명인의 판단으로 볼 때는 신기하고, 비합리적이
고, 상식을 초월하는 황당무계한 점이 많으나, 그것은 문명인의 사고
방식에 따른 것이고, 원시인의 심리와 사고방식에서 이해할 때에는
구구절절이 합리적이고 타당성을 지니고 있다. 그들에게는 신기할 것
이 없고, 도리어 그것이 신화의 순수성을 나타내고 있다. 그러므로 신
화를 이해하려는 태도가 중요하다. 그러한 마음가짐이 있어야 가려졌

던 고대사회의 모습이 이해될 것이다.

　신화는 신(神)에 관한 이야기의 형태로 존재하지만, 그 속에 담겨져 있는 내용은 인간의 이야기이다. 그 표현이 신비에 가려져 있고, 오늘날 과학문명의 기준에서 볼 때 한계가 있다고 하더라도, 어떤 민족의 생성과정과 근원을 연구하고자 하는 사람에게는 가볍게 지나쳐 버릴 영역이 아니다.

　단군신화는 한국민족의 가장 오래된 신화이며, 여러 가지 한국의 신화 가운데에 가장 원형에 속한다. 그것은 한민족의 정신사에 있어서 무엇보다도 중요한 의미를 지닌다. 우리는 고조선 사회의 자료를 통하여, 단군신화가 내포하는 사상적 의미를 검토하기로 한다.

4.1.2 고조선에 대한 자료검토

　고려 말 조선왕조 초기의 유학자 양촌 권근(權近; 1352-1409)은 다음과 같은 시를 읊은 일이 있다:

전설 듣자니 아득한 옛날	(문설홍황일聞說鴻荒日)
단군(檀君)이 나무 밑에 내려왔네	(단군강수변檀君降樹邊)
임금 되어 동쪽나라 다스렸는데	(위임동국토位任東國土)
중국 요(堯) 임금과 같은 때라오	(시재제요천時在帝堯天)
전한 세대 얼마인지 모르지만	(전세부지기傳世不知幾)
해로 따져 천 년이 넘었구나	(역년증과천歷年曾過千)
뒷날 기자(箕子)의 시대에 와서도	(후세기자대後世箕子代)
똑같이 조선이라 이름 하였네	(동시호조선同是號朝鮮)

(『국역 양촌집』, 민족문화추진회, 1982)

　아득한 옛날 신인(神人)이 하늘로부터 신단수[단목檀木] 아래로 내

려오자, 사람들이 그를 임금으로 세우고 단군(檀君)이라고 불렀다. 이
때는 중국 고대의 전설적 인물, 요(堯) 임금의 원년(혹은 25年) 무진년
(戊辰年; B.C. 2333)이다.

　　이 기록은 지금으로부터 4,000여 년을 거슬러 올라가는 까닭에
참과 거짓을 알 수 없다. 저자는 단군조선에 관한 기록을 대략 간추
려 자료를 정리하는 일로써 단군신화의 의미를 뒷받침한다. 단군신화
를 포함하여 고조선(古朝鮮)에 관하여 언급하고 있는 문헌에는 다음과
같은 것들이 있다:

저 자	책 이름	제작 시기
일연(一然)	『삼국유사』	고려(13세기)
이승휴(李承休)	『제왕운기』	고려(13세기)
권근(權近)	『양촌집』(응제시)	조선(1402)
권람(權擥)	『응제시 註』	조선(1460)
정인지(鄭麟趾) 등	『세종실록』(지리지)	조선(1454)
이행(李荇) 등	『신증동국여지승람』	조선(1530)
서거정(徐居正)	『동국통감』	조선(1485)
북애노인(北崖老人)	『규원사화』	조선(17세기)
이긍익(李肯翊)	『연려실기술』	조선(18세기)
한치윤(韓致奫)	『해동역사』	조선(18세기)

　　이상과 같은 자료를 통하여 단군신화와 고조선사회의 모습을 들여
다 볼 수 있다. ─ 저자는 여기에서는 자료의 신빙성이 의심되는『환단
고기』와 같은 최근의 자료를 제외하였다 ─ 대표적인 자료 몇 가지를
들어 고조선 개국의 모습을 들여다본다. 일연(一然; 1206-1289)은『삼국
유사』고조선조(古朝鮮條)에서 이렇게 말하고 있다:

『위서』에서 말하였다. 지금으로부터 2천 년 전 단군왕검이 있어 도읍을 아사달에 정하고, 나라를 열어 이름을 조선이라고 하니 (중국의) 요(堯) 임금과 같은 때이다(일연,『삼국유사』제 1 권, 紀異, 고조선).

한편 이승휴(李承休; 1224-1300)는 『제왕운기』전조선기(前朝鮮紀)에서 다음과 같이 말한다:

처음에 어느 누가 나라를 열었는가
석제(釋帝) 손자이니, 이름은 단군일세
(이승휴,『제왕운기』하권, 전조선기)

일연과 이승휴는 같은 시대 인물이지만 서로 만났는지는 알 수 없다. 두 사람이 한국 최초의 국가를 신화의 형태로서 인정하고, 지도자로서 단군을 들고 있다. 흥미로운 사실은 국가의 명칭인데,『삼국유사』에서는 고조선이라고 호칭하고 기자(箕子)조선을 포함시켰다. ― 원문에 "周나라가 기자를 봉(封)하여 조선이라고 하였다"라고 있다 ― 그러나 『제왕운기』에는 전조선(前朝鮮)이라고 호칭하였으며, 고조선이라고 쓰지 않았다. 이승휴는 같은 책 후조선기(後朝鮮紀)에서 기자조선을 다루고 있다.

조선왕조 후기의 실학자 이긍익(李肯翊; 1736-1806)은『연려실기술』에서 이렇게 말하고 있다:

단군이 평양에 도읍을 정하여 전조선(前朝鮮)이 되었고, 기자가 와서 여기에 도읍을 정하여 후조선(後朝鮮)이 되었으며, 위만이 왕험성(왕검성)에 도읍을 정하여 위만조선(衛滿朝鮮)이 되었다(『국역 연려실기술』, 민족문화추진회, 1977).

이상과 같은 3조선에 관한 내용을 단재(丹齋) 신채호(申采浩; 1880-1936)는 다른 방향으로 해석하고 있으나(신채호,『조선상고사』제

3편), 저자는 이승휴의『제왕운기』에서 언급한 견해를 좇아서 고조선 사회를 다음과 같이 정리한다:

	① 전조선(前朝鮮) — 단군조선(檀君朝鮮)	
고조선(古朝鮮)	② 후조선(後朝鮮) — 기자조선(箕子朝鮮)	
	③ 위만조선(衛滿朝鮮)	

이 견해는 서거정(徐居正; 1420~1488)의『동국통감』외기(外紀)에서 분류한 단군조선, 기자조선, 위만조선의 3분법에 합치되므로 — 3조선 분류는 최근 학계의 분류경향은 아니다. 학계의 의견이 통일되어 있지 않다 — 크게 무리가 아니라고 생각한다. 우리가 고조선이라는 칭호를 사용할 때는 전후의 조선을 말하는 좁은 뜻과, 3조선을 의미하는 넓은 뜻의 두 가지가 있음을 주의하여야 한다.

고조선의 전모를 시원하게 밝힐 수 있는 자료에 제한이 있고, 그 해석에 한계가 있는 만큼 역사성의 문제는 접어두고 — 학계는 고조선의 역사성을 인정하는 방향으로 가고 있다. 저자는 고조선은 현재의 한반도가 아닌 중국 랴오닝(遼寧)성 지역에 존재하였을 것으로 본다. 고조선 지역으로 추정되는 곳에서 발견된 유물(遺物)은 검증이 필요하다. 만일 고조선의 역사성이 인정된다면, 그것은 기자조선을 말하는가? 혹은 위만조선을 말하는 것인가? — 개국 초기의 단군신화, 즉 단군에 관한 뮈토스(mythos)가 지닌 사상적 의미를 검토하는 일이 중요하다.

4.1.3 단군신화의 철학적 해석

신화(神話)란 합리적 사유만을 바탕으로 한 과학적 논리로써는 해명할 수 없는 세계이다. 그것을 구하는 일 자체가 과학이라는 이름 아래 초월의 세계(종교와 철학의 영역)를 불신하는 데까지 사고가 전개되고 있다. 인간생활은 논리적, 과학적 분석과 검증으로만 해결될 수 없는 근원적 문제를 안고 있다. 오스트리아 출신의 천재 철학자 L. 비트겐슈타인은 말한다. "우리는 모든 가능한 과학적 질문들이 답변된다고 하더라도, 우리의 인생자체에 대한 문제는 대답된 것이 아니라는 것을 느낀다"(『논리-철학 논고』6.52). 이는 매우 의미 있는 주장이다.

『삼국유사』와 『제왕운기』의 기록에 의하면, 단군신화의 구체적인 내용은 다음과 같이 정리된다:

① 옛날 천상의 세계에 神인 환인(桓因)과 그의 아들 환웅(桓雄)이 있었다.
② 환웅이 태백산 마루의 신단수(神檀樹) 아래로 내려온다.
③ 그때 지상에 곰과 호랑이가 있어 사람이 되기를 기원한다.
④ 곰은 사람이 되고, 호랑이는 사람이 되지 못한다.
⑤ 환웅은 곰[여자]과 혼인하여 단군을 낳는다.

이것이 단군신화의 골자이다. 위의 내용을 놓고 생각할 때, 우리는 단군신화에 대한 철학적 측면의 분석이 가능해진다. 이을호 교수는 그의 논문 "단군신화의 철학적 분석"에서 무교적(巫敎的) 단군론을 상제천설(上帝天說)과 3신설의 분야에서 이해할 수 있으나 — 단군이 하느님, 곧 상제(上帝)와 같은 권좌에 있으며, 또한 단군신화의 神은 하늘, 땅, 사람의 삼신(三神)의 신이라는 뜻이다 — 결국 우리말로 '한' 이라고 표현되는 고유사상의 한 가지로 정립할 수 있다고 말하였다 (이을호, 『한사상의 묘맥』, 1986).

이을호 교수는 또 "윤리적 측면에서 본 단군신화"에서 단군신화를 부자, 군신, 남녀의 세 가지 관계에서 검토한다. 여기서도 '한 사상' 또는 '한의 철학'이라는 술어를 사용하여 서구(西歐)는 물론, 중국과도 구별된다고 주장하였다. 저자(황준연)는 '한 사상'의 정립을 소망하는 입장에서, 단군신화의 철학적 의미를 다음의 몇 가지로 정리한다:

① 첫째, 초월적 세계의 존재이다. 단군신화에서는 아득한 먼 옛날 천상의 세계가 있고, 그곳을 다스리는 신(神)으로서 환인의 존재가 등장한다. 천상 세계가 어떤 규모이며, 그 곳에서는 어떠한 신(神)들이 있는지는 알 수 없다. 『삼국유사』의 원문에 나오는 풍백(風伯), 우사(雨師), 운사(雲師) 등을 신들의 명칭으로 해석한다면, 천상의 세계에는 여러 신들이 존재한다. 환인은 그와 같은 신들 가운데서 으뜸이며, 곧 상제(상제上帝)이다.

② 둘째, 인간세상의 의미이다. 환인의 아들 환웅이 천상의 세계를 떠나서 인간세계로 내려온다. 그는 하늘에 사는 무리 3,000명을 이끌고서 태백산 마루의 신단수 아래에 자리 잡는다. 이곳이 신시(神市)이다. 환웅은 바람의 신, 비의 신, 구름의 신을 거느렸는데, 이들 신(神)들도 인간세상을 소망하였다. 인간세상에 대한 중시는 미래보다는 현실, 저승[來世]보다는 이승[現世]을 더욱 중요하게 생각하는 현세주의 입장에 서 있다(도광순, "단군신화의 역사성과 사상성"). 살 만한 곳은 천상세계가 아니라 인간세상이라는 말이다. 천상세계의 인간화가 그 소망이다.

③ 셋째, 천상과 인간세계의 일치이다. 한자술어로 표현하면, 천인합일(天人合一)이 그것이다. ― 이때의 '천인합일'은 훗날 중국 송유(宋儒)들이 언급한 천리(天理)에 합일하는 도덕적 일치를 뜻하지 않는다 ― 하늘과 사람이 하나로 합하여진다는 표현은 무엇을 말하는가? 여기에는 신비가 존재한다. 신의 아들인 환웅은 사람으로 변한 곰, 즉

웅녀(熊女)와 결혼한다. 그 혈연관계에 있어서 신성(神性)과 인성(人性)의 결합이다. 그렇게 태어난 단군은 신의 아들이면서 동시에 사람의 아들이다. 이것을 도광순은 "하늘과 땅, 양(陽)과 음(陰)의 양극이 결합하여 새로운 존재로서의 사람[人]을 탄생시키는 '어우름'[융화融化]의 사상성을 표현한 것"이라고 말하였다. — L. 비트겐슈타인은, "실로 언어로써 표현 불가능한 것이 있다. 이것은 스스로 드러난다. 그것이 신비스러운 것이다"(비트겐슈타인, 『논리-철학 논고』 6.522)라고 하였는데, 이는 신화의 세계에 적용되는 이야기이다 —

단군신화는 고대 우리 민족이 지니고 있었던 소박한 세계관을 표현한다. 동시에 후대에 고대국가 창립기에 등장하는 많은 설화의 원형이 된다. 북부여(北扶餘: 東扶餘) 해부루가 금개구리 모양의 아들을 얻었다는 이야기(일연, 『삼국유사』 동부여), 고구려 시조 고주몽(高朱蒙)의 동명성왕 신화 이야기(『삼국유사』 고구려), 신라 시조 혁거세 신화 이야기(『삼국유사』 신라시조) 등 많은 설화 등이 단군신화를 원형으로 하고 있다. 우리는 이와 같은 고대 한민족의 국가형성기에 등장하는 신화를 바탕으로, 민족의 정신적 역량이 풍부하였음을 확인할 수 있다. 그러므로 이와 같은 정신 역량을 바탕으로 한민족의 사상적 고유성을 이야기할 수 있다.

4.2 한국의 고유사상 (2) — 풍류도(風流道)를 중심으로

4.2.1 '풍류'의 뜻과 기원

한국사상의 고유성을 이야기할 때 풍류도(風流道)는 주목할 만한 가치가 있다. 동양사상의 종류를 열거하면 유교, 불교, 도교를 가리킨다. 한국의 전통사회에 있어서 3교는 정치, 사회, 문화의 각 방면에 있어서 헤아릴 수 없는 넓이와 깊이에 걸쳐 영향을 미쳤다. 그러므로 3교 밖에 다른 영역이 눈에 띈다면, 우리는 마땅히 눈을 부릅뜨고 쳐다보아야 한다. 풍류는 이와 같은 3교의 영역과 다른 것으로 보인다.

용어의 측면에서 볼 때, 풍류(風流) 혹은 풍류도(風流道)는 현대인에게 오해의 소지가 있다. 흔히 '풍류를 아는 남자'라고 말할 때, 어떤 남자가 중국 무술 영화에서 보는 것처럼 술을 거나하게 마시고, 호기(豪氣)를 부리면서 구성지게 노래를 부르거나 혹은 한 바탕 춤을 추는 경우를 연상하기 쉽다. — 여자라고 해서 풍류를 즐기지 말라는 법은 없다. 그러나 일반적으로 '풍류'는 여성보다는 남성의 경우에 적용되는 듯하다 — 여기서 말하는 풍류는 그와 같은 의미는 아니다. 저자가 말하는 '풍류'는 역사적 개념이며, '풍류도'(風流徒)라고 호칭할 때는 어떤 사람들의 무리, 즉 집단(group)을 말한다.

한국 고대사회에 있어서 '풍류'에 관한 자료는 가난하다. 대표적인 자료에 『삼국유사』와 『삼국사기』가 있다. 풍류란 무엇일까? 신라의 학자 고운 최치원(崔致遠; 857-?)은 『삼국사기』에서 이렇게 말한다:

우리나라에 오묘한 사상이 있으니 '풍류'(風流)라고 한다. 가르침을 베풀은 근원은 『선사仙史』에 자세히 들어 있다. 3교를 포함한 것인데, 이로써 모든 사람을 교화한다. 집에 들어가면 효도하고 나라에 나가면 충성하라는 것은 노(魯)나라 공자의 뜻이요, 무위자연(無爲自然)에 처하라는 것과 말없이 실천함에 대한 가르침은 주(周)나라 노자의 가르침이요, 모든 악행은 하지 말며 선행을 다하라는 것은 인도 석가모니의 가르침이다(김부식, 『삼국사기』 제 4 권, 신라본기, 진흥왕 37년조).

이 글에 의하면 풍류도는 유교, 불교, 도교를 포함한 고대 한국의 독특한 사상체계였다. 중국측 자료에도 풍류도(風流道)라는 말이 나온다. 중국의 남조(南朝) 송(宋), 제(齊) 시기 도교학자 고환(顧歡)이 불교와 도교를 비교하는 곳에 다음과 같은 이야기가 보인다:

만일 풍류교(風流敎)를 볼 것 같으면, 그 도(道)는 반드시 다르다. 불교는 본래 중국의 도가 아니었고, 도교는 서방 오랑캐(西戎)의 법이 아니니, 물고기가 연못에 있고 새가 하늘을 나는 것과 같아서 영구히 상관하지 않는다. 어찌 노자(老)와 석가모니(釋)의 2교가 팔표(八表)를 교행할 것인가? 이제 불교가 동쪽으로 흘러왔고, 도교 또한 서쪽으로 매진(邁進)하였으니, 세상에는 정밀한 것과 잡된 것이 있고, 교학(敎學)에는 문채(형식)와 바탕[文質]이 있음을 알 수 있다 (『25史』 중 「남제서南齊書」).

여기서 언급한 '풍류교'는 도교와 불교가 아닌 것은 확실한데 참모습을 알기가 어렵다. 안타까운 점은 고대 한국의 경우 이 사상체계가 실려 있다고 최치원이 말한 『선사仙史』와 같은 자료가 사라져버린 점이다. 그러므로 오늘날 풍류가 무엇을 의미하는지 모호하고 분명치 않게 되어 버렸다.

고려되어야 할 사항은 상기 인용문(최치원)의 전후에 관한 검토이다. 원래 인용문은 최치원이 난랑(鸞郎)이라는 화랑을 위하여 새긴 비문(碑文)의 일부이다. 그러므로 화랑에 관한 이야기 중에서 풍류의 의미가 새겨져 있다. 따라서 화랑과 풍류가 같은 맥락에서 이해될 수 있음을 지적해야 하겠다. 일연의 『삼국유사』에 다음과 같은 내용이 전하고 있다:

왕(진흥왕)은 생각하기를 나라를 일으키려면 반드시 풍월도(風月道)를 먼저 해야 한다고 하고, 다시 명령을 내렸다. 양가(良家)의 남자 중에서 덕행이 있는 자를 뽑아 그 명칭을 고쳐 화랑이라 했다. 비로소 설원랑을 받들어 국선(國仙)을 삼으니, 이것이 화랑국선의 시작이다(일연, 『삼국유사』 제3권, 탑상).

화랑의 시초 이야기에서 우리는 몇 가지 용어들이 섞여 쓰이고 있음을 본다. 풍류와 풍월은 서로 같은 의미로 보아야겠다. 최치원의 이야기에서 현묘한 도(道)라고 하였는데, 풍류도는 곧 풍월도라는 점이다. 풍류의 도(道)를 닦는 사람을 곧 화랑이라고 부르고, 최초의 화랑으로 설원랑을 받들어 국선(國仙)이라고 하였는데, 화랑과 국선은 동격으로 새겨진다.(상기의 인용문 가운데 마지막 문장 원문은 "이 화랑은 국선의 시작이다"라고 되어 있다.)

화랑의 기원은 어디서 유래되는 것일까? 이에 대하여 이을호 교수는 최치원이 말한 『선사仙史』를 국선의 역사로 보고, 기록은 존재하지 않지만 전통이 단군으로부터 비롯되었다고 주장한다(이을호, 『한사상의 묘맥』, 1986). 같은 내용의 주장이 현상윤(1892-?)의 『조선사상사』에서도 보이는데, 그는 화랑도를 신도(神道)의 한 방면이요, 발전된 형태로 보았다(현상윤, 『조선사상사』). 이와 같은 주장은 실마리가 느껴지는 상태이지 논리적 취약성을 벗어나지 못한다. 화랑의 기원에 관한 문제는 신채호(1880-1936)의 『조선상고문화사』를 참고함이 도움이 크다. 그는 이렇게 말하고 있다:

화랑의 별명은 국선(國仙)이라 하며, 화랑이라 하고, 고구려 조의(皂衣)의 별명은 선인(仙人)이라 하며, 『삼국유사』의 화랑을 신선의 일이라 하였은즉, 신라의 화랑은 곧 고구려의 조의에서 나온 자요, 고구려사의 "평양은 선인 왕검의 집이다"는 곧 선사(仙史)의 본문이니,

단군이 선인(仙人)의 시조라, 선인은 우리의 국교(國敎)이며, 우리의
무사도(武士道)며, 우리 민족의 넋이요 정신이며, 우리 국사의 꽃이
거늘, (김부식)은 원류를 말하지 않고, 다만 당(唐)나라 사람의『신라
국기新羅國記』나,『대중유사大中遺事』의 본문을 인용하여 진흥대왕
의 화랑 세우던 말만 함은 무슨 일인가? (신채호, "조선상고문화사,"
『단재신채호전집』상권, 1987)

신채호의 김부식에 대한 비난이 과격한 점이 있으나, 그 주장하
는 바는 일리가 있다. 풍류도의 기원에 관한 사료검증은 별도로 이야
기하더라도, 풍류라고 하는 사상체계가 있었음은 부정할 수 없다.

4.2.2 풍류도의 발전과 쇠퇴

신채호는 화랑도의 기원을 고조선까지 소급하여 단군을 선인(仙
人)이라고 하였다. 고조선 사람들이 그들의 선도(仙道)를 지닌 채로
신라 땅에서 살았다는 것일까? 이 점에 대한 기록을『삼국사기』초두
에서 발견된다. 김부식은 이렇게 적고 있다:

일찍이 조선의 유민들이 이 곳(서라벌)에 와서 산과 골짜기 사이에
흩어져서 살며 여섯 촌락을 이루었다(김부식,『삼국사기』제 1 권, 신
라본기).

기록에 비추어 볼 때, 고조선의 유민들이 신라에 와서 6촌을 이
루었다는 사실은 부정할 수 없다. 그들이 지닌 관습이 후손에게 전하
여졌을 것으로 유추한다. 그 까닭에 최치원은 전하여 내려온 '현묘한
도'를 풍류라고 이름하지 않았을까? 그리고 진흥왕은 풍류도를 시행
하고 이를 연마하는 사람들을 화랑이라고 부른 것이 아닌가 한다.

풍류는 이렇게 화랑에게 전하여져 화랑도를 형성하게 된다. 그렇
다면 화랑의 무리들은 무엇을 어떻게 하였으며, 어떤 형태로 화랑도
는 발전을 하였을까? 김부식은 『삼국사기』에서 다음과 같이 말한다:

> 그 후 (나라에서는) 다시 외양이 아름다운 남자를 뽑아 곱게 단장하
> 여 이름을 화랑이라 하여 받들게 하니 무리가 구름같이 모여들어 혹
> 은 서로 도의를 닦고, 혹은 서로 음악[歌樂]으로 즐거워하고, 산과 큰
> 내(川)에 노닐면서 멀리 이르지 아니한 곳이 없었다. 이로 인하여
> 그 사람됨을 알아서 그중 착한 자를 가리어 정부에 추천하게 되었다
> (김부식, 『삼국사기』 제 4 권, 신라본기).

여기에서 우리는 화랑의 무리, 즉 화랑도(花郞徒)들이 세 가지 일
에 전념하였음을 본다. 원문을 살려서 정리하면 아래와 같다.

① 서로 도의로써 연마한다. (혹상마이도의或相磨以道義)
② 서로 가악으로써 즐거워한다. (혹상열이가악或相悅以歌樂)
③ 산수에 노닐며 멀리 이르지 않은 곳이 없다.
  (유오산수무원부지遊娛山水無遠不至)

화랑의 무리들이 자유롭게 도의를 닦고, 음악으로 즐거워하며,
또 산수에 노닐면서 호연지기(浩然之氣)를 기를 수 있었던 것은 국가
적 차원의 뒷받침이 있었기 때문이다. 진흥왕(재위 540-576)의 화랑
우대책이 그것이다. 언급한 바와 같이 대왕은 나라를 일으키기 위한
방책으로 풍월도를 먼저 해야 된다고 결심하였으므로, 화랑을 우대하
려는 뜻이 강하였다. 신채호는 이렇게 말한다:

> 당초에 신라 진흥대왕이 사회와 국가를 위하여 만세의 계책을 정할
> 때, 각 종교의 마찰을 고려하여 유교, 불교 양교는 평등으로 대우하
> 며, 화랑은 3교 교지를 포함한 자라 하여 각 종교의 위에 두게 하고,

교도의 상호 출입을 허용하였다(신채호, "조선역사상 일천년래 제일대
사건,"『단재신채호전집』중권, 1987).

이렇게 본다면 풍월도(풍류도)는 여건상 유교와 불교보다도 더욱
사회적 공인도가 높았으며, 그 일에 종사하는 낭도들이 크게 대접을
받았음을 알 수 있다. — 신채호는 낭(郎), 유(儒), 불(佛)의 3가를 병립
시키되 대세에 있어서 '낭가'가 앞서 있음을 기술하고 있다 — 이와
같은 사회적 분위기 속에서 "현명한 재상과 충신들이 여기에서 솟아
나고 우수한 장수와 용감한 사병들이 이로 말미암아 배출된 것"이다
(김부식, 『삼국사기』 제4권, 신라본기).

이와 같은 사회적 여건에서 인재들이 다투어 화랑에 입문하려 하
였음은 당연한 일이다. '세속 5계'로 잘 알려진 귀산(貴山)과 추항(箒
項)에 관한 이야기도 여기에서 나타난 것이다(일연, 『삼국유사』 제4권,
원광서학). 향가문학의 자취를 통해서나 또는 귀산, 김유신, 김춘추,
비녕자, 검군 등의 아름다운 이야기를 통해서도 화랑의 왕성한 기운
을 들여다 볼 수 있다(김부식, 『삼국사기』 제41-50권, 열전).

세상의 일이란 피었다가 시드는 한 송이 꽃과 같고, 새가 잠시 공
중을 날아가는 것과 같다. 풍성을 자랑하던 풍월도가 오늘을 살아가
는 현대인에게는 한마당 꿈처럼 느껴질 것이다. 풍류도의 쇠퇴는 역
사의 그늘에 가려진 고대 한국인들의 기상을 되새겨 보는 계기가 됨
직도 하다. 조선왕조 후기의 실학자 다산(茶山) 정약용(丁若鏞; 1762-
1836)의 시절에도 화랑의 명칭은 있었다. 변질된 화랑의 가련한 모습
을 정약용의 표현을 빌려서 들여다보기로 한다:

　화랑은 신라 귀족의 무리의 이름이다. 이제 무당, 광대의 천한 사람
　을 가리켜 화랑이라 부르니 잘못된 일이다.… 생각건대 화랑의 복장
　이 곱고 아름다웠는데, 지금 광대들의 옷이 또한 곱고 아름다우니 감

히 그렇게 부르게 된 것이 아닌가 한다(정약용, 『여유당전서』, 아언각
비雅言覺非).

정약용의 이야기에서 우리는 과거의 영광은 새겨볼 길이 없고,
사회적으로 천대를 받는 광대 집단으로 전락된 이름뿐인 화랑의 모습
을 본다. 풍류도가 쇠퇴의 길을 걷게 된 데는 여러 가지 원인이 있으
나, 저자는 다음과 같은 두 가지 이유를 들어 그 운명을 설명한다.
첫째로 정치적 이유이다. 당시는 역사적으로 동방국가(동아시아)
의 전환기에 있었다. 고조선의 전통과 영토의 대부분을 이어받은 고
구려가 망하고 신라에 의한 반도의 통일이 이루어졌을 때, 초기 과정
에서 화랑의 무리가 큰 역할을 담당하였을 것이다. 그러나 신라의 통
일이란 당(唐)의 힘을 빌린 불완전한 것이었으며, 한국(신라)이 중국
(唐)의 정치적 영향 아래 놓이게 되었음을 거부할 수 없었다. 중국의
영향으로 인하여 국내 인맥이 친중국적인 경향을 띤 무리와, 그와는
반대로 국학(國學)을 존중하는 민족적인 입장을 주장하는 무리로 양
분되게 되었을 것이다. — 신채호에 의하면, "조정의 신하가 양파로
나누어졌으니, 낭가(郎家)는 언제 국체상에 있어서 독립, 자주, 칭제
(稱帝), 건원(建元)을 주장하며 정책상에 있어서 북벌(北伐)하여 압록
강 이북의 땅을 회복할 것을 주장함에 비하여; 유가(儒家)는 존화(尊華)
주의의 견지에서 국체는 중화의 속국됨을 주장하고, 정책은 대국(大國)
을 섬겨서 평화로 나라를 보존함을 주장하여 피차 반대의 입장에 서서
싸웠다"라고 지적하고 있다(신채호, 『단재신채호전집』 중권, 1987) — 이
과정에서 전자(친중국파)가 득세하고, 후자(국학파)는 세력을 잃어 풍
류도의 기반이 무너지게 된 것이다.
둘째로는 문화적인 이유이다. 중국문화의 수입은 불교와 유교의 양
대 사상이 지배적인 것이 되었는데, 문화의 속성상 세간(世間)을 벗어나

려는 출세(出世)의 도리를 소망하는 불교는 그래도 풍류도를 이해하려
는 입장에 처하였지만, 유교는 사정이 달랐다. 유교는 동방종교의 3교
중에서도 합리주의를 주장하는 사상체계이다. 유교의 교학을 존중하면
할수록, 가악(歌樂)으로 세월을 보내고 산수에 노니는 풍류도를 옆 눈으
로 볼 수밖에 없었다. 신채호는 유교의 이 같은 입장을 사대주의라고
표현하였으나, 저자는 유교의 합리주의가 풍류의 비합리주의를 밀어낸
것으로 본다.

이상과 같은 두 가지 사정에 해당하는 사건이 고려조의 '묘청(妙
淸)의 난'이다. 신채호는 이를 가리켜 "조선역사상 일천년래의 제일대
사건"이라고 어마어마한 이름을 붙이고 다음과 같이 말한다:

> 이상 서술한 바를 다시 간략히 총괄하여 말하면, 조선의 역사가 원래
> 낭가(郎家)의 독립사상과 유가(儒家)의 사대주의로 분립하여 오더니,
> 돌연히 묘청이 불교도로서 낭가의 이상을 실현하려다가 그 거동이
> 너무 망녕스러워 패망하고 드디어 사대주의파의 천하가 되어 낭가의
> 윤언이 등은 겨우 유가의 압박 하에서 그 목숨을 보존하게 되고, 그
> 뒤에 몽고의 난을 지남에 더욱 유가의 사대주의가 득세하게 되고, 이
> 조는 창업이 곧 이 주의로 이루어짐에 낭가는 아주 멸망하여 버렸다
> (신채호, 『단재신채호전집』 중권, 1987).

4.2.3 풍류도의 가치론적 해석

저자는 앞에서 화랑의 무리들이 주로 세 가지 일에 전념하였다고
소개하였다. 첫째가 도의로써 연마함이요, 둘째가 가악으로써 즐거워
함이요, 셋째가 산수에 노니는 것이다. 이 세 가지 화랑의 수련방법은
각기 분리되는 것이 아니라 상보적인 것이다.

서로 도의로써 연마한다[상마이도의想磨以道義]라고 함은 풍류도의 윤리 중시적 태도를 말한다. 그것은 인간의 품성의 함양 위에 모든 것이 이루어진다는 가치에 대한 각성을 의미한다. 함께 수련을 하는 풍류의 무리들은 수련과정에서 각자의 품성을 저울질하게 되고, 사람됨을 눈여겨보게 될 것이다. 그중의 착한 자를 가리어 정부에 추천을 하고, 만인의 지도자가 되도록 하였던 것이다.

풍류도에서 말하는 윤리적 규범이 전적으로 유교와 불교적 가치와는 다른 규범이라고 말하기는 어렵다. 그것은 낭가에서 강조하는 정신과 유교 및 불교의 가치체계와 혼합되어 있을 가능성이 높다. 풍류의 윤리규범이란 인간에 대한 기본적인 신뢰(믿음), 불의에 대한 미움, 풍월도 집단에 대한 응집력 등으로 본다. 화랑 검군(劍君)의 이야기를 들어서 이들의 감각을 체험하도록 한다:

검군은 대사(大舍) 구문의 아들로 궁전의 관리가 되었다. 진평왕 49년(서력 627년) 8월 서리가 내리어 곡식을 해치고, 이듬해 봄과 여름에 크게 기근이 들어 백성들이 자식을 팔아먹고 사는 형편이었다. 이때 궁중의 관리들이 공모하고 창고의 곡식을 훔쳐 나누어 가졌다. 검군만이 홀로 이를 받지 않으니, 관리들은 "모두 곡식을 받는데, 그대만 홀로 이를 물리치니 무슨 까닭인가? 만일 적다고 느낀다면 더 주겠네"라고 말하였다. 검군은 웃으며, "나는 근랑(近郎; 화랑의 이름)의 문하에 이름을 두고 풍월을 수행하는데, 진실로 의리가 아니면 비록 천금의 이익이라도 마음을 움직이지 않네"라고 하였다.… 검군은 그들이 자기를 죽이려는 것을 알고 근랑에게 작별하며, "오늘 이후에는 다시 서로 볼 수 없을 것입니다"라고 말하였다.… 여러 관리들은 술을 내어 사죄하는 체하면서 비밀히 약을 섞어 먹였다. 검군은 알면서도 스스로 먹고 그만 죽었다(김부식, 『삼국사기』 제48권, 열전).

검군(劍君)의 이야기를 현대인은 어떻게 새겨야 할지 모르겠다. 아마도 바보 같은 녀석이라고 그를 비난하는 사람이 많을 것이다. 이를 옛날의 케케묵은 이야기로만 여길 수 있을까? 검군은 불의(不義)에 대한 미움을 지녔으나 동료 관리들을 미워하지 않았다. 그는 칼(劍)의 마음을 지닌 채 동료를 배신하지 않고, 무사(武士)답게 죽었다. 그의 죽음으로써 동료들은 잘못을 뉘우치고 선(善)한 길에 들어섰으니, 검군은 살신성인(殺身成仁)의 모범을 보였다고 본다.

화랑의 무리들은 도의(道義)만을 숭상한 것은 아니며, 감성적 측면도 중요하게 여겼다. 그들은 음악을 닦음으로써 정서를 함양하고, 그로 인한 예술적 흥취를 느끼며 살았다. 동시에 산수에 노닐면서 신체적 건강 증진에도 게으르지 않았다. 맹자(孟子)는 이와 같은 기운을 '호연지기'(浩然之氣)라고 표현하였다. 현상윤은 다음과 같이 말한다:

다수의 청년들이 사교(社交)를 통하여 남녀의 교제를 배우고 기타 모든 생활을 통하여 노래도 부르고 춤도 추며, 학문도 배우고 기예도 닦으며, 담론도 하고 궁술(弓術)·검술(劍術)도 배우며, 또 명산대천을 찾아 일정풍속을 알며, 물산과 지리를 배우는 동시에 공동생활에 있어서는 협동이 필요하며, 겸양과 절제가 귀중한 것을 일일이 체험하고 실행하며 배운다. 또 고난과 희노애락을 통하여 인정의 기미와 도의의 연마를 힘쓰되 고독하고 약할 때에 서로 동정하며 부조(扶助)하는 미덕과 배우고, 부하고 넉넉할 때에 교만하지 않는 마음가짐이라든가, 남이 잘 되는 것을 보고 시기하지 않는 마음을 닦아 배우며… 이론보다 실행을 숭상하고, 정의와 선(善)을 음식보다도 더 좋아하고, 그와 반대로 불의와 악(惡)을 뱀과 같이 미워하는 것 등이 그들의 교과요, 수련하는 학문이었다(현상윤, 『조선사상사』, 이형성 교주본, 2010).

이것이 풍류도의 생활모습이요 교육내용이었다. 그들의 수련과정을 놓고 볼 때, 풍류도의 무리들은 이성과 감성이 조화를 이루는 인간, 즉 전인적 인간을 지향하였다. 지적해야 할 일은, 화랑의 무리는 무술(武術)을 숭상하는 가치 속에서 살았다는 점이다. 전투가 끊임없이 전개되는 역사적 상황에서 젊은이들에게 요구되는 가치는 승리에 대한 집념이요, 생명을 바쳐서라도 공동체의 목표를 달성해야 한다는 희생정신이다. 이 같은 상무(尙武)정신은 생명의 희생을 억지로 강요하는 점에서 바람직한 현상이라고 볼 수 없겠다.

풍류도가 지니고 있는 다양한 가치에도 불구하고(생명의 희생을 강요하는 가치도 그중의 하나이다) 생명을 중시하는 유교의 합리주의가 사회전반에 보급될 때, 풍류도의 비합리주의는 서리를 맞고 역사의 후면으로 사라졌을 것이다. 생명보다 중요한 것은 없으니, 풍류도가 유교에 밀리어 퇴화(退化)한 것은 역사 발전법칙의 하나라고 말할 수 있다. ─유교 규범의 대표적인 덕목 가운데 효(孝)는 생명의 중요성과 영속성을 강조한다. 그러므로 유교가 풍류도 혹은 불교에 비하여 인간 개개인의 생명 중시 현상이 강한 문화체계라고 주장할 수 있다─

📖 **읽을거리**

- 권근, 『국역 양촌집』, 민족문화추진회, 1982.
- 일연(一然), 『삼국유사』, 최남선 편, 민중서관, 1971.
- 일연(一然), 『삼국유사』, 리상호 옮김, 까치, 1999.
- 이승휴, 『제왕운기』, 박두포 역, 을유문화사, 1974.
- 이긍익, 『국역 연려실기술』, 민족문화추진회, 1977.
- 신채호기념사업회 편, 『丹齋申采浩全集』, 형설출판사, 1987.

● 이을호, 『한사상의 묘맥苗脈』, 사사연, 1986.

● 김부식, 『삼국사기』, 이병도 역주, 을유문화사, 1980.

● 현상윤, 『조선사상사』, 이형성 교주, 심산, 2010.

● 최영성, 『최치원의 철학사상』, 아세아문화사, 2001.

● 윤이흠 외, 『檀君 ─ 그 이해와 자료』, 서울대학교출판부, 1994.

● 袁珂, 『중국의 고대신화』, 정석원 역, 문예출판사, 1988.

제5강 　불교적 세계관의 형성
- 고타마 붓다를 생각한다 -

5.1 고타마 붓다(Buddha)의 생애와 불교

5.1.1 고타마 붓다(석가모니)의 생애

불교는 지금으로부터 약 2,500년 전 인도에서 발생한 종교이다. 창시자는 성을 고타마(Gautama; 팔리어로는 Gotama; '가장 좋은 소'의 뜻), 이름을 싯다르타(Siddhārtha; 팔리어로는 Siddhattha; '목적을 성취한 자'의 뜻)라고 한다. 싯다르타는 현재 네팔지방에 있었다는 카필라바스투의 샤캬(Śākya; 釋迦)족의 족장 숫도다나(Śuddhodana; 淨飯王; '깨끗한 쌀밥'의 뜻)와 그의 아내 마야와의 사이에서 태어났다.

고타마 싯다르타의 탄생과 입적에는 10가지도 넘는 학설이 있다. 그중에서 남방불교 — 남방아시아, 즉 인도·스리랑카·미얀먀·태국·라오스·캄보디아 등의 나라에 퍼진 불교 — 의 전통에 따르면, 그는 B.C. 624년에 태어나서 B.C. 544년에 세상을 떠났다고 한다. 그러나 일본학자 나까무라 하지메(中村元) 교수의 연구에 의하면 싯다르타는 B.C. 463년에 탄생하여 B.C. 383년에 세상을 떠난 것으로 추정한다(나까무라 하지메中村元 외,『佛陀의 세계』, 1984).

고타마 싯다르타는 깨달음을 얻고 '붓다'(Buddha; 佛, 佛陀)가 되었으므로, 불교란 고타마 붓다가 설한 가르침이 중심이라고 할 수 있다. 부족의 족장 아들로 태어나 고타마 싯다르타는 청년시절 당시 젊은이가 그랬던 것처럼 상가(Saṅgha; 僧伽)에 가입하여 몸과 마음을 닦는 수련의 기회를 가지며, 회원으로서 의무를 다한다.

어느 날 싯다르타는 동·서·남·북의 4문을 차례로 나섰다가 노인, 죽은 사람, 환자, 출가수행자 등을 만나게 된다. 이때에 고통을 받고 있는 인간군상의 모습에 충격을 받은 그는 출가를 결심하고 집을 떠난다. ― 이를 '4문유관설'(四門遊觀說)이라고 부른다― 이와 같은 전통적 견해에 대하여 다른 견해가 있다. 즉 샤캬족과 이웃 나라인 콜리야족의 사이를 흐르는 로히니江의 수리권(水利權)을 둘러싸고 전쟁의 기운이 감돌게 되는데, 싯다르타는 상가의 견해와 대립한다. 그는 상가의 결정에 저항한 관계로 추방 혹은 가족의 재산 몰수와 같은 위기에 직면한다. 그는 스스로 추방의 길을 택하고 출가(出家)의 길을 떠나게 된다는 것이다(B. R. 암베드카르,『붓다와 다르마』, 1991).

고타마 싯다르타가 종복(從僕) 찬다카를 데리고 사랑하는 말 칸타카를 타고 아슈람(수도도량)으로 떠난 것은 29세 때의 일이며, 이후 참혹한 고행의 길을 걷는다. ―B. R. 암베드카르(Ambedkar) 박사의 주장에 따르면, 싯다르타 출가 이후 로히니江을 둘러싼 분쟁이 평화적으로 해결되어 출가의 명분이 사라졌다. 그래도 그는 집으로 돌아가지 않고 수행을 계속하였다고 한다―

고타마 붓다는 처음에는 아지비카敎 혹은 자이나敎 승려들이 실천했던 고행법(tapas)을 수행하였으나, 해탈을 얻지 못하고 마침내 고행법을 포기하고 이른바 '중도'(中道)의 방법을 택한다. ―아지비카(Ājīvika; 邪命外道)교는 고타마 붓다 생존 시에 존재하였던 교파의 하

나이며, 막칼리 고살라(Makkhali Gosāla)가 중심인물이었다. 이 교파는
수행방법으로 벌거벗은 형상[나형裸形]을 취하는 고행법(苦行法)을 선
택하였으며, 불교도의 입장에서 '그릇된 생활방법을 취하는 사람들'
[사명외도邪命外道]이라고 불렀다. 불교와 많은 접촉과 대립이 있었다.
자이나教는 아지비카와 함께 '육사외도'(六師外道)의 하나이다. 교조
는 니간타 나타풋타(Nigantha Nāthaputta)이며, '위대한 영웅'이라는 뜻
의 마하비라(Mahāvīra)로 알려져 있다. 이 교파는 금욕주의(禁慾主義)
의 방법을 취하며, 특히 불살생(不殺生) 계율을 엄격히 지킨다. 근본
사상은 우주의 구성요소를 영혼(jīva)과 비영혼(ajīva)으로 구분하여 본
다. 이 교단은 불교가 쇠약해진 중세에 번창하였고, 현재 인도인 약
260만 명에 달하는 신도를 확보하고 있다(H. J. 슈퇴릭히, 『世界哲學史』
上, 1981 / 후지타 코오타츠 外, 『초기·부파불교의 역사』, 1989) ─

　　지나친 고행으로 말미암아 탈진(脫盡)에 빠진 고타마 싯다르타는
마을 처녀 수자타가 바치는 우유죽을 마시고 기력을 회복한다. 그는
핍팔라나무(pippala; 菩提樹; '보리수'라고 읽으며, 무화과나무의 일종임) 아
래서 명상에 잠긴 뒤, 깨달음(아뇩다라삼먁삼보리; anuttarāsamyaksaṃ-
bodhi; 無上正等覺)을 얻어 붓다(Buddha; 깨달은 자)가 되었다. 고타마
35세 때의 일이다. 고타마 붓다는 깨침의 진리를 얻은 이후 최초 설
법을 갖게 되는데, 이를 "처음으로 진리[法]의 바퀴를 굴린다"라는 뜻
의 '초전법륜'(初轉法輪)이라고 부른다.

　　고타마 붓다가 굴린 최초의 법륜(法輪; 다르마 차크라)이란 무엇을
말함인가? 고타마 붓다는 우선 탐욕에 집착하는 생활이나 또는 번뇌
의 나날을 보내는 것이 모두 부질없는 일로 생각한다. 엄격하고 자학
적(自虐的)인 고행주의는 깨달음을 얻는 데 무익하므로, 현명한 사람
은 이러한 쾌락과 고행의 양 극단을 떠나 중도를 걸어야 한다는 것이
다. ─ 이를 '중도론'이라고 부르며, 이때의 중도(中道)란 통속적인 뜻

에서 어정쩡한 기회주의나 무정견(無定見) 등으로 이해해서는 안 된
다. 그것은 시비(是非), 쾌고(快苦), 유무(有無) 등 일체 대립을 초월한
다는 뜻이다 ―

그는 이 세상은 태어남, 늙음, 질병, 죽음의 고(苦)에 가득 차 있
고, 그 원인이 집착이라는 것과 집착과 사랑의 목마름을 벗어나야 해
탈의 경지가 열린다고 주장한다. 해탈의 경지를 얻기 위해서는 사물
에 대한 올바른 견해, 올바른 마음가짐, 올바른 말, 올바른 행위, 올바
른 생활, 올바른 노력, 올바른 집중, 올바른 명상이 등 여덟 가지 길에
따라서 생활해 나가지 않으면 안 된다. 이와 같은 내용이 4제(四諦)와
8정도(八正道)의 가르침이다.

초기 설법 이래 고타마 붓다는 80세로 입적할 때까지 45년 동안
전도의 생활을 계속한다. 그는 북인도의 갠지스강(강가)의 중류유역을
돌면서 당시에 존재하였던 마가다국의 수도 라자그리하(왕사성王舍
城), 코살라국의 수도 쉬라바스티 등의 도시에서 주요한 설법을 행한
것으로 추정된다. ― 원시경전은 고타마 붓다 당시 북인도에 16대국
이 있었다고 전한다. 팔리어로 마가다, 코살라, 카시, 브리지 등이 대
표적인 국가이다. 이와 같은 나라의 라자그리하(팔리어 라자가하), 쉬
라바스티(사밧티), 바라나시, 쿠쉬나가라(쿠시나라) 등의 도시가 고타마
붓다의 주요 방문지였을 것으로 추정한다(나까무라 하지메, 앞의 책/ 후
지타 코오타츠, 앞의 책) ―

팔리어 경전 『마하파리닙바나 숫단타』(대반열반경大般涅槃經)에
의하면, 고타마 붓다는 80세를 맞이하여 라자그리하를 떠나 북쪽으로
여행길을 재촉한다. 연어(salmon)가 태어난 고향을 찾듯이 귀소(歸巢)
본능에 이끌려 고향인 카필라바스투로 향하였을 것이다. 그는 쿠쉬나
가라에 이르러 대장장이의 아들 춘다의 공양(음식)을 받았는데, 그때
수카라 맛다바(버섯의 일종)를 먹은 후 중병에 걸리고 그 곳에서 입적

(入寂)한다. —'수카라 맛다바'(Sūkara maddava)에는 돼지고기라는 뜻
도 있다. 서양의 학자들 중에는 공양음식이 돼지고기 요리였을 것으로
보는 사람이 많다(나까무라 하지메, 앞의 책/ 후지타 코오타츠, 앞의 책) —

5.1.2 불교경전의 기술(記述) 방식

고타마 붓다의 행적과 말씀은 경전 형태로 남게 되는데, 각종 언
어의 이질성(異質性) 때문에 이해 방식에 많은 장애가 발생하게 되었
다. 저자는 언어적 차원에서 불교경전의 기술방식을 간단히 소개하는
데 그친다. 불교경전은 크게 4가지로 나누어진다.

① 팔리어(巴利語) : 인도남부의 세일론, 미얀마, 캄보디아 등 남
전(南傳) 불교 계통의 경전으로 순수성(純粹性)과 일관성(一貫性)에
있어서 으뜸을 차지한다. 원시경전(原始經典)으로서 절대적 가치가
있다.
② 산스크리트어[범어梵語] 경전 : 인도북부의 네팔, 티베트 등 북
전(北傳) 불교계통의 경전으로 카니시카王의 통치 하에 카슈미르에서
개최된 불전(佛典) 편집회의에서 산스크리트어를 성전어(聖典語)로 한
다는 결의가 있었다.
③ 한역(漢譯) 경전 : 불교가 중국본토와 근접지에 전파되어 북방
(北方) 불교로서 이루어진 경전이다. 쿠마라지바(Kumārajiva; 구마라습
鳩摩羅什)의 구역(舊譯)과 현장(玄奘)의 신역(新譯)이 있다. 전통시대
한국에 영향을 준 것은 대부분 한역경전이다.
④ 티베트어[서장어西藏語] 경전 : 7세기경 티베트王 손 첸 캄포의
문자제정과 함께 이루어진 경전으로, 한자어로는 장전불교(藏傳佛敎)
라고 한다. 이 경전은 티베트, 즉 오늘날 중국의 서장(西藏)자치구 지

역을 중심으로 독특한 종교문화를 전수하는 데 큰 역할을 하였다.

5.2 현실에 대한 인식

인간으로서 우리는 누구를 막론하고 유한(有限)하고 상대적인 세계에서 살고 있다. 이와 같은 유한, 상대의 세계에 안주하여 아무런 물음도 없이 그저 매일 매일을 보내는 사람들에게는 종교가 필요 없을 것이다. 그러나 인생의 과정에서 위기가 없는 사람은 없으며, 생각하는 능력을 포기한 동물적 존재가 아닌 한 우리는 어떤 형태로든지 종교적인 물음을 던지고 해결책을 찾고 있다.

그중에서도 특정한 사람과 특정한 때의 위기가 아니라, 모든 사람과 모든 생명을 위기에 노출된 존재로 파악하고, 이 근원적 위기로부터 구제의 방법을 제시하는 데에 기독교와 불교 등 보편적 종교의 특질이 있다(우에야마 슌페이上山春平 외,『아비달마의 철학』, 1990). 고타마 붓다는 인간의 위기상황을 한 마디로 '고'(苦; dukkha)라는 말로 표현하고, 이로부터의 탈출방법을 번뇌의 소멸에서 찾는다.

5.2.1 진리에 대한 세 가지 징표[3법인; 三法印]

고타마 붓다에 의하면, 우리가 직면하는 현실세계는 철두철미 무상(無常)한 세계이다. 개인의 존재를 포함하여 현상계의 모든 존재는 변화의 과정 속에 있으며, 밑바닥에 불변하는 실체는 존재하지 않는다.

『법구경』(Dhamma-pāda; 진리의 말씀)에 의하면 "모든 지어진 것은 무상한 것이다"[제행무상諸行無常]. 모든 현상이 소멸해 가는 것이라는 이 말은 고타마 붓다의 최후의 말이며, 동시에 불교의 근본입장을 나타내는 징표가 되었다. 이때에 '지어진 것'(行; 팔리어로 saṅkhāra)이란 여러 가지 인(因)과 연(緣)에 의해서 지어진 것을 가리킨다(후지타 코오타츠 外, 앞의 책).

모든 것은 무상할 뿐만 아니라, "모든 존재는 무아이다"[제법무아諸法無我]. 여기에서 '我'(ātman)는 자기의 존재중심에서 의식하는 '나'라는 관념, 나의 생존주체로 간주되는 것을 뜻하는데, 그와 같은 존재가 없다는 뜻이다. ─원문의 충실한 번역은 "모든 다르마는 무아이다"라고 해야 하지만, 실제로는 "모든 존재는 무아이다"라는 뜻으로 사용되고 있다─

"모든 존재는 무아이다"라고 함은 객관세계를 주재(主宰)하는 존재를 부정할 뿐만 아니라, 주관세계의 핵심을 이루는 영혼의 존재마저도 부정하는 입장이다. 객관세계의 물질은 흙, 물, 불, 바람(地水火風) 4대의 결합으로 이루어지며, 인간은 색, 수, 상, 행, 식(色受想行識) 5온(五蘊)의 취합에 지나지 않는다. 이와 같은 관점에서 본다면 불교는 무신론의 종교이다. ─5온(五蘊; '蘊'은 무더기, 덩어리의 뜻)은 인간존재를 구성하는 다섯 가지 요소로서, 色(rūpa)은 물질을 말하고, 受(vedanā)는 인식을 받아들이는 것으로 감각 혹은 감정을 뜻하며, 想(saṃjñā)은 마음의 내부에 형상을 구성하는 것으로 지각이나 표상을 포함하며, 行(saṃskāra; 팔리어 saṅkhāra)은 능동성이 있는 의지적 행위(충동; impulse)를 말하고, 識(vijñāna)은 대상을 구별하여 인식하는 작용을 말한다(나까무라 하지메 外, 앞의 책)─

무상한 것은 결국 괴로움이다. 『법구경』의 표현에 의하면 "일체의 존재는 苦이다"[일체개고─切皆苦]. 이 경우에 한자 술어 '苦'의 의미를 ─한글로 '괴로움'으로 번역할 수밖에 없으나─ 염세적인 뜻으로 새겨서는 안 된다. 불교를 염세주의(厭世主義)의 종교라고 볼 수는 없다. 불교를 염세적인 종교로 보는 것은 피상적인 관찰일 뿐이다.

불교는 괴로움을 어쩔 수 없는 숙명으로 받아들이는 것이 아니라, 이에 정면으로 맞서 해결책을 제시한다. 괴로움을 '거룩한 진리'[苦聖諦]라고 하는 이유도 바로 괴로움을 분명히 인식할 때 비로소 그것을 극복할 수 있기 때문이다.

인간은 절대 권력과 무한 소유를 갈망하여 마지않는다. 그러나 세상사는 이와 반대로 마음대로 되지 않는 일이 더욱 많다. 그러므로 '苦'란 결국 자기의 생각대로 되지 않는 상태를 말한다(나까무라 하지메 外, 앞의 책).

이렇게 '제행무상', '제법무아', '일체개고'가 근본불교의 '3법인'이라면, 대승불교에서는 '일체개고' 대신 '열반적정'(涅槃寂靜)을 3법인에 포함시킨다. 또는 이 넷을 합해서 '4법인'(四法印)이라고 부르기도 한다.

5.2.2 네 가지 거룩한 진리[4성제; 四聖諦]

고타마 붓다가 깨달음을 얻은 후 바라나시(Vārānasī) 부근의 '사슴동산'에서 최초로 설법한 내용은 불교의 근본을 이룬다. 그중에서도 '네 가지 거룩한 진리'[4성제, 4제]야말로 불교사상의 정수라 할 수 있다. 고제(苦諦), 집제(集諦), 멸제(滅諦), 도제(道諦)가 그것이다. — 한자어의 '체'(諦)字는 여기에서는 '제'로 발음되며, 진실 혹은 진리라는 의미이다 —

(1) 괴로움 : 고성제(苦聖諦; 팔리어 dukkha-sacca)

'고성제'란 인간존재의 실상이 고(苦; dukkha)로 가득 차 있다는 현실 판단의 진리이다. 서술한 바와 같이 일체의 존재는 모두 苦이다.

경전에서는 이를 다음과 같이 기술하고 있다:

> 비구들이여, 고성제는 다음과 같다. 태어나는 것도 괴로움이며, 늙는 것도 괴로움이며, 병드는 것도 괴로움이며, 죽는 것도 괴로움이다. 근심, 슬픔, 고통, 번뇌도 괴로움이다. 미워하는 이를 만나는 것도 괴로움이며, 사랑하는 이와 헤어지는 것도 괴로움이며, 구하는 것을 얻지 못하는 것도 괴로움이다. 요컨대 집착의 원인인 다섯 가지 요소는 모두 괴로움이다(후지타 코오타츠 外, 앞의 책).

생, 노, 병, 사(生老病死)의 4가지가 모두 괴로움이다[4苦]. 여기에 '미워하는 이를 만나는 괴로움'(원증회고怨憎會苦), '사랑하는 이와 헤어져야만 하는 괴로움'(애별이고愛別離苦), '구하는 것을 얻지 못하는 괴로움'(구부득고求不得苦), '인간의 육체적 집착이 쌓이는 괴로움'(오온성고五蘊盛苦) 등을 보태서 여덟 가지 괴로움[8苦]이 인간 존재의 실제적인 모습이다.

고타마 붓다는 고(苦)에 대해서 언급하였지만, 삶에 있어서 행복을 전면적으로 부정하지는 않는다. 팔리어 경전의 하나인『증일아함경增一阿含經』에는 가정생활의 행복, 은둔의 행복, 애착의 행복 등 여러 가지 행복이 열거되어 있다. 그러나 궁극적으로는 이 모든 것이 듀카(苦; dukkha)에 해당된다(월폴라 라훌라,『붓다의 가르침』, 1990). —'아함'(阿含)이란 산스크리트語 아가마(āgama)의 음역으로, '오는 것'이라는 뜻으로 전승(傳承)이라고 번역된다. 이 경전은『한역대장경漢譯大藏經』안에 네 종류가 있는데『장아함경長阿含經』,『중아함경中阿含經』,『잡아함경雜阿含經』,『증일아함경增一阿含經』이 그것이다 —

'고'(苦)는 세 가지 의미를 담고 있다. 첫째는 아프고, 배고프고, 춥고 하는 등 육체적 고통[고고苦苦]이며, 둘째는 있던 것이 없어졌을 때 느끼는 괴로움으로 재물이나 지위, 명예 등을 상실했을 때의 고통

[회고壞苦]이다. 셋째는 무상하기 때문에 느끼는 괴로움으로 유한한 시간 속에 던져진 존재가 어쩔 수 없이 느껴야 하는 실존적 고뇌[행고行苦]이다. 그러므로 '고'란 단순히 감각적 혹은 육체적 고통만을 의미하는 것이 아니고, 무상하고 무아인 인간존재의 실상 그 자체를 가리킨다. 불교에서는 인간세상을 고해(苦海)라는 말로 표현한다. 그렇다면 인생은 왜 괴로움의 바다에서 헤엄치며, 그 상태를 벗어나지 못하게 되는 것일까?

(2) 괴로움의 발생 : 집성제(集聖諦; 팔리어 samudayasacca)

우리가 '고'(苦)의 바다를 벗어나지 못하는 까닭은 곧 욕망과 집착에 있다. 괴로움의 발생에 대해서는 다음과 같이 설명한다:

> 윤회의 원인이 되고, 탐욕에 얽매여 있으며, 여기저기서 당장의 새로운 기쁨을 추구하는 것은 바로 갈증, 즉 갈애(渴愛)이다. 즉 감각적 쾌락에 대한 갈증, 존재와 그 생성에 대한 갈증, 존재하지 않는 것에 대한 갈증이 고(苦)의 원인이 된다(월폴라 라훌라, 위의 책).

사랑의 갈증은 감각적 쾌락이나 부(富) 혹은 권력에 대한 것뿐이 아니라; 관념, 이념, 신념, 이론 등에 대한 욕망이나 집착도 포함한다. 그런데 이와 같은 욕망 혹은 갈애(渴愛)가 어떻게 해서 윤회의 원인이 된다는 말인가? 이 문제는 매우 난해한 질문이다. 이는 '업'(業; karma; 팔리어 Kamma)과 '윤회'(輪廻; Saṃsāra)의 사상으로 설명할 수 있다.

'까르마'(業)란 불교에 있어서 행위의 문제이다. 인간의 행위는 무엇인가 영향력을 남긴다고 한다. 모찌쯔끼 신코(望月信亨) 편 『망월불교대사전望月佛敎大辭典』에 의하면, 한자어로 '業'은 '조작'(造作)을 의미한다. 이는 고타마 붓다에 의해서 처음으로 구성된 것이 아니고, 고대 인도 우파니샤드시대의 철인들에게서부터 탐구된 개념이

다. ― 흔히 '소승불교'라고 부르는 아비다르마(abhi-dharma; 법의 연구)
의 철학에서 '업'의 이론이 더욱 발달하였다(목정배, 『불교윤리개설』,
1986) ―

　불교에서는 인간의 행위를 신체의 활동, 언어, 의지의 작용 등 '3
업'으로 구분한다. 우리는 이러한 행위에 의해서 응보를 받게 되는데,
착한 행위는 착한 결과를 가져오고, 악한 행위는 나쁜 결과를 가져온
다고 한다.

　인과응보(因果應報)의 사상은 '윤회'의 사상과 결합하는데, '업'이
시간적으로는 전생으로부터 내생에까지 연장되고 있다고 본다. 윤
회란 인간의 생사의 바퀴[輪]는 3계와, 6도의 세계를 끊임없이 돌게
되는[廻]바, 우리 몸은 형태를 바꿔가며 존재를 계속한다. 그렇다면
인간은 윤회의 굴레를 벗어날 수 없단 말인가? 유정(有情)의 존재는
탐욕 혹은 갈애가 있는 한 윤회를 계속한다. 윤회의 굴레를 벗어나
는 길은 고(苦)의 소멸에 있다. ― 삼계(三界)란 욕계(欲界), 색계(色
界), 무색계(無色界)를 말한다. '욕'(欲)이란 생물의 본능적 욕망을 뜻
하며, 욕계는 음욕(淫慾), 색욕(色慾), 식욕(食慾)으로 채워진 존재들
이 사는 세계이다. '색'(色)은 물질적 존재를 의미하는바 생물학적 욕
망에서는 벗어났으나, 물질의 세계로부터 자유롭지 못한 상태를 말
한다. 예를 든다면 궁전(宮殿)과 같은 집을 소유하려는 욕망 등을 말
한다. 한편 '무색'(無色)이란 色이 없는 것으로, 욕계와 색계를 초월
한 정신의 소유자(존재)가 사는 세계를 말한다. 육도(六道)는 육취(六
趣)라고도 하며; 지옥(地獄), 아귀(餓鬼), 축생(畜生), 아수라(阿修羅),
인간(人間), 하늘[天] 등의 여섯 가지 세계를 말한다. 지옥은 고통받는
지하의 세계이며, 아귀는 배곯는 귀신을 말하고, 축생은 동물을 가리
키며, 아수라는 싸움을 좋아하는 마신(魔神)을 가리킨다. 인간은 인
류 세계를 말하고, 하늘[天]의 세계는 천신(天神) 등 미묘한 존재들의

세계이다. 하늘의 존재는 나머지 다섯에 비하여 품격이 높으나 윤회
의 영역을 벗어나는 것은 아니다 —

(3) 괴로움의 소멸 : 멸성제(滅聖諦; 팔리어 nirodha-sacca)

괴로움을 완전히 제거하려면 괴로움의 원인이 되는 사랑의 목마
름(갈애渴愛)을 제거해야 된다. '갈애의 소진', 즉 열반(涅槃; nirvāṇa;
팔리어 nibbāna)이 '멸성제'의 내용이다. '니르바나'(열반)란 무엇을 말
하는가? 그것은 '갈애의 소진', '무위'(無爲), '이탐'(離貪), '지멸'(止滅)
혹은 '적멸'(寂滅) 등의 한자어로 표현된다. 팔리어 경전의 일부를 소
개하면 다음과 같다:

> 그것은 탐욕을 완전히 끊는 것이며, 탐욕을 포기하고 거부하는 것이
> 며, 탐욕에서 해방되고 탐욕에 초연한 것이다.… 모든 조건 지어진
> 것이 정적에 가라앉고, 모든 더러운 것이 없어지고, 갈애가 소멸된
> 상태가 바로 열반이다.… 오, 비구여, 절대(the Absolute; Asaṃkhata;
> 無爲解脱)란 무엇인가? 그것은 탐욕의 소멸이며, 증오의 소멸이며,
> 어리석음의 소멸이다. 비구여, 이것이 절대이니라(월폴라 라홀라, 위
> 의 책).

니르바나(열반)란 '갈애의 소진'이며, 절대에 이르는 길이다. 보통
열반은 번뇌가 끊어진 상태를 말하지만[유여有餘열반], 번뇌뿐만이 아니
라 신체까지도 멸할 때에 완전한 열반이 가능하다[무여無餘열반]. — 열
반을 소승에서는 유여(有餘)와 무여(無餘)의 2종으로 구분하지만, 법
상종(法相宗)에서는 4종 열반을 내세운다 —

니르바나와 비슷한 개념으로 '해탈'(解脱; mukti; 팔리어 vimutti)이
라는 용어가 쓰인다. 양자는 같은 뜻이지만, 해탈이 고뇌로부터 벗어
나는 자유의 뜻에 가깝다면, 열반은 평화의 측면을 나타낸다고 볼 것

이다. 말의 진정한 의미에 있어서 자유와 평화 — 그것은 곧 인류의 소망이 아니고 무엇인가?

(4) 괴로움의 소멸에 이르는 길 : 도성제(道聖諦; 팔리어 magga-sacca)

네 번째의 거룩한 진리로 괴로움의 소멸에 이르는 길 '도성제'가 있다. 이는 두 가지 극단을 피하라는 뜻으로 고타마 붓다가 최초로 설법한 내용 중에서 '중도론'(中道論)을 말한다. 중도(中道)란 무엇인가? 우리에게는 만사 두 가지 길이 있다. 한 극단은 감각적 쾌락을 추구하는 것으로 비속하고 일반적이며 세속적인 길이다. 반면에 다른 길은 극도의 고행을 통하여 행복을 추구하는 것으로 고통스럽고, 가치 없으며, 이롭지도 못하다(월폴라 라훌라, 앞의 책).

고타마 붓다는 두 가지 길을 모두 시도해 보았으나, 깨달음을 얻지 못하고 마침내 중도의 방법을 선택하였다. 중도는 여덟 가지 카테고리(범주)로 구성되어 있으므로, 이를 가리켜 '여덟 가지 올바른 길'[8정도; 八正道]이라고 부른다. 이를 정리하면 다음과 같다:

계율(戒)	① 올바른 말(正語) ② 올바른 행위(正業)
선정(定)	③ 올바른 생활(正命) ④ 올바른 노력(正精進) ⑤ 올바른 관찰(正念)
지혜(慧)	⑥ 올바른 집중(正定) ⑦ 올바른 견해(正見) ⑧ 올바른 사고(正思惟)

이상과 같은 여덟 가지 요소는 불교 수행에 있어서 반드시 닦아야 하는 세 가지 배움, 행위와 언어에서 몸을 보호하는 계학(戒學), 마음의 동요를 그치고 편안한 경지를 나타내는 정학(定學), 번뇌를 없애고 진리를 깨닫는 혜학(慧學)의 '3학'(3學)을 발전시키고 완성하는 작용을 한다(이하 월폴라 라훌라, 『붓다의 가르침』 참조).

A. 계율(戒; Śīla)

계율(戒律)의 측면에는 정어, 정업, 정명의 3요소가 포함된다. '정어'(正語)란 올바른 말을 가리킨다. 개인이나 집단의 증오나 적대감, 혹은 불화를 일으키는 말 등을 해서는 안 된다. 유용한 말을 할 수 없다면 침묵을 지키는 편이 좋다. '정업'(正業)이란 올바른 행위를 말한다. 생명을 파괴하는 행위, 절도, 부정한 거래, 간통 등을 해서는 안된다. '정명'(正命)이란 올바른 생활을 뜻한다. 즉 남에게 해를 끼치는 직업을 가져서는 안 된다. 무기나 마약 등의 거래, 도살, 협잡행위와 같은 직업을 선택해서는 안 된다.

B. 선정(定; Samādhi)

선정(禪定)의 측면에서는 정정진·정념·정정의 3요소가 있다. '정정진'(正精進)이란 올바른 노력을 말한다. 사악하고 불건전한 마음상태가 일어나는 것을 방지하거나, 그러한 마음상태를 제거하려는 정신적인 노력이다. '정념'(正念)이란 끊임없이 한 순간도 놓치지 않고 자신에게 일어나고 사라지는 신체의 활동, 느낌 혹은 마음의 활동, 관념, 사고 등에 세심한 주의를 기울이는 것이다. 호흡을 관찰하는 방법 — 이를 수식관(數息觀)이라고 부른다 — 에 의하여 산란한 마음을 방지하는 방법도 이 수행법의 하나이다. '정정'(正定)이란 올바른 집중의 뜻으로 황홀경 내지 무아의 경지로 알려져 있다. 선정(禪定)의 단계는

네 가지가 있는데, 감각적 갈망, 악의, 무기력, 근심, 불안 등이 사라
지는 단계에서부터 행복이나 불행 혹은 즐거움과 슬픔 등의 감정마저
모두 사라지는 순수한 깨달음의 단계까지 계층이 있다.

C. 지혜(慧; Paññā)

지혜(智慧)의 측면에 정견·정사유 등 2요소가 있다. '정견'(正見)
은 올바른 견해를 말한다. 사물에 대한 우리의 견해는 각자의 인생관
혹은 세계관에 의하여 제한을 받는다. 사물의 본질을 편견 없이 올바
르게 이해하는 일은 쉬운 일이 아니다. 그러므로 정견이란 궁극적 실
재를 보는 최고의 지혜이다. 일반적인 이해는 지식, 축적된 기억 등을
통해 파악이 되는데, 이는 지식에 의한 파악, 즉 수각(隨覺; anubodha)
이라 일컬어진다. 그러나 사물의 진실한 본질을 보는 것은 명상에 의
한 파악, 즉 통각(通覺; pativedha)에 의해서만 가능하다. 통각은 번뇌
를 벗어나 명상을 통해서 얻어진다. '정사유'(正思惟)란 올바른 사고에
의한 마음가짐을 가리킨다. 이는 욕망을 초탈하는 사유, 사랑과 비폭
력의 사유를 말한다. 이기적 욕망, 악의, 증오, 폭력 등은 지혜의 결핍
에서 야기된다는 뜻이다.

5.3 함께 사는 길 — 연기(緣起)의 진리

5.3.1 모든 존재는 상호 의존한다

고타마 붓다에 의하면 우리의 현실은 철두철미 무상한 세계이다.
세계는 무상할 뿐 아니라 무아이다[제법무아諸法無我]. 궁극적으로 내
가 존재하지 않는다는 것은 인정하기 싫은 진리이다. 이미 말한 바와

같이 나[자아]라는 존재는 '다섯 가지의 모음'[5온]에 지나지 않는다. 이 것은 존재 전체에 있어서 영원한 나의 존재가 없음을 말한다. 만일 그 렇다면 업(까르마)과의 관계에 있어서 하나의 의문이 제기될 수 있다.

자아 곧 '아트만'이 없다면 어떤 존재가 업(業)의 결과를 받는다 는 말인가? 이것은 매우 어려운 질문이며, 일찍이 고타마 붓다에게도 어떤 비구가 같은 질문을 던진 모양이다. 고타마 붓다는 이에 대하여 다음과 같이 대답한 것으로 전한다:

> 오, 비구여, 나는 너에게 모든 사물 어디에서나 연기의 법칙을 보라 고 가르치지 않았느냐(월폴라 라훌라, 앞의 책).

세 가지 진리의 징표[3법인]에서 자아 혹은 불변의 실체가 존재하 지 않는다는 설명은 분석적 방법이다. 같은 내용이 이제 종합적 방법 인 연기법(緣起法)에 의해서도 가능하다. 고타마 붓다의 가르침에 의 하면 이 세상에 절대적인 것은 없다. 모든 것은 조건지워져 있고 상 호 의존적이다. 연기(緣起; pratītya-samutpāda)라는 말은 '~으로 말미 암아 일어나는 것'이라는 뜻으로『잡아함경雜阿含經』의 "이것이 있으 므로 저것이 있고, 이것이 생기므로 저것이 생긴다"(『잡아함경』제12 권)라는 말에서 유래하였다. 이 구절을 현대적 형식으로 표현하면 다 음과 같다:

A가 있을 때 B가 있다.
A가 일어날 때 B가 일어난다.
A가 존재하지 않을 때 B가 존재하지 않는다.
A가 사라질 때 B가 사라진다(월폴라 라훌라, 앞의 책).

『잡아함경』의 연기(緣起)에 관한 이야기는 물리학에서 말하는 중 력(重力)의 법칙으로 비유해도 좋을 것이다. 우주에 존재하는 모든 물체는 다른 물체를 끌어당기는 힘을 뻗치고 있으며, 다른 물체 또한 인력(引力)의 영향을 받는다. 연기설과 관련하여 I. 뉴턴(I. Newton; 1643-1727)의 만유인력(萬有引力; Law of Gravity)의 법칙을 정리하면, 다음과 같다:

A(물체)가 있을 때 B(물체)가 있다.
A는 B를 끌어당긴다.
B는 A를 끌어당긴다.
A와 B가 서로 끌어당기는 힘의 크기는 각각의 질량의 곱에 정비례한다.

$$F = G \times A \times B \div r^2$$

[1687년 I. 뉴턴이 발표한 『자연철학의 수학적 원리』(Philosophiae naturalis principia mathematica)에 의하면, 두 물체 사이에 작용하는 만유인력의 크기(F)는 물체의 종류 또는 물체 사이에 존재하는 매질(媒質)과는 관계없이 그 물체의 질량(A, B)의 곱에 비례하고, 물체 사이의 거리(r)의 제곱에 반비례한다고 했다. 이것을 뉴턴의 만유인력의 법칙이라 하고, 이를 공식으로 나타낸 것이다. 여기에서 G는 비례상수로서 만유인력의 상수(常數)이다.]

모든 존재(물체)는 상호 의존적이며, 상호 중력 법칙에 의하여 끌고 당긴다. 이와 같은 사실은 평상적으로도 중요한 의미를 지닌다. 만일 우리가 어떤 일을 원하면 그 반대되는 것부터 시작하고, 어떤 것을 보존하고 싶으면 그 안에 반대되는 요소를 인정하고, 우리가 자본주의체제를 유지하고 싶으면 어느 정도 사회주의요소를 인정하여야 한다.

5.3.2 열 두 가지 연기설[十二緣起說]

일체의 존재는 공존의 관계에 있다. 존재하는 모든 것이 서로 의지하고 돕고 있는 까닭에 나 자신을 아낀다면 남을 아껴야 한다. 이러한 연기의 법칙을 인간의 삶의 모습에 적용시킨 것이 12연기이다. 연기설이 존재의 보편적 모순이라면, 12연기는 보편적 연기의 법칙을 구체적인 인간의 실존 모습에 적용시킨 것이다. 즉, 12가지의 조건들이 연쇄적 반응을 일으키면서 인간의 실존(괴로움)을 낳는다. 따라서 그 조건들이 일어나는 원인을 분명히 밝히고 소멸시키면 열반에 이르게 된다.

12가지란 어리석음의 근본인 무명(無明), 인간의 행위인 행(行), 인간의 인식작용인 식(識), 인식의 대상인 명색(名色), 정보가 들어오는 감각기관인 6처(六處; 眼耳鼻舌身意), 감각기관이 대상과 접촉하는 촉(觸), 대상과의 접촉을 통해 받아들이는 수(受), 싫은 것은 피하고 좋은 것만 구하려고 하는 애(愛), 애(愛)가 행동으로 나타나는 취(取), 이러한 행동의 결과가 잠재의식 속에 영향력으로 남아 있는 유(有), 잠재되어 있던 영향력이 나타나는 생(生), 인간의 괴로움인 노사(老死)가 그것이다. 12연기는 무명(無明)에서 노사(老死)에 이르는 12가지 조건들이 연쇄반응을 일으키면서 나타나는 괴로움에 대한 관찰이다.

무명의 어둠 속에서 살아가는 삶의 모습을 유전연기(流轉緣起)라고 한다. 즉, 잘못 살아가는 삶의 모습을 연기적으로 설명한 것이다. 그러나 불교의 목적은 잘못된 연기의 사슬을 끊는 데 있다. 괴로움의 근본 원인인 무명을 지혜[明]로 전환해서 괴로움의 연결고리를 끊는 것을 환멸연기(還滅緣起)라고 한다. 무명을 끊으면 지혜가 밝아져서 자기중심적인 삶에서 벗어나 자비의 삶으로 전환된다. 이것이 불교의 이상이다.

이와 같이 만물은 서로 관계 속에서 얽혀 있다. 나와 남이 둘이 아니며 우리는 나와 남이 분리될 수 없는 '하나'로 더불어 살아가고 있는 것이다. 자타불이(自他不二)의 진리야말로 불교의 궁극적 목표라고 할 수 있는 자비(慈悲)의 실천에 의미를 부여한다. 불교의 세계는 건조하고 메마른 철학만이 있는 것이 아니다. 사랑과 자비의 실천이 곧 공존의 평화를 위해서 마련되어 있다.

불교의 가르침에 의하면 성숙한 인간은 지혜와 자비를 동시에 갖추어야 한다. 지혜는 햇볕의 '밝음'과 같이 지성(知性)을 중시한다. 자비는 햇볕의 '따스함'과 같이 사랑 혹은 연민(憐愍)의 정서를 중시한다. 우리는 이와 같은 밝음과 따스함을 공유해야 한다. ─ 현대 심리학의 용어로 두 가지를 비교해 보면, 지성은 '이성'(理性)과 통하고, 자비는 '감성'(感性)과 통한다. 이성을 지표상에서 표시하는 용어가 지능지수(intelligence quotient; IQ)라면, 감성의 표시는 감성지수(感性指數; emotional intelligence quotient; EQ)이다. 성숙한 인간은 곧 IQ와 EQ의 균형을 잘 유지하는 인간이다. '감성지수'(EQ)는 "인간의 감정을 통제, 조절하고 타인과 원만한 관계를 유지할 수 있는 능력"을 말한다. 이 용어는 지능지수(IQ)에 대비되는 개념으로, 미국의 행동심리학자인 대니얼 골먼(Daniel Goleman)에 의하여 정리되었다 ─

인간세계의 공존(共存)은 물론이거니와 생명 있는 모든 존재와의 공존을 위해서도 연기의 진리를 바탕으로 한 자비의 실천이 뒤따라야 한다. 그렇게 함으로써 우리는 평화의 세계를 건설할 수 있다. 나와 이웃이 하나가 되고, 공존과 평화를 확보한 세계가 곧 불교에서 말하는 '극락정토'(極樂淨土)이다.

5.4 불교의 진화(進化)과정
― 초기불교(원시불교)와 부파(部派)불교를 중심으로

고타마 붓다는 사슴동산(녹야원鹿野苑)에서 최초 설법을 가진 이래, 쿠쉬니가라에서 삶의 여정을 마칠 때까지 45년 동안 가르침을 펼쳤다. 고타마 붓다의 입적 후, 제자들은 그의 가르침을 일정한 형태로 정리(結集; 팔리어 saṃgīti; '함께 암송하는 것')하여 입으로 후학들에게 전하였다. 붓다가 세상과 작별한 후, 약 100년이 될 무렵 경장(經藏)과 율장(律藏)의 원형이 이루어진다(후지타 코오타츠藤田宏達 외, 『초기 부파불교의 역사』, 1989).

이때까지는 고타마 붓다의 가르침이 순수하게 전승되어 왔으며, 이 시기를 초기불교시대라고 한다. ― 일반적으로 고타마 붓다 입멸(入滅) 후 100년까지를 초기불교, 원시불교, 근본불교 혹은 아함불교 등으로 부른다― 그 후 고타마 붓다의 가르침과 계율에 대한 경전 해석의 차이가 생겨서 불교교단(승가)은 보수적인 상좌부(上座部; Theravāda)와 진보적인 대중부(大衆部; Mahāsanghika)로 갈라지고, 여기에도 분파가 생겨서 B.C. 1세기경에 총 20부파가 성립되기에 이른다. 이 시대를 부파불교시대라고 부른다(『불교학개론』, 동국대출판부, 1984).

이 시기 불법에 대한 전문적인 연구가 활발하게 이루어져 방대한 저술이 나타났는데, 이러한 논서들이 수집되어 '경, 율, 론'의 삼장(三藏; Tipiṭaka)을 이룬다. ―삼장'(三藏)이란 경장(經藏; Suttapitaka; 고타마 붓다 및 그 제자들의 언행록으로 즉 아함阿含을 말함), 율장(律藏; Vinayapitaka; 교단의 계율에 관한 설명서) 그리고 논장(論藏; Abhidhammapitaka; 경전의 哲理를 설명한 것)을 말한다―

3장의 형성은 부파불교의 커다란 업적이다. 그런데 현존하는 부파불교의 3장은 설일체유부(說一切有部; Sarvāsitivāda)와 남방상좌부(南方上座部)의 것뿐이다. 이 남방상좌부의 전통을 이은 것이 남방불교로서 스리랑카, 태국, 미얀마, 라오스, 캄보디아 등에 퍼져 있다. 남방불교의 3장은 팔리語로 기록되어 있으며, 고타마 붓다의 이야기에 가장 가까운 경전으로 여겨진다. 이것은 한역본(漢譯本)으로는 아함부(阿含部) 경전에 해당한다. 설일체유부의 3장은 산스크리트어로 기록되었으며, 한역본만이 남아 있다.

아비다르마의 교학은 고타마 붓다의 가르침을 철저히 이해하려는 시도였으며, 와수반두(Vasubandu; 世親; 320-400)의 『구사론俱舍論』이라는 논서에 집약되어 있다. 또한 한역된 부파불교시대의 경전으로서는 『아함경』, 『법구경』, 『사십이장경』, 『대반열반경』, 『숫타니 파아타』 등이 있다(이재창, 『불교경전개설』, 1982).

부파불교가 난해한 아비다르마의 교학을 발전시키고 있을 때, 흥기하던 힌두교의 영향을 받아 B.C. 2세기 무렵부터 새로운 교리를 갖춘 불교운동이 일어난다. 이들은 스스로 큰 수레(대승大乘; Mahāyāna)라고 부르고, 종전의 부파불교를 비판하면서 작은 수레(소승小乘; Hīnayāna)라고 불렀다(佐佐木敎悟 外, 『인도불교사』, 1989). '소승'이라는 용어는 부파불교에서는 사용하지 않으며, 올바른 용어로 볼 수도 없다.

대승불교에서는 붓다를 보는 관점이 변하여 고타마 붓다는 여러 붓다들 가운데 한 분이며, 절대 진리의 세계인 법신(法身)으로부터 화현한 화신[보신報身]으로서 이해되었다. 하여 중생을 교화시켜 주고 소원을 성취시켜 주는 관세음보살, 문수보살, 보현보살, 미륵보살과 같은 수용신[응신應身]에 대한 신앙이 발생한다. (이를 붓다가 세 가지의 몸을 갖고 있다고 하여, 3신설三身說이라고 한다.)

깨달음과 자비를 함께 추구하는 대승불교는 방대한 양의 경전을 성립시켰는데, 『반야경』, 『화엄경』, 『유마경』, 『승만경』, 『무량수경』, 『관무량수경』, 『아미타경』 등이 있다.

부파불교에서처럼 대승불교도 많은 논서들이 저술되었는데, 대승불교의 2대 봉우리는 나가르주나(Nāgarjuna; 용수龍樹; 약 3세기)에 의해서 성립된 중관(中觀)사상과, 아상가(Asaṅga; 무착無着; 310-390)와 그의 동생 와수반두(Vasbandhu; 세친世親; 400-480년경)에 의해서 확립된 유식(唯識)사상이 그것이다.

나가르주나에 의하면 세계 내의 모든 존재는 본래 자성(自性)이 없기 때문에 공(空)한 것이다. 그러나 공은 결코 무는 아니다. 공은 결국 비유(非有), 비무(非無)이며 중도이다. 그는 자신의 저서 『중론』에서 "모든 존재는 본질상 생성, 소멸하지 않으며, 그들은 영원한 것도 아주 없어지는 것도 아니다. 각각의 존재는 하나라고 할 수도 없으나 다르지도 않다. 그러므로 태어나는 바도 없고 죽는 바도 없다"(不生亦不滅, 不常亦不斷, 不一亦不異, 不來亦不出)라고 주장하였는데, 이를 '8불중도설'이라고 한다(『신수대장경新脩大藏經』 제30권). '공'사상은 대승불교의 핵심사상이라고 할 수 있으며, 고타마 붓다의 중도론을 확대하여 발전시킨 것이다.

대승사상의 또 다른 봉우리는 유식(唯識)사상이다. 이는 요가(yoga)의 수행에서 나타나는 심리적 체험에서 형성된 것이다. 그러므로 유식학파를 요가학파라고 부르기도 한다. 불교에서 말하는 유식론은 서양철학에서 말하는 인식론이나 혹은 현대의 S. 프로이드(Freud) 심리학과 비슷한 점이 있다. 초기불교에서 인간은 색, 수, 상, 행, 식의 이른바 '5온'으로 구성된 존재라고 말한 바 있다.

유식학파는 이 중에서 '식'(識)을 깊이 추구하여 인간의 인식작용에는 여덟 가지[8식; 八識]가 있다고 하였다. 유식론(唯識論)에서 말하는 여덟 가지는 다음과 같다. 우리의 감각기관인 눈[안식眼識], 귀[이식

耳識], 코[비식鼻識], 혀[설식舌識], 피부[신식身識]를 통해서 인식되는 것들이 있는데, 이들이 전5식(前五識)이다. 다음으로 의식(意識) 자체를 제6식이라고 하며, 의식의 배후에 있으면서 자아에 집착하는 식(識)이 제7식(이를 manas-vijñāna, 말나식末那識이라고 함)이다. 이 모든 인식의 근본이며 시간과 공간을 초월하고 일체의 행위가 기억되어 저장되는 것으로 제8식(이를 ālaya-vijñāna, 아뢰야식阿賴耶識이라고 함)이 있다. 제8식은 형형색색의 씨앗을 간직한 것으로 비유되어 '장식'(藏識)이라고도 부른다. ─8식(八識)의 상세한 내용은 후술함─

인도불교는 초기 부파불교에서 대승불교로 발전하였으나, 7세기 초부터는 힌두교의 영향을 받아 주술적이고 신비주의적인 밀교화(密教化)의 길을 걷는다. 이후 인도불교는 12세기까지 존속하다가 힌두교의 보급과 무슬림의 침입으로 인도대륙에서 거의 자취를 감추게 된다. ─'밀교'는 '비밀불교'를 말한다. 이는 들어난 교리 즉 '현교'(顯教)의 대응어이다. 밀교는 동시에 '탄트라 불교'라고도 부른다. 밀교는 만트라(mantra; 眞言)를 중시하며, 의지하는 경전으로 『대일경大日經』이 있다─

📖 읽을거리

● 나까무라 하지메(中村元) 외, 『佛陀의 세계』, 김지견 역, 김영사, 1984.
● B. R. 암베드카르, 『붓다와 다르마』, 박희준·김기은 옮김, 민족사, 1991.
● H. J. 슈퇴릭히, 『世界哲學史』, 임석진 역, 분도출판사, 1981.
● 후지타 코오타츠(藤田宏達) 외, 『초기·부파불교의 역사』, 권오민 옮김, 민족사, 1989.

- 히라카와 아키라(平川彰), 『인도불교의 역사』 상·하, 이호근 옮김, 민족사, 1994.
- 우에야마 슌페이(上山春平) 외, 『아비달마의 철학』, 정호영 역, 민족사, 1990.
- 월폴라 라훌라, 『붓다의 가르침』, 진철승 옮김, 대원정사, 1990.
- 모찌쯔끼 신코(望月信亨) 편, 『望月佛敎大辭典』(增訂版), 世界聖典刊行協會, 昭和 55년=1980.
- 목정배, 『불교윤리개설』, 경서원, 1986.
- 오강남, 『세계종교 들러보기』, 현암사, 2003.
- 이재창, 『불교경전개설』, 동국대 불전간행위원회, 1982.
- 사사끼 교꼬(佐佐木敎悟) 외, 『인도불교사』, 경서원, 1989.
- 미즈노 고겐(水野弘元), 『경전의 성립과 전개』, 이미령 옮김, 시공사, 1996.
- Edward Conze, *Buddhism*, Philosophical Library Inc., New York, 1951.
- John M. Thomson, *Buddhism*, Edited by Lee W. Baily, *Introduction to the World's Major Religions* (Vol. 3), Greenwood Press, Westport, Connecticut, 2006.

제6강 중국불교의 주요 종파(宗派)와 그 기본 교리(敎理)

전통사회의 한국은 중국문명의 카테고리(범주) 속에 포함되고 있었음을 지적한 바 있다. 그러므로 한국불교의 모습을 들여다보려면, 중국불교 ― 언어적 측면에서는 한역(漢譯) 불교 ― 를 이해해야 한다. 고대 남북국(삼국) 시대의 한반도에는 불교국가들이 옹기종기 모여 있었다. 이들 불교국가들의 사상은 곧 수입(輸入) 사상이었다.

고구려 장수왕(재위 413-491) 때 스님 승랑(僧郎)은 중국으로 건너가서 '삼론학'(三論學)을 연구하였고, '화엄'(華嚴)에도 깊은 연구가 있었다(김영태,『한국불교사』). 그렇다면 우리가 승랑을 이해하려면, '삼론학'이 무엇인지 혹은 '화엄'이 무엇인지를 먼저 물어야 마땅하다. 일이 이와 같을진대, 중국불교의 종파 및 교리연구는 한국불교의 이해를 위하여 필수 과정에 속한다.

중국에 불교가 유입된 시기는 후한(後漢)의 명제(明帝; 재위 A.D. 58-75) 때의 일이라고 하며, 후한 말기에 환제(桓帝; 재위 147-167)와 영제(靈帝; 167-189)에 의해서 불경의 한역작업이 이루어진다. ― 중국에 불교를 가져온 데는 전한(前漢)시대의 동서 교통로 개척에 힘입은 바가 크다. 한(漢) 무제 때 인물 장건(張騫)의 서역(西域) 여행을 계기로 물자의 교역이 이루어졌다(노가미 순조野上俊靜 외,『중국불교사개설』, 1984) —

불교가 전래된 이후 수백 년에 걸쳐서 대대적인 번역 사업이 이루어지면서 경전과 논서들을 중심으로 중국적 종파들이 형성된다. 중국불교는 종파불교라고 말할 수 있다. 각 종파에서는 그들이 근거로 하고 있는 경전을 바탕으로 수많은 논서[論]와 논서에 대한 주석[疏]들이 저술되었으며, 송나라 때 국가적인 사업으로『대장경大藏經』의 인쇄화가 이루어진다(宋 태종 8년; 983년). — 원래 인도의 부파불교시절부터 경전은 암송(暗誦)에 의한 구두전승(口頭傳承)의 방법으로 전해졌다. 중국에서도 이 전통이 지켜지다가 개인적인 사경(寫經)이 행하여진다. 인쇄문화의 발달에 힘입어『대장경』이 나타난 것이다 —

중국 불교는 인도불교의 연장선인 종파들을 거쳐 중국적인 종파들을 탄생시킨다(나까무라 하지메中村 元,『중국인의 사유방법』, 1990). — 비담종(毘曇宗), 구사종(俱舍宗), 성실종(成實宗), 삼론종(三論宗), 사론종(四論宗), 지론종(地論宗), 섭론종(攝論宗), 법상종(法相宗) 등은 인도적인 것이며, 중국 일반 인민과는 관계가 없다 —

중국 불교의 대표적인 종파로 ① 천태종(天台宗), ② 삼론종(三論宗), ③ 유식종(唯識宗), ④ 화엄종(華嚴宗), ⑤ 선종(禪宗), ⑥ 율종(律宗), ⑦ 정토종(淨土宗), ⑧ 밀종(密宗)을 들 수 있다. 중국불교의 황금시대인 수(隋), 당(唐) 불교의 8개의 종파와 기본 교리를 살펴봄으로써, 한국불교의 이해를 위한 징검다리를 놓고자 한다.

6. 1 천태종(天台宗)

① 창립자 : 지의(智顗; 538-598)

② 주요 기지(基地) : 금릉(金陵; 현 南京), 천태산, 형주(荊州)

③ 주요 교리 : 일심삼관(一心三觀), 삼제원융(三諦圓融), 십계삼천 (十界三千)

④ 소의(所依) 경전 : 『묘법연화경妙法蓮華經』(일명 『법화경』)

⑤ 천태 삼대부(三大部) : 『법화문구法華文句』, 『법화현의法華玄義』, 『마하지관摩訶止觀』

⑥ 주요 인물 : 혜문(慧文), 혜사(慧思), 지의(智顗), 담연(湛然), 체 관(諦觀)

천태종은 중국 고대 남북조 시대(420-589)에 창립된 종파이다. 천 태산(현 절강성浙江省 동부에 있음)에서 창립된 까닭에 산 이름을 따라 서 천태종으로 부르게 되었다. 지의(智顗; 538-598) 스님을 창립자로 보고 있다. 천태종의 교리를 이해하기 위하여서는 고대 인도 중관학 파(中觀學派)의 창시자 나가르주나(Nāgarjuna; 용수龍樹; 150-250)의 사 상을 이해할 필요가 있다.

나가르주나(용수)의 대표적 저술 『중론中論』, 『대지도론大智度論』, 『십이문론十二門論』 등은 이 학파의 정신적 기초이다. — 이상 저술의 한역(漢譯)은 쿠마라지바(구마라습鳩摩羅什)에 의해서 탄생되었다 —

6.1.1 주요 교리 — 일심삼관설(一心三觀說)

천태종의 주요 교리로 일심삼관설(一心三觀說)을 들 수 있다. 사람의 마음은 본래 동일하지만 그 표현 방법이 다르다. 즉 일체 사물의 본성 — 이를 자성(自性; svabhāva) 혹은 법성(法性)이라고 함 — 은 공(空)하다고 보는 견해를 공관(空觀)이라고 부른다. 이때 '공'하다는 것은 일체 존재는 다른 존재의 힘을 빌리지 않고 그 자체로 존재할 수 없음을 말한다. 다른 존재의 힘을 빌려서(즉 연기緣起로 인하여) 성립하는 것은 자성(自性)이 없다는 것이다.

일체의 존재는 다만 연기(緣起)의 작용인데, 그것마저 환멸(幻滅)의 존재인 까닭에 임시적[假]인 것이다. 이렇게 이해하는 방법을 가관(假觀)이라고 한다. 이 두 가지를 초월하여 공(空)도 아니고 가(假)도 아닌 것으로 보는 견해를 중관(中觀)이라고 한다.

'공관'이란 본질상 현실세계는 실제의 본성이 없다[無自性]고 보는 견해이며, '가관'이란 인연의 작용으로 나타나는 현상세계는 잠시적인 것 혹은 개념적인 것(그러니까 거짓 혹은 가짜이며, 이를 쿠마라지바가 '假'로 번역한 것임)으로 보는 견해이며, '중관'이란 원융(圓融)의 측면에서 보았을 때, '공'과 '가'의 한 변(一邊)에 떨어져서는 안 되는 것으로 보는 견해이다.

일심삼관설은 다시 삼제원융설(三諦圓融說) 혹은 원융삼제설(圓融三諦說)로 진화한다. 불교에서는 진리를 가리켜 '제'(諦)라고 표현한다. 불교 진리[諦]의 카테고리에 '진여'(眞如), '법성'(法性), '법계'(法界), '불성'(佛性) 등이 있음을 지적한 바 있다. 보통 진리는 크게 두 가지로 나누어진다. 속제(俗諦; 상식적인 진리)와 진제(眞諦; 고차원의 진리)가 그것이다. '속제'란 현존하는 미혹(迷惑)의 세상을 실재하는 것으로 믿는 것이며, 보통 사람들(범부凡夫)이 빠져드는 것을 말한다. 그러나 지혜로운 사람은 현존하는 세상은 결국 허망(虛妄)하다는 사실을 알고 있다. 이를 '진제'라고 부른다.

천태종의 교리에서는 앞에서 말한 가제(假諦)가 '속제'이며, 공제

(空諦)가 '진제'이다. 그런데 중제(中諦)를 포함하여 이들 삼제(三諦)가 상호 융합하여 동시에 성립한다는 것이다. 그 상태가 둥글고 화합한다는 원융(圓融)을 말한다. 공(空)은 모든 존재는 마땅히 '空'한 것이어야 하므로 이는 곧 추상적 진리의 측면을 말함이며; 가(假)는 일체 존재는 인연으로 말미암아 생겨나는 것인데 인연은 거짓이고 임시이므로, 이는 구체적 현상국면을 말함이다. 이에 대하여 중(中)은 '공'과 '가'의 두 변(二邊)에 떨어지지 않음이며, 그것을 초월하고 동시에 종합함으로써 불성(佛性)을 드러내는 것이다. 이상이 '삼제원융설의 내용'이다. '삼제원융설'은 나가르주나의 저술 『중론中論』에 나타난 이제설(二諦說)을 중국의 지의(智顗) 스님과 길장(吉藏; 549-623) 스님이 발전하여 성립시켰다.

6.1.2 중심 인물

천태종의 중심인물은 혜문(慧文; 생졸년 알 수 없음), 혜사(慧思; 515-577) 그리고 지의(智顗; 538-598) 스님이다. 창립자 지의는 지자대사(智者大師) ― 한자의 글 뜻대로는 '지혜로운 사람'이라는 의미를 담고 있는데, 그의 입적 후 시호(諡號)로 내려진 이름이다. 여기서는 보통명사가 아니라, 고유명사임에 주의할 필요가 있다 ― 라고 부르기도 한다. 담연(湛然; 711-782) 대사는 천태종을 중흥(中興)시킨 인물로 알려져 있다.

6.1.3 수행법과 천태종의 영향

천태종의 수행 방법은 천태 삼대부(三大部)의 하나이며 지의(智顗)의 저술 『마하지관摩訶止觀』에 담겨 있다. '마하'란 크다, 많다, 위

대하다는 뜻의 불교용어이며, '지관'은 수행법이다. '지'(止)는 일종의
정신 집중법으로 현상계의 모든 존재는 본성이 유(有)가 아니며, 또한
생멸하지도 않음을 인식하는 방법이다. '관'(觀)은 문자대로 통찰을
말하는데, 요지는 일체 만물이 '공'(空)함을 보는 법이다.

천태종의 교리는 중국에서 정립되고, 이후 한국과 일본에 큰 영
향을 미쳤다. 661년 신라 의상(義湘) 대사가 당(唐) 나라에 들어가 천
태와 화엄의 교리를 학습하였으며, 당시 중국의 천태산에는 신라인들
의 절간 즉 신라원(新羅院)이 건립되었다고 한다(김영태, 『한국불교사개
설』). 1097년 고려왕조 시절 고려천태종을 창립한 의천(義天)에 대해
서는 다음에 서술한다.

일본의 경우, 중국 스님 감진(鑑眞; 688-763)이 754년 일본에 건너
가 천태종 경전을 전하였다. 일본 스님 최징(最澄; 767-822)이 입당(入
唐)하여 천태 경전 128부 345권을 가지고 일본으로 돌아와, 일본천태
종을 창립하였다. 이후 엔닌(圓仁; 794-864)이 또 당(唐) 나라에 건너
가 교전(敎典) 700여 종을 가지고 돌아왔다. 이렇게 하여 일본 특색의
천태종이 성립 발전하였다(주봉오朱封鰲, 『천태종개설天台宗槪說』).

6.2 삼론종(三論宗)

① 창립자 : 길장(吉藏; 549-623)
② 주요 기지 : 회계(會稽) 가상사(嘉祥寺), 양주(楊洲) 혜일사(慧日
    寺), 장안(長安) 일엄사(日嚴寺), 실제사(實際寺), 정영사(定永寺)
③ 주요 교리 : 연기성공(緣起性空), 이제(二諦), 팔불의(八不義)
④ 소의(所依) 경전 : 『대품반야경大品般若經』
⑤ 소의 경론 : 『중론中論』, 『십이문론十二門論』, 『백론百論』

⑥ 주요 인물 : 쿠마라지바(鳩摩羅什), 승조(僧肇), 승랑(僧朗), 승전(僧詮), 법랑(法朗), 길장(吉藏)

삼론종은 중국 수(隋) 나라 시대(581-618)에 창립된 종파이다. 삼론종의 학설은『중론中論』,『십이문론十二門論』,『백론百論』등 3논에 의거한 까닭에 그와 같은 이름을 얻었다. 앞의 2론은 나가르주나(용수)의 저술이며, 끝의『백론百論』은 스리랑카 스님 제바(提婆; Deva; 약 3세기)의 저술이다. 의지하는 경론에 이처럼 나가르주나의 저술이 두 권이나 포함되어 있으므로, 이론의 많은 부분이 앞에서 말한 천태종의 그것과 중복된다. 다시 말하면 삼론종의 중요 이론이 나가르주나의 중관론(中觀論)에서 유래하고 있다.

6.2.1 주요 교리

A. 인연으로 일어나는 모든 본성은 空하다(緣起性空說)

삼론종의 주요 교리로서 연기성공설(緣起性空說; 緣起의 본성이 空함)을 들 수 있다. 이는 인연(因緣)으로 생겨나는 만물 일체 사물에는 본성(自性)이 없고 '空'하다는 주장이다. '공'의 이론은 삼론종만이 독차지하는 것은 아니고, 대승불교의 각 종파가 공유(共有)하는 것이지만, 그 이론에 차이가 있다. 삼론종의 공론(空論)은 연기의 본성이 '공'하다는 것이다. 나가르주나의『중관론』'관사제설'(觀四諦說)에 의하면, "여러 가지 인연으로 만물이 생긴다. 그러나 나는 이것을 空하다고 말한다. 일찍이 인연으로 생겨나지 않는 것은 없다. 그러므로 일체 법(만물)이 空하지 않은 것은 없다"라는 말이 있다. 이와 같이 삼론종은 일체 사물은 모두 인연(因緣) 화합의 산물로 본다. 일체 사물이 타 사물에 의지하지 않고 독립 존재하는 것은 결코 없다. 그러므로 사물에는 불변하는 자성(自性)은 없으며, 일체가 空하다. 사물의 자체 본성(즉 '自性')이 없으므로 결국 空하다는 것이다. 이것이 연기(緣起; 인연)의 본성은 '공'하다는 연기성공설의 내용이다.

　―이상 연기성공설은 철학적 측면에서 보면 유무(有無), 동정(動靜)의 이론으로부터 영향을 받았다. 이에 대한 승조(僧肇; 384-414)의 논문 '부진공론'(不眞空論; 사물은 참되지 않기에 空하다는 이론)과, '물불천론'(物不遷論; 사물의 본질은 변하지 않는다는 이론)은 중국철학사에 있어서 불굴의 업적이라고 평할 수 있다―

B. 팔불의설(八不義說)

　삼론종의 다른 교리로서 팔불의설(八不義說)을 들 수 있다. 이 교리는 앞에서 언급한 바와 같이, 나가르주나의 '8불중도설'을 말한다. "모든 존재는 본질상 생성, 소멸하지 않으며, 그것들은 영원한 것도 아주 없어지는 것도 아니다. 각각의 존재는 하나라고 할 수 없으나 다르지도 않다. 그러므로 태어나는 바도 없고 죽는 바도 없다"(不生亦不滅, 不常亦不斷, 不一亦不異, 不來亦不出)라는 것이 그 내용이다.

　이를 정리하면 ① 불생(不生) ② 불멸(不滅) ③ 불상(不常) ④ 부단(不斷) ⑤ 불일(不一) ⑥ 불이(不異) ⑦ 불래(不來) ⑧ 불출(不出)과 같다. 이를 논리의 측면에서 다시 묶으면, ① 生과 滅 ② 常과 斷 ③ 一과 異 ④ 來와 出과 같이 넷으로 줄여서 말할 수 있다.

　첫 번째의 '생멸'(生滅)하지 않는다는 것은 유무(有無)의 문제로서 존재하는 사물에는 유(有; being)도 무(無; non-being)도 없다는 것이다. 두 번째의 '상단'(常斷)이 없다는 것은 세계의 실상에는 연속(連續; continuity)하는 것도 중단(中斷; discontinuity)하는 것이 존재하지 않는다는 의미이다. 세 번째로 '일이'(一異)가 없다는 것은 통일(一; unity)이 없고 차별(異; disunity)도 없다는 것을 말한다. 네 번째의 '래출'(來

出)이 없다는 것은 만물의 본원(本源; 이른바 '所從來'를 말함)도 없고 변화(change)의 본질도 없다는 것이다.

6.2.2 중심 인물

이 종파의 중심에 구자국(龜玆國) 사람 쿠마라지바(Kumārajiva; 鳩摩羅什; 343-413/ 혹은 409) 스님이 있다. 그는 전진(前秦) 왕 부견(苻堅)이 파견한 장군 여광(呂光)에 의해서 체포되었다가, 401년 후진(後秦)의 제2대왕 요흥(姚興)에 의해서 장안(현재의 西安)으로 왔다. 그는 전술한 3론을 암송하였고, 이를 한역하여 중국 불교의 위대한 번역가로 기억되고 있다. 현재 중국 불교도들이 암송하는 대부분의 경전은 쿠마라지바에 의해서 번역된 판본이다. 그의 제자 중에 승조(僧肇), 승예(僧睿) 등이 있다.

삼론종의 이론 정립에는 고구려 요동(遼東) 땅의 한국인도 포함된다. 고구려 장수왕(재위; 413-491) 때의 인물 승랑(僧朗)이다. 승랑은 중국으로 건너가 3론학을 연구하였고, 주옹(周顒; 473년 전후)에게 이를 가르쳤다. 승랑이 섭산(攝山; 현 南京市 동북 서하산栖霞山)에서 수행하였으므로, 중국에서는 그를 가리켜 '섭산대사', 혹은 '섭산고려랑대사攝山高麗朗大師'라고 부른다.

승랑의 문하생으로 승전(僧詮)이 나왔고, 이 법맥을 이어 받아 삼론종의 창시자인 길장(吉藏; 549-623) 스님이 나왔다. 길장은 가상대사(嘉祥大師)라는 이름으로 부르기도 하는데, 수(隋) 나라 때 삼론종의 집대성자이다. 길장의 문하에서 혜관(慧灌)이 나왔는데 그는 고구려인으로서 일본에 삼론종을 전파하여, 일본 삼론종의 초대 조사[初祖]가 되었다.

6.3 유식종(唯識宗) = 법상종(法相宗)

① 창립자 : 현장(玄奘; 660?-664)

② 주요 기지 : 장안(長安) 대자은사(大慈恩寺)

③ 주요 교리 : 팔식학설(八識學說), 삼자성(三自性), 삼무성(三无性)

④ 소의(所依) 경전 : 『해심밀경解深密經』,『화엄경華嚴經』,『능엄
경楞嚴經』,『아비달마경阿毗達摩經』 등

⑤ 소의 경론 : 『성유식론成唯識論』

⑥ 주요 인물 : 현장(玄奘), 규기(窺基), 원측(圓測)

유식종(법상종; 자은종慈恩宗)은 6조(六朝; 대략 300년-500년 사이 중
국에 존재하였던 왕조; 역사적으로 오吳, 동진東晋, 류송劉宋, 제齊, 량梁, 진
陳 등 6국을 가리킴) 시기 싹을 피워, 당(唐) 나라 때 극성기에 이른 중
국불교 종파의 하나이다. 이 종파의 기본 소의(所依) 경전에 "6경 11
론"이 있다. 그중에서 6경만을 소개하면 『해심밀경解深密經』,『화엄경
華嚴經』,『능엄경楞嚴經』,『아비달마경阿毗達摩經』,『여래출현공덕장
엄경如來出現功德莊嚴經』,『대승밀엄경大乘密嚴經』(일명 『후엄경厚嚴
經』) 등이다. 이와 같은 경전 가운데에서도 『해심밀경』을 근본 경전
으로 본다.

유식종은 나가르주나의 공관(空觀) 이론이 지나치게 공허에 빠
질 위험이 커서 이를 바로잡아 주고자 태어났다. 인도불교를 놓고 보
면, 유식사상은 아상가(Asaṅga; 무착無着; 310-390)와 그의 동생 와수반
두(Vasbandhu; 세친世親; 400-480년경)에 의해서 확립된 유식(唯識)사상
에 기반을 두고 있다.

6.3.1 기본 교리 — 팔식학설(八識學說)

유식(唯識) 학파는 중국불교에서 드물게 인식 문제에 대하여 관심을 보이고 정교한 철학적 관념론을 전개하였다. '유식'이란 불교 심리학이라고 말할 수 있다. 불교는 인간의 마음을 중시하는 종교로, 마음을 표시하는 것으로 심(心), 의(意), 식(識) 등의 용어를 사용하는데, 이들 세 가지는 기본적으로 동의어로 간주된다.

유식(唯識; Vijñapti-mātratā)이란 인간의 정신과 물질은 오직 마음(심식心識)에 의존하며, 마음을 떠나서 존재할 수 없다는 이론이다. 우리는 '심식'(心識)에 관한 여덟 가지 이론을 이해할 필요가 있다[팔식학설八識學說]. 앞에서 말하였듯이 우리의 감각기관 눈[안眼], 귀[이耳], 코[비鼻], 혀[설舌], 몸[신身]을 통해서 인식되는 것들이 있는데, 이들을 '전오식'(前五識)이라고 부른다. 이것들은 인간의 다섯 가지 감각(five senses)에 호소한다. 제6식으로 '의식'(意識; mano-vijñāna)이 있는데, 일상생활에서 살아가면서 분별(分別)하고 판단[思量]하는 심리작용이 여기에 해당한다.

제6식쯤 해서 끝이 났으면 좋으련만, 유식학설은 여기에 두 가지를 보태어서 명실상부하게 심오한 철학체계를 이룩하였다. 제7식은 '말나식'(末那識; manas-vijñāna)이라고 호칭하는데, 일종의 '자아의식'이다. 산스크리트어의 'manas'가 한자로 '意'로 번역되는 데서 제6식과 더불어 혼란을 일으키는 점이 있다. 제6식이 일반적인 의식(意識)임에 비하여, 제7식은 미혹의 근원이 되는 오염된 의식으로 '오염의식'(汚染意識)이라고 부른다. 네 가지 종류가 있는데, 아견(我見; 실재는 존재하지 않은 나를 존재한다고 믿는 것), 아치(我痴; 나에 관한 무지), 아만(我慢; 내가 제일이다는 자만심), 아애(我愛; 내 몸에 대한 애착으로, 나르시시즘narcissism; 자기도취증 같은 것)의 네 가지 번뇌와 관련된다.

마지막 제8식으로 '아뢰야식'(阿賴耶識; ālaya-vijñāna)이 있다. 이는 모든 인식의 근본이며 시간과 공간을 초월하고 일체의 행위가 기억되어 저장되는 것으로, 드러나지 않는 씨앗(종자種子)을 간직한 것으로 비유된다. '장식'(藏識)이라고도 부른다. 제8식은 오스트리아의 심리학자 S. 프로이트(S. Freud)가 말한 '심층심리' 혹은 '잠재의식'을 말한다. '아뢰야식'은 태어나서 죽는 순간까지 자신을 하나의 개체로서의 동일성(identity)을 유지하는 역할을 하는 점에서 중요한 의식이다. 수행자가 아라한의 단계에 도달하면, '아뢰야식'이 소멸되어 윤회(輪廻)의 그물에서 벗어난다고 한다.

6.3.2 중심 인물

중국 유식종(법상종)의 대표자로 현장(玄奘; 660?-664) 스님을 꼽는다. 일반적으로 그를 삼장법사(三藏法師)라고 부르며 당(唐) 나라 최고의 학승이다. 『서유기西遊記』의 실제 주인공으로 세상에 잘 알려져 있으며, 그의 불경 번역 작업에 의하여 중국불교가 궤도에 올라섰다. 현장의 제자에 규기(窺基; 632-682)와 원측(圓測; 613-696)이 있다.

원측은 신라 왕족출신으로 중국에 건너가서 유식종을 세우는 데 큰 공헌을 하였다. 그는 『유가론瑜伽論』과 『유식론』을 강의하였다. 여황제 무측천(武則天; 측천무후)이 그를 아껴서 신라왕의 요청에도 불구하고 귀국을 허락하지 않았다(현대 중국측 자료에는 원측 스님보다는 규기 스님을 더욱 강조하는 분위기임).

6.4 화엄종(華嚴宗)

① 창립자 : 법장(法藏; 643-712)
② 주요 기지 : 장안(長安) 지상사(至相寺)
③ 주요 교리 : 법계연기(法界緣起), 사법계설(四法界說)
④ 소의(所依) 경전 :『화엄경華嚴經』,
⑤ 주요 인물 : 법순(法順; 두순杜順), 지엄(智嚴), 법장(法藏), 증관
　　(澄觀), 종밀(宗密)

　화엄종은『화엄경華嚴經』을 소의(所依) 경전으로 하는 종파이다.
창시자 법장(法藏)이 현수(賢首)라는 호(號)를 받은 까닭에 '현수종'(賢
首宗)이라고 부르기도 한다. 이 종파는 비로자나불(毘盧舍那佛), 문수
(文殊), 보현(普賢) 보살의 숭배를 불러일으켰고, '해인삼매'(海印三昧)
와 '화엄삼매'(華嚴三昧)를 창도함으로써 명실공히 중국불교를 동아시
아 불교의 중심으로 올려놓는 데에 공헌하였다. — 대승 불교에 "위로
보리를 구하고, 아래로 중생을 건진다"(上求菩提, 下化衆生)라는 구호
가 있다. 문수, 보현보살 등은 이와 관계가 있다. 보살(菩薩)은 산스크
리트어 'Bodhisattva'의 음역(音譯)이다. 중국의 4대보살로 오대산(五
臺山)의 문수, 아미산(峨眉山)의 보현, 보타산(普陀山)의 관음(觀音), 구
화산(九華山)의 지장(地藏)보살을 꼽는다 —

6.4.1 기본 교리 — 사법계설(四法界說)

　화엄의 세계관을 보기로 하자. 화엄종이 세계를 보는 견해는 '법
계연기'(法界緣起)라는 말로써 표현된다. '법계연기'란 세계 만유(萬有)

의 형성 및 존재 방식을 설명하는 이론이다. 우주 안의 일체 사물과 현상은 고타마 붓다의 지혜(이를 '불성'佛性 혹은 '일심'一心 혹은 '법계'法界 등으로 호칭함)의 표현과 작용이며, 그것들은 상호 의존하고, 상호 교섭(交涉)하고, 상호 평등하며 원융무애(圓融無碍)의 조화와 통일 가운데에 존재한다. 이와 같은 세계관의 논증을 위하여 '사법계설'(四法界說)이 마련되었다. 삼라만상의 존재는 곧 일심(一心) 혹은 불성(佛性)의 표현으로, 여기에 네 가지 종류가 있다.

① 첫째로, 사법계(事法界)이다. 이 법계는 우리 존재의 '현상계' 즉 눈에 보이는 세계를 말한다. 그 특징은 자유분방한 존재들이 각각 맡은 위치가 다르고 무한한 차별의 모습으로 존재한다. 개개 사물은 고립적으로 각각 하나의 '사'(事)로 있지만, 이것들이 모여서 무수한 경계(境界) — 이때의 대상은 정(情)의 경계를 말함 — 를 이룬다. 이를 화엄에서는 세속(世俗)의 모습으로 파악하고 있으며, 명상 혹은 관상(觀想)의 대상은 아니다.

② 둘째로, 리법계(理法界)이다. 이 법계는 사법계의 세계가 자유분방하고 차별성으로 존재하지만, 이면에는 공동성 혹은 동일성(同一性)이 존재한다는 것이다. 이 법계는 철학적으로 표현하면 '본체계'를 말한다. 이때의 '리'(理)는 물질을 표현하는 것이 아니라 정신적인 것이다. 그것은 허망(虛妄)한 존재는 아니다. 이 '리'는 붓다의 지혜 곧 '진여'(眞如)를 말한다. '리'는 사법계에서 말하는 무수한 경계 즉 정(情)의 경계가 아니라, 지(智)의 경계를 말한다. '리법계'는 세속의 모습과는 다른 고급 인식의 세계를 말한다.

③ 셋째로, 리사무애법계(理事無碍法界)이다. 이 세계는 걸림이 없는 까닭에 '무애'(無碍)이다. 즉 '리'(理)로써 사물과 교섭하고, '사'(事)로써 본체와 융합(融合)한다. 본체는 개개 사물 속에 내재되어 있

고, 개개 사물은 본체를 품고 있다. 풀어 말하면 본체[理]는 현상[事] 가운데 편재(遍在)되어 있고, 현상은 본체를 끌어당기고(섭취攝取) 있다. '리사무애법계'는 인식 대상으로서의 현상(事)은 인식 불가능한 본체를 벗어나지 않고 있으며, 본체 또한 현상을 벗어나지 않고 있다는 이론이다.

④ 넷째로, 사사무애법계(事事無碍法界)이다. 일체 존재는 각기 독립하여 차별적 존재로서 개개 사물 속에 '리'(理)를 품고 있으며, 피차간에 상호 융통이 가능하다. 이 세계가 붓다의 경계이며, 동시에 최고급의 인식 대상이다. 화엄의 세계에서 인간이란 현상[事]으로서의 인식대상으로 고립되어 있는 것이 아니고, 본체[理]의 지시아래 인식을 개시하며, 리사(理事) 관계의 인식을 통과하여, 최후에 사사(事事)의 관계 인식에 도달한다고 본다. 세상의 일체사물 혹은 현상은 불성(佛性) 즉 일심(一心)의 산물이 되어, 상호 교섭하고 걸림이 없는 상태가 화엄종이 묘사하는 세계의 모습이라는 것이다.

6.4.2 중심 인물

화엄종에서는 대표적 인물로 다섯 사람을 내세운다. 제 1조(祖) 법순(法順; 두순杜順), 제 2조 지엄(智儼), 제 3조 법장(法藏), 제 4조 증관(澄觀), 제 5조 종밀(宗密)이며, 이들을 '화엄 5조'라고 부른다. 이들은 장안(長安; 현재의 섬서성 西安 지방)을 중심으로 활동하였으며, 중국 불교의 위대한 발자취를 남긴 인물들이다.

신라의 의상(義湘; 625-702)은 종남산으로 제 2조 지엄(智儼)을 찾아가 그의 문하에서 지극히 엄한 교육을 받고 신라로 돌아와서, '해동(海東) 화엄종'의 시조가 되었다. 또한 신라의 심상(審祥; ?-742)은 화엄 제 3조 법장 문하에서 공부하였고, 일본으로 건너가서 '일본 화엄종'제 1조가 되었다.

6.5 율종(律宗) = 남산종(南山宗)

① 창립자 : 도선(道宣; 596-667)
② 주요 기지 : 장안(長安) 종남산(終南山) 백천사(白泉寺), 정업사
   (淨業寺)
③ 주요 교리 : 5계(五戒)
④ 소의(所依) 경전 : 『사분율四分律』
⑤ 주요 인물 : 도선(道宣)

율종은 당(唐) 나라 때 도선(道宣)에 의해서 창립된 종파이다. 그
가 평생을 장안(현재 西安)의 남쪽 종남산에 머물었으므로, 남산종(南
山宗)이라고 부르기도 한다. 율종은 고타마 붓다(석가모니) 사후 결집
(結集)과 관계가 있으며 ─ 제 4 차 결집시 편성된 『사분율四分律』에
의존함 ─ 문자 그대로 계(戒)를 중시하는 입장이다. 한자어의 '계'(戒)
는 산스크리트어 Śīla인데, 음역을 하면 '시라'(尸羅)가 된다. 그야말로
시체(尸)처럼 곧게 계율을 지켜야 한다는 것이다.

6.5.1 기본 주장

A. 다섯 가지 계율(五戒)
이 종파의 소의 경전은 『사분율四分律』이다. 이에 의하면 비구(比
丘)는 250가지 계율이 있고, 비구니(比丘尼)는 348가지 계율이 있다.
불교계에 남자 스님보다 여자 스님이 적은 이유를 알 듯하다. 이와

같은 계율 중에 대표적인 것으로 다섯 가지 계율(五戒)이 있다. 5계는
불살생(不殺生), 불투도(不偸盗), 불사음(不邪淫), 불망어(不妄語), 불음
주(不飮酒)가 그것이다. 삭발한 수행자는 죽어도 이 다섯 가지를 지켜
야 하며, 이를 지키지 못하면 속인(俗人)과 다를 바 없다.

① '불살생'이란 생명 있는 존재에 대하여 살생을 금한다는 내용
이다. 여기에는 자기 신체를 손상시키는 행위도 포함된다. 그러므로
불교는 자살(自殺)을 반대한다.

② '불투도'의 개념은 광범위하다. 타인의 재물을 탐하는 것이 포
함된다. 매관(賣官), 매직(賣職), 공공재물의 개인적 사용도 여기에 해
당한다.

③ '불사음'이란 인간의 다섯 가지 욕망(財, 色, 名, 食, 睡)이 기피
의 대상인데, 그중에서도 '색계'(色戒)가 가장 엄중하다. 불교에서는
음욕(淫慾)을 생사의 뿌리로, 육도(六度) 유전의 근본원인으로 보기 때
문에, 수행자는 이를 극복하는 일이 요구된다. 수행자가 여색(女色)에
끌릴 때, 상대방의 뼈만 앙상한 백골(白骨)의 존재를 상상하라고 가르
친다. ― 이를 부정상(不淨想) 혹은 백골상(白骨想)이라고 부름― 하필
남성에게만 해당될 일은 아닌 듯하다. 출가하여 비구 혹은 비구니가
되려는 자는 자신을 옥죄는 본능과 처절하게 싸워야 한다.

④ '불망어'는 거짓말을 하는 정도를 넘어서 근거 없는 뜬소문에
휩쓸리지 않는 일을 말한다. 남을 이간질하는 말, 저주하는 행위 등을
금한다.

⑤ '불음주'는 술을 마시는 행위가 위에서 금지하는 행위를 유발
시킬 가능성이 많기 때문에 이를 금한다.

이상 다섯 가지 계율은 유교 윤리와 통한다. 불살생은 인(仁), 불
투도는 의(義), 불사음은 예(禮), 불망어는 신(信), 불음주는 지(智) 등
으로 비유된다. 이는 모든 수행자들에게 요구되는 기본적인 계율에

해당한다.

B. 여덟 가지 빗장 — 팔관계재(八關戒齋)

율종에서는 수행자에게 이상 다섯 가지 계율(五戒)에 붙여서 세가지를 더 요구한다. 저자는 이를 여덟 가지 '빗장'[八關]이라고 표현한다.

⑥ 여섯 번째는 향화(香華)를 착용해서는 안 되고, 몸에 기름[油] 등을 발라서는 안 된다. 수행자는 머리 혹은 손에 금·은·옥(玉)·석(石)의 장식을 할 수 없다. 화려한 모자, 귀걸이, 팔찌 등이 이에 해당한다. 더하여 몸에 향수, 향분(香紛), 입술연지, 머릿기름 등을 바를 수 없다.

⑦ 일곱 번째로 수행자는 가무(歌舞), 창기(倡伎) 등을 즐겨서는 안 된다. 노래와 춤, 장기, 바둑, 점복(占卜) 등에 종사할 수 없다.

⑧ 여덟 번째로 높은 침대, 감각을 자극하는 물질에 빠져서는 안 된다. 이는 물질에 집착하지 말라는 뜻으로 보인다. 수행자들은 목욕재계하는 심정으로 이상의 빗장을 잘 지켜야 한다. 이상은 율종의『유가瑜伽』보살계에서 금하는 내용들이다.

6.5.2 중심 인물

율종(남산종)의 대표적 인물은 도선(道宣; 596-667)이다. 그는 현장(玄奘) 법사의 번역 사업에 참가하였고, 번역된 글을 다듬는 윤문(潤文) 책임자였다. 도선은 종남산의 백천사(白泉寺)에 머물면서 수행하였고, 정업사(淨業寺)를 창건하였다.

6.6 선종(禪宗)

① 창립자 : 보리달마(菩提達摩; ?-535)

② 주요 기지 : 장안(長安) 종남산(終南山), 조계산(曹溪山)

③ 주요 교리 : 불립문자(不立文字) 교외별전(敎外別傳) 직지인심
   (直指人心) 견성성불(見性成佛)

④ 소의(所依) 경전 : 없음

⑤ 주요 인물 : 보리달마(菩提達摩), 혜가(慧可), 승찬(僧璨), 도신
   (道信), 홍인(弘忍), 혜능(慧能)

선(禪) 혹은 선정(禪定)의 산스크리트어는 드야나(dhyāna)이며, 차분한 마음으로 명상함을 말한다. 한자어로 선나(禪那)이다. 중국불교의 선종에 관한 이야기는 보리달마(菩提達摩; ?-535)의 전설로부터 시작한다. 인도 스님 달마가 중국으로 건너와 소림사(少林寺)에서 벽을 쳐다보고[면벽面壁] 수행을 하였다는 것이다. 그는 선종의 동토(東土) 제1조(祖)로 숭앙받고 있으며, 이후 제6조 혜능과 또 혜능 이후 '5가 7종'(五家七宗)에 이르기까지 숱하게 많은 이야기를 남기고 있다.

6.6.1 기본 교리

이 종파의 기본 교리는 "불립문자(不立文字) 교외별전(敎外別傳) 직지인심(直指人心) 견성성불(見性成佛)"의 한자어로 표현된다. 이상 16자(字) 전언(傳言)을 한글로 풀어서 표현하면 아래와 같다. "문자를 내세우지 말라. 문자의 가르침 밖으로 별도로 전하는 진리가 있다. 사람의 마음에 곧바로 호소하라. 본성을 깨달아 붓다가 되라."이 교리

에 따르면, 이 종파에 관한 한(혹은 불교 전반에 관한 한) 이 책을 집필하는 저자도 더 이상 할 말이 없어야 마땅할 것이다. 그러나 세상은 원래 모순투성이가 아닌가?

'불립문자'(不立文字)를 내세우는 종파에 관하여 남아 있는 문자가 중국천지를 덮고 더 나아가 한국, 일본을 가득 채우고 멀리 아메리카 땅에까지 전파되고 있으니 이는 과연 어떤 인연인가?

언어문자 이야기를 할 때, 인간의 존재와 언어의 관계에 대하여 이야기한 일이 있다. 참으로 묘한 일은 '불립문자'(不立文字)의 뜻을 이해하기 위해서 문자를 사용해야 한다는 사실이다. 강조하건대 인간은 언어적 존재이다. 성불(成佛)이 무엇인지 알기 위하여 언어문자가 사용된다. '성불'이 무엇인지 알지 못하면, '성불'의 상태를 인식하지 못한다는 말씀이다.

6.6.2 중심 인물

중국의 선종은 제1조(즉 初祖) 보리달마(菩提達摩), 제2조 혜가(慧可; 487-593), 제3조 승찬(僧璨; ?-606), 제4조 도신(道信; 580-651), 제5조 홍인(弘忍; 602-672), 제6조 혜능(慧能; 638-713)의 순서로 법통(法統)이 전해진다. 제5조 때에 와서 남종선(南宗禪)과 북종선(北宗禪) ─ 제5조 홍인의 문하생 신수(神秀)를 중심으로 별도로 전해진 종파 ─ 으로 갈라진다는 견해도 있다. 역사적으로는 혜능 이후에 인물들이 별처럼 쏟아져서 '5가 7종'(五家七宗)을 만들어 낸다.

6.6.3 오가칠종(五家七宗)

'5가 7종'이란 제6조 혜능 계열의 선종 지파(支派)를 말한다. 혜능이 제5조 홍인의 의발(衣鉢)을 지닌 채로 남쪽의 조계산(曹溪山)에 숨어 살았는데 그의 문하에서 지파가 생겨난 것이다. 혜능의 제자 중회양(懷讓; 677-744)과 행사(行思; ?-740)의 두 계열로 분화하였고, 그 중 남악(南岳) 회양에게서 ① 위앙종(潙仰宗) ② 임제종(臨濟宗)이 나왔고, 청원(靑原) 행사에게서 ③ 조동종(曹洞宗) ④ 운문종(雲門宗) ⑤ 법안종(法眼宗)이 분화하였다. 그러므로 5가(五家)가 된다. 혜능의 문하 5가에 주안(主眼)하여 법맥을 소개하면 다음과 같다(곽붕郭朋, 『중국불교사』, 民國 82년):

1) 남악 회양 — 마조 도일 — 백장 회해 — 위산 영우 — 앙산 혜적 [위앙종潙仰宗]
2) 남악 회양 — 마조 도일 — 백장 회해 — 황벽 휘운 — 임제 의현 [임제종臨濟宗]
3) 청원 행사 — 석두 휘운 — 약산 유엄 — 운암 훈성 — 동산 양개 — 조산 본적 [조동종 曹洞宗]
4) 청원 행사 — 석두 휘천 — 천황 도오 — 용담 숭신 — 덕산 선감 — 설봉 의존 — 운문 문언 [운문종雲門宗]
5) 청원 행사 — 석두 휘운 — 천황 도오 — 용담 숭신 — 덕산 선감 — 설봉 의존 — 현사 사비 — 라한 계침 — 청량 문익 [법안종法眼宗]

북송(北宋) 중기 때 임제종이 다시 분파하여 ⑥ 황용파(黃龍派)와 ⑦ 양기파(楊岐派)로 나누어진다. — 그러므로 5가(五家)를 합하여 7종(七宗)이 된다 — 선종은 이상과 같이 '5가 7종'으로 분화 작용을 하였으나, 교리에 있어서 별다른 차이점이 없다. 다만 분화된 다른 종파는 북송(北宋) 이후 점차 사라졌고, 임제종과 조동종만이 살아남아서 한국과 일본에 전파되었다.

중국불교의 종파 중에서 선종(禪宗)은 중국적 특질을 가장 잘 드러낸 종파이다. 이 종파가 한국불교에 미친 영향력은 가히 절대적이다. 한국불교는 선종, 그중에서도 '임제종' 일색(一色)이라고 말해도 지나친 표현이 아니다. 한국불교의 선맥(禪脈)은 중국의 선종(禪宗)이며, 그중에서도 제6조 혜능(慧能)의 영향을 크게 입었다.

6.7 정토종(淨土宗)

① 창립자 : 도작(道綽; 562-645)과 선도(善導; 613-618)
② 주요 기지 : 산서(山西) 태원, 장안(長安) 종남산(終南山)
③ 주요 교리 : 없음
④ 소의(所依) 경전(정토 3부경) : 『아미타경阿彌陀經』, 『무량수경無量壽經』, 『관무량수경觀無量壽經』
⑤ 주요 인물 : 혜원(慧遠), 담란(曇鸞), 도작(道綽), 선도(善導)

불교의 최종 목적은 결국 붓다가 되는 길[성불成佛]에 있다. 그 길을 위해서 많은 불경을 읽어야 하고 참선(參禪)을 해야 한다. 그런데 법문(法門) 48,000가지를 어떻게 이해하고 소화해 낼 수 있을까? 근기(根氣)가 뛰어난 사람이야 그 길이 어렵지 않을지 모르나, 보통사람으로서는 실로 보통의 일이 아니다. 일찍이 조사(祖師)들이 이것을 걱정하여, 쉬운 길(이행도易行道)과 어려운 길(난행도難行道)을 마련해 놓았다.

정토종은 성불하기 위하여 간단하고 쉬운 길을 제시한다. 뛰어난 재주를 가진 사람은 팔만대장경을 섭렵하고, 화두(話頭)를 추구하면서 붓다의 길로 향할 것이다. 그러나 무지랭이 인민들은 "나무아미타불"

을 외치면 된다. 아미타불(阿彌陀佛; Amitabha-Buddha)이란 한자어로
무량수불(無量壽佛) 혹은 무량광불(無量光佛)로 번역된다. 전자는 시간
적으로 영원함을 말하고, 후자는 공간적으로 끝이 없음을 의미한다.

　　정토종은 아미타바 붓다(아미타불)를 부르는 염불(念佛)을 통하여
붓다의 길(成佛)에 이를 수 있다는 것이다. 종파의 창시자 중 한 사람
인 도작(道綽; 562-645)에 의하면, 7세 어린아이부터 90세 노인까지 오
로지 아미타불을 염불하면, 극락세계(정토淨土; pure land)에 도달한다
고 한다. 이 얼마나 간단하고 쉬운 길인가? 정토종은 해탈(解脫)을 이
루는 길이 개인적 노력[자력自力]에 의해서 이루어지는 것이 아니고,
아미타불[타력他力]에 의해서 이루어진다는 신앙이다.

　　이 종파의 사실상 창립자로 선도(善導; 613-618)를 들 수 있다. 산
동성 출신인 그는 631년 출가한 뒤『관무량수경觀無量壽經』을 읽었으
며, 종남산으로 들어와서 평생 왕생극락을 위하여 수행하였다.

6.8 밀종(密宗) = 진언종(眞言宗)

① 창립자 : 비로자나불(毘盧遮那佛) → 나가르주나(용수龍樹) →
　　수바가라(Śubhakarasiṃha; 선무외善無畏) → 와즈라보리(Vajra-
　　bodhi; 금강지金剛智) → 아목카와즈라(Amoghavajra; 불공(不空)

② 주요 기지 : 장안(長安), 낙양(洛陽)

③ 주요 교리 : ? (비밀)

④ 소의(所依) 경전 :『대일경大日經』

⑤ 주요 인물 : 수바가라(善無畏), 와즈라보리(金剛智), 아목카와즈
　　라(不空), 혜과(惠果)

6.8.1 밀종(진언종)의 의미

세상에는 비밀이 있는 법이다. 비밀은 드러나지 않는다. 드러난 것은 비밀이 아니다. 비밀이 아닌 것, 즉 드러난 것을 불교에서는 '현교'(顯敎; Exoteric Buddhism)라고 표현한다. 비밀은 드러나지 않고 비밀로 있을 때 가치가 있다. 불교에서는 이를 '밀교'(密敎; Esoteric Buddhism)라고 한다. 대승불교에서 이와 같은 비밀스러운 진리를 지키는 종파가 밀종(密宗)이다. 밀종은 만트라(mantra) 곧 진언(眞言; 다른 표현으로 '다라니'陀羅尼라고 함)을 중시하는 까닭에 진언종(眞言宗)이라고도 말한다. 서양인들은 밀종을 '탄트라(Tantra) 불교'라고도 부른다.

밀종, 혹은 진언종, 혹은 탄트라 불교는 만다라(曼茶羅; mandala)를 상징으로 받아들인다. 만다라는 신성한 단(壇)에 부처와 보살을 배치한 그림으로 우주의 진리를 표현한다. 그림은 붓다의 본성을 암시하며, 붓다(혹은 여래如來)의 비밀스러운 덕(德)을 말한다. 이와 같은 표상에 대한 집중을 통하여 해탈의 경지를 얻을 수 있다고 보는 것이다.

'현교'는 고타마 붓다(석가모니)가 말한 경전 속에 나타나 있다. 그러나 '밀교'는 비로자나(毘盧遮那; 혹은 毘盧舍那; Vairocana) 붓다가 비밀로 전수한 것이다. ─ 비로자나 붓다는 초월적인 절대적 법신불(法身佛)로서 한자로 대일여래(大日如來)로 번역한다 ─ 현교가 공개적인 홍법(弘法)을 주장하는 데 대하여, 밀교는 전승을 중시하며 밀주(密咒) 즉 만트라(진언)를 통하여 해탈할 수 있다고 믿는다.

6.8.2 중심 인물

중국불교의 한 종파로서 밀종은 3인의 승려를 통하여 확립되었다. 이때가 당(唐) 나라 현종 개원(開元; 713-741)의 시대인 까닭에 3인을 가리켜 '개원삼대사'(開元三大士)라고 부른다. 그들은 수바가라(Śubhakarasiṃha; 선무외善無畏; 637-735), 와즈라보리(Vajrabodhi; 금강지金剛智; 671?-741), 아목카와즈라(Amoghavajra; 불공不空; 705-774) 등이다. 이들은 모두 인도인(印度人)으로 중국에 건너와 장안(長安)과 낙양(洛陽)을 중심으로 활동하였다. 아목카와즈라(불공)의 제자에 중국인 혜과(惠果; 746-805)가 있다. 혜과의 제자에 신라인 혜일(惠日)이 있어서 밀교를 전수받고 귀국하여 교법을 펼쳤다.

한 봉우리의 산을 오르는 데에 한 가닥의 길만이 있는 것은 아니다. 불교의 최종 목적은 아누다라삼막삼보리(阿耨多羅三藐三菩提; 無上正等覺; Anuttarasamak-sambodhi)를 얻어서 붓다가 되는 길[성불成佛]에 있다. 그 길을 위해서 불경을 읽거나, 참선(參禪)을 하거나, 염불을 외치거나 그것은 인간 개개인의 선택 사항이다. 자기 길(종파)만이 옳다고 주장할 일이 아니다. 그리고 고타마 붓다가 설파(說破)하였듯이 세상에 영원한 것은 아무것도 없다. 세상의 모든 존재는 무상한 것이다[제법무상諸法無常].

당(唐) 나라 무종(武宗) 회창(會昌; 841-847) 년간 대대적인 불교 박해 사건이 일어난다(불교사에서는 이를 '회창법난'會昌法難이라고 함). 많은 절간이 불타고, 엄청난 인원의 승려가 환속(還俗)되었다. 그 험악한 시절에도 선종(禪宗)과 정토종(淨土宗)의 2개 종파만이 살아남아서 중국불교의 2대 주류(主流)가 되었다.

📖 읽을거리

- 『한글대장경』, 동국역경원, 1972.
- 『불교학개론』, 동국대출판부, 1984.
- 이재창, 『불교경전개설』, 동국대 불전간행위원회, 1982.
- 심재룡, 『중국 불교 철학사』, 한국학술정보, 2004.
- 한자경, 『불교 철학의 전개』, 예문서원, 2010.
- 후지타 코오타츠(藤田宏達) 외, 『초기 부파불교의 歷史』, 권오민 옮김, 민족사, 1989.
- 사사키 교코(佐佐木敎悟) 외, 『인도불교사』, 권오민 역, 경서원, 1989.
- 노가미 순조(野上俊靜) 외, 『중국불교사개설』, 양은용 역, 원광대출판국, 1984.
- 나카무라 하지메(中村 元), 『중국인의 사유방법』, 김지견 역, 까치, 1990.
- 다카사키 지키도(高崎直道), 『유식입문』, 이지수 옮김, 시공사, 1997.
- 엔닌(圓仁), 『入唐求法巡禮行記』, 신복룡 번역, 정신세계사, 1991.
- 청화(淸華) 역, 『정토삼부경淨土三部經』, 한진출판사, 1987.
- 郭朋, 『中國佛敎史』, 文津出版社, 民國 82年.
- 中國社會科學院, 『中國佛敎基礎知識』, 宗敎文化出版社, 2002.
- 朱封鰲, 『天台宗槪說』, 四川出版集團 巴蜀書社, 2004.
- (釋)惟賢, 『三論宗略講』, 사천출판집단 巴蜀書社, 2004.
- (釋)如意, 『唯識宗略述』, 사천출판집단 巴蜀書社, 2004.
- 英武, 『華嚴宗簡說』, 사천출판집단 巴蜀書社, 2004.
- 英武 · 正信, 『禪宗講述』, 사천출판집단 巴蜀書社, 2004.
- 英武 · 正信, 『淨土宗大意』, 사천출판집단 巴蜀書社, 2004.
- 英武, 『密宗槪要』, 사천출판집단 巴蜀書社, 2004.

제7강   불교적 세계관의 한국 고대 및 중세에의 전파와 그 영향

7.1 불교의 수용과 통일신라의 불교사상

7.1.1 남북국(삼국) 시대의 불교수용

A. 고구려

    김부식의 『삼국사기三國史記』 권18 고구려본기 기록에 의하면, 고구려 제17대 임금 소수림왕 2년(372년) 중국 전진(前秦) 왕 부견(苻堅)이 승려 순도(順道)를 보내어 불상(佛像)과 불교 경전을 전하였다. 2년 뒤(374년) 승려 아도(阿道)가 왔다. 이것이 불교가 처음으로 한국에 들어온 사건으로 보아야 하겠다.

    고구려 불교는 처음에 국가적 차원의 기복(祈福) 형태를 취하였으나, ― 고국양왕 말년(391년)에 "불법을 믿고 복을 구하라"(崇信佛法求福)라고 하였다(『삼국사기』 권18 고국양왕 9년조) ― 그 후 진화하였으며, 공(空)사상을 중심으로 삼론학의 철학적 불교가 발달하였다. ― 앞에서 설명한 바와 같이 삼론학이란 3세기 인도의 나가르주나(Nāgārjuna; 용수龍樹)가 지은 『중관론中觀論』, 『십이문론十二門論』과,

같은 시기 스리랑카의 카나데바(Kāna-deva; 제바提婆)가 지은 『백론百論』의 3부를 중심으로 하는 학문을 말한다 — 승랑(僧朗)은 고구려 불교의 대표적 인물이다(앞의 삼론종 설명에서 언급하였다).

B. 백제

백제는 침류왕 원년(384년) 황해를 통하여 동진(東晉)의 불교가 전하여졌다(『삼국사기』 권24 백제본기 침류왕 9월조).

백제의 불교도 기복 형태에서 진화하였고, 3장(三藏; tri-pitaka)에서도 율장 중심의 특색을 보였다. —3장이란 불교의 세 가지 중요한 전적(典籍)으로 경장(經藏), 율장(律藏), 논장(論藏)을 가리킨다. '경장'은 고타마 붓다의 말씀과 행적을 모은 전적이요, '율장'은 고타마 붓다가 제정한 일상생활에 지켜야 할 규칙을 말하며, '논장'은 경(經)중에 말한 의리를 밝혀 논술한 전적이다—

전북 익산의 현존하는 미륵사와 모악산 금산사의 미륵불상을 놓고 볼 때, 백제 불교는 미륵불(彌勒佛) 사상이 깊었음을 알 수 있다. —미륵불(마이트레야Maitreya; 未來佛)은 고타마 붓다가 열반에 든 뒤 56억 7000만 년이 지나면 사바세계에 출현한다고 하는 미래의 부처이다—

대표적 인물에 겸익(謙益)이 있다. 겸익은 인도에 건너가서 산스크리트어(범어梵語)를 배우고, 다시 백제로 돌아와 불교경전을 한문으로 번역한 것으로 전해지는데, 안타깝게도 현재 자료가 남아 있지 않다.

C. 신라(통일전)

신라는 법흥왕(法興王) 14년(527년) 박염촉(朴厭髑)의 죽음을 계기로 이듬해(528년) 불교가 공인되었다. —박염촉은 성(姓)이 박씨요, 자(字)는 염촉이다. 속칭 이차돈이라고 하는데, 이차(異次) 혹은 이처(伊

處)라고도 부른다. 돈(頓)은 조사이므로 의미가 없다—

　불교의 전래에 있어서 신라의 경우는 이설(異說)이 있고 — 앞에서 말한 시기보다 앞당겨서 고구려의 아도(阿道 혹은 我道?) 화상이 신라의 모례(毛禮)의 집에 머물렀다고 한다 — 신라보다 먼저 가락국에도 불교가(인도로부터의 남쪽으로 전해진 불교) 전래되었다는 설화가 있다(김영태, 『한국불교사』, 2004).

　신라의 불교는 법흥왕(法興王)과 진흥왕(眞興王) 때 파격적으로 발전한다. 진흥왕은 흥륜사, 황룡사를 건립하였을 뿐만 아니라, 신라 땅이 불교와 인연이 깊은 곳이라고 믿었고, 자신이 불교의 진리를 굴린다는 뜻의 전륜성왕(轉輪聖王)으로 자처하였다. 그는 불법(佛法)의 진리[眞]를 일으킨[興] 임금으로, 말년에 법운(法雲)이라고 호(號)하였다. 법흥왕은 이름 그대로 불법(佛法)을 일으킨[興] 임금이며, 말년에 사문(沙門)이 되어서 법공(法空)이라고 하였다. 두 임금의 왕비 또한 비구니(比丘尼)가 되었다.

　진흥왕은 앞에서 언급한 바와 같이 풍류도(風流道; 화랑도)를 일으켜 청소년 단체를 창설하였다. 그는 화랑의 무리에게 전투를 위하여 육체적으로 훈련을 시켰고, 정신적으로 불교정신을 고취시켰다.

　통일 전 신라불교의 대표적 인물에 원광(圓光)과 자장(慈藏)을 들 수 있다. 원광(대략 561~631년)은 유교(儒敎)를 공부하다가 출가하여 승려가 된 인물로, 입당(入唐)하여 불교를 공부하였다. 그는 신라에 돌아와서 유교와 절충적 자세를 취하였다. 귀산(貴山)과 추항(箒項)의 두 청년에게 전수한 '세속 5계'는 한 가지 보기(例)이다. — 불교경전 『범망경梵網經』에 10가지 엄중한 계율[10중계十重戒]이 있는데, 그중에서도 중요한 것은 불살생(不殺生), 불투도(不偸盜), 불사음(不邪淫), 불망어(不妄語), 불음주(不飮酒)의 다섯 가지이다. 이를 오계(五戒)라고 부른다. 이와 마찬가지로 세속에도 다섯 가지 계율이 있으니 사군이 충(事君以忠), 사친이효(事親以孝), 교우이신(交友以信), 임전무퇴(臨戰無退), 살생유택(殺生有擇)이 그것이다—

자장(慈藏; 생몰년 알 수 없음)은 황룡사에 9층탑을 세우고, 통도사를 창건케 하여 불교의 융흥을 꾀하였다. 그는 사상적으로는 율학(律學; 계율을 중시하는 학문)과 화엄(華嚴) 사상을 중심으로 강론을 전개하였다고 한다.

7.1.2 통일신라의 불교사상

통일신라의 불교는 통일군주 문무왕(文武王; 재위 661-681)으로부터 경덕왕(景德王; 재위 742-765)에 이르기까지 불교의 황금시대를 이룬다. 이 시기 원효(元曉), 의상(義湘), 경흥(憬興), 태현(太賢), 원측(圓測)과 같은 학승들이 출현하였다. 문화적 유산으로는 경덕왕 10년(751년)에 세워졌다는 불국사와 석굴암 등을 들 수 있다.

A. 원효(元曉)의 화쟁(和諍)사상—『기신론起信論』을 중심으로

원효(617-686)는 신라의 대표적 스님으로서 왕실중심의 귀족적 불교를 대중화시키는 데 공헌하였다. 원효에 관해서는 입당(入唐)의 과정에서 체험한 땅굴(토굴土窟)에서의 깨우침과 과부공주 요석(瑤石)과의 사이에 설총(薛聰)을 낳은 일 등 많은 일화가 전해지고 있다.

원효 사상의 중심개념은 "다툼을 조화시킨다"라는 뜻의 '화쟁'(和諍)이라는 용어로 표현된다. '화쟁'이란 하나의 논리적 방법으로, 어느 종파나 어떤 학설에 구애됨이 없이 붓다의 한 마음[一心]을 지향함을 말한다. 모든 경론(經論)은 한 마음의 펼침[開]이며, 그것을 모으면[合] 한 마음을 떠나지 않는다. 여러 종파[宗] 또한 한 마음의 펼침에서 나타난 현상이며, 그것을 요약[要]하면 역시 한 마음으로 돌아간다. 이것

을 개합종요(開合宗要)의 원리라고 말한다. 이 원리는 모든 이론과 종
파의 특수성과 상대적 가치를 충분히 인정하면서 전체로서의 조화를
살린다는 특징을 지닌다.

사람들은 편갈라서 보기를 좋아하는 점이 있다. 깨끗함과 더러
움[염정染淨], 참과 거짓[진망眞妄], 본체와 현상, 유(有)와 무(無) 등등
이 그것이다. 당시에 학설로서 중관론(中觀論; 나가르주나와 제바가 그
대표임)과 유식론(唯識論; 아상가와 와수반두가 그 대표임)의 대립이 있
었는데, 원효는 이와 같은 대립을 바람직하지 않은 것으로 생각하
였다.

중관사상이란 사물의 드러나지 않는 측면에 관심을 둔 것으로 공
(空) 혹은 무(無)의 개념에 집착하기 쉽다. 이에 대하여 유식사상은 삼
라만상이 이 마음(이를 心識이라고 함)으로만 실재한다는 것으로, 이에
의하면 개념에 사로잡혀 유(有)에 흐르기 쉽다.

원효는 이와 같은 일종의 대립(이것이 2門이다)을 해소하고, 한 마
음에로 돌아가길 소망한다. 그는 『대승기신론소大乘起信論疏』에서 이
렇게 말한다: ─『대승기신론』은 인도의 아슈바고샤(Asvaghosa; 마명馬
鳴)가 지었다고 전해지며, 현재 산스크리트어본은 없고 한역본만이
남아 있다 ─

두 문(門)이 이러한데 어떻게 일심이 되는가? 염정(染淨)의 모든 법
은 그 본성이 둘이 없어 진망(眞妄)의 2문이 다름이 있을 수 없기 때
문에 ‘一’이라 이름하여, 이 둘이 없는 곳이 모든 법 중의 실체인지라
허공과 같지 아니하여 본성이 스스로 신해(神解; 영묘하게 이해함)하
기 때문에 ‘心’이라고 말한 것이다. 그러나 이미 둘이 없는데 어떻게
‘一’이 될 수 있는가? ‘一’도 있는 바가 없는데 무엇을 ‘心’이라고 말
하는가? 이러한 도리는 말을 여의고 생각을 끊은 것이니 무엇이라고

지목할지를 모르겠으나, 억지로 이름붙여 '한 마음'이라 하는 것이다 (『원효의 대승기신론소·별기』은정희 역주, 1991).

마음은 유(有)와 무(無), 본체[體; 진여문眞如門]와 작용[用; 생멸문生滅門]을 모두 포함한다. 따라서 마음이 하나에로 돌아감이 바람직하듯이, 불교이론도 궁극에는 하나로 돌아감이 이상적이다. 원효는 이와 같이 마음이 되돌아감을 '귀명'(歸命)이라고 표현하고 있는데, 이는 근원으로 돌아간다는 뜻이다(은정희, 위의 책).

원효는 한 마음으로 돌아가는 삶[환귀일심還歸一心]을 이상적으로 생각하였다. 만일 우리가 붓다의 한마음(一心)으로 돌아갈 수 있다면, 분리되었던 나와 남, 나와 세계의 벽은 무너지고 이익중생(利益衆生)의 삶이 가능하다. 원효는 '환귀일심'을 위한 실천으로서 보시(布施), 지계(持戒) 등을 비롯한 육바라밀(六波羅密)을 강조하였다.

화쟁 사상은 원효의 독창적인 사유체계는 아니다(고대 인도불교에 和의 사상이 존재하였다). 그러나 화쟁의 논리적 방법을 통하여 각 종파와 경전의 치우침이 없는 경지를 주장한 점에서 시대적 요청이 있었다. 이와 같은 요청에 응답하였음이 원효의 위대한 점이다.

원효의 저술에『화엄경 소疏』,『법화경 종요宗要』,『아미타경 소疏』,『무량수경 종요』,『미륵상생경 종요』,『금강삼매경 론』,『열반경 종요』,『대승기신론 소』,『대승기신론 별기別記』,『판비량 론判比量論』등이 현존하며 상당량이 한글로 번역되어 있다. ― 소(疏)란 원래 저술에 대한 주석(footnote)을 말하며, 종요(宗要)란 요약 혹은 개요(summary)를 말한다 ―

원효 사상의 영향은 한국에 국한된 것만은 아니다. 그의 사상은 세계성과 현대성을 지니고 있으며, 중국과 일본을 넘어서 서구의 학자들에게도 영향을 주고 있다. 원효가『금강경』을 주석한 것을 중국

의 석학들은 '소'(疏)라는 표현 대신 '논'(論)이라고 하였다. — 논'이란
인도의 나가르주나(Nāgarjuna; 용수龍樹), 와수반두(Vasbandhu; 세친世
親) 혹은 아슈바고샤(Asvaghosa; 마명馬鳴)와 같은 위대한 보살들의 주
석서에 붙이는 말이다. 경(經)의 주석서(footnote)라는 점에서 '소'나
'논'은 같지만, '논'이라고 하면 고타마 붓다(석가모니)와 같은 권위를
인정받는다. 그 점에서 중국인들이 원효의 저서에 '논'이라고 붙인 점
은 원효의 학문적 업적을 말한다 —

　　원효의 저술은 일본의 경우 나라(奈良, 710~787) 시대부터 널리
애독되어 일본불교의 사상 형성에 깊은 영향을 주었다. 오늘날 서구
학자들도 원효에 관심을 가지고 연구를 진행하고 있다. 2002년 11월
한국의 동국대학교에서는 "원효전서의 영역(英譯)" 문제로 국제규모
의 회의가 열렸는데, 한자 문화권에서 멀어진 한국의 젊은이들이 이
제는 영어로 원효사상을 공부해야 하는 묘한 현상이 발생할 수도 있
다(국제원효학회, 『원효전서英譯』, 2002).

B. 의상(義湘)의 화엄 사상— 『법계도法界圖』를 중심으로

　　원효와 같은 시기 의상(625~702)이 있었다. 그는 한국(해동) 화엄
종의 아버지이다. 당나라 유학생으로 종남산(終南山)에 머물며 당대
화엄의 대가인 지엄(智儼)에게 사사하였다. 의상에게는 『화엄일승법
계도華嚴一乘法界圖』(일명 『법계도』 혹은 『해인도海印圖』)와 『백화도량
발원문』 등 2편의 저서가 남아 있다. '일승법계'(一乘法界)라고 말할
때, '일승'(一乘)은 모든 중생이 오직 하나의 도(道)만을 타고나서 성불
(成佛)함을 말하는데, 『화엄경』의 뜻에 따랐으므로 '화엄일승'이라 하
였다. 『법계도』는 7言 30句 도합 210字의 게송(偈頌)으로 이루어졌으
며, 일부를 소개하면 아래와 같다:

法性圓融無二相	법성(法性)은 둥글어서 두 가지 상(相)이 없고
諸法不動本來寂	제법(諸法)은 움직이지 않아 본래 고요하네
無名無相絶一切	이름 없고 형상(相)도 없어 모두 끊어졌으니
證智所知非餘境	깨달음의 지혜로 알뿐 다른 경계가 아니네
眞性甚深極微妙	참된 성품[眞性]은 깊고 오묘하니
不守自性隨然成	자성(自性) 지키지 않아도 인연따라 이루어지네
一中一切多中一	하나 속에 만물이 있고 만물 속에 하나 있으니
一卽一切多卽一	하나가 곧 만물이요 만물이 하나이네
一微塵中含十方	하나의 티끌 속에 우주가 들어 있고
一切塵中亦如是	만물의 티끌 또한 이와 같네

이 게송(그림)은 60권, 혹은 80권에 달하는 방대한 화엄사상의 핵심이 210字로 집약된 사각형 모양의 도인(圖印)으로, 만(卍)자를 기반으로 형상화한 것이다. 여기에는 하나(一)와 여럿(多), 개체와 전체의 조화를 이상으로 하는 화엄의 철학이 들어 있다. — 의상의 『법계도』는 고려조 균여(均如) 스님의 『일승법계도 원통기一乘法界圖圓通記』와 조선조 김시습(金時習)의 『대화엄 일승법계도 주병서大華嚴一乘法界圖註竝序』에 계승되고 있다 —

화엄일승법계도華嚴一乘法界圖(일명 『법계도』, 『해인도海印圖』)

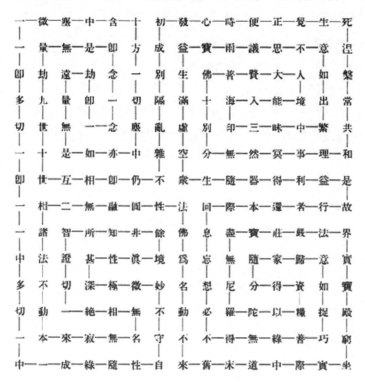

7.1.3 신라 말기의 고승들과 불교계 경향

A. 원측(圓測; 613-696)

통일신라 시기 원효와 의상 이외에 몇 사람의 승려를 보탤 수 있다. 먼저 당(唐) 나라에서 활동한 원측이 있다. 그는 현장(玄奘)의 문하생으로 유식학(唯識學)에 밝았다. 원측은 어학 방면에 뛰어난 능력을 소유하여, 한어(중국어), 산스크리트어(梵語)와 티베트어(西藏語) 등에 능하였다. ─ 저술 가운데 『해심밀경 소解深密經疏』 티베트어本이

전하는 데, 이는 원측이 직접 지은 것은 아니다 — 1994년 이탈리아 외교관 토니노 푸치오니氏가 중국에서 원측의 『성유식론 소成唯識論疏』 결집본을 발견하여, 국내에 소개하였다. 이와 같은 저술을 볼 때, 그가 유식학의 대가(大家)였음을 알 수 있다. 다만 원측이 신라인이어서 중국인 규기(窺基; 632-658) 스님과 경쟁관계에 있었고, 그 까닭에 규기의 문도가 원측을 질투하고 모략하였다고 전한다. 현재 중국 서안(西安) 남쪽 홍교사에 화장(火葬)된 유골탑(측사탑測師塔)이 남아 있다.

B. 경흥(憬興; 생몰년 알 수 없음)

다음으로 신문왕(재위; 681-692) 때 스님 경흥이 있다. 그는 웅천(熊川; 부여) 출신으로 백제의 유민(遺民)이다. 저술이 많았다는 기록이 있지만, 현재 『미륵상생경 소疏』와 『무량수경 연의 술찬無量壽經連義述贊』만이 전해지고 있다. 『무량수경』에 밝아서 이를 강연하였다고 하는데, 저술로 보아서 경흥은 아미타 신앙과 유식사상에 관심을 쏟았음을 알 수 있다.

C. 태현(太賢; 대현大賢; 생몰년 알 수 없음)

경덕왕(재위; 742-764) 때 인물 태현은 스스로 '청구사문'(靑丘沙門)이라고 호칭하였다. 그는 명예를 따르지 않고 은둔하여 행적이 밝혀지지 않고 있다. 태현은 원효에 버금갈 정도로 많은 저술을 하였는데, 안타깝게도 5부 14권만이 남아 있다. 경·율·논 삼장(三藏)에 걸쳐 많은 업적을 남겼고, 특히 유식학에 밝았다고 전한다. 그의 저술은 모두 '고적기'(古迹記)라는 이름이 붙어 있다. 일연(一然)은 『삼국유사』에서 태현을 가리켜 신라 유가(瑜伽; 유식종을 말함)의 시조라고 불렀다.

D. 도륜(道倫; 생몰년 알 수 없음)

현장(玄奘)의 문하생 규기(窺基)의 문하생으로 도륜으로 알려진 신라 스님이 있다. 그는 700년 전후 당(唐) 나라에서 활동한 것으로 여겨진다. 그의 저술에 현존하는 『유가륜기瑜伽倫記』가 있어서 그가 유식학자였음을 알 수 있다.

E. 진표율사(眞表律師; 718-?)

경덕왕(재위; 742-764) 때의 인물 진표가 있다. 그는 완산주(현 전라북도) 만경현 사람으로 12세에 출가하고 금산사에 머물렀다. 진표는 흔히 '율사'라고 호칭되는데, 계율을 중시하였던 스님이다. 그는 백제 유민으로서 미래불을 기대하는 미륵(彌勒) 신앙을 가졌다고 한다 — 역사학자 이기백은 진표는 금강산에 은둔하여 생애를 마쳤으나, 미륵 신앙과 관계가 깊은 견훤(甄萱) 및 왕건(王建)은 신라왕실에 저항하였다고 말한다(이기백, 『신라사상사연구』, 1993). 한편으로 그는 유식종(법상종)에 속하였던 승려로 보기도 하며, 신라 후기의 점찰(占察) 법회에서 활동하였다. — 점찰보(占察寶)라고도 부르는 이 법회는 일종 신행결사(信行結社)로 대중교화의 방편이다 —

F. 무상(無相; 684-756)

이상 언급한 승려들이 대부분 유식학(唯識學)에 밝은 것을 보면, 현장(玄奘)대사의 유식종이 당시 시대정신일 가능성이 크다. 그러나 신라 말기에 이르러 불교계에 새로운 바람이 분다. 이 유행은 고타마 붓다의 마음에 비중을 둔 선종(禪宗)을 가리킨다.

선종(禪宗)의 경향을 보인 스님으로 무상이 있다. 무상은 일찍 출가하고, 입당(入唐)하여 선종 제5조 홍인(弘忍)의 문하생인 지선(智詵)을 만났고, 그 문하생 처적(處寂)에게 가서 제자가 되었다. 처적은 무상에게 의발(衣鉢)을 전하였고, 무상은 중국인 무주(無住)에게 의발을 전수하였다. 이 법맥을 '정중종'(淨衆宗)이라고 부르기도 한다. 무상의 선(禪) 중시의 사상은 돈황에서 출토된 『역대법보기歷代法寶記』에서 확인할 수 있다. 무상의 법은 티베트의 역사책 『바세Sha-bshed; 바氏의 진술』에 기록되고 있는데, 그는 티베트에 알려진 최초의 선승(禪僧)이다. ─ 여기에는 무상이 '김화상'(金和尙)으로 언급되고 있다 ─

G. 지장 김교각(地藏 金喬覺; 696-795 추정)

불교에는 다양한 사상이 존재하는데, 지장(地藏) 신앙은 그중의 하나이다. 신라의 왕족출신으로 입당(入唐)하여 활동한 승려 중에 아예 이름이 '지장'(地藏)으로 굳어진 스님이 있다. 그를 신라왕자라고 부르는데, 그에 관한 사적은 불투명하다. 현재 안휘성 지주시(池州市)에 있는 구화산(九華山)은 지장 김교각이 머물렀던 곳이다. 그의 입적 후 이곳은 불교성지가 되어 한국인 신도들은 물론, 중국인들도 많이 찾는 명승지가 되고 있다.

이상에서 보는 바와 같이 통일 이후 신라와 중국의 관계는 매우 활발하였다. 신라의 많은 청년들이 중국으로 건너가 불교의 진리를 배웠으며, 한편으로 중국에 한국의 절을 세우고 오히려 중국인들을 교화시켰다. 장보고(張保皐)가 중국 산동반도 적산촌에 세웠다는 신라의 절 법화원(法華院)은 그 대표적인 예이다(김영태, 『한국불교사』). ─ 이에 대한 자료로 일본 스님 엔닌(圓仁)의 『입당구법순례행기入唐求法巡禮行記』(신복룡 번역)를 읽어보기를 권한다 ─ 신라말기에 일어난 종파로서의 선종은 개인주의적 경향을 띠었지만, 점차 진화하여 고려조에 이르러 '9산 선문'(九山禪門)의 조직이 완성되기에 이른다.

7.2 고려시대 불교의 발전과 쇠퇴

7.2.1 고려 불교의 특징

일반적으로 고려는 불교왕국으로 인식되고 있다. 그러나 태조 왕건(王建)의 '열 가지 나라를 다스리는 기틀'[10훈요]에 의하면, 고려조는 출발부터 매우 다양한 사상의 혼합과정을 밟았음을 볼 수 있다.

불교가 국교로서 인정된 것은 '십훈요'의 제1항에 의해서도 인정할 수 있지만, 오히려 제2항에서는 절을 함부로 지어서는 안 된다는 점을 강조하고 있다. 십훈요의 제3, 제4, 제7, 제9, 제10항은 유교적인 점을 권장하고 있다(김충렬, 『고려유학사高麗儒學史』, 1984).

이와 같은 점에 비추어 볼 때에 고려왕조는 불교를 중심으로 — 그 불교는 다분히 개인의 복을 바라며, 아울러 나라를 수호하는 특징을 지니고 있다 — 풍수지리, 도교, 유교 등의 제반사상이 어우러진 점이 있음을 지적해야 하겠다.

고려조의 불교가 제도적인 뒷받침을 얻어서 크게 발전한 것은 불교계의 인사(人士)에 대한 우대정책에 기인한다. 광종 9년(958년) 국가고시제를 실시하여 승려의 신분을 높여 준 것이 그것이다. — 승려를 선발하는 고시제에는 선종(禪宗)과 교종(敎宗)의 양과가 있어서 각 과의 합격자에게 법계를 부여하였다 —

고려왕조는 외침(外侵)을 많이 받았으므로 자연히 공동체를 수호하려는 의식이 강하게 되었다. 이러한 역사적 환경이 종교 활동에도 영향을 주어서 국가 보호적 차원에서 간경(刊經)사업이 활발하게 진행되었다. 예를 들면 고려 현종 1년(1010) 거란(契丹)의 군사가 쳐들어와서 평양을 점령하였다. 왕은 전라도 나주(羅州)로 피난하고 대장경판(大藏經板)의 제작(조조雕造)에 착수하였다. 고종 9년(1232) 몽골의 군대가 침입하니, 왕은 강화도로 수도를 옮기고 16년간에 걸쳐서『재조대장경再雕大藏經』을 조성하였다. 『재조대장경』, 속칭『팔만대장경八萬大藏經』은 현재 해인사(海印寺) 경내에 봉안(奉安)되어 있으며, 유네스코에 의하여 세계문화의 유산으로 등록되어 있다. ― 전시(戰時)에 군대를 양성할 힘이 없는 정부가 대장경판을 제작하여 부처님의 힘에 의지하려고 하였으며(불교용어로 가피加被라고 함. 가호加護와 같음), 동시에 민심의 귀일(歸一)을 시도하려고 하였다 ―

7.2.2 고려 불교의 중심 인물

이 시기 대표적인 인물로 균여(均如), 의천(義天), 지눌(知訥), 혜심(慧心), 보우(普愚), 혜근(惠勤) 등이 있다.

A. 균여(均如) 스님과 향가

균여(923-973)는 속성이 변씨(邊氏)이며 황해도 황주 사람이다. 그의 생존 시기는 신라가 망하고(936년) 고려 왕조가 들어선 변혁기였다. 이러한 변화의 시기 불교계는 화엄, 유식, 계율, 정토, 천태 교학이 유행하였으며, 새로 등장한 선종(禪宗)이 사람들에게 영향을 주고 있었다. 균여의 저술로『일승법계도 원통기一乘法界圖圓通』가 있다. 이는 의상의『법계도』를 발전시킨 작품이다. 균여의 저술을 말할 때, 그가 남긴 향가(鄕歌) 11수를 지적해야겠다. 이는 국문학 연구에 빠트릴 수 없는 귀중한 작품이거니와, 근본은『화엄경』'입법계품'에 나오는 보현(普賢)보살의 10가지 소원을 일반인들이 알기 쉽게 가사의 형태로 남긴 것이다.

B. 대각국사(大覺國師) 의천(義天) — 고려 천태종의 창립자

의천(1055-1101)은 고려조 제11대 문종의 아들로 11세에 출가하여 승려가 된 인물이다. 그는 중국[宋]에 건너가서 3,000여 권이 넘는 불교전적을 가지고 돌아왔으며, 흥왕사와 선암사에 머물렀다. 나중에 국청사(國淸寺)를 새로 짓고 주지(住持)가 되어 천태교학을 강의하여 고려 천태종(天台宗)을 성립시켰다. 그가 남긴 업적을 놓고 대각국사(大覺國師)라고 호칭한다.

의천에 의해서 고려 천태종이 창립되자, 신라 말기에 개창된 '9산 선문'의 유능한 승려들이 천태종으로 많이 모여들었다. 의천의 사상은 교(敎)의 입장에서 선(禪)을 겸하는 것으로, 원효의 화쟁의 논리에 근거하여 '교'와 '선'의 대립을 해소하려는 것이다. 그의 문하에 교웅(敎雄; 1076-1142)이 배출되었고, 교웅의 제자에 덕소(德素; 1119-1174)가 있다.

C. 보조국사(普照國師) 지눌(知訥)의 선(禪) 사상

지눌(1158-1210)은 한국 조계종의 아버지이다. 호를 목우자(牧牛子)라 하였고, 시호는 '부처님의 은혜가 널리 비춘다'라는 뜻의 보조(普照)국사이다. 8세에 출가하여 25세에 승려국가고시에 합격하였다.

그는 전남 청원사(淸源寺)에 머물 때, 6조 혜능(慧能) 언행과 행적을 적은『육조단경六祖壇經』을 읽고 얻은 바 있었다. 지리산 상무주암에 머물 때, 중국 송나라 종고(宗杲; 字를 대혜大慧라고 함)의 어록 중에 "선(禪)은 고요한 곳에도 있지 않고, 시끄러운 곳에도 있지 아니하며, 생각하고 분별하는 곳에도 있지 않고, 날마다 인연 따라 응답하는 곳에도 있지 않다"라는 구절을 읽고 크게 깨쳤다(『한국선사상연구韓國禪思想硏究』, 1984).

지눌이 대혜(大慧) 선사의 어록을 읽고 큰 지혜를 얻은 때는 41세이다. 그는 세상을 떠날 때까지 전남 순천 조계산 송광사(松廣寺)에 머물면서 후학을 지도하고, 한국 조계종의 법맥을 이어나갔다. 지눌은 향년 53세로 세상과 작별하였는데, 입적(入寂)하는 날 새벽에 목욕재계하고 법당에 올라 송광사의 모든 대중을 모이게 하고, 제자들과 몇 마디 문답을 나눈 뒤에 들고 있던 지팡이를 잡고 상에 걸터앉은 채로 편안히 갔다고 전한다.

지눌의 대표적인 저서로는 『수심결修心訣』, 『정혜결사문定慧結社文』, 『진심직설眞心直說』, 『원돈성불론圓頓成佛論』, 『간화결의론看話決疑論』, 『법집별행록 절요 병입사기法集別行錄節要并入私記』 등이 있다.

고타마 붓다의 깨침도 한 마음에 있듯이 지눌의 사상 또한 한 마음의 추구에 있다. 그는 이렇게 말한다:

> 슬프다. 지금 사람들이 미혹한 지 오래되었다. 자신의 마음이 곧 참다운 부처임을 알지 못하고, 자신의 성품이 곧 참다운 진리임을 알지 못하여 진리를 구하려 하면 멀리 성인들에게 미루어 찾으려 하고, 부처를 구하려 하면서도 제 마음을 살피지 않는다(수심결修心訣, 『보조법어普照法語』).

이와 같이 지눌은 부처가 이 마음[불즉시심佛卽是心]이라고 하면서 한 마음의 깨침과 닦음에 대해서 이야기한다. 한 마음의 깨침과 닦음이란 모든 수행인의 과제이다. 깨침과 닦음에 관하여 올바른 길을 제시한 것이 지눌의 '단번에 깨치고 천천히 닦음에 관한 이론'[돈오점수설頓悟漸修說]이다. 지눌에 의하면 수행자는 방법적으로 먼저 깨치고 나중에 점진적으로 닦아가는 길을 따라야 한다. 그는 단번에 깨침[돈오頓悟]에 대하여 말한다:

> 단번에 깨친다[돈오]라는 것은 일반사람이 미혹했을 때 (몸을 구성하

는) 네 가지 요소(4대; 地, 水, 火, 風)를 제 몸으로 여기고, 쓸데없는 생각[망상]을 제 마음으로 여겨서 자신의 성품이 참다운 진리[法身]임을 알지 못하고, 자신의 신령한 인식[靈知]으로 자신이 참다운 부처임을 알지 못하여 마음 밖에서 부처를 찾아 헤매다가 갑자기 스승이나 혹은 수행하는 친구[선지식]의 도움으로 바른 길에 들어가 한 생각에 마음의 빛을 돌이켜 자기의 본성을 보면, 원래 번뇌 없는 지혜의 성품이 스스로 갖추어져 있어 모든 부처님과 털끝만큼도 다르지 않음을 알기 때문에 단번에 깨친다[頓悟]라고 한다(『보조법어』).

이와 같이 깨침이란 한 마음의 인식에 근거한다. 그것은 점차성(漸次性)이 중단되고 일종의 직각적(直覺的)인 충격 혹은 비약을 체험하는 것이며, 깨침에도 여러 가지 단계가 있다. 그렇다면 한번 깨치면 수행은 끝난 것인가? 지눌은 이 단계에서 닦음을 중시하고 있다. 그는 계속하여 말한다:

천천히 닦는다(점수)라는 것은 비록 자신의 본성이 부처와 다르지 않음을 깨달았으나 오랫동안의 습관은 갑자기 버리기 어려우므로 깨침에 의해서 닦아가되 차츰 익혀서 공(功)이 이루어지고, 성인의 기초를 길러서 오랜 기간을 지나야 성인이 되기 때문에 천천히 닦는다[漸修]라고 한다(『보조법어』).

이와 같이 깨침이 있었다고 하더라도 하루아침에 붓다가 될 수는 없다. 오랜 시간을 경과하면서 끊임없이 닦아서 깨치기 전에 몸에 배인 나쁜 습관을 말끔히 씻어내지 않으면 안 된다. 지눌에 의하면 사람은 누구나 고요하고 신령스러운 마음[영지심靈知心]을 가지고 있다. 이와 같은 '영지심'이 인간 본래의 참모습이며, 역대의 선사들과 수행인들이 전하는 진리의 징표이다.

천천히 닦는 것은 '공적영지심'(空寂靈知心)을 밝히는 길이다. 여기에는 정(定)과 혜(慧)의 두 가지 방법이 있는데, 이를 가리켜 "정과 혜를 함께 닦는다"[정혜쌍수定慧雙修]라고 말한다.

정(定)이란 마음의 동요를 그치고 편안한 경지를 나타내는 방법이며, 혜(慧)란 사물을 있는 그대로 보아서 번뇌를 없애고 진리를 깨닫는 것을 말한다(이것이 계戒, 정定, 혜慧 '3학'의 내용이다). ― 최근세의 인물 효봉(曉峰)의 해석에 의하면 3학이란 집짓는 일에 비유된다. 계(戒)란 집지을 터와 같고, 정(定)은 재료이며, 혜(慧)는 기술과 같다(효봉문도회, 『효봉어록』, 1981) ―

지눌이 '정혜쌍수'를 말할 때는 定(곧 선정)은 마음의 고요한 본체를 가리키며, 慧(곧 지혜)란 마음의 신령스러운 작용을 의미한다. '정혜쌍수'의 방법과 마찬가지 입장에서 지눌은 선과 교의 대립을 초월하여 한 마음으로 돌아가길 소망한다. 지눌에 따르면 '선'은 부처의 마음이요[禪是佛心] '교'는 부처의 말씀[敎是佛語]이다. 마음과 말이 결코 분리될 수 없듯이 부처의 마음과 말씀 또한 둘이 아니다. 이처럼 지눌은 '선'과 '교'의 합일을 구하였다. 지눌의 사상은 '선'과 '교', 깨침과 닦음, 돈오와 점수의 회통적(會通的) 전통을 세움으로써 한국적인 전통을 확립했다는 의의를 지닌다. ― 원효의 '화쟁불교'와 지눌의 '회통불교'의 성격을 놓고, '통불교'(通佛敎)라는 용어를 사용하는 사람들이 있다 ―

오늘날 지눌 역시 원효와 함께 주목을 받고 있다. 미국 캘리포니아대학(UCLA) 버스웰(Robert E. Buswell) 교수에 의해서 지눌의 저술이 영역되어 『The Korean Approach to Zen, 1983』이란 이름으로 출판되었다. 보조사상연구원(1987년 설립)의 주관으로 몇 차례 국제학술대회가 개최되었다. 여기에서 돈점(돈오점수頓悟漸修) 논쟁이 활발하게 진행되어 한국불교학의 발전에 크게 기여하였다.

지눌의 제자 중에 무의자(無衣子) 혜심(慧心; 1178-1234)이 있다. 그는 속성이 최씨(崔氏)로 전남 나주 출신이며, 유학에 힘써서 사마시(司馬試)에 합격한 인물이다. 그가 출가한 후 옷을 벗고 살았다는 기록은 없다. 스승 지눌이 그에게 수선사(修禪社)의 법주(法主)를 맡기려 하자, 지리산으로 도망쳐 숨어서 살았다. 지눌이 입적하자 마지못해 세상에 나와 조계종 수선사 제2세 법주가 되어 선풍(禪風)을 지속하였다. 저술에 『선문염송禪門拈頌』, 『선문강요禪門綱要』가 있다. 입적 후 진각국사(眞覺國師)의 칭호를 받았다,

D. 보우(普愚)의 간화선(看話禪)

태고(太古) 보우(1301-1382)는 고려 말기의 스님으로, 충남 홍주 출신이다. 충목왕 2년(1346년) 원(元) 나라로 건너가서, 호주(湖州; 현 강소성 常熟)의 석옥(石屋) 청공(淸珙) 선사에게서 불법을 전수 받았다. — 최근 미국인 빌 포터(필명; Red Pine)에 의하여 석옥 스님의 詩와 게송이 소개되었다(Red Pine, The Zen Works of Stone House) —

보우는 귀국하여 '9산 선문'(九山禪門)의 통합을 추진하였다. 그는 교학을 버리고 선을 강조하는 '사교입선'(捨敎入禪)의 입장을 취하였다. 수행 과정에서 화두(話頭)의 참구를 권하였는데, 자신은 '만법귀일'(萬法歸一), 및 '無'字 화두를 택하였다. 이러한 참선법을 '간화선'(看話禪; '선을 지키다'라는 뜻이며, '公案'을 참구한다는 표현과 같다. 임제종의 선풍禪風이며, 특히 대혜大慧 종고宗杲 스님이 강조하였다.)이라고 부른다. — 간화선은 지눌의 제자 혜심(慧心)에 의해서 강조된 바 있다. 또한 '無'자는 보우의 전용물이 아니다. 이는 당대에 유행하였고, 조선시대에도 영향을 주었던 공안이다 —

보우는 고려 말년 공민왕의 스승이 되었으나, 공민왕이 암살당하자 불교 개혁에 대한 그의 입지도 줄어들었다. 불교는 시대의 대세에

서 서서히 밀려나야 하는 운명으로 접어들고 있었다.

E. 혜근(惠勤) ― 고려의 마지막 선승(禪僧)

나옹(懶翁) 혜근(1320-1376)은 고려 불교 마지막 선승(禪僧)이다. 그는 이름대로 지혜롭고 부지런한(勤) 인물이었으며, 결코 '게으른(懶) 늙은이'는 아니었다. 충목왕 3년(1347년) 원(元)의 연경(燕京)에 머물면서 인도 마갈타국 왕자로서 출가한 드야나바드라(Dhyānabhadra; 제납박타提納薄陀; 지공指空) 법사에게서 법문을 들었다. 공민왕 7년(1358년) 귀국한 혜근은 송광사, 회암사 등에 머물었고, 여주 신륵사에서 세상을 버렸다.

혜근의 시대는 고려말엽 무인(武人) 집권과, 몽골 지배하의 난세였다. 어떤 개인도 시대의 운명을 피해 갈 수 없다. 태고 보우, 나옹 혜근도 예외는 아니다. 각 시대는 지배적인 시대사조가 있는 법이다.

고려불교는 태조 왕건의 훈시를 어긴 채 너무 많은 사원을 건설하여 국가재정의 위기를 초래한다. 사람들은 불교의 근본정신을 망각한 채, 오직 복(福)을 구하는 행사를 많이 개최하여 타락의 길을 걷는다. 승려들의 일부는 정권싸움에 말려들어 폐해가 매우 심하였다. 여기에 무인(武人) 집권과, 몽골 지배하의 난리를 만난다. 건전한 국민정신을 상실한 고려왕조는 멸망의 길로 접어들고, 새로 등장한 조선왕조는 유교(儒教)로써 건국이념을 삼는다.

7.3 조선시대 한국불교의 모습

남북국 시대 및 통일신라 고려조를 통하여, 불교는 대중에게 친근한 것이었다. 불교 교리는 사람들의 마음에 자리를 잡았고, 사원은 사람들이 머무는 동네에 위치하였다. 승려의 지위 또한 사회적으로 존중받았음에 틀림없다.

조선왕조의 초기에 유교(儒敎) 이념을 내세웠지만 승려고시제도는 계속하여 실시되었으며, 불교적 유산이 많이 지켜져 왔음을 확인할 수 있다. 그러나 명종(明宗)시대 휴정(休靜)의 활동을 끝으로, 불교는 산중으로 들어가 '산승(山僧) 불교시대'를 열게 된다. 불교는 점차 사람들과 멀어져 갔으며, 승려는 도성 출입이 금지될 정도로 천대를 받는 존재가 되었다.

7.3.1 조선 초기의 불교 경향과 주요 인물

고려 말기의 장군 이성계(李成桂)는 1392년 쿠데타(Coup d'Etat)를 일으켜, 고려를 무너뜨리고 조선을 창건한다. 이성계는 정치적 악명(惡名)에도 불구하고, 무학(無學)과의 관계를 보더라도, 착실한 불교신자였다. 이성계(태조)의 집권 시, 유교의 선비들이 불교를 억압하는 정책[억불책抑佛策]을 주장하였지만, 적극적으로 불교탄압의 정책을 취하지 아니하였다.

조선 초기 유교를 숭상하고 불교를 배척하는 정책을 과감하게 단행한 인물은 제 3 대 태종이다. 그는 사원소속의 토지 및 노예를 국가의 이름으로 몰수하여 사원경제의 숨통을 쥔다. 태종의 불교정책을 간단히 정리하면 다음과 같다.

① 불교의 종파를 축소하고, 사원과 승려의 인원을 삭감함
② 사찰의 토지와 노비를 몰수하여 국가 소유로 하고, 군비(軍費)와 관청에 배분함

③ 왕사 및 국사 제도를 폐지하고 승려의 신분증을 만들어 인원
을 줄이는 도첩제(度牒制)를 실시함(김영태, 『한국불교사』)

불교 탄압은 세종 때에도 계속되었으며(세종은 말년에 개인적으로
불교를 신앙하였지만, 그것이 정책을 바꿀 정도는 아니었다), 문종 때에도
마찬가지였다. 이 시기 기화(己和; 득통得通, 함허당涵虛堂) 스님이 출현
하여 유교와 불교를 조화시키려고 노력하였지만, 시대의 대세를 돌이
킬 분위기는 아니었다.

세조(재위 1455~1468) 때는 일시 분위기가 변하여 불교의 진흥정
책이 과감하게 실시된다. 이는 세조의 개인적 신앙심에 의존한 것으
로, 그는 수양대군시절 『석보상절釋譜詳節』을 출간하였으며, 등극한
뒤에 적극적으로 불교 옹호정책을 펼쳤다. 세조의 일시적인 불교진흥
책의 시기가 지나자, 성종 때에 다시 찬바람이 불어서 승려를 환속시
키는 등 불교를 심하게 탄압하였다. 절간은 텅텅 비어 쥐들이 왕래하
고, 거미들은 세상을 만나게 되었다.

연산군 시절 불교사원은 놀이터가 되었다. 중종(中宗) 2년(1507년)
그나마 명맥을 유지하던 승려고시제도가 완전히 폐지되었다. 불교는
문화의 지배 영역에서 사라지고, 유교(儒敎)가 그 자리를 대치하기에
이른다.

A. 함허당(涵虛堂) 기화(己和; 1376~1433)

기화는 속성이 류씨(劉氏)이며, 충주 사람이다. 그는 유학을 공부
하여 성균관에 입학한 인물이다. 유학을 잘 이해하였고, 출가한 뒤로
시대 분위기를 고려하여 유학과 불교를 조화시키려고 노력하였다.

기화의 저술로 『금강경오가해 설의金剛經五家解 說誼』와 『현정론
顯正論』 등이 있다. 전자는 기존의 『금강경』 오가해(五家解)를 놓고,

자신의 설명을 부친 것이다. ─5가해는 쿠마라지바가 한역(漢譯)한『금강경』에 대하여 6조 혜능의 구결(口訣), 야보(冶父) 도천(道川)의 송(頌), 규봉(圭峰) 종밀(宗密)의 찬요서(纂要序), 부대사(傅大士)의 찬(贊) 등 다섯 가지 해설을 말한다 ─ 한국 불교의『금강경』중시에 비추어 보면 기화의 큰 업적이 아닐 수 없다.

『현정론』은 올바름(正)을 드러낸다는 뜻으로 일종 아폴로기(apology)에 해당한다. 불교를 배척하는 사회적 분위기에서 불교 옹호론을 펼친 것이다.『현정론』에는 물아일체(物我一體)의 사상과 절대 평등의 인간관이 들어 있다. 주장은 그러했지만, 시대 분위기를 돌이킬 수는 없었다.

B. 설잠(雪岑) 김시습(金時習; 1435-1493)

설잠은 매월당(梅月堂) 김시습을 가리킨다. 그는 유교, 불교, 도교의 3교를 넘나든 조선의 천재이다. '5세 신동'으로 알려진 김시습은 두 가지 이유에서 출가하였다. 하나는 가정환경이요, 다른 하나는 사회환경이다. 15세 소년시절 모친의 죽음이 있고 계모(繼母)에게서 받은 마음의 상처(trauma)가 첫 번째요, 수양대군이 권력을 잡은 계유정난(癸酉靖難; 1453)이 두 번째이다. 설잠은 59년의 생애에서 38년을 승려로 보냈다.

설잠은 신라 의상의『법계도法界圖』에 주해(註解)를 달았다. 앞에서 말한『대화엄 일승법계도 주병서』이다. 이는 설잠이 화엄학에 관심을 기울였음을 말한다. 또 그는『묘법연화경 별찬妙法蓮華經別讚』을 저술하였는데, 이는 천태학에 대하여 연찬이 깊었음을 뜻한다. 여기에 더하여『십현담 요해十玄談要解』를 저술하여 조동종(曹洞宗)에까지 손을 내밀었다. 설잠이 '조동 오위'(五位)에 대하여 이해하였다는 점은 조선 초기 조동종의 흐름이 있었다는 획기적인 사건을 암시한다

(불교신문사, 『한국불교인물사상사』, 1991). ― 조동종은 '5가 7종'의 설명 때 언급한 6조 혜능의 제자 중 청원 행사(行思; ?-740) 계열로 분화한 종파이다. 청원(青原) → 석두(石頭) → 약산(藥山) → 운암(雲巖) → 동산(洞山) → 조산(曹山)이 법맥이다. 조산과 동산의 머리글자를 따라서 '조동'종이라 하였다. 『십현담十玄談』은 동안(同安) 상찰(常察) 선사의 작품이다 ―

7.3.2 휴정(休靜)의 선(禪) 우위 사상

청허당(清虛堂) 휴정(休靜; 1520-1604)은 조선조 중종, 선조 때의 인물이다. 서산대사(西山大師)라는 이름으로 잘 알려져 있으며, 21세에 출가하여 33세에 승려고시에 수석으로 합격한 바 있다(중종 2년 승과제도가 폐지되었으나, 명종 때에 문정대비와 보우普雨 선사에 의해서 일시 승려고시가 부활되었음).

휴정은 승려직책의 최고자리 선교양종(禪敎兩宗) 판사에 임명되어 승려로서의 출세의 길을 달린다. 말년 묘향산에 머물 때 조일전쟁(朝日戰爭; 임진왜란 선조 25년)이 일어나자, 그는 선조의 요청에 의하여 5천여 명에 달하는 승군(僧軍)을 조직하여 전쟁에 임하며 여러 전투에서 공을 세운다. 휴정의 대표적인 저서에 『청허집清虛集』, 『선가귀감 禪家龜鑑』 등이 있다.

휴정은 선(禪)을 교(敎)보다 중시하는 사상적 입장을 취하고 있다. 그는 선과 교에 대하여 다음과 같이 정의를 내린다:

세존께서 세 곳에서 마음을 전하신 것은 선의 취지[禪旨]가 되고, 한 평생 말씀하신 것은 교문(敎門)이 되었다. 그러므로 선은 부처님의 마음이고, 교는 부처님의 말씀이다(『선가귀감』, 법정 역, 1991).

교(敎)라고 하는 것은 말이 있는 데에서부터 말이 없는 데에 이르는 것이며, 선(禪)이라고 하는 것은 말이 없는 데에서부터 말이 없는 데에 이르는 것이다(김영태, "휴정의 禪 사상과 그 법맥," 『한국선사상연구』).

교(敎; 부처의 말씀)는 점진적으로 닦아서 부지런히 익혀야 하는 대상이요, 선(禪; 부처의 마음)은 직각적 방법으로 깨침의 과정에서 인식할 수 있다. 전자는 학문적 대상을 삼을 수 있으나, 후자는 체험의 문제이다. 휴정에게 있어서는 '선'이 우위에 있고 '교'가 열등한 위치에 있으며, '선'은 깊고 '교'는 얕으며, '선'은 주(主)이고 '교'는 종(從)이다. '교' 밖으로 따로 전해지는 '선'의 취지는 교학자들이 이해할 수 없는 높고 깊은 단계이다. 이와 같이 '선'은 높고 '교'는 낮다는 주장이다.

우리는 방법적으로 '교'를 버리고 '선'으로 들어서야 한다. 그 길이 윤회의 굴레에서 벗어나는 활로이다. 그러나 교학은 처음부터 쓸모가 없어서 버리라는 것이 아니다. 그 길은 단번에 깨치고[돈오頓悟] 천천히 닦는[점수漸修] 두 문을 자세히 안 다음에 버리는 것이다.

비유하자면 '사교입선'(捨敎入禪)은 강을 건너 언덕에 오를 때 배를 버리고 올라가는 것과 같다. 배를 끌고서 산을 넘을 필요는 없다. 휴정은 『선가귀감禪家龜鑑』의 마지막 구절에서 "이 문 안에 들어오려면 알음알이를 두지 말라!"라고 선언한다. '알음알이'는 지식의 단계이다. 깨침의 단계는 반야지(般若智; Prajñā)에서만 가능하다. 반야지는 세속적인 지식이 아니다.

휴정에 의하면 교문(敎門)은 선문과 대등한 위치로서가 아니라, 선문(禪門)의 단계에 이르는 과정 내지 입문적인 단계다. 이처럼 휴정은 '선'의 입장에서 '교'를 수용하는 입장을 보였다. 그는 '선'과 정토

(淨土) 사상을 회통하고자 하였다. '선'에서 마음이 곧 부처[심즉불心卽佛]라는 점과 정토사상에서 마음이 정토[유심정토唯心淨土]이며, 자성이 아미타불[자성미타自性彌陀]이라는 점이 궁극적으로 같다는 입장이다. 그는 저술『삼가귀감三家龜鑑』에서 유·불·도(儒佛道) 3교의 회통을 주장한다. 불교에서는 마음[心]을 강조하고, 유교에서는 본성(性)을, 도교에서는 도(道)를 강조하지만, 3교는 본래 마음에 근거를 둔다는 점에서 공통점을 지닌다는 말이다. 본래 마음[本來心]을 발현한 사람을 불교에서는 붓다(부처), 유교에서는 성인(聖人), 도교에서는 진인(眞人)이라고 부른다고 한다.

휴정은 여러 가지 점에서 영향력이 큰 인물이었다. 그에게 제자가 1,000여 명이나 있었고, 그의 문하에서 유정(惟政; 호 사명당四溟堂), 언기(彦機), 태능(太能), 일선(一禪) 등 4대파가 나왔다.

7.3.3 진묵(震默) — 벼락같은 침묵

휴정과 같은 시기 전라도 한 구석에 진묵(震默; 1562-1633) 일옥(一玉) 선사가 있었다. 진묵은 벼슬을 한 일도 없거니와 조직에 가담하지도 않아서 아는 사람이 드물다. 그는 믿기지 않을 정도로 구도(求道)정신이 강한 스님이었다. 진묵은 저서를 남기지 않아서 입에서 입으로 전하는 이야기만이 남아 있다. 선비 김기종(金箕鍾)이 이야기를 모아서 찬(撰)하고, 초의(草衣) 선사가 서문을 지은『진묵선사 유적고震默禪師遺蹟攷』와, 범해(梵海) 스님의『동사열전東師列傳』에서 그 자취를 찾는다. 이들 자료에 따르면 그는 유교와 불교 및 도교에 모두 관심을 보였다.

진묵은 '곡차'(穀茶; 술)를 즐겨 마셨으며,『장자莊子』를 읽었고, 봉곡(鳳谷)이라고 이름하는 선비에게『강목綱目』(『통감강목通鑑綱目』을 말함)을 빌려 읽고 길에 내버린 인물이다. 진묵은 휴정을 가리켜 '이름을 탐하는 중'[명리승名利僧]이라고 부를 정도로 자존심이 높았다. 그는 조선천지가 전쟁에 휘말렸을 때에도 흐르는 시냇물처럼 담담하게 인생을 살았다. 휴정이 있었음이 조선불교의 자랑이지만, 진묵과 같은 인물이 있었음도 또한 조선불교의 자랑이다(황준연, "구름같이 살다 간 큰 스님, 진묵대사,"『한국의 괴짜들』, 2004).

7.3.4 조선 후기의 불교경향과 주요 인물

임진왜란 때 휴정(休靜), 유정(惟政; 1544-1610 호 사명당四溟堂) 등의 활동에 힘입어 숨을 돌리던 불교는 조선조 후기에 이르러 질식사(窒息死)할 정도로 위축된다. 사원은 황폐화하고, 승려는 천대를 받고 각종의 잡역에 종사하였다. 이러한 시대적 운명에 처하여 불교계의 승려들은 이판승과 사판승의 구조를 갖추고 살아남는 길을 찾는다.

이판승(理判僧; 속칭 공부승)이란 주로 참선, 경전공부, 수행 등에 전념하는 승려들을 말하고, 사판승(事判僧; 속칭 산림승)이란 사원의 운영을 도맡아 하는 승려들을 말한다. 그런데 세상이 어려우니 사판승만이 봄 수풀처럼 많아지고, 이판승은 새벽 별처럼 드물었다(이능화 편,『朝鮮佛敎通史』下, 1981).

얼른 보기에 사판승이 공부는 하지 않고 절 재산을 축내는 일까지 있었으므로 비난받아 마땅하겠으나, 그들이 없었으면 이판승이 산속 깊이 숨어서 명맥을 유지하며 공부할 수 없었을 것이므로 양자는 보완적인 관계라고 보아야 한다.

A. 백파(白坡)선사 긍선(亘璇)의 선(禪) 사상
조선 후기 불교의 기운이 극도로 쇠미하던 시절 긍선(亘璇; 1767-

1852)이 나와서 새로운 바람을 일으킨다. 긍선은 전북 무장(茂長; 현 무주 장수 지역)에서 출생하였으며, 호를 백파(白坡)라고 하였다. 그의 저서 『선문수경禪門手鏡』이 논쟁의 중심이었다. 긍선은 순창 구암사(龜巖寺)에 머물면서 세 종류의 선[三種禪]을 주장하였는데, 조사선(祖師禪; 6조 혜능이래 많은 조사들이 以心傳心의 방법으로 깨침을 구하는 선), 여래선(如來禪; 고타마 붓다의 敎說을 방편으로 삼아서 깨침을 구하는 선), 의리선(義理禪; 말과 문자에 의지하여 깨침을 구하는 선)이 그것이다. 그는 앞의 두 가지를 '틀'을 초월한다는 의미로 격외(格外)의 선(格外禪)이라고 해서 높이고, 의리선은 입으로만 떠드는 구두선(口頭禪)이라고 해서 낮추어 보았다. ― 자세한 내용은 이 책의 부록 "백파(白坡)와 초의(草衣)의 선(禪) 논쟁"을 참고할 것 ―

긍선의 저술에 『선문수경』 이외에, 『정혜결사문定慧結社文』과 『육조대사 법보단경 요해六祖大師法寶壇經要解』 등이 있다. 그의 3종선 주장은 억지스럽고 무리가 있지만, 백파는 '호남의 선백(禪伯)'으로 일컫는 큰 스님이었다.

B. 초의(草衣)선사 의순(意恂) ― 조선의 다성(茶聖)

긍선의 『선문수경』이 간행되어 불교계에 유통되자, 많은 선지식(善知識; 승려를 호칭하는 다른 표현)들이 이를 놓고 왈가왈부하게 되었다. 이는 마치 조선조 중기 유학자들의 '사칠(四端七情) 논쟁', 혹은 '예송(禮訟) 논쟁'에 버금가는 논쟁거리였다.

긍선의 3종선에 대하여 강력하게 이의를 제기한 인물은 의순(意恂; 1786-1866)이다. 그는 전남 무안 출생으로 호를 초의(草衣)라고 하였으며, 해남 대흥사에 머물렀고 다도(茶道)로 유명한 인물이다.

의순은 긍선의 3종선 주장에 대하여 비판의 문을 열었다. 그의 저술 『선문사변만어禪門四辨漫語』는 일종의 비판서이다. 그는 말한다:

옛날 격외(格外)라는 말은 있으되 격외선(格外禪)이라는 이름은 없었다. 의리(義理)라는 말은 있으되 의리선(義理禪)이라는 이름은 없었다. 옛적의 선사들이 배우는 이들을 깨우치고자 하여 말하기를, '무릇 말씀(言教)에서 연유하지 않고 마음으로 전하는 것을 조사선(祖師禪)이라고 한다. 이 전수는 교격(教格)의 밖으로 멀리 벗어나 격외선이라 할 수 있다. 무릇 말을 열어 뜻을 설명하고 말로 인하여 이치를 증험하는 것은 여래선(如來禪)이라 말한다. 이것은 말로 의리를 가르치는 것에서 연유해서 깨침을 구하니 의리선이라고 이름할 수 있다 (『선문사변만어』, 격외의리변格外義理辨).

이상 의순은 3종선의 구별은 무리이고, 선(禪)에는 조사선(이는 '격외선'이라 할 수 있다)과 여래선(이는 '의리선'이라 할 수 있다)의 2종선만이 존재한다고 주장하였다. 종래 사람(人名)을 따라서 여래선과 조사선을 구분하고, 진리(法)를 따라서 의리선과 격외선으로 나누는 것은 잘못된 일은 아니다. 그러나 '의리'의 뜻이 쓰이는 곳이 매우 넓은 까닭에 백파가 이를 천하게 여기고, 이를 별도로 3종으로 구분하는 것은 잘못이라고 지적하였다(박종홍, "사상사적으로 본 호남,"『한국사상사논고』, 1983).

의순은 다산(茶山) 정약용, 추사(秋史) 김정희 등과의 교류로 알려져 있다. 이들이 모두 기울어가는 왕조의 말미에 태어난 불운한 인물들이다. 의순은 해남 대흥사 산중의 일지암(一枝庵)에서 차(茶)를 마시며 조용히 시대를 관망하였다.

C. 경허(鏡虛)와 문하생 혜월(慧月), 만공(滿空), 한암(漢岩)

승려의 도성출입이 금지된 이래 산중으로만 맴돌던 승려들은 한말(韓末) 고종 32년(1895년)에 이르러서야 수도 서울의 출입이 가능해진다. 그러나 왕조는 몸의 조직이 굳어지는 루게릭병(病)에 걸려서 기울고 있었다. 이 시기 몇 사람의 뛰어난 선지식이 출현하여 조선왕조 말미의 불교를 장식한다.

전주(全州) 출신 승려 경허(鏡虛; 1849-1912)는 그중의 한 사람이다. 9살의 어린 나이에 출가한 경허는 계룡산 동학사에 머물며 유교, 불교, 도교 등 3교의 책을 독파하여 당당한 학승(學僧)이 된다. 그러나 31세 때 경기도로 출행하던 중 콜레라가 유행하여 시체가 널려 있는 마을을 지난다. 이때 그렇게 자신만만하던 불교의 교리는 간 곳 없고 오직 죽음의 공포에 사로잡힌 자신을 쳐다보고, 그는 불같은 분노를 느낀 채로 동학사로 되돌아온다.

경허는 그 해 가을 깨침을 얻었다. — 깨침의 경지는 알 수 없다. 저자는 몸에서 일어나는 일종의 특수한 화학(化學) 반응으로 이해한다. 깨침에는 등급이 있으나, 깨침은 분명히 존재한다고 판단한다 — 이후 경허의 일생에서 우리는 무애(無碍; 걸림이 없음)의 삶이 무엇인지를 읽을 수 있다. 경허의 임종 시(詩), 즉 열반송(涅槃頌)을 인용함으로써 그의 정신적 경지를 감상해 보도록 하자:

마음달이 우뚝하게 둥그니 　(심월고원心月孤圓)
달빛이 만상을 삼키도다 　(광탄만상光呑萬像)
빛과 경계가 함께 없으니 　(광경구망光境俱亡)
다시 이 어떤 물건인가? 　(부시하물復是何物)
(경허 편, 『선문촬요禪門撮要』, 1982)

경허의 문하에 혜월(慧月), 만공(滿空), 한암(漢巖) 등 근세의 뛰어난 선지식이 배출되었다. 그 스승에 그 제자들이다.

혜월(1861-1937)은 속성이 신씨(申氏)로 충남 예산 출신이며, 법명은 혜명(慧明)이다. 경허로부터 보조국사 지눌(知訥)의 『수심결修心訣』

을 배우다가 깨침을 얻고 법맥을 이어받았다. 그는 평생 "하루 일하지 않으면 하루 먹지 않는다"(一日不作 一日不食)라는 구호를 준수하여 불모지를 개간하고 논밭을 일구었던 일로 유명하다.

만공(1871-1946)은 속성이 송씨(宋氏)로 전북 태인 출신이며, 법명은 월면(月面)이다. 모악산 금산사에 갔다가 출가하였고, 경허로 부터 사미계(沙彌戒)를 받았으며, 31세 때(1901) 통도사에서 새벽 범종 소리에 깨침을 얻었다. 충남 서산 앞 바다 간월도(看月島) — 당시는 섬이었지만, 지금은 섬이 아니다 — 에 머물렀다. 만공 문하에 보월, 고봉, 혜암, 전강, 금오, 춘성, 벽초 등과 비구니 일엽(一葉) 등의 제자가 배출되었다.

한암(1876-1951)은 속성이 방씨(方氏)로 강원도 화천에서 태어났다. 법명은 중원(重遠)이다. 19세에 금강산 장안사로 출가하였다. 한암은 경허를 만났고, 그가 베푼 『금강경金剛經』의 한 구절, "무릇 모든 존재는 허망한 것이다. 만일 모든 존재가 존재가 아니라는 사실을 깨닫는다면, 이는 곧 부처를 보는 것이다"(凡所有相 皆是虛妄 若見諸相 非相 卽見如來)라는 말을 듣고 깨침을 얻었다. 한암의 문하에 탄허(呑虛)가 있다.

D. 효봉(曉峰) — 한말의 판사 스님

조선왕조가 망하고 일제 침략시기를 거쳐 대한민국이 창립되던 시기 효봉(曉峰; 1888-1966)이 등장한다. 그의 속명은 이찬형, 그는 일본 와세다 대학에서 법학을 전공하고, 귀국하여 판사가 되어 세속의 출세(出世) 길을 달린다. 그는 시대를 잘못 만난 불운한 인물이었다. 그는 일제(日帝) 시대의 관료로서 독립운동을 한 어떤 한국인에게 사형선고를 내려야 하는 입장이었다(효봉문도회, 『효봉어록』, 1981).

1923년 평양 고등법원 판사이던 이찬형의 나이 36세. 그는 조선

인에게 사형선고를 내리고 나서 인간과 사회구조에 대한 깊은 회의에
빠진다. 번민의 매일이 지난 어느 날, 이찬형은 그 길로 집을 뛰쳐나
간다. — 효봉의 출가동기에는 이론(異論)이 있으나, 말년에 그를 모신
법정(法頂)의 「효봉 선사 일대기(一代記)」의 기록을 따른다 — 2년을
떠돌이 생활을 한 그는 1925년 여름, 금강산에 들어섰다가 '돌머리'[石
頭]에 맞아서 그를 스승으로 모시고 유점사(榆岾寺)에 머문다.

이찬형은 원명(元明; 효봉은 훗날의 법호임)으로 새로 탄생하고,
1931년 여름 토굴생활 1년 6개월 만에 한 깨침을 얻는다. 그때 그가
내뱉은 오도송(悟道頌)이 깨달음의 경지를 웅변적으로 말한다:

> 바다 밑 제비집 사슴이 알을 품고   (해저연소녹포란海底燕巢鹿抱卵)
> 타는 불 속 거미집 고기가 차 달이네(화중주실어전다火中蛛室魚煎茶)
> 이 집안 소식을 뉘라서 알랴   (차가소식수능지此家消息誰能知)
> 흰 구름은 서쪽으로 달은 동쪽으로 (백운서비월동주白雲西飛月東走)
> (법정, "효봉선사 일대기," 위의 책)

깨침을 얻은 효봉은 우연히 판사경력이 탄로가 나자 금강산을
떠나 남쪽으로 내려온다. 순천 송광사, 가야산 해인사, 지리산 쌍계
사는 그가 말년에 머물던 곳이다. 1966년 10월 보름, 밀양 표충사에
머물던 효봉은 이름 그대로 '새벽 봉우리' 3시에 일어나서 그날 오전
떠날 것을 말하고, 당일 오전 홀연히 입적(入寂)한다. — 빼어난 선사
들이 죽음의 순간을 선택할 수 있는 것은 신비이다. 요가 수행이나
참선 수행을 하는 자들은 자발적으로 의식과 육체를 분리시킬 수 있
다고 한다(제14대 달라이라마, *The Path to Tranquility*, 2000) —

E. '성철(性徹) 불교'의 탄생 — 산은 산이요, 물은 물이다

깨침을 중시하는 조선불교의 전통은 현대에까지 이어져서 성철

(性徹; 1912-1993) 큰 스님을 배출한다. 경남 산청군 묵곡리(墨谷里) 출신 성철(본명; 이영주李英柱)은 25세에 출가하여 해인사에 들어갔다. 그는 10년 동안 눕지도 않고 앉아서만 수행한 놀라운 근기(根器)를 보여 주었다. 스님은 "산은 산이요, 물은 물이로다"라는 유명한 법어(法語)를 남겼다. 성철은 1993년 11월 해인사 퇴설당(堆雪堂)에서 열반의 길에 들어간다. 그의 열반송(涅槃頌)이 '성철불교'의 정신을 대변하고 있다:

> 한 평생 무수한 사람을 속였으니   (생평기광남녀군生平欺狂男女群)
> 하늘 가득찬 죄 수미산보다 더하다 (미천죄업과수미彌天罪業過須彌)
> 산채로 지옥에 떨어져 恨이 만 갈래(활염아비한만단活陷阿鼻恨萬端)
> 한 덩이 붉은 해 푸른 산에 걸렸네 (일륜토홍괘벽산一輪吐紅掛碧山)

한국불교는 원효, 의상, 의천, 지눌, 보우, 혜근, 서산, 유정, 진묵, 백파, 초의, 경허, 효봉, 그리고 성철과 같은 승려들이 존재함으로써 보다 한국적이다. 그러나 이들만이 조선불교를 대변하는 것은 아니다. 한말 해남 대둔사에 머물었던 범해(梵海) 스님의 저서 『동사열전東師列傳』에 의하면 삼국 이후 한말까지 총인원 198명의 스님들이 한국불교를 빛낸 인물이다(범해梵海, 『동사열전東師列傳』, 1991).

📖 읽을거리

- 김부식, 『삼국사기』, 이병도 역주, 을유문화사, 1980.
- 김영태, 『한국불교사』, 경서원, 2004.
- 목정배, 『불교윤리개설』, 경서원, 1986.
- 운허, 『불교사전』, 동국역경원, 1983.

- 은정희 역주,『원효의 대승기신론 소·별기』, 일지사, 1991.
- 은정희,『은정희 교수의 대승기신론 강의』, 예문서원, 2010.
- 이기영,『원효사상』, 홍법원, 1980.
- 이일영 편,『진묵대사소전震黙大師小傳』, 보림사, 1983.
- 김성철,『원효의 판비량론 기초연구』, 지식산업사, 2003.
- 김상일,『원효의 판비량론』(괴델의 불완전성정리로 풀어본), 지식산업사, 2003.
- 김상일,『원효의 판비량론 비교연구』, 지식산업사, 2004.
- 『국제원효학회 학술논집』(제2회), 국제원효학회, 2002.
- 김충렬,『고려유학사』, 고려대출판부, 1984.
- 불교문화원 편,『한국 禪사상연구』, 동국대 출판부, 1984.
- 『보조법어普照法語』(漢岩重遠 현토 영인본).
- 효봉문도회,『효봉어록曉峰語錄』, 불일출판사, 1981.
- 휴정,『선가구감禪家龜鑑』, 법정 역, 양우당, 1991.
- 이능화 편,『조선불교통사』(上·下), 보련각, 1981.
- 박종홍,『한국사상사논고』, 서문당, 1983.
- 신경림 외,『한국의 괴짜들』, 영언문화사, 2004.
- 심경호,『김시습평전』, 돌베개, 2003.
- 경허 편,『선문촬요禪門撮要』, 불교대장경사업회, 1982.
- 범해(梵海),『동사열전東師列傳』, 김윤세 역, 광제원, 1991.
- 엔닌(圓仁),『入唐求法巡禮行記』, 신복룡 번역, 정신세계사, 1991.
- 가마타 시게오(鎌田茂雄),『한국불교사』, 신현숙 옮김, 민족사, 1994.

제8강

유교적 세계관의 형성과 정착, 그리고 중국 중세 성리학적 세계관의 형성과 발전

8.1 유교(儒敎)의 형성과 발전

유교는 중국문명의 산물(産物)이다. 중국인들은 옛적부터 현실적이면서 동시에 이상(理想)의 추구가 강한 민족이다. 그들은 지대물박(地大物博; 거대한 땅과 풍부한 물산)을 바탕으로 자기중심적 사고를 하였으며, 자국을 '세계의 중심' 즉 중국(中國)으로 호칭하였다. ― 자기나라를 세계의 중심으로 보는 경우는 헬라스(Hellas; 그리스의 별칭)도 마찬가지이다. 고대 그리스인들은 자기 나라의 신성한 고장 델피(Delphie)를 세계의 중심, 즉 '옴파로스'(omphalos)로 불렀다. 지금도 아테네 북쪽에 델피의 유적이 남아 있다 ―

중국문화의 유산 가운데 여러 가지가 있지만, 유교가 대표적이다. 유교는 그들에게 학문이요, 종교요, 윤리며, 정치였다. 그러므로 유교를 이해하지 못하면 중국을 이해할 수 없다고 말해도 무리가 아니다.

중국의 고대역사는 하(夏), 상(商), 주(周)의 순서로 기록되고 있다. '하'나라의 역사에 대해서는 아직 증거가 없어서 분명하지 않다. '상'(商; 殷이라고도 함; 대략 B.C. 1766-B.C. 1123) 나라는 거북 등뼈껍질이나 소 어깨뼈 등에 새겨진 문자, 즉 갑골문(甲骨文)에 의해서 그 존재가 증명되었다. '주' 나라는 서주(西周; B.C. 1066-B.C. 771)와 동주(東周; B.C. 770-B.C. 249)로 구분된다. 중국 고대세계는 B.C. 221년 진왕(秦王) 정(政) — 훗날의 시황제(始皇帝) — 에 의해서 통일됨으로써 새로운 단계로 진입한다.

유교의 창시자 공자(孔子; B.C. 551-B.C. 479)는 춘추전국시대의 인물이다. 그는 산동성에 있었던 노(魯) 나라 창평(현재의 곡부曲阜)에서 태어났으며, 젊었을 때 꿈을 실현하기 위하여 여러 나라를 돌아다녔다. 성공하지 못하고 나이 들어서 노나라에 머물며 교육 사업에 종사했다고 전한다(사마천, 『史記』 제47권, 孔子世家). — 현재 중국의 산동성에 등록된 자동차 번호판은 모두 '魯'字가 표기된다. 이는 산동성이 고대 노(魯) 나라의 전통을 이어받았다는 증표이다 —

사마천에 의하면, 유가(儒家)는 음양가(陰陽家), 묵가(墨家), 명가(名家), 법가(法家), 도가(道家)와 함께 '6가'(六家)의 하나였다(펑유란, 『중국철학사』, 1987). 그중에서도 공자는 유가학파의 중심인물이었으며, 고대중국의 사학(私學) 교육을 시작한 최초의 인물이다. 공자를 빼놓고 유교를 이야기할 수 없고, 중국 문화를 이야기할 수 없다.

공자는 유자(儒者)의 한 사람이었다. '유자'란 주(周) 나라 시대에 교육을 맡았던 사도(司徒) 출신으로서 지식과 학문이 있으며, 예절과 음악의 전문가이다. 그들은 세상에서 필요로 하는 지식을 가르치고, 예법을 도와주는 것으로 생활을 영위하였다. — 시간과 공간은 다르지만, '유자'(儒者)의 생활방식은 고대 그리스 '소피스트'(sophist)의 생활방식과 흡사하다. 쌍방이 당시 필요로 하는 지식을 팔아서 먹고 살았다. 오늘날의 대학교수들을 소피스트라고 불러도 가능하다 —

유자들은 고대로부터 내려오는 여섯 가지 경전[6경]을 교과목으로 가르쳤다. 오늘의 의미로는 인문교양과목을 가르치는 교사들에 해당한다. 아무튼 제자백가(諸子百家)라고 부르는 많은 학파 가운데에 유가(유교)만이 살아남아서 중국문화의 중심으로 자리잡았다. ─6경(六經)이란 『주역周易』, 『시경詩經』, 『서경書經』, 『예기禮記』, 『악경樂經』, 『춘추春秋』를 말한다. 이 중에서 『춘추』는 공자가 저술한 것으로 알려져 있다 ─

공자의 사상은 '인'(仁)이라는 개념으로 대변된다. '인'이란 어떤 하나의 덕목만을 의미하는 것이 아니라, 모든 덕목을 포괄하는 것으로 본다. 그의 사상은 제자 안회(顔回)와 증삼(曾參)을 통해서 공자의 손자 공급(孔伋; 子思)에게 전해지고, 공급 즉 자사(子思)는 학문을 맹자에게 전하여 유교사상의 학맥을 형성한다.

맹자(孟子; B.C. 371-B.C. 289)는 공자의 고향에서 멀지 않은 추현(鄒縣)에서 태어났다. 그는 공자의 손자 공급의 문하에서 공부를 하였으며, 도덕 문제에 있어서 '성선'과 '4단설'을 주장하여 철학의 발전에 공헌하였다. 맹자는 철학사상 이외에 정치사상을 전개하였는데, 왕도(王道)와 패도(霸道)를 바탕으로 한 혁명이론은 관심을 기울일 만하다. '왕도'란 오늘의 용어로 말하면 민주정치에 해당하고, '패도'란 파시스트정치를 말한다. ─'왕도'란 도덕적인 교화를 통한 인의(仁義)의 정치요, '패도'란 겉으로는 도덕을 내세우지만 내용상으로는 무력(武力)에 의한 통치를 말한다(『맹자』 공손추 上) ─

공자 및 맹자와 더불어 고대유교의 3대 인물로 순자를 빼놓을 수 없다. 순자(荀子; B.C. 298-B.C. 238)는 여러 가지 점에서 맹자와 비교가 된다. 맹자가 이상주의적이고 혁신적이라면, 순자는 현실주의적이고 보수적이다. 순자는 인간의 본성이 본래부터 이기적이며, 그런 까닭에 악(惡)하다고 주장한 것으로 알려져 있다. 그는 예절과 음악을 중시하였는데, 이와 같은 예악론(禮樂論)은 중국유교의 정립에 큰 영향을 준다.

중국 고대의 학문은 진(秦) 시황제의 분서갱유(焚書坑儒; 책을 불사르고 학자들을 묻어 죽인 사건)로 인하여 위축되고 좌절된다. 우리는 진나라 이전의 유교를 '선진유교'(先秦儒敎)라고 부르며, 훗날의 송대(宋代) 유교와 구별한다. 시황제에 의한 고대 학문체계의 중단으로 한(漢), 당(唐) 시대는 신비주의 사상과 문학 및 불교가 지배하게 된다. 중국의 중세문화(유교의 입장에서 진나라 이전시대를 고대, 宋나라 이후를 근세로 본다면)는 비합리적 요소의 종교가 자리잡고 있다.

11세기 송(宋) 나라 시대는 유교의 측면에서는 획기적인 시기이다. 주희(朱熹; 1130-1200)를 중심으로 새로운 유교, 즉 주자학(朱子學)이 크게 진흥되었는데, 서양언어의 표현으로 신유학(新儒學; Neo-Confucianism)의 시대가 그것이다. 선진시대의 유교가 윤리적 차원의 향외적(向外的) 수준에 머물렀다면, 송대의 신유학은 철학적 차원으로 향내적(向內的)인 발전을 하게 된다(송대 유학은 다시 설명함).

명(明) 나라 시대에 양명학(陽明學)이라 부르는 유학체계가 등장한다. 양명학은 주희와 같은 시대 육구연(陸九淵; 1139-1193)에 의해서 기초지어졌고, 명나라의 왕수인(王守仁; 1472-1528)을 만나서 체계화되었고 크게 발전한다.

만주족의 청(淸) 나라 시대에는 관념적인 주자학과 양명학을 떠나서 실증주의적 경향을 띠게 된다. 고염무(顧炎武; 1613-1682), 왕부지(王夫之; 1619-1692), 황종희(黃宗羲; 1610-1695) 등이 나와서 경세와 실용을 주장하여 청대 실학의 기초를 세운다. 여기에 옛날의 전적 등을 자세히 조사하여 사실 여부를 실증하는 '고증학'(考證學)의 학풍이 일어나니 염약거(閻若璩; 1636-1704), 모기령(毛奇齡; 1623-1713) 등이 대표적 인물이다.

유교는 19세기 이후 제국주의 세력의 중국에 대한 침략과 그에 따른 역사적 상황 때문에 해체(解體)된다. 뿐만 아니라 현대 중국의 혁명가 마오쩌둥(毛澤東)을 만남으로써 비극적인 운명에 직면하게 된다. —마오쩌둥은 유교적 인물이 아니고 법가적(法家的)인 사람이다. 난세에는 인의(仁義)의 온건하고 부드러운 방법으로는 안 되고, 차갑고 매서운 방법이 통용된다. '십년동란'(문화대혁명) 시기 '린비아오(林彪)와 공자를 비판한다'(비린비공批林批孔)라는 구호에서 우리는 마오(毛)의 유교에 대한 적대적 태도를 읽을 수 있다. 최근 중화인민공화국에서는 유교에 대하여 긍정적인 자세를 취하고 있다—

　　중국문화의 상징인 유교는 주변 국가들에게도 깊은 영향을 준다. 역사적으로 한국, 일본, 베트남 등이 유교문화권에 속하였으며 이들 국가의 문화와 사회구조를 알고자 한다면 유교사상에 대하여 기본적인 지식을 필요로 한다. —제1강 토인비 교수의 '문명사관'을 다시 읽어보기를 권장함—

8.2 유교의 이해를 위한 몇 가지 사항들

8.2.1 유교의 경전

　　유교는 매우 광범위한 학문체계이며, 불교(佛敎), 도교(道敎)와 함께 중국인의 생활영역을 깊숙이 지배하였다. 그렇다면 그들은 어떠한 경전을 통하여 사고형성에 영향을 받았을까?

　　유교 경전에 대한 분류의 표준은 마련되어 있지 않다. 일반적으로는 3경, 5경, 6경, 13경의 용어가 사용되고 있으며, 주희(朱熹) 이후로 4서의 명칭이 혼용되고 있다. —3경은 『시경』, 『서경』, 『주역』을 말하고; 5경은 3경 +『예기』, 『춘추』를 말하며; 6경은 5경 +『악경樂經』을 말한다. 그리고 13경은 3경 +『주례周禮』, 『의례儀禮』, 『예기禮記』, 『춘추공양전』, 『춘추곡량전』, 『춘추좌씨전』, 『논어』, 『효경』, 『맹자』, 『이아

爾雅』를 말한다. 여기서는 4서와 5경을 중심으로 설명한다 —

(1) 네 가지 기본적인 교과서〔四書〕

4서란 『논어』, 『맹자』, 『대학』, 『중용』의 네 가지 책을 합하여 붙인 이름이다. 『논어』와 『맹자』는 독립된 단행본이지만, 『대학』과 『중용』은 5경 가운데의 하나인 『예기禮記』속의 편명이다. 주희(朱熹)는 여기에서 2권을 빼어내서 『논어』, 『맹자』와 함께 '四書'라고 이름 붙였다.

① 『논어』(論語)

이 책의 저자와 편찬 연대는 학설이 일치되지 않는다. 공자가 세상을 떠난 뒤 그의 제자들에 의해서 저작되었으며, 연대는 B.C. 479년(공자의 졸년卒年)에서 B.C. 400년(공자의 손자 공급孔伋이 죽은 해) 사이에 편찬된 것으로 추정한다. 『논어』는 공자 및 그의 제자들의 언행록이다. 본서의 주제를 지적한다면 공자사상의 중심개념인 '仁'이 될 것이다. 유교가 끼친 영향력에 비추어 이 책은 유교의 성서라고 말할 수 있다.

『논어』에 관한 주석서에 대표적인 것은 하안(何晏)의 『논어집해論語集解』 — 이를 고주(古注)라고 함 —, 주희(朱熹)의 『논어집주論語集註』 — 이를 신주(新注)라고 함 —, 유보남(劉寶楠)의 『논어정의論語正義』 등이 있다. 조선시대 율곡 이이(李珥)의 『논어율곡언해』가 있고, 다산 정약용(丁若鏞)의 『논어고금주論語古今注』 등이 있다.

② 『맹자』(孟子)

사마천의 『사기史記』에 의하면, 『맹자』는 맹자(孟子) 자신이 지었다고 한다. 『맹자』 전편에 흐르는 문맥을 보건대 맹자가 스스로 지었다는 설이 설득력이 있다. 이 책에는 의리를 중시하고 이익을 경시하는 사상이 담겨 있다. 『맹자』에는 천명을 중시하고, 이익을 배척하는

정신이 투철하게 반영되고 있다. 민본주의의 개념을 바탕으로 한 왕
도주의의 실현, 천명을 떠난 폭군을 제거해야 한다는 혁명사상 등은
『맹자』의 또 다른 가치이다.

『맹자』에 관한 대표적인 주석서로 조기(趙岐)의 주(注)와 손석(孫
奭)의 소(疏)가 합해진 『맹자주소孟子注疏』— 경전의 원문에 해설을
붙인 것을 주(註 혹은 注)라고 한다. 이와 같은 주(註)에 다시 해설을
가한 것이 소(疏)이다 —, 주희의 『맹자집주孟子集註』, 그리고 초순(焦
循)의 『맹자정의孟子正義』 등이 있다.

③ 『대학』(大學)

원래 『예기』의 대학편을 말하는데, 이 책의 저자는 분명하지가
않다. 『대학』은 책의 내용 중에 많은 부분이 순서가 바뀌거나 빠져서
혼란스럽다. 이를 바로잡고 보충한 주희의 『대학장구大學章句』가 가
치를 지닌다. 『대학』의 내용은 '수신, 제가, 치국, 평천하'의 도리를
취급하고 있다. 개인수양의 차원에서 시작하여 공동체 전체 평화의
차원까지 확대되는 이 질서는 유교 정치철학의 극치이다.

④ 『중용』(中庸)

원래 『예기』의 중용편을 말한다. 이는 공자의 손자 공급(자사子
思)의 작품이다. 중국 고대유학의 경전 중에서 『주역』과 함께 가장 철
학적인 저술로 간주되고 있다. 주희의 해석에 의하면, 『중용』의 내용
은 지나침과 모자람이 없고 항구성을 지낸 채로 변함이 없는 '중'(中)
과 '용'(庸)의 문제를 다루고 있다. 『중용』의 전반부가 '중'(中)의 문제
를 이야기하고 있다면, 후반부는 '성'(誠)을 말함으로써 철학적 성격이
돋보인다.

(2) 다섯 가지 경전〔五經〕

5경이란 『시경詩經』, 『서경書經』, 『역경易經』, 『예기禮記』, 『춘추
春秋』의 다섯 가지 유교경전을 말한다. 현대적인 의미로 분류한다면
문학론[詩], 우주론[易], 정치학[詩, 書, 禮], 윤리학[禮], 역사철학[春秋] 등
이 이에 해당된다.

① 『시경』(詩經)

B.C. 470년경의 작품이며, 저자는 분명하지 않다. 내용상 풍(風),
아(雅), 송(頌)의 3부로 구성되어 있다. '풍'은 국풍(國風)으로, 각 나라
혹은 지방의 민요 시가를 말한다. '아'는 궁정의 시가이며 대아(大雅)와
소아(小雅)가 있다. '송'은 조상에 대한 찬송의 노래이다. 『시경』에는
대략 300편의 시(詩)가 실려 있으며, 춘추시대에는 세속적 효용이 높아
서 외교사절이 외교의 예의로써 시를 주고받는 것이 보편화되었다.

② 『서경』(書經)

B.C. 600년경의 작품이며, 처음엔 『서書』라고만 불렸으나 현재로
는 『상서尙書』와 『서경』의 두 가지 호칭이 함께 사용되고 있다. 58편
으로 구성되어 있으며, 중국 고대의 성왕 요(堯) 임금으로부터 주(周)
나라에 이르기까지 제왕들의 언행을 기록한 정치 철학서이다. 『서
경』은 진시황의 분서(焚書) 사건으로 인하여 많이 없어졌는데, 한(漢)
나라 때에 복생(伏生)이 벽 속에 숨겨 둔 자료를 전하였고, 이는 당시
에 통용되는 문자로 기록한 것이어서 『금문상서今文尙書』라고 부른
다. 그 후 공자의 옛집에서 다른 텍스트가 나타났는데, 이는 진(秦) 나
라 이전의 문자로 기록이 되어 있어 『고문상서古文尙書』라고 부른다.
『서경』의 내용은 덕(德)을 밝히고, 백성에 대한 벌(罰)을 신중히 하라

는 구호를 내세우고 있다. 이는 애민(愛民) 사상을 포함하고 있고 군왕의 횡포를 억제하는 역할을 하였다.

③ 『주역』(周易)

B.C. 1066-B.C. 771년 사이 서주(西周) 시대의 작품으로 『역경易經』이라고도 부른다. 『주역』이란 주(周)나라 시대의 역(易)이라는 뜻이다. 이는 유교경전 중 가장 난해한 서적으로 알려져 있다. 기본원리는 음(- -)과 양(一)의 전개를 2원으로 하여 우주만물의 변화 이치를 설명하고 있다. 『주역』에 관한 기본적인 주석서로는 왕필(王弼; 226-249)의 해석본과, 정이(程頤)의 『역전易傳』 그리고 주희(朱熹)의 『주역본의周易本義』를 들 수 있다. ― 전통적으로 『주역』의 저자는 복희, 문왕, 주공, 공 등으로 알려져 있으나, 최근의 연구결과로는 서주 시대 복사(卜史)들이 점을 치는 매뉴얼로 저술하였다고 여겨지고 있다(황준연, 『실사구시로 읽는 周易』, 서광사, 2009) ―

④ 『예기』(禮記)

기원 전후에 이루어진 것으로 보며, 선비들이 예(禮)에 관한 이야기를 모은 것으로 작자를 알 수 없다. 전한(前漢)의 대덕(戴德) ― 이 사람을 어른이란 뜻으로 대대(大戴)라고 부른다 ― 이 200여 편을 줄여서 85편으로 만들었는데, 이 책을 『대대예기大戴禮記』라고 부르고, 그의 조카 대성(戴聖) ― 이 사람은 대덕의 조카이기 때문에 소대(小戴)라고 부른다 ― 이 다시 49편으로 줄였는데, 이를 『소대예기小戴禮記』라고 한다.

⑤ 『춘추』(春秋)

B.C. 470년경의 작품이며, 노(魯) 나라의 사관들이 기록한 것을

공자가 필삭(筆削)을 가한 것으로 알려져 있다. 이 책은 노 나라 242
년간의 역사서에 불과한데, 5경 중에 편입되어 존중을 받았다. 이는
책에 담긴 공자의 미묘하고 엄밀한 필법(筆法) 때문이다. 『춘추』는 올
바름과 사특함, 선과 악의 판단을 내리는 윤리서적이다. 『춘추』의 종
류로는 『좌전左傳』, 『공양전公羊傳』, 『곡량전穀梁傳』 등 3전이 있다.
그중에서도 『좌전』(『춘추좌전』)은 공자의 문인 좌구명(左邱明)의 작품
으로 여겨지며, 문학적 가치가 높아서 후세에 고전문장의 모범으로
많은 사람들이 애독하였다. 『좌전』의 주석서로 두예(杜預)의 『춘추경
전집해』가 전한다.

8.2.2 유교와 윤리

유교의 목표는 사람의 경지를 성인(聖人)의 단계까지 높이는 일
이다. 그와 같은 단계가 개인에 있어서 실현 가능한 것인지에 대해서
는 의문이 들지만, 하여튼 유교는 목표를 포기하지 않는다. 이와 같은
목표를 달성하기 위하여 필요한 과정이 수기(修己: 자기 수양)와 치인
(治人; 사회 활동)의 개념이다. '수기'란 오늘의 용어로는 윤리의 문제
요, '치인'이란 정치의 문제이다.

윤리(도덕)에 관해서 말하면, 중국 고대의 유교는 근본적으로 윤
리학이다. 대표적 경전 4서 5경이 지향하는 바는 모두 성인(聖人)에
관한 것이다. 불교에서 자신에게 내재한 불성(佛性)을 깨쳐서 붓다(부
처)가 되는 것이 목표이듯이, 유교는 자기 수양을 통하여 요(堯), 순
(舜)과 같은 성인이 되는 것이 소망이다. 그러므로 유교는 사람의 성
품을 말할 때, 그것을 근본적으로 하늘로부터 물려받은 것으로 생각
한다. 『중용』 제 1 장에, "하늘이 命한 것을 본성이라고 하고, 본성을
따르는 것을 도라고 하고, 도를 닦는 것을 교육이라고 한다"(天命之謂

性, 奉性之謂道, 修道之謂敎)라 하였는데, 이와 같이 사람의 본성은 본래부터 착한 것[성선설性善說]이라고 믿는다(『맹자』 등문공 下).

세상에는 악한 사람도 많다. 현실의 생활에서는 악한 사람이 더 많을 정도로 우리의 삶은 사건으로 가득 차 있다. 유교는 이러한 현실을 무시하지 않고 해결방안에 고심한다. 그 방법이 교육을 통한 인간 성품의 개선이다.

유교문화에 있어서 교육은 윤리의 실현이며, 그것은 단순한 지식의 전달에 그치지 않는다. 유교교육이란 지식교육이요, 또한 종교교육이다. ─ 서양교육이 지식은 학교에서 맡고, 종교교육은 교회에서 맡았던 역사적 사실과는 다르다 ─ 개인의 차원에서 유교는 '진실'(誠)과 '경건'(敬)의 도덕적 규범이 있다. 『중용』 제20장에서 말하고 있는 바와 같이 "진실은 하늘의 길이요, 진실하고자 하는 것은 사람의 길이다"(誠者天之道也, 誠之者人之道也).

주희(朱熹)에 의하면, "진실이란 속임이 없는 상태를 말하니 하늘의 이치가 그러한 것이요, 진실하고자 함은 '진실무망'(眞實無妄)의 상태를 말하니 사람으로서 마땅히 해야 할 일이다"(『중용』 제20장, 朱子注). 진실함이 대내적 마음가짐이라면, 경건함은 대외적 행위의 실천이다. 주희에 이르러 경건(敬)의 개념은 철학적으로 심화되었다.

경건(敬)은 술어로서 '주일무적'(主一無適; 하나를 주로 하되 여러 방향으로 나아감이 없는 것) 혹은 '정제엄숙(整齊嚴肅; 가지런하고 엄숙한 것)으로 설명된다. 이것은 무엇을 말하는 것일까? 조선 시대 퇴계 이황(李滉)은 "마음은 한 몸의 주재요, 경건은 한 마음의 주재다"(이황, 『성학십도聖學十圖』, 심학도心學圖)라고 하였다.

사회적 차원에서 유교에는 충실(忠), 효도(孝), 절개(烈)와 같은 도덕적 규범이 있다. '충'이란 대인관계에 있어서 상하의 질서에 필요한 규범이다. 『논어』 학이편에서 "충실하고 믿음을 주로 하라"(主忠信)라

는 말이 있듯이, '충'의 본래적 의미는 어떤 일에 있어서 정성을 다하
는 태도다. —주희는 학이편의 구절에서 "사람이 충실하고 믿음직스럽
지 못하면 일이 실상이 없어서 악(惡)을 행하기는 쉽고, 선(善)을 행하
기는 어렵다"라고 주(註)를 달았다— 흔히 일반인이 인식하고 있는 것
처럼 한 집단이나 혹은 정부 등에 충성하는 것과는 다른 의미이다.

　'효'의 개념은 가족의 응집력과 관련이 있다. 중국 고대사회에 있
어서 '家'의 개념은 오늘날 좁은 의미의 가정(family)을 말하는 것이 아
니라, 지방자치와 같이 사회적 그룹을 말한다(이상은, 『儒學과 동양문화』,
1979). 개인보다는 전체로서의 가문(家門)의 질서유지를 위해서 '효'의
규범이 강조되었다. 사회적 집단의 하나로서 대가족제도를 놓고 본다
면, '효'의 규범보다도 효과적인 것은 찾기 힘들다. 부자간의 순수한
애정의 교환은 별도로 하고, '효'란 원래 개인적인 것이 아니라 사회
적인 개념이 된다.

　'절개' 즉 '열'(烈)의 개념은 중국 고대사회에서 남자에게 요구되
는 절의와 관계가 있다. 『춘추』에서 공자가 독특한 윤리적 평가를 내
렸듯이, 절개란 사회규범의 하나로 적용되었다. 오랜 세월이 지난 뒤에
중국보다도 오히려 한국에서 이 '열'의 관념이 지배적이었다. 조선조의
선비(남자)에 있어서는 의리가 더할 나위 없이 중요한 가치였고, 여자에
게는 정절이 목숨보다도 소중하였다. 선비가 두 임금을 섬기지 않듯이
여성은 두 남편을 섬기지 않는다는 것이 일반화되었는데, 심지어는 기
생에게도 절의를 존중하여 의(義)로운 기생을 높이 평가하는 관습이 이
루어졌다(금장태, "義理사상과 선비정신," 『월간조선』 1981년 6월호).

8.2.3 유교와 정치

　수기(修己; 윤리)와 치인(治人; 정치)의 두 가지는 모두 중요하다.

유교에서 말하는 정치란 권모와 술수가 난무하는 공작정치를 말하는
것이 아니다. 그것은 성인군주에 의한 교화의 실현이며, 윤리의 연장
선이다. ― 이와 같은 정치가 과연 현실 사회에서 가능한 것인지에 대
해서는 의문이 있다 ―

중국철학의 카테고리를 빌려 설명하면, '내성외왕'(內聖外王)의 개
념이 유교의 정치를 이해하는 데 도움이 된다. 4서 중의 하나『대학』
경문(經文)에는 격물(格物), 치지(致知), 성의(誠意), 정심(正心), 수신(修
身), 제가(齊家), 치국(治國), 평천하(平天下) 등 8조목(여덟 가지 조목)이
있다. 앞의 다섯 가지는 '내성'의 학문이요, 뒤편의 세 가지는 '외왕'
의 학문에 속한다. '내성'이란 수기에 해당하며, 몸(마음)을 닦는 단계
이다. '외왕'이란 치인의 분야로서 제가와 치국을 넘어서 세계평화(평
천하)에까지 범위를 넓히고 있다. 평면적으로는 내성이 본질적이고 1
차적인 것이며, 외왕이 공효적(功效的)이며 2차적인 것처럼 보인다.
양자는 서로 분리할 수 없는 관계에 있다. 중국의 철학자 탕쥔이(唐君
毅)는 이렇게 말한다:

> 유교를 말하려면 먼저 선비의 학문을 말해야 한다. 그렇다면 선비의
> 학문이란 무엇인가? 그들은 역사를 배우고, 문학을 배우고, 또한 철
> 학도 배운다. …그러나 더 나아가서 치국, 평천하를 배워서 백성을
> 위하여 정치, 경제, 사회, 법률의 제도를 배워야 한다(唐君毅,『中國
> 人文精神之發展』, 1979).

유교의 선비(儒者)가 외왕의 학문을 연마한다고 해서 반드시 어
떤 사회 혹은 정부의 지도자일 필요는 없다. 실제로 유자 혹은 철인
(哲人; the sage)이 정부의 지도자로서 현실정치에 참여한 경우는 드물
었다(평유란,『중국철학사』, 1987). 문제는 유교사회에 있어서 정치지도자
가 내성, 외왕의 인격을 지니는 일이다. 안으로 수양을 하여 인격을 갖

추고, 밖으로 능력을 발휘할 수 있다는 점에서 유교의 이상적 군주는
그리스 철학자 플라톤(Plato)이 말하는 철인군주(哲人君主; philosopher
king)와 흡사하다. ― 플라톤에 의하면 철학자가 군주이거나, 혹은 군주
가 철학적 소양을 지니거나 할 수 있어야 정의(正義)로운 국가를 이룩할
수 있다(Plato, *The Republic*) ―

　　내성, 외왕의 인격을 갖춘 지도자의 정치는 평화 지향적이다. 맹
자가 말한 "사람 죽이기를 좋아하지 않는 자가 천하를 통일한다"(『맹
자』 양혜왕 上)라는 말은 이것을 반영한다. ― 그러나 현실의 세계는
평화 지향적인 사람만이 천하를 통일하는 것 같지는 않다. 오히려 마
오쩌둥의 말처럼 "모든 권력은 총구에서 나온다"라는 말이 더 설득력
을 갖는 듯하다. 그만큼 세상이 타락하였다고 볼 것인가? ―

　　성인(聖人) 군주의 인의(仁義)에 의한 통치만이 바람직한 정치라
는 유교의 주장은 현실 정치에서는 인간의 본성을 무시한 점에서 지
나치게 이상적일 수 있다. 덕(德)에 의한 통치를 바람직한 것으로 여
기는 유교라 할지라도, 불가피한 상황을 용납한다. 그 점은 『맹자』에
서 혁명사상의 형태로 나타나 있다.

　　맹자는 "임금이 신하를 흙이나 풀처럼 하찮은 존재로 여기면, 신
하는 임금을 원수처럼 여긴다"(『맹자』 이루 下)라고 말하고 있고, "한
인간인 폭군 주(紂)를 죽였다는 말을 들었어도 임금을 죽였다는 말은
듣지 못했다"(『맹자』 양혜왕 下)라고 하면서 그의 혁명이론을 정당화한
다. 유교의 혁명은 명분에 적합하여야 한다. 명분을 잃으면 아무리 폭
군을 내쳤다고 하더라도 정의로운 것은 아니다. ―'혁명'이란 우리
시대의 용어이고, 『맹자』에서는 천명(天命)을 상실한 한 사내, 즉 일
부(一夫)를 쫓아낼 수 있다는 '방벌'(放伐)로 표현되고 있다 ―

　　이와 같은 유교의 명분론적 정의론은 노나라의 역사서 『춘추春
秋』에 잘 드러나 있다. 공자가 『춘추』를 저술하여 '춘추필법'(春秋筆

法)을 휘둘렀다는 것은 단순히 서생(書生)이 먹물을 튀겼다는 뜻이 아니라, 준엄한 역사의 심판을 내렸다고 해석된다. 유교의 윤리 혹은 정치이념은 교육에 의해서 실현된다. 그러므로 유교문화에서는 교육 기능이 강조되고 있다. 교육자는 단순한 지식전달자가 아니며, 학교는 처음부터 '윤리를 밝히는 집'[명륜당明倫堂]이다. ─ 향교(鄕校)를 방문하는 사람은 향교 전면에 있는 건물이 '명륜당'(明倫堂)임을 볼 것이다. 명륜당은 교육기관이며, 향교 후면에 있는 '대성전'(大成殿)은 인간 공자를 받드는 종교적 의미를 담고 있는 건물이다 ─

8.3 한국인과 유교

인간의 생활은 어떤 문명에 영향을 받고, 삶의 의미마저도 문명(혹은 문화) 현상과 관련을 맺고 있다. 문명(혹은 문화)은 인간존재의 상황을 정의하고, 인간의 태도와 가치, 그리고 규범을 정의할 뿐만 아니라, 인간의 행동양식을 제공한다(이동인, 『사회학통론』, 1978). 그러므로 우리들은 한국문화의 영역 속에서 우리의 상황을 정의하고, 태도와 가치 등을 정리하며, 일상생활에 있어 행동양식을 결정한다.

유교(儒敎)는 한국인의 문화형성에 있어서 깊고 광범위한 영역에 걸쳐 영향을 끼쳤다. 기록에 나타난 자료를 보면, 유교는 고구려 소수림왕 2년(A.D. 372) 이전의 시기에 수용되었으므로 그 시기가 지금으로부터 1,600년 이상을 거슬러 올라간다. ─유교 수용에 관한 문제는 확실한 정설이 없다(윤사순, 『동양사상과 한국사상』, 1984) ─

유교는 중국문명의 산물이지만, 한국문화에 있어서도 가볍게 볼 수 없게 되었다. 한국문화에 있어서 유교는 중국의 사상체계를 수용했다는 차원이 아니라, 한국문화 자체를 이룩하고 있다고 볼 것이다.

특히 철학사상의 넓이와 깊이를 더한 성리학(性理學) 분야에 있어서 한국성리학 — 이하 '조선성리학'과 동일한 의미로 사용함 — 은 단순히 한국의 문화현상에 그치는 정도가 아니라, 동아시아적 의미를 지니고 있다. 현상윤은 한국유학은 성리학(性理學)에 있어서 뛰어난 발전을 초래하였으며, 조선조의 중종(中宗), 선조(宣祖)의 시기 유교는 중국의 한(漢), 당(唐), 송(宋), 명(明)에 있어서도 그 유례를 발견하지 못할 것이라고 한국유학의 흥성을 칭찬하였다. 한국의 유학은 일본 주자학파(朱子學派)에게 미친 영향이 참고할 만하다고 하며, 한국유학의 동양사(東洋史)에서 차지한 위치를 설명하였다(현상윤, 『조선유학사』, 이형성 교주본, 2004).

유교는 한자(漢字)와 더불어 중국으로부터 우리 민족에게 수입된 이래, 한국 전통사회의 정치, 경제, 문화 각 방면에 걸쳐서 영향을 미쳤다. 전통사회에 있어서 유교는 독서인(선비)을 통하여 한국인의 정신생활에 영향을 끼쳤고, 글을 읽지 않은 일반 인민들도 유교적 생활 관습에 따라서 살았다. 예(例)를 들면, 관례(冠禮; 성년 儀式), 혼례(婚禮; 결혼식), 상례(喪禮; 장례 의식), 제례(祭禮; 제사 의식) 등 생활영역의 통과의례가 유교적 방식에 의하여 행하여졌다. — 이와 같은 네 가지 예절(4례)은 현재 의미와 절차가 많이 변하였으나, 그 명맥을 유지하고 있다 —

일반 서민들의 생활이 이러하였거늘 유교경전을 읽어서 입신출세를 소망하였던 선비들에 있어서랴! 그들은 『논어』, 『맹자』, 『대학』, 『중용』, 『시경詩經』, 『서경書經』, 『주역周易』(『역경易經』이라고도 함) 등 4서 3경을 평생 암송하며, 인의와 도덕을 말하고, 리(理)와 기(氣)를 논하며, 인심(人心)과 도심(道心) 논쟁을 벌였다. 한국인에게 있어서 유교는 동양문화 안에서 한국적 특성을 살리는 방향으로 진화하였는데, 이것이 조선성리학의 발전이요, 동양문화에 대한 공헌이다. — 지리

상의 발견에 따르는 공간의 확대시기 이전 사회는, 세계문화라고 부를
수 있는 보편적인 문화가 형성되지 않았다 —

　한국인에 있어서 유교문화를 논할 때 현상윤(1892-?)이 지적한
바와 같이 "신교(神敎)나 불교는 교리와 의식(儀式)이 감정적이요 평민
적인 것에 비하여, 유교의 그것은 이지적이요 귀족적인 것"(현상윤, 앞
의 책)이라고 하여 유교를 지식인(독서인)의 전유물로 생각하기 쉽다.
이것은 한국 고대에서 유교의 정착단계의 이야기요, 조선왕조에 있어
서는 그 유례를 볼 수 없을 정도로 유교 내의 순수성을 지향하였다.
현상윤 선생은 이 점을 인정하여, 한국유학의 내용에 있어서 성리학
이 주류라고 주장한다. 그렇다면 성리학이란 무엇이며, 어떻게 전개
되어 왔는가?

8. 4 성리학이란 무엇인가?

　유교는 중국 고대 공자(孔子), 맹자(孟子) 등을 중심으로 한 교학
사상 체계이다. 유교는 장구한 세월 동안 중국문화에 있어서 굴절을
거듭해 왔다. 어느 시기에는 흥성하고 어떤 때는 쇠퇴하였으며, 중국
역사에 있어서 유교는 모습을 바꾸기는 하였으나 아주 망해서 없어지
지는 않았다.

　유교는 중국 고대에 진(秦)나라 시황제의 '책을 불사르고 학자들
을 땅에 묻어 죽이는 사건'이 있음에도 살아남았고, 현대에 있어서 마
오쩌둥(毛澤東, 1893-1976)의 '문화대혁명'(10년動亂)의 이름 아래 자행
된 문화의 파괴가 있었으나, 그래도 죽지 않고 숨을 쉬고 있다. 유교
의 목숨은 질기기가 불사조(不死鳥)와 같다고나 할 것인가?

　유교는 몇 차례 굴절이 있었는데, 대표적인 진흥 시기는 공자와

맹자 등이 활동하였던 고대 진(秦) 나라 이전(B.C. 221년)이며, 다음으로는 11세기 송(宋) 나라 시대에 주희로 대표되는 송대 유교의 시기이다. 이들의 시대적 간격이 매우 길고, 학문경향이 크게 달라서 겉으로는 같은 유교의 명칭을 사용하지만 실제로는 성격이 상당히 다르다.

진나라 이전의 유교[선진유교先秦儒敎]는 공자, 맹자, 순자 등과 같은 사상가들의 활동으로 체계화된 학문이다. 이는 인간관계에 착안하여 향외적(向外的)인 윤리, 도덕에 비중을 두고 있다. 이에 대하여 송나라 시대는 주돈이(周敦頤), 소옹(邵雍), 장재(張載), 정호(程顥), 정이(程頤) 등과 주희(朱熹) 등이 향내적(向內的)으로 관심의 방향을 돌리고 우주, 자연의 '리'(理) 및 '기'(氣)의 문제와 인간내부의 심성(心性)에 관한 문제를 탐구하였다. 성리학이란 후자를 가리킨다.

성리학의 다양한 명칭부터 검토해 보자. 송나라 시대에 착안하여 송학(宋學)이라 부르며, 정이(程頤; 1037-1107)와 주희(朱熹; 1130-1200)의 활동을 대표하여 정주학(程朱學) 혹은 주자학(朱子學)이라 부르며, 인간 심성의 이치를 연구한다 하여 성리학(性理學)이라 부른다. 서양 학자들은 고대유학에 비하여 새로운 유학이라는 뜻으로 신유학(新儒學; Neo-Confucianism)이라고 부른다. — 공자의 이름을 중국인들이 높여 부를 때 공부자(孔夫子)라고 하는데, 한어 발음이 '쿵푸즈'이다. 이것이 둔갑하여 공자의 이름을 Confucius라 칭하고, 유교는 Confucianism이라고 기술한다 —

송학(성리학)은 철학적으로 심화된 것이다. 성리학의 이론체계는 천지, 자연에 대한 궁극적 관심투여에서 시작한다. 주돈이(周敦頤; 1017-1073)는 『태극도설太極圖說』에서 다음과 같이 말한다:

무극(無極)이 곧 태극(太極)이다. 태극이 움직여 양(陽)을 낳고, 움직임이 극에 달하면 다시 고요하게 된다. 고요하여 음(陰)을 낳고, 고요

함이 극에 달하면 또다시 움직이게 된다. 한번 움직이고 한번 고요함
이 서로 뿌리가 되니, 그 과정에서 양과 음이 분화되고 이로써 우주의
두 가지 기준이 확립된다(『성리대전서性理大全書』제1권, 태극도).

이 구절은『태극도설』— 도설(圖說)이라고 말할 때는 그림과 이
에 따른 설명이 있는 경우이지만, 여기에서는 그림(圖)은 생략한다 —
의 일부이며, 그 내용은 공자 시대의 유학에서 볼 수 없었던 철학사
상, 특히 우주론의 철학을 담고 있다. 태극의 문제는 우주의 근원문제
를 추구한 것으로 중요한 개념이 되었다. 주희는 다음과 같이 말하고
있다:

> 모든 사물마다 다 하나의 '극'(極; 사물의 궁극적 모범의 뜻)을 가지고
> 있는데, 이것이 궁극적 '리'이다. 천지, 만물의 '리'를 총괄하는 것은
> 바로 태극이다.

태극은 하나의 관념적 존재이지 형체를 가지는 것이 아니다. 그
러므로 태극은 곧 무극(無極)이다. 금세기 중국철학자 펑유란(馮友蘭;
1895-1990)은 이 문제에 대하여 유학에 있어서 태극의 위치를 플라톤
(Platon, B.C. 427-347) 철학체계에서 '선(善)의 이데아(Idea)'와 아리스
토텔레스(Aristoteles, B.C. 384-322)의 철학체계에 있어서 '순수형상'에
해당한다고 보았다. 그런데 만일 '리'(理) 밖에 다른 어떤 것이 존재하
지 않는다면, 우리들 주변의 구체적인 현상세계를 어떻게 설명할 수
있을까? 이를 위해서 '기'(氣)의 개념이 도입되었다. 주희는 '리'와 '기'
의 관계를 다음과 같이 정리하고 있다:

> 천지의 사이에는 '리'도 있고 '기'도 있다. '리'는 형이상(形而上)의 길
> 이요, 만물을 낳는 근본이며, '기'란 형이하(形而下)의 그릇이요, 만
> 물을 낳는 재료이다. 그러므로 사람과 생물이 태어남에 반드시 이

'리'를 타고난 연후에 본성이 있으며, 반드시 이 '기'를 타고난 연후에 형체가 있는 것이다(『주자대전朱子大全』 제58권, 답황도부서答黃道夫書).

여기서는 송학의 중요한 개념(카테고리) '리'와 '기'의 구체적인 설명을 유보하기로 한다. 대강을 정리하면 다음과 같다.

① '리'는 하나의 스스로 밝고, 스스로 충족된 개념이다.
② '리'는 없는 데가 없다.
③ '리'는 만물을 주재한다.
④ '리'는 우주질서요, 자연법칙이며, 우주창조의 원리이다.
⑤ '기'는 일종의 현상이다.
⑥ '기'는 만물의 질료적이다.
⑦ '기'는 때때로 운동과 같은 의미로 쓰인다.
⑧ '기'는 성질에 있어서 가볍고 무거운 것, 맑고 흐린 것, 순수하고 잡박한 것으로 분별된다.
⑨ '기'는 작용에 있어서 낳고 죽는 것, 모이고 흩어지는 것, 굽히고 펼쳐지는 것을 포함한다(황준연, 『李珥哲學研究』, 1989).

'리'와 '기'의 관계가 정립된 연후에, 인간의 심성에 관한 문제가 발생한다. 심(心)이란 곧 인간의 마음이요, 성(性)이란 인간의 본성을 가리킨다. 정이(程頤)가 '본성이 곧 리'(성즉리性卽理)라고 말하였고, 주희(朱熹)는 여러 곳에서 의미를 보충 설명하였다. 이와 같은 논거를 바탕으로 하여 성리학이라는 술어가 자리잡았다.

성리학 이론은 남송(南宋)의 주희(朱熹)를 만남으로써 체계를 갖추게 된다. 주희와 그의 제자 진순(陳淳; 호 北溪; 1155-1219)의 문답을 들어보기로 한다:

진순(陳淳) 문 — 인간의 신령한 작용[영처靈處]은 마음(心)입니까?
　　　본성(性)입니까?
주희(朱熹) 답 — 신령한 작용은 마음일 뿐이며 본성이 아니다.
　　　본성은 다만 '리'이다(『주자어류朱子語類』 제 5 권, 性理二).

　　펑유란 교수는 이 글을 놓고, '영처'를 정신기능(mental faculty)이
라고 번역하였다. 이에 따르면 마음(心)은 구체적인 지각자(知覺者; 이
경우 지각하게 되는 '리'가 있으나, '리' 자체는 지각을 못하므로 '기'가 모여
형체를 이루고, '리'와 '기'가 합하여 비로소 지각할 수 있다. 『주자어류』 제
5 권, 性理二)가 되는 것이요, 본성(性)은 하나의 추상적인 개념이 된다.
　　성리학은 우주론적으로 '리'(理)와 '기'(氣), 인성론적으로 '심'(心)
과 '성'(性)의 문제들을 깊이 파고들어 중국 철학사상 독자적이고도
사변적인 사상체계를 이루었다. 성리학의 학풍은 이처럼 관념론
(Idealismus)의 성격이 짙다. — 철학사상 관념론은 일정부분 공헌하는
바가 있다. 성리학자의 토론을 '공리공론'(空理空論)이라고 비난하는
사람은 철학의 속성을 이해하지 못하는 사람이다. 인류문화에 정신적
진보가 있다면, 관념의 추구에서 시작하여 실제에로 확산되는 성격을
지닌다. 서양철학사에 있어서의 큰 영향을 미친 I. 칸트, F. 헤겔 등이
위대한 관념론자임을 기억할 필요가 있다 —

　　[추가 기록] 우주론 분야에 있어서 '태극'(太極), '리'(理), '기'(氣)
개념은 성리학의 중요한 카테고리이다. 인성론 분야에 있어서 '심'(心)
과 '성'(性) 또한 중요 카테고리이다. 인성론에는 '정'(情)을 보탤 수
있다. 조선조 성리학자 율곡 이이(李珥)의 표현을 소개한다: "하늘의
'리'가 사람에게 부여되는 것을 '본성'이라 이르고, 본성과 '기'를 합하
여 사람의 한 몸에 주재가 되는 것을 '심'(心)이라 이르고, '심'이 사물

에 응하여 밖으로 나타난 것을 '정'(情)이라고 한다."(이이 『율곡전서栗
谷全書』 제14권, 인심도심도설人心道心圖說)

📖 읽을거리

- 류승국 외, 『유학원론』, 성균관대학교 출판부, 1978.
- 이동인, 『사회학통론』, 법문사, 1978.
- 이상은, 『儒學과 동양문화』, 범학사, 1979.
- 박완식, 『성리학이란 무엇인가』, 여강출판사, 1993.
- 윤사순, 『동양사상과 한국사상』, 을유문화사, 1984.
- 금장태, "義理사상과 선비정신," 『월간조선』, 1981년 6월호.
- 현상윤, 『조선유학사』, 이형성 교주본, 현음사, 2004.
- 최영성, 『한국유학통사』(상중하 3권), 심산, 2006.
- 황준연, 『李珥哲學硏究』, 전남대출판부, 1989.
- 司馬遷, 『史記』, 中華書局, 1985.
- 朱熹, 허탁 外, 『주자어류』 1-4, 청계출판사, 1999-2001.
- 馮友蘭, 『중국철학사』, 정인재 역, 형설출판사, 1987.
- Fung Yu-Lan, *A Short History of Chinese Philosophy*, Macmillan Co.,
  N.Y., 1948.
- Randall L. Nadeau, *Confucianism and Taoism*, Edited by Lee W. Baily,
  Introduction to the World's Major Religions (Vol. 2), Greenwood
  Press, Westport, Connecticut, 2006.

한국 중세 성리학의 전개와 대표적인 성리학자들

9. 1 한국에서 성리학의 전개과정

9.1.1 성리학의 수입과 토착화

한국이 중국으로부터 성리학(주자학)을 수입한 시기, 송(宋)은 망하고 원(元)이 천하를 지배하고 있었다. 고려는 징기스칸의 후예들에게 여자를 바치고 부마국(駙馬國)으로 전락하였다. 이와 같은 상황에서 유교의 학풍은 시들고 불교도 본래의 정신에서 멀어지고 도참설(圖讖說), 미신(迷信)이 횡행하였다. 안향(安珦; 1243-1306)의 시(詩) 한 편이 당시 상황을 짐작하게 한다:

향불 밝힌 곳곳 부처께 복을 빌고 (향등처처개기불香燈處處皆祈佛)
집집마다 피리가락 귀신 섬기는데 (소관가가진사신簫管家家盡祀神)
두어 칸 남짓 공자(孔子) 사당에 (독유수간부자묘獨有數間夫子廟)
잡초 무성한 뜨락, 찾는 이 없네 (만정춘초적무인滿庭春草寂無人)
(회헌실기간행위원회, 『회헌실기晦軒實紀』, 1984)

유교는 쇠퇴하고 학교(전술한 詩의 제목이 '學官'이다)는 잡초로 가득 차 있으니, 교육은 황폐하고 나라 꼴은 말이 아니었다. 이때 안향에게 중국방문의 기회가 주어진다. 그는 1279년 이후 세 차례 원(元)의 수도 연경(燕京)을 방문하였고, 5년을 그곳에 머물렀다. 그리하여 성리학의 책을 접하였는데, 그를 '한국 최초의 주자학자'라고 인정할 만하다(노평규, "안향에 대한 사상사적 一考察," 『동양철학연구』 제13집, 1992). 그러나 한 술 밥에 배부를 수 없다. 주자학(성리학)은 고려조 정몽주와, 조선조 초기 정도전 및 권근에 의하여 뿌리를 내리고, 토착화의 수준으로 발전하게 된다.

정몽주(鄭夢周; 1337-1392, 호 포은圃隱)는 고려말엽의 뛰어난 유학자이다. 그는 젊어서 성리학을 깊이 연구하였고, '한국성리학의 시조'로 여겨진다(현상윤, 『조선유학사』). 정몽주의 남아 있는 문집은 시집(詩集)뿐이어서 그의 사상을 자세히 알 수 없다. 그는 유교와 불교에 모두 이해가 깊었으며, 성리학적 입장에서 불교를 비판하였다(김충렬, 『고려유학사』, 1984). ― 정몽주는 쿠데타를 꾀하는 이성계 등과 맞서다가 개성 선죽교에서 살해되었다. 그의 목이 저잣거리에 걸리는 신세가 되었으니, 그의 학문적 자료가 거의 사라졌다고 볼 것이다 ―

정도전(鄭道傳; 1342-1398, 호 삼봉三峰)은 한국사상사 연구에 있어서 중요한 인물이다. 그는 성리학 연구에 몰두한 반면, 경세(정치)에도 깊이 관여하여 왕조 초기의 정치를 도맡아 하였다. 그는 불교를 배척하고 유교를 숭상함에 있어 신왕조의 사상적 전환에 공헌을 하였다. 정도전은 『불씨잡변佛氏雜辨』을 저술하여 불교 교리를 윤회설(輪回說), 인과설(因果說), 심성설(心性說), 지옥설(地獄說), 화복설(禍福說) 등 20조로 나누어 조목조목 비판하였다. 일찍이 성리학적 입장에서 불교교리를 이렇게 분석, 비판한 일이 없었으므로 그의 업적은 큰 것이다. 그러나 정도전의 불교이해가 온전하지 못하였다는 점과, 그의 태도가 공격적이고 배타적이었음을 잊어서는 안 된다.

권근(權近; 1352-1409, 호 양촌陽村)은 정도전의 문인으로 본다(김 충렬, 앞의 책). 그는 성리학을 깊이 연구하여 토착화에 힘쓴 인물이다. 그의 저술은 방대하며, 대표적인 것으로『입학도설入學圖說』,『오경천 견록五經淺見錄』등이 있다. 그는『입학도설』에서 훗날 한국성리학의 중요한 논쟁 대상인 '4단 7정'의 문제를 진술하였고, 이는 퇴계 이황 에게 영향을 주었다.

성리학은 수입, 연구의 시기를 거쳐 조선왕조 중기에 이르러 서 서히 토착화의 길을 밟는다. 이 과정에 김굉필(金宏弼; 1454-1504)과 조광조(趙光祖; 1482-1519)의 역할이 지대하였다. 특히 조광조는 '지치 주의'(至治主義) ─ '지치'(至治)란 '지극한 치세(治世)'의 줄임 말로 유 교의 실천적 측면을 나타낸다. 중국 요(堯)·순(舜) 시대의 이상정치 를 조선에 실현함을 의미한다 ─ 유학의 대표자로서 젊은 나이에 대 사헌의 벼슬에 올랐다. 기묘년(1519)에 그 뜻이 좌절되어 전라도 능주 땅으로 유배(流配)되었고, 그곳에서 세상을 떠난다. 훗날 율곡 이이(李 珥)는 다음과 같이 조광조를 평가하여 성리학사상 그의 위치를 밝히 고 있다:

우리나라에 성리학의 전통이 없었다. 고려조의 정몽주가 처음으로 그 발단을 열었지만, 짜임새가 정밀하지 못하였다. 조선조의 김굉필 이 그 단서를 이었지만, 아직 크게 드러내지는 못하였다. 그러다가 조광조가 도학(道學)을 창도하기에 이르러 학자들이 모두 도학을 받 들어 존중하였다. 그러므로 오늘날 성리학이 있음을 알게 된 것은 조광조의 덕분이다(『율곡전서』제28권, 경연일기).

여기에서 '도학'이란 성리학의 윤리적 측면에 비중을 둔 표현인 데, 조광조의 학문이 의리(義理)를 중시하고 있음을 말한다. 율곡의 평가를 존중하여, 저자는 고려조 정몽주에서 조선조 조광조에 이르는 시기를 성리학 토착화시기로 이해한다. 하나의 사상체계가 자국의 문화에 뿌리를 내리는 데는 상당한 시간을 필요로 한다.

9.1.2 관심의 심화(深化) — '4단 7정론'과 '인물성 동이론' (人物性同異論)

철학은 '혼자' 하는 것이 아니다. 그것은 혼자 사색하는 것을 바탕으로 '함께' 하는 것이다. 철학을 함께 한다는 말은 토론 혹은 논변을 거친다는 뜻이다. 토론 혹은 논변(논쟁)이야말로 철학의 결정적인 요소이다. 우리들은 논변(debate)의 길을 선택할 때, 질문과 비판이 열리며 이와 같은 과정을 통하여 철학의 문으로 들어선다. 따라서 철학은 독백(monologue)이 아니라, 대화(dialogue)를 통하여 성숙한다. 철학적 논변은 이성적(理性的) 작업이며, 그 정당성의 확보는 서로 다른 견해를 인정하는 과정에서 얻어진다. 만일 합리적 동의 없이 어떤 견해를 강요당할 때는 복종을 통한 신앙의 외길로 빠지며, 철학은 혈색을 잃는다. 그 점에서 철학은 종교와 구별된다.

논쟁을 통한 대화(對話)의 역사를 놓고 볼 때, 조선조 유학의 '4단 7정 논변'과 '인물성(人物性) 동이(同異) 논쟁'은 한국성리학의 발전과정에서 중요한 내용에 속한다. 이상은(李相殷; 1905-1976)은 다음과 같이 '4단 7정 논변'의 중요성을 말하고 있다:

우리나라 유학이론의 발전에 있어서 하나의 분수령으로 되어 있는 퇴계(이황)·고봉(기대승) 사이의 4단 7정, 리기(理氣)에 관한 논쟁을 흔히 줄여서 '사칠(四七) 논변'이라고 한다.… 이 논변은 한국철학의 정초과정에 있어서 커다란 자취를 남기고 있는 것인 만큼, 그것을 올바로 이해하고 해석하여 현대 철학사상과의 가능한 연결의 맥락을 찾아보는 일은 오늘날 한국의 철학도에게 주어진 하나의 주요한 과제이다(이상은, "이황의 철학,"『한국철학연구』中, 1978).

이렇게 볼 때 사단칠정의 문제[四七論]는 한국 성리학의 전개과정에 있어서 빠뜨릴 수 없는 관심사이다.

(1) 4단 7정의 문제[4·7논쟁; 四七論爭]

'4단'(四端; 네 가지 실마리)의 개념은 유교 경전 『맹자孟子』에 근원한다. 공손추(公孫丑) 상편에 다음과 같은 구절이 있다:

측은해 하는 마음은 인(仁)의 단서이고, 부끄러워하는 마음은 의(義)의 단서이고, 사양하는 마음은 예(禮)의 단서이고, 시비를 가리는 마음은 지(智)의 단서이다. 사람들이 이 네 가지 실마리[4단]를 지니고 있는 것은 그들이 두 팔과 두 다리를 가진 것과도 같다(『맹자』 공손추 上).

여기서 말하는 '단'(端)이란 단서, 즉 실마리이다. 주희(朱熹)는 인, 의, 예, 지 등 네 가지를 본성이라고 해석하였는바, 이것은 기질 속의 본성(즉 '기질지성' 氣質之性)이 아니고 순수한 본성(즉 '본연지성' 本然之性)이다(『맹자』, 같은 곳 朱熹註 및 盡心下 "口之於味也" 이하 참조).

'7정'의 근원은 『예기禮記』와 관련되어 있다. 『예기』의 예운편(禮運篇)에 다음과 같은 내용이 전한다:

무엇을 사람의 '정'(情)이라고 하는가? 기쁨[희喜], 분노[노怒], 슬픔[애哀], 두려움[구懼], 사랑[애愛], 미움[오惡], 욕망[욕欲]의 일곱 가지가 그것이다. 이것들은 배우지 않고도 할 수 있다(『예기』 예운편).

여기서 말하는 일곱 가지 정서는 인간감정의 일반칭이며, '七'이라는 숫자로써 사람의 감정을 대표한다. 4단 7정의 문제가 한국 성리학에서 문제가 된 것은 정지운(鄭之雲; 1509-1561)이 권근의 『입학도설入學圖說』에 나오는 '하늘과 사람의 심성이 하나로 합해지는 그림'에서 힌트를 얻어 『천명도해天命圖解』(나중에 『천명도설天命圖說』이라고 함)를 지으면서부터이다. 그는 여기에서 "4단은 '리'에서 발현되고, 7정은 '기'에서 발현된다"라고 언급하였다. 퇴계 이황(李滉; 1501-1570)은 이 글을 보고 "사단은 '리'의 발현함이요, 칠정은 '기'의 발현함이다"라고 수정하였다. 이를 정리하면 다음과 같다.

> "4단은 '리'(理)에서 발현되며, 7정은 '기'(氣)에서 발현된다"
>   (四端發於理, 七情發於氣) — 정지운
> "4단은 '리'의 발현함이며, 7정은 '기'의 발현함이다"
>   (四端理之發, 七情氣之發) — 이황

이 글에서 한자어 '發'은 발현, 즉 나타남의 뜻이다. 두 사람의 견해가 다른 점에 대하여 의문을 품은 기대승(奇大升; 1527-1572)이 퇴계 이황에게 편지를 보내고, 이황이 답변을 함에 이르렀다. 이로써 조선 성리학의 '四七논변'의 시대가 열렸다(황준연, 『이이철학연구』, 1989). 중간과정을 생략하고 이황과 기대승 사이 '사칠논변'의 요점만을 정리하면 다음과 같다:

① 태극·음양의 문제
    태극 = 리(理), 음양 = 기(氣) — 두 사람의 의견이 일치함
② 인성(人性)의 이기론적 해석
    '리'는 스스로 '리'요, '기'는 스스로 '기'이다 — 이황
    '리'는 '기' 가운데에 있다 — 기대승

③ 리기(理氣)의 발현(나타남) 문제

‘리’와 ‘기’는 서로 발현한다(리기호발理氣互發) — 이황

‘리’는 ‘기’가 발현함에 얹혀 탄다(리승기발理乘氣發) — 기대승

이황과 기대승의 논변에 대하여 율곡 이이(李珥; 1536-1584)는 이를 정리하고 있는데, 요점만을 언급하면 다음과 같다.

① 태극과 음양에 대해서 두 사람의 의견과 같다.
② ‘리’와 ‘기’가 뒤섞여서 사이가 없다. 양자는 관념상 둘이요, 실제상 하나이다(二而一, 一而二).
③ ‘리’가 ‘기’에 얹혀서 발현하지만, 발현(나타남)은 한 길이다 (리승기발일도理乘氣發一途).

이황과 기대승 사이에 ‘4단 7정’의 문제를 놓고 오랜 토론이 있었다. 이이와 그의 친구 성혼(成渾) 간에 ‘인심도심’(人心道心)의 문제를 놓고 논변(debate)이 계속되었다. — 학자들은 고리처럼 연결된 논변을 하나의 카테고리로 묶어서 ‘4단 7정 논변’으로 부른다 — 철학적 측면에서 말하면 인성론(人性論)에 속한다(황준연, “율곡의 인성론 — 4단 7정과 인심도심을 중심으로 —”『율곡사상연구』제 1 집, 1994).

이들의 토론은 후대의 성리학자들을 자극하여 성호 이익(李瀷), 우담 정시한(丁時翰), 갈암 이현일(李玄逸), 졸수제 조성기(趙聖期), 한수재 권상하(權尙夏), 대산 이상정(李象靖), 녹문 임성주(任聖周), 한주 이진상(李震相), 면우 곽종석(郭鍾錫) 등 별처럼 많은 유학자들이 4단 7정의 문제에 대해서 글을 남겼다. 이는 마치 글 읽는 선비가 되어서 ‘4단 7정’에 대하여 언급이 없으면, 학문적 능력을 의심받는 분위기가 아니었던가 하는 느낌마저 들 정도이다.

(2) 인물성(人物性) 동이(同異)의 문제〔호락논쟁; 湖洛論爭〕

한국 성리학의 두드러진 특징 중, 두 번째는 '인물성동이론'(호락논쟁)이다. 용어를 정리하면 "인간의 본성(人性)과 동물의 본성(物性)이 같은 것인가? 다른 것인가?" 하는 문제이다. 이 또한 중국 유교의 고전과 관련을 맺고 있다. 다음과 같이 정리한다. ― 여기서는 편의상 '物'을 동물로 번역한다. '物'의 카테고리에 식물을 배제할 필요는 없다. 대부분의 논자들이 동물을 이야기하고 있기 때문에, 동물로 표준화한다 ―

① "인성과 동물성은 같다"〔성동설性同說〕의 근거
   ― 『중용』 제1장 주희(朱熹)의 註
② "인성과 동물성은 다르다"〔성이설性異說〕의 근거
   ― 『맹자』 告子 上 제3장 주희(朱熹)의 註

상기의 내용을 원문을 들어서 정리하면 다음과 같다.

①-① 『중용』제1장 본문 : "하늘이 명하신 것을 본성이라 하고, 본성에 따름을 道라 하고, 도를 닦는 것을 敎라 한다"(天命之謂性, 率性之謂道, 修道之謂敎).
● 上同 주희의 註 : "하늘이 음양과 오행으로 만물을 낳음에 '기'로써 형상을 이루고, '리'를 부여하니 명령하는 것과 같다. 이에 사람과 동물이 태어날 때 각각 그 품수(稟受)한 바의 '리'로 인하여 다섯 가지 덕목을 순하게 하는 것이 이른바 본성이다."
②-② 『맹자』 고자 上 제3장 본문 : "고자(告子)가 말하기를 '생긴대로를 본성이라고 한다.' 맹자 말하기를 '생긴 대로를 본성이라고 한다면, 그것은 하얀 것을 희다고 하는 것과 같은가?'

'그렇다.' '하얀 깃털의 흰 것은 흰 눈(白雪)의 흰 것과 같으며,
흰 눈의 흰 것은 흰 옥(白玉)의 흰 것과 같은가?' '그렇다.' '그렇
다면 개의 본성은 소의 본성과 같고, 소의 본성은 사람의 본성
과 같은가?'"

● 上同 주희의 註 : "본성이란 사람이 하늘에서 얻은 '리'이며, 生
이란 사람이 하늘에서 얻은 '기'이다. 본성은 형이상의 것이요,
生은 형이하의 것이다. 사람과 동물이 생길 때 이 본성을 두지
않는 것이 없으며, 또한 이 '기'를 두지 않는 것이 없다. 그러나
'기'로써 말하면 지각운동은 사람과 동물이 다름이 없지 아니하
나, '리'로써 말하면 인의예지를 가지는 것을 어찌 동물도 그렇
다고 할 것인가?"

이와 같은 유교 경전의 문구를 놓고, 조선의 학자들은 일부에서
는 "인간의 본성은 동물의 본성과 같다"[인물성동론人物性同論]라고 주
장하고, 다른 일부에서는 "인간의 본성은 동물의 본성과 다르다"[인물
성이론人物性異論]라고 주장하였다. 이것은 성리학(주자학)의 윤리 중
시적 성격에서 나타나는 귀결인데(시마다 겐지, 『주자학과 양명학』, 김석
근 등 역, 1986), 조선 성리학자들의 철학적 사유능력을 보여 주는 좋은
예가 된다. 이 문제가 학술논쟁으로 발전한 것은 '사칠논쟁'에서처럼
두 성리학자의 왕복토론에서부터이다. 이간(李柬)과 한원진(韓元震)이
주인공이다.

이간(李柬; 1677-1727)은 『중용』 제 1 장과 주희의 註를 근거로, 사
람과 마찬가지로 동물도 5가지 덕목(인, 의, 예, 지, 신)의 본성(이때의
본성이란 곧 '순수한 본성'을 가리킴)을 선천적으로 가지고 태어났다고
주장하였다(성동性同). 그런데 왜 사람과 동물사이에 서로 다름(차이)
이 있는가? 그것은 인간과 동물의 본성상의 차이가 아니라, '기'의 국

한성(기국氣局) 때문이라는 것이다.

　　이에 대하여 한원진(韓元震; 1682-1751)은 『맹자』 고자 上 제3장과 그에 대한 주희의 注를 근거로 하여 "동물이 어찌 사람으로 더불어 그 온전[全]함을 동일하게 유지할 수 있는가" 하며, 인간과 동물의 본성이 같지 않음을 주장하였다[성이性異].

　　두 사람의 견해가 다르게 된 까닭은 율곡 이이(李珥)의 학설 '리'는 통하고 '기'는 국한된다'(리통기국理通氣局)라는 명제의 해석차이 때문이다. 문제가 이렇게 된 까닭은 그들이 스승으로 모신 권상하(權尙夏; 1641-1721) ― 권상하는 송시열(宋時烈)의 제자로서 율곡의 학문을 이어받고 있다 ― 의 문하에서 여기에 대한 해석의 일치를 보지 못하였기 때문이다. 복잡한 설명을 피하고 다음과 같이 결론을 정리한다.

- 이간(李柬)의 입장: '리'는 통한다(理通) = 본성은 통한다 = 본성은 같다('순수한 본성' 즉 '本然之性'에 비중이 있다).
- 한원진(韓元震)의 입장: '기'는 국한된다(氣局) = 본성은 국한된다 = 본성은 다르다('기질적 본성' 즉 '氣質之性'에 비중이 있다).

　　이론을 전개하고 논변을 즐기는 주자학의 성격으로 보아서, 두 사람의 견해 차이는 여타 성리학자들의 관심을 끌기에 충분하였다. 입장에 따라서 학파가 형성되었는데; 한원진(韓元震)이 호서(湖西)지방에 살았던 관계로 그의 견해에 찬성한 학자들을 '호론'(湖論)이라 불렀고, 이간(李柬)의 견해에 찬성한 사람들이 대부분 서울[洛] 근처에 살았으므로 ― 이간(李柬)의 집만은 호서에 있었다 ― 그들을 '낙론'(洛論)이라 불렀다(현상윤, 『조선유학사』). 이것이 '인물성동이론'을 '호락논쟁'(湖洛論爭)으로도 부르는 이유이다. 호론과 낙론에 속하는 학자들의 대표자들을 소개하면 다음과 같다.

호론(湖論) ― 권상하(權尙夏), 한원진(韓元震), 윤봉구(尹鳳九),
　　채지홍(蔡之洪), 송능상(宋能相)
낙론(洛論) ― 이간(李柬), 이재(李縡), 박필주(朴弼周), 김원행(金元
　　行), 송명흠(宋明欽)

한원진과 이간 두 사람 사이의 토론은 7년의 시간이 필요하였으
나(1709년에서 1715년까지의 왕복토론이 있었음), 이는 다른 사람들에게
퍼져나가 전후 100년 이상을 지속하면서 한국 성리학의 다른 특색을
이루었다. 그 결론은 호락호락하게 풀리지 않았다. 해석상의 차이가
정리되지 못하였기 때문이다.
　‘인물성 동이(同異)’문제는 임성주(任聖周; 1711-1788)와 기정진(奇
正鎭; 1798-1876) 등에 이르러 종합지양의 기운이 태동하였고, 다시 그
들을 넘어서서 오희상(吳熙常; 1763-1833), 홍직필(洪直弼; 1776-1852),
이항로(李恒老; 1792-1868), 한말의 전우(田愚; 1841-1922)에 이르기까지
끊임없이 많은 유학자들의 관심대상이 되었다.

9.2 한국의 대표적 성리학자들

　한국사상사에 있어서 고려조 말기까지의 유학(儒學)은 문장의 발
달에 공헌하였다. 송학(宋學; 주자학; 성리학)이 수입되면서 김굉필(金
宏弼), 조광조(趙光祖)를 중심으로 정치와 교육의 실천으로서 그 역할
이 두드러졌다. 조광조의 개혁이 실패한 이후 많은 유학자들은 벼슬
을 포기하고, 산림에 묻혀서 성리학 연구에만 종사하였다. ―‘4대사
화(士禍)’이후로 살아남기를 원하는 자는, 중앙정치에서 멀어져 산
림 속에 반쯤 운둔하는 삶의 방식을 선택할 수밖에 없었다 ―

이들이 고집스럽게 형이상학의 문제를 따지고 들어가는 바람에, 유학의 철학적 연구는 일찍이 중국의 유학자들이 미치지 못한 경계를 개척한 곳이 많았다. 저자는 조선유학에 있어서 10명의 대표적 성리학자들을 선정하고 그들의 사상을 소개한다. 저자가 선정한 대표적 한국유학자들은 서경덕, 이언적, 이황, 조식, 김인후, 기대승, 이이, 성혼, 김장생, 송시열 등이다. — 조선 성리학자의 대표적 인물 선정은 주관적이다. 현상윤은 이상 10인 중에서 김장생과 송시열 대신에 이항과 장현광을 꼽았다. 그러나 저자는 조선 유학사에 있어서 이항과 장현광보다는, 김장생과 송시열이 끼친 영향력이 훨씬 컸다고 믿는다. 저자는 '예학'(禮學)을 성리학에 포함시킨다 —

(1) 서경덕(徐敬德)

서경덕(1489-1546; 호號 화담花潭)은 개성에서 살았다. 중종이 조광조를 기용함에 조광조가 인재발굴을 위한 현량과를 신설하고 서경덕을 추천하였다. 그는 이에 응하지 않고 오로지 독서와 산림 생활에만 평생을 보냈다.

학문에 있어서 서경덕은 '기'(氣)를 중시하는 학자이다. 그는 주돈이(周敦頤), 소옹(邵雍), 장재(張載) 등 북송(北宋) 성리학자의 학문에 많은 관심을 보였다. "태허(太虛)는 맑아서 형체가 없으니, 이름하여 선천(先天)이다. 그 크기는 밖이 없고, 그 앞은 시작이 없으니 그 유래를 궁구할 수 없다. 그 맑아서 고요함이 '기'의 근원이다"(서경덕,『화담집』제 2 권, 原理氣)라고 하는 말을 보면 그의 '기'에 대한 개념은 오늘날의 감각으로는 자연과학적 '에너지'의 개념과 흡사하다. 서경덕의 입장에서는 우주의 구성이 절대적인 어떤 힘, 즉 '기'(氣)라고 표현되는 것으로 가득 차 있음을 뜻한다. 서경덕의 '기'를 중시하는 경향은 율곡 이이를 위시한 많은 학자들의 관심이 되었으나, 철학적으로 심화되기보다는 자연과학적(그러므로 서양의 그리스철학에서 볼 수 있는 것처럼 자연철학적 입장이라고나 할까?) 견해에 머물렀다. 사상적인 면에서 그는 도가(道家)에도 관심을 보여, 도가의 행적을 기록한 『해동이적海東異蹟』에 소개되기도 하였다.

서경덕은 황진이, 박연폭포와 함께 개성을 대표하는 '송도3절'(松都三絶)의 하나로 지칭되며, 황진이의 유혹을 물리친 일화는 유명하다. 북한 학계에서는 그의 사상을 유물론의 원류로 높이 평가한다. 개성의 숭양서원(崧陽書院)과 화곡서원(花谷書院)에 제향되었으며, 문집으로 『화담집』이 있다.

(2) 이언적(李彦迪)

이언적(1491-1553; 호 회재晦齋)은 경주에서 태어나 외숙인 손중돈(孫仲暾)에게 글을 배웠다. 1514년(중종 9) 문과에 급제하여 벼슬을 시작하였고; 사헌부 지평, 밀양부사를 거쳐 1530년(중종 25) 사간원 사간에 임명되었는데, 김안로(金安老)의 재등용을 반대하다가 관직에서 쫓겨나 귀향한 후 자옥산에 독락당(獨樂堂)을 짓고 성리학 연구에 열중하였다.

1537년 김안로가 죽자 다시 관직에 나아가 홍문관 부교리, 직제학을 거쳐 전주부윤이 되었다. 후에 성균관 대사성, 사헌부 대사헌, 홍문관 부제학을 거쳐 1542년 이조, 형조, 예조 판서에 임명되었다. 인종이 즉위한 다음해(1545)에 의정부 우찬성, 좌찬성에 임명되었다. 인종이 죽고 명종이 즉위하자 윤원형(尹元衡) 등이 사림(士林)을 축출하기 위해 을사사화(乙巳士禍)를 일으켰다. 이때 의금부판사에 임명되어 사람들을 죄 주는 일에 참여했다. 1547년 을사사화의 여파인 양재역벽서(良才驛壁書) 사건이 일어나자, 연루되어 강계로 유배되었으며, 그곳에서 세상을 떠났다.

이언적의 성리학에 대한 관심은 조한보(曺漢輔; 호 망기당忘機堂)와의 사이에서 전개된다. 그는 조한보가 태허의 본체를 이야기하면서 적막하여 아무것도 없음[적멸寂滅]이라는 용어를 사용하고 있음을 비판한다.(우주의 본체를 표현함에 태허를 '적멸'하다고 함은 불교도의 술어이다.) 그리하여 혼동을 일으키기 쉬운 '태허'보다는 '태극'의 술어를 사용한다. 그는 "이른바 태극은 道의 본체요 만물변화의 요령이니, 자사가 『중용』에서 말한 바와 같이 하늘이 명한 본성이다. 대개 가득 차서 조짐이 없는 가운데에 만물이 질서가 정연하다"(이언적, 『회재집』제 5 권, 답망기당 제 1 서)라고 말하면서, "무극이 태극이라 함은 '리'가 있은 후에 '기'가 있음"이라고 지적하고 있다.

이언적이 조한보와의 사이에 남긴 편지문은 조선 성리학사에 있어서 큰 가치를 지닌다. 조한보와 이언적 사이에 발생한 논변(debate)은 철학사적 의의가 크다(황준연, "이언적의 무극태극설 논변─이언적이 조한보에게 답한 4편의 편지를 중심으로─"『동양철학연구』제24집, 2001). 그러나 이 편지문을 가지고 그의 사상 전모를 들여다보는 데에는 한계가 있다. 더 이상 자료가 발굴되지 않는 한, 섣불리 그를 평가하기도 쉽지 않다. 이언적의 행적에 비추어, 그의 이론이 관심을 끌게 된 것은 훗날 퇴계 이황의 평가가 좋았기 때문이다. ─'기'(氣)보다 '리'(理)를 중시하는 주리적 성리설이 이황에게 계승되어 영남학파 주류(主流)의 성리설이 되었다 ─

이언적은 명종의 묘정(廟庭)에 배향되었고, 문묘에 종사되었으며, 경주 옥산서원(玉山書院) 등에 제향되고 있다. 문집으로 『회재집』이 전한다.

(3) 이황(李滉)

이황(1501-1570; 호 퇴계退溪, 도옹陶翁, 청량산인淸凉山人)은 경상북

도 예안(禮安)에서 태어났다. 그의 전반기의 생애는 벼슬길에 나아가
현실에 참여하였고, 40대 중반 이후 물러날 준비를 하고, 50대 이후로
는 거의 물러났다. 1523년(중종 18) 성균관에 입학, 1534년 식년문과
(式年文科)에 을과(乙科)로 급제하였다. 부정자(副正子), 호조좌랑(戶曹
佐郞) 등을 거쳐 1539년 수찬(修撰), 정언(正言) 등을 거쳐 형조좌랑으
로서 승문원교리(承文院校理)를 겸직하였다. 충청도 암행어사로 나간
경험이 있고, 1545년(명종 즉위년) 을사사화(乙巳士禍)때 이기(李芑)에
의해 벼슬이 깎였다. 1554년 형조와 병조의 참의에 이어 부제학, 공조
참판을 역임하였다. 1566년 공조판서에 오르고 이어 예조판서, 1568
년(선조 1) 우찬성을 거쳐 대제학(大提學)을 지내고 이듬해 고향(현재의
안동 도산서원)에 은퇴, 학문과 교육에 전념하였다. ― 이황에게는 70
이 넘은 만년까지 벼슬의 직책이 부여되었으나, 모두 사양하고 취임
하지 않았으므로 문서상의 임명에 불과하다 ―

　이황은 조선 성리학자 중에서 독실하게 주희(朱熹)를 존중하여
따른 학자이다. 이언적의 주리설(主理說)을 계승하여, 주희(朱熹)의 주
장을 따라 우주의 현상을 '리'(理)와 '기'(氣)의 두 개념으로 설명하였
다. '리'와 '기'는 서로 다르면서 동시에 상호 의존관계에 있어서, '리'
는 '기'를 움직이게 하는 법칙을 의미하고 '기'는 형질을 갖춘 형이하
적(形而下的) 존재로서 '리'의 법칙을 따라 구상화(具象化)되는 것이라
고 보았다.

　이황의 사상적 핵심은 '리기호발설'(理氣互發說)로 집약된다. 그
특징은 '리'의 개념에 운동성을 부여한 점이다. "'리'와 '기'가 상호 발
현한다"[理氣互發]라는 표현에서 보듯이, 4단 7정의 논변에서도 "4단은
'리'의 발현함이며, 7정은 '기'의 발현함이다"[四端理之發, 七情氣之發]
라고 하여 '리'의 발현(운동성)을 강조한다(『퇴계전서』 제16권, 답기명언
논사단칠정 제 1 서).

이황은 '기'의 개념에 비하여 '리'에 우위성을 부여하고 있으므로, 순수한 세계에 관심을 가진다. 그러므로 그의 생애는 맑고 부드러운 한 편의 서정시이다. 전통적 의미에 있어서 이황의 생애는 주자학의 완벽한 교과서이다. 또한 학문과 인격이 조화를 갖춘 경우를 그를 통해서 볼 수 있다.

이와 같이 이황의 학문적 장점은 윤리학에 있다. '경건함에 머물고 이치를 궁구함'(居敬窮理)은 주희 이래로 중시된 수양방법론이지만, 이황에 이르러 특히 강조되었다. "인간의 사악한 욕심을 버리고 하늘의 이치를 보존하라"(去人慾存天理)라는 성리학의 표현은 과도한 엄숙주의로 인간의 행동을 구속하는 폐단이 있지만, 이황을 만나서 그와 같은 표현이 가능하다는 모범을 보여 주었다.

이황의 학풍은 문하생 유성룡(柳成龍), 김성일(金誠一), 정구(鄭述) 등에게 계승되어 영남학파(嶺南學派)를 이루었고, 율곡 이이(李珥)의 제자들로 이루어진 기호학파(畿湖學派)와 쌍벽을 이루었다. 그는 고향에서 도산서원(陶山書堂)을 설립하여 후진양성과 학문연구에 힘썼고 현실생활과 학문의 세계를 구분하여 끝까지 학자의 태도로 일관했다. 그는 중종, 명종, 선조 시기 지극히 존경을 받았다고 알려져 있다.

이황은 영의정에 추증되고, 문묘 및 선조의 묘정에 배향되었으며 단양(丹陽)의 단암서원(丹巖書院), 괴산의 화암서원(華巖書院), 예안의 도산서원 등 전국의 수십 개 서원에 배향되었다. 문집에 『퇴계전서退溪全書』가 전한다. 경상북도 안동의 도산서원은 그의 말년을 보낸 강학처일 뿐 아니라, 오늘날 국민적인 정신 수양의 장소로서 가치가 있다. 퇴계의 학문은 '퇴계학'이라는 이름으로 독자성을 확보하고 있으며, 한국의 위상이 올라감에 따라서 국제퇴계학회도 조직되어 있다. ─ 중국 베이징대학의 츠언 라이(陳來) 교수는 자신의 저서 가운데에서, 퇴계 이황을 중국인 학자들과 같은 반열(班列)에 배치하였는데,

이는 이황을 순정한 주자학자로 보았기 때문일 것이다(陳來, 『송명성리학』, 안재호 역, 1997) —

(4) 조식(曺植)

조식(1501-1572; 호 남명南溟)은 평생을 지리산의 산림에 묻혀 살았다. 그가 이름을 얻게 된 까닭은 선조(宣祖) 때 산림의 맑은 선비들을 과거출신보다 우대하는 정책 때문인데, 그는 추천을 받았으나 나아가지 않았다. 이러한 사람을 우리는 처사(處士) 혹은 일민(逸民)이라고 부른다.

그의 학문은 자료의 부족으로 한계를 느낀다. 문집으로는 약간의 시문과 『학기류편學記類編』이 전하고 있다. —『학기류편』은 성리학에 관한 내용을 모아놓은 것이다. 그중에 등장하는 그림 학기도(學記圖) 24도 가운데 5도만이 남명이 그린 것이고, 나머지 14도는 元 나라 학자의 저술에서 옮겨온 것이라는 주장이 있다(이승환, 고려대학교 『철학연구 제46집, 2012) — 조식은 이론이 많은 것을 싫어했고, 문자를 간략하게 하는 것이 고귀하다고 여겼으니, 그의 담박한 취향을 알 수 있다.

세상에는 벼슬을 못하여 배 아픈 사람들이 많은데, 남명 조식은 그 벼슬을 마다하고 오로지 지리산 자락에 묻혀서 학문을 연마하였으니, 도덕적 측면에서 볼 때에 위대한 인물이라고 진단한다. — 조식에게 전혀 벼슬이 주어지지 않은 것은 아니다. 1548-1559년 전생서주부(典牲署主簿), 단성현감, 조지서사지(造紙署司紙) 등의 여러 벼슬에 임명되었지만, 모두 사퇴하였다 — 단성현감 사직 때 올린 상소(이를 '단성소'라고 함)는 조정의 신하들에 대한 준엄한 비판과 함께, 국왕 명종과 대비(大妃) 문정왕후(文貞王后)에 대한 직선적인 표현으로 큰 파문을 일으켰다. 그는 문정왕후를 '세상 물정을 모르는 일개 과부(寡

婦)'라고 묘사하여, 생명이 위태로운 지경에 이르렀으나 처벌을 받지
는 않았다.

조식의 사상은 노장적(老莊的) 요소를 포함하고 있지만, 수기치인
(修己治人)을 강조하는 유자(儒者)였음에 틀림없다. 그는 평소 방울과
칼을 허리에 차고 다니며, 경(敬)과 의(義)를 강조하였다고 전한다. 그
는 이황과 기대승(奇大升)을 중심으로 일어난 '4단7정 논쟁'에 대해서
도, 이를 하학인사(下學人事; 현실의 쉬운 일)를 거치지 않고 상달천리
(上達天理; 이상적인 어려운 일)로 향하려 한다는 비판을 하였다.

조식의 문인으로 김우옹(金宇顒), 곽재우(郭再祐), 오건(吳健), 정
인홍(鄭仁弘), 하항(河沆), 최영경(崔永慶), 정구(鄭逑) 등이 있다. 그의
사상은 제자들에게 이어져 경상우도 — 서울을 기준으로 경상우도(右
道)에 남명이 있고, 경상좌도(左道)에 퇴계가 있었다 — 의 학풍을 이루
었고, 이들은 임진왜란 때 의병활동에 적극 참여하여 국가의 위기 앞
에 투철한 선비정신을 보여 주었다.

퇴계에 비하여 볼 때에, 남명의 연구는 소홀한 느낌이 든다. 앞으
로 남명에 관한 연구가 진작되어야 할 것으로 생각한다. — 남명에 관
해서는 경상대학의 오이환, 허권수 교수 등의 연구가 괄목할 만하다
(오이환, 『남명학연구』 상, 하 참조) — 조식은 현재의 경남 산청군 시천
면 덕천서원에 제향되고 있다.

(5) 김인후(金麟厚)

김인후(1510-1560; 호 하서河西, 담재澹齋)는 호남의 장성에 살았
다. 어려서 신동이라 부를 정도로 명민하였고, 일찍 성균관에 들어가
퇴계 이황과 함께 학문을 닦았다. 1540년(중종 35) 별시문과(別試文科)
에 급제하고 사가독서(賜暇讀書; 휴가를 얻어 독서에만 전념함을 말함)의
영광을 입었다. 나중에 옥과 현감(玉果 縣監)으로 나갔다. 1545년(인종

원년) 을사사화(乙巳士禍)가 일어난 뒤에는 병을 이유로 고향인 장성
에 돌아가 성리학 연구에 정진하였고, 교리(校理) 등에 임명되었으나
취임하지 않았다. 인종이 세상을 떠나자 애통해 마지않더니, 인종과
의 우정을 버리지 못하고(인종이 세자시절 김인후는 세자의 교육을 맡는
관리였음) 세상 밖으로 나가지 않았다.

김인후는 일찍이 "천지 사이에는 '리' 아닌 것이 없다"(『河西集』
제11권, 與人友書)라고 하였는데, '리'를 중시하는 입장으로 보인다. 그
는 당시 호남에서 쌍벽을 이루고 있었던 일재(一齋) 이항(李恒)에게 편
지를 보내어 그의 '태극음양일물설'에 반대하였다(앞의 책, 제11권, 與
一齊書).

철학적 측면에서 볼 때, 김인후가 남긴 공헌은 그의 『천명도天命
圖』에 있다. 이는 '4단 7정' 논쟁의 발단이 되었던 추만 정지운(鄭之
雲)의 『천명도해』(이른바 『천명구도』)를 참조한 것인데, 퇴계 이황의 수
정보다 시기가 앞선다(1549년). 정지운, 김인후, 이황 3인 간에 서로
학문적 연계가 결여되어서 그 전모를 알 수는 없다(류정동, 『동양철학
의 기초적 연구』, 1986).

김인후는 문묘(文廟)를 비롯하여 장성의 필암서원(筆巖書院), 남원
의 노봉서원(露峯書院), 옥과(玉果)의 영귀서원(詠歸書院) 등에 배향되
고 있다. 문집에 『하서집』, 『주역관상편周易觀象篇』, 『서명사천도西銘
四天圖』 등이 있다.

(6) 기대승(奇大升)

기대승(1527-1572; 호 고봉高峰, 존재存齋)은 호남의 광산(지금의 광
주) 사람이다. 1558년(32세) 식년문과(式年文科)에 장원 급제하고 곧바
로 벼슬길에 나아갔다. 1563년 사가독서(賜暇讀書)의 영광을 입었고,
신진사류의 대표자로 지목되어 훈구파에 의해 삭직(削職)되었다가,

1567년(명종 22)에 복직되어 원접사(遠接使)의 종사관(從事官)이 되었다. 선조가 즉위한 후, 집의(執義) 및 전한(典翰)이 되었고, 조광조와 이언적에 대한 추증(追贈)을 건의하였다. 이듬해 우부승지로서 시독관을 겸직하다가, 1570년(선조 3) 대사성 때 영의정 이준경(李浚慶)과의 불화로 해직당하였다. 나중에 대사성에 복직되었으나 사퇴하고, 1572년 대사간을 지내다가 병으로 그만두고 귀향하는 도중 전라도 고부(古阜)에서 45세를 일기로 세상을 떠났다.

그의 학문적 경향은 ― 한국 성리학의 '4단 7정 논쟁'을 제기한 인물이므로 ― 리기론에서 이채를 띤다. 소개한 바와 같이 그는 퇴계의 '리'(理)의 활발성을 인정할 수 없었고, 오직 '기'(氣)의 능동성만을 긍정하고 있다. 훗날 율곡 이이가 기대승의 영향을 받았다고 보이므로, 그의 업적은 조선 성리학사에서 매우 중요하다. 32세의 젊은 학자 기대승이 58세의 노학자인 퇴계에게 거침없이 학문적 질문을 던지고, 이에 따라 한국 성리학계에 새 바람을 불러일으켰으니, 이는 조선성리학의 아름다운 학풍이 아닐 수 없다(황의동, 『고봉 기대승의 철학연구』, 2002).

기대승은 광주의 월봉서원(月峰書院)에 배향(配享)되고 있다. 문집에 『고봉집』, 『주자문록朱子文錄』, 『논사록論思錄』 등이 있다.

(7) 이이(李珥)

이이(1536-1584; 호 율곡栗谷)는 강원도 강릉에서 태어났다. 말을 배우면서 글을 알았고, 8세에 한문시를 지었다. 모친인 사임당 신씨로부터 배웠다. 16세에 모친의 죽음과 그에 따른 가정환경의 변화 및 불교연구에 대한 욕망 등이 결합하여 19세에 입산 출가하여 금강산에 머물렀다. 그러나 곧 다시 환속하여 벼슬길에 나아갔다. 9번 치른 과거시험에서 모두 수석(장원)을 차지하였다.

　그의 생애는 짧았으나 끊임없이 성리학을 연구하여 이황과 더불어 조선성리학의 최고봉을 이루었다. 그의 리기론은 이황의 '리기호발설'(理氣互發說; '리'와 '기'가 함께 발현한다는 설)에 반대하고 주희의 견해조차 비판하였다. 그는 "'리'가 아니면 '기'가 근거할 데가 없고, '기'가 아니면 '리'가 의지할 데가 없다. 이미 두 물건이 아닌 즉 또한 한 물건도 아니다. 한 물건이 아니니, 하나이면서 둘이요; 두 물건이 아니니 둘이면서 하나다"라는 매우 독특한 논리를 전개하였다(『율곡전서』 제10권, 答成浩原).

　율곡 이이에게는 '기'만이 활발성(운동능력)을 지닌 존재이며, '리'는 '기' 가운데에 얹혀 타는 추상적 존재로서 인식되었다. 그의 '기발리승일도설'(氣發理乘一途說; '기'가 발할 때 '리'는 얹혀 타서 한 길로 나타난다는 설)은 이와 같은 논리의 귀결이다. 또한 그는 '리'는 보편자로서 만물에 두루 통하고, '기'는 특수자로서 형태 속에 국한된다고 보았다(리통기국설理通氣局說). 이와 같은 '리통기국설'은 주희의 사유체계에서 보이기는 하지만, 율곡의 독창적인 이론으로 발전하였다.

　이이는 유교의 본래적 이상인 '자기수양'(修己)과 '사회활동'(治人)의 양 방면을 함께 증진시키고자 하였다. 그와 같은 내용은 『성학집요』라는 저술에서 구체화되었다. 불행하게도 그는 성인군주를 만나지 못하였고, 따라서 자신의 이상을 실천할 수 없었다. 그는 임진왜란 10여 년 전에 유사시를 대비하여 10만 명의 군사를 기를 것을 건의하였으나, 이는 채택되지 않았다(『율곡전서』 제34권, 부록 2 年譜下).

　이이는 시대의 환경만큼 건강도 좋지 못하였다. 48세 때 관직을 버리고 율곡(현 경기도 파주시 법원동)으로 돌아왔으며, 다음해 서울의 대사동(大寺洞) 집에서 죽었다. 파주의 자운서원(紫雲書院)과 강릉의 송담서원(松潭書院) 등 전국 20여 개 서원에 배향되었다. 문집에 『율곡전서』가 있다.

(8) 성혼(成渾)

성혼(1535-1598; 호 우계牛溪)의 부친은 조광조의 문하생인 성수침(成守琛; 1493-1564)이다. 성수침이 경기도 파주군 우계에 은거하였으므로 성혼은 그 곳에서 자랐다. 어려서부터 과거를 사절하고, 성리학 연구에만 몰두하였다. (그러나 그는 말년에 이조참판에 등용되었고, 1592년 임진왜란 중에는 우참찬, 1594년에는 좌참찬 등을 역임하였다.)

성혼은 율곡 이이와 더불어 '4단 7정설' 및 '인심도심설'의 문제로 상당기간 토론을 나누었는데, 이는 성리학의 발전에 크게 기여하였다. — 율곡의 문집에서 중요한 철학적 논쟁은 모두 '답성호원'(호원은 성혼의 字이다)이라는 편지문의 형태로 남아 있다 — 그러므로 그의 학문적 경향은 이이와 1572년부터 6년간에 걸쳐 사칠리기설(四七理氣說)을 논한 왕복서신에 잘 나타나 있다. 이 서신에서 성혼은 이황(李滉)의 '리기호발설'을 지지하고, 이이의 '기발리승일도설'을 비판하였다. 이이는 그의 학문을 평가하여 "의리상 분명한 것은 내가 뛰어나지만, 실천에 있어서는 그에게 미치지 못한다"고 하였다. 그의 학문은 결국 이황과 이이의 학문을 절충하는 방향으로 흘러갔다.

성혼은 창녕의 물계서원(勿溪書院), 해주 소현서원(紹賢書院), 파주 파산서원(坡山書院) 등에 제향되었다. 문집에 『우계집』이 있다.

(9) 김장생(金長生)

김장생(1548-1631; 호 사계沙溪)은 이이와 송익필(宋翼弼)의 문인이다. 일찍이 과거를 포기하고 학문에 정진하다가, 1578년(선조 11) 유일(遺逸)로서 천거되어 창릉참봉(昌陵參奉)에 임명되었다. 임진왜란 중에는 정산(定山)현감으로 있으면서 피란온 사대부들을 구휼하였다. 1596년 호조정랑이 되어 남하하는 명(明)나라 원군의 군량조달을 담당하였다.

임진왜란 이후인 광해군 시절, 주로 지방관을 역임하였다. 인목대비 폐모(廢母) 논의가 일어나고 북인이 득세하자, 관직을 포기하고 충청도 연산으로 낙향하여 10여 년 간 은거하면서, 성리학(예학)연구에 몰두하였다. 1627년 정묘호란이 일어났을 때, 노령의 나이에도 불구하고 양호호소사(兩湖號召使)의 직책으로 의병을 모집하고 민심을 수습하는 데 앞장섰다.

김장생은 아들이자 학문의 정통을 이은 김집(金集)과 송시열(宋時烈)을 비롯해서 송준길(宋浚吉), 이유태(李惟泰), 장유(張維) 등 서인과 노론계의 대표적 인물들이 거의 그의 문하에서 배출되었다. 그는 연산의 돈암서원(遯巖書院)에 제향되었고, 문묘(文廟)에도 배향되었다. 문집에 『가례집람家禮輯覽』, 『상례비요喪禮備要』, 『근사록석의近思錄釋疑』, 『경서변의經書辨疑』 등이 있다.

(10) 송시열(宋時烈)

송시열(1607~1689; 호 우암尤庵)은 1633년(인조 11) 생원시에 장원급제하여 최명길(崔鳴吉)의 천거로 경릉참봉(敬陵參奉)이 되었고, 1635년 봉림대군(훗날의 孝宗)의 스승이 되었다. 병자호란 때 왕을 모시고 남한산성으로 피란하였다가, 1637년 화의가 성립되자 낙향하였다. 1649년 효종이 임금이 되자, 등용되어 장령(掌令), 세자시강원진선(世子侍講院進善) 등을 거쳤다. 집권당인 서인(西人)의 청서파(淸西派)에 속한 그는 공서파(功西派)의 김자점(金自點)이 영의정이 되자 사직하고 낙향하였다.

1658년(효종 9) 이조판서로 승진, 효종과 함께 북벌계획을 추진하였으나 이듬해 효종이 죽자 계획이 중지되었다. 그 뒤 자의대비(慈懿大妃)의 복상(服喪) 문제가 제기되자 기년설(朞年說: 만 1년)을 주장하였고, 3년설을 주장하는 남인을 제거하여 정권을 장악하고, 좌참찬(左參贊) 등을 역임하면서 서인의 지도자로서 자리를 굳혔다. 그러나 1660년(현종 1) 우찬성에 올랐을 때, 앞서 효종의 장지(葬地)를 잘못 옮겼다는 규탄을 받고 낙향하였다. 1668년 우의정이 되었으나 좌의정 허적(許積)과의 불화로 사직하였다가, 1671년 다시 우의정을 거쳐 이듬해 좌의정이 되는 굴곡을 거쳤다.

1674년 인선왕후(仁宣王后)의 별세로 다시 자의대비의 복상문제가 제기되어 대공설(大功說: 9개월)을 주장하였으나, 남인 쪽이 내세운 기년설이 채택됨으로써 실각하고, 제 1 차 복상문제 때 기년설을 채택하게 한 죄로 덕원(德源)으로 유배되었다. 1680년 경신대출척(庚申大黜陟)으로 남인이 실각하게 되자 중추부영사(中樞府領事)로 기용되었으나, 1683년 벼슬에서 물러났다.

이후 서인은 윤증(尹拯) 등 소장파를 중심으로 한 소론(少論)과 송시열을 영수로 한 노장파의 노론(老論)으로 분열되었다. 우암은 정계에서 은퇴하고 청주 화양동에서 은거생활을 하였다. 1689년 왕세자가 책봉되자 이를 시기상조라 하여 반대하는 상소를 올렸다. 이로 인하여 제주도에 안치되고 이어 국문(鞫問)을 받기 위해 서울로 오는 도중 전라도 정읍(井邑)에서 사사(賜死)되었다.

송시열은 율곡 이이의 학문을 계승하여 기호학파(畿湖學派)의 주류를 이루었다. 그는 퇴계 이황의 '리기호발설'을 배격하고 이이의 '기발리승일도설'을 지지하였고, 4단 7정이 모두 '리'(理)라고 하여 일원론적(一元論的) 사상을 발전시켰으며 예론(禮論)에도 밝았다.

송시열은 문묘를 비롯하여 청주의 화양서원(華陽書院), 여주의 대로사(大老祠), 수원의 매곡서원(梅谷書院) 등 전국의 많은 서원에 배향되고 있다. 문집에『송자대전宋子大全』,『우암집尤庵集』,『주자대전차의朱子大全箚疑』,『심경석의心經釋義』 등이 있다.

송시열을 과연 '송자'(宋子)라고 높여 부를 만큼 순정한 '주자학자'(朱子學者)라고 할 수 있을까? 그는 주희(朱熹)의 학문에 대한 진실한 존중보다는 이를 이용하여 자신의 세력을 확장시키는 수단으로 활용하였다. 그는 성격이 지나치게 강하여, 독선(獨善)에 빠져 자신과 견해를 달리하는 선비들을 인정하지 않았다. 그가 써먹은 무기는 '사문난적'(斯文亂賊)의 구호이다. 한말의 양명학자 이건방(李建芳; 1861 - 1938)의 표현에 의하면, 그는 성현(聖賢)의 도의(道義)를 칭하여 개인적 이익을 챙기고, 이름을 높인 점이 있었다(이건방, "덕촌선생 양공묘비", 『난곡존고蘭谷存稿』 청구문화사, 1971).

9.3 한국 성리학의 특징

문명의 차원에서 볼 때에, 성리학은 동아시아 문명권에 속한다. 따라서 한국 성리학은 그 카테고리 속에서 역할을 다한 것으로 본다. 그러므로 한국 성리학의 특징을 논한다면, 중국 및 일본의 성리학에 비하여, 다른 특징이 무엇인지를 살펴보는 것이 옳다고 생각한다. 저자는 한국 성리학의 특징을 다음과 같이 정리한다.

① 오로지 주자학(朱子學) 위주이다.
② 예(禮)를 지극히 숭상한다.
③ 명분론적 사고가 짙다.
④ 강한 보수성을 띠고 있다.

첫째로 한국 성리학은 주자학 일변도(一邊倒)이다. 조선왕조의 유학자들은 주희(朱熹)의 학설에만 집착하였고, 여타 학설에 대하여는 배타적 태도를 취하였다. 그들은 중국유학에 있어서 육구연(陸九淵;

1139-1193)과 왕수인(王守仁; 1472-1528)으로 대표되는 이른바 '양명학'에 대해서 관심을 표시하지 않았다. 그리고 공식적으로 주자학과 그 이론이 조금만 달라도 '유교문화를 해치는 난신'(사문난적斯文亂賊)이라고 하여 탄압을 아끼지 않았다. 중국과 일본의 성리학에 비하여 한국은 양명학에 대한 연구가 소홀하였고, 반면 주자학의 영역에 있어서는 한국 성리학이 보다 정밀하게 발달하였다.

둘째로 한국 성리학은 예의 숭상에 있어서 유달리 짜고 매운 경향을 지녔다. 윤사순 교수는 "사실 한국의 성리학이야말로 '예론 탐구와 그 실현'을 위하여 발전되어 온 과정이라 할 수 있을 만큼 예(禮) 사상에 투철하였다"고 말하고 있을 정도이다. 저자의 판단으로는 이와 같은 예 숭상의 결과로 한국인은 높은 도덕적 수준과 문화의 향상을 지속할 수 있었다.

그러나 지나친 예(禮)의 숭상으로 인하여 윤리 도덕의 화석화(化石化; 윤리적 규범이 인간의 자율성을 해치고, 그 결과로 인간의 행동이 고착화하여 예절의 본질을 잃어버리는 현상)를 초래한 점이 있었음도 부인할 수 없다. ─화석화 현상의 예를 들어보자. 부모가 병이 들었을 때, 효(孝)의 관념이 고착화된 나머지 자식이 마음에도 없이 자신의 넓적다리 살 등을 베어서 부모에게 먹이는 행위; 혹은 과부가 재혼을 하고 싶지만, 정절(貞節)의 규범에 묶여서 마음에 없이 평생 수절(守節)하는 행위 등이 그것이다 ─

셋째로 한국 성리학은 명분(名分)을 너무 앞세운다. 원래 유교는 합리주의를 존중하여 명분 지향적이지만, 한국유교는 유달리 명분주의적 성격이 짙었다. 이 문제는 예론과도 관련을 맺는데, 명분 중시적 합리주의가 형식적인 대로 흘러서 고착화되어버린 점이 있었다. 그러므로 한국 성리학은 관념화의 길로 치닫고, 경험과 실험을 중시하는 과학정신에서 멀어졌다. 이 문제는 정도의 차이가 있겠지만, 송(宋)·

명(明) 유학의 한계로 지적될 수도 있다.

　　넷째로 한국 성리학은 강한 보수성을 띠고 있다. 조선성리학의 이론이 '리'와 '기'를 주로 하는 리기(理氣) 문제로 집중되었음은 성리학의 우주론적 성격상 당연한 내용이다. 그런데 '기'는 보다 감각적인 변화의 세계를 나타내는 데 반하여, '리'는 초감각적 불변의 원리를 나타낸다. 그러므로 '리' 중시적 경향이 정통으로 받아들여진다면, 명분에 집착하게 되고 경험을 소홀하게 된다. 그러면 변화에 적응하는 생동성과 탄력성을 잃고, 보수화의 외길로 접어들게 된다. 한국 성리학이 '양명학'을 배타시한 점은 이와 같은 보수성과 관계가 있다. — 일본 유학은 양명학적 기풍이 강하였던 것으로 알려져 있다. 그들은 변화에 적절하게 반응하는 탄력적 경향을 보였다 — 한말(韓末) 서양 문명이 동아시아에 밀려올 때, 이와 같은 보수성으로 인하여 융통성 있는 반응을 하지 못한 점도 한국유학의 보수성과 관련지을 수 있다. — 물론 이와 같은 보수성이 민족혼을 부르짖으며, '척사위정'(衛正斥邪; 올바름은 지키고 삿된 것을 배척함)의 기치를 내세우는 순수성으로 나타났다고 볼 수도 있다. 그러나 작은 것을 지키고 큰 것을 잃지 않았는지 모르겠다 —

📖 읽을거리

- 김영두, 『퇴계와 고봉, 편지를 쓰다』, 소나무, 2003.
- 김충렬, 『고려유학사』, 고려대학교출판부, 1984.
- 배종호, 『한국유학사』, 연세대학교출판부, 1978.
- 이상은, "이황의 철학," 『한국철학연구』 中, 한국철학회 편, 1978.
- 윤사순, 『동양사상과 한국사상』, 을유문화사, 1984.

● 현상윤,『조선유학사』, 이형성 교주본, 현음사, 2004.

● 성교진,『成牛溪의 철학사상과 유학사상』, 이문출판사, 1986.

● 류정동,『동양철학의 기초적 연구』, 성균관대학교출판부, 1986.

● 최영성,『한국유학통사』(상중하 전3권), 심산, 2006.

● 황의동,『고봉 기대승의 철학연구』, 고봉학술원, 2002.

● 황준연,『李珥哲學硏究』, 전남대학교출판부, 1989.

● 황준연,『율곡철학의 이해』, 서광사, 1995.

● 황준연,『이율곡, 그 삶의 모습』, 서울대학교출판부, 2000.

● 황준연 외 공동,『사단칠정논쟁』, 학고방, 2009.

● 황준연 외 공동,『호락논쟁』, 학고방, 2009.

● 황준연 외 공동,『예송논쟁』, 학고방, 2009.

● 시마다 겐지,『주자학과 양명학』, 김석근 등 역, 까치, 1986.

● 陳來,『송명성리학』, 안재호 역, 예문서원, 1997.

●『性理大全書』, 臺灣 商務印書館, 文淵閣 四庫全書 제710책.

제 10 강	조선조 후기 실학사상 들여다보기

10. 1 실학(實學)이란 무엇인가?

10.1.1 역사적 상황에 올바른 인식

성리학(주자학)이 조선왕조의 창업이후 근본이념으로 채택된 이래, 그 사유체계가 지식층에서부터 일반 서민에 이르기까지 지배적인 형태로 발전되어 왔음은 언급한 바 있다. 특히 세종시대 이후의 문화 발전에 힘입어서 명종, 선조 연간의 조선 성리학은 철학적 토론이 심화되어 '관념론' 분야에 있어서 극도의 발전을 이룩하였다.

임진(1592), 병자(1636)년의 전쟁을 치르고 난 이후 왕조의 지식인들은 무엇인가 하나의 전환점에 놓이게 된 역사적 사실을 느끼게 된다. 그들이 평소에 주장하고 변론을 제기한 문제들이 너무 형이상학적 문제에 치우쳐서 현실적인 실체감이 결여된 상황을 깨달은 것이다.

두 차례의 큰 전쟁을 치르고 난 이후 왕조의 최대의 문제는 농경지의 황폐와 그로 인한 전제(田制)의 문란이었다. 대다수 인민들의 생

존이 걸려 있으며 동시에 산업생산의 기반이었던 전국의 토지는 전쟁
전의 170만 결(結)에서 왜란 직후에는 54만 결로 격감하였다는 사실
은 이를 웅변적으로 말해 준다(변태섭, 『한국사통론』, 1986). 그러므로
당시 정부는 재정수입의 확보를 위하여 전제를 포함한 조세제도의
개편에 착수하였으며, 약 100년의 기간에 걸쳐서 대동법 등을 실시하
였다.

　　이와 같은 사회, 경제적 분위기는 17세기로 이어져 주자학 일변
도의 사상체계에 반성을 요하게 되고, 교조화(敎條化)된 주자학에 대
한 비판과 아울러 새로운 학문, 즉 '실학'(實學)의 발생으로 연결된다.
그러므로 "실학은 조선 후기의 사회, 경제적 변동에 따른 갖가지 사회
적 모순에 직면하여 그 해결책을 구상하는 과정에서 나타난 발전적
국면이었다"(변태섭, 같은 책)라는 주장에 동의한다.

　　이처럼 사회적 변화를 자각한 학자들 사이에 하나의 사상적 연관
성이 맺어지고, 학파라고 부를 수 있는 집단이 형성되었다. 이들 '실
학파'(實學派) 중에서도 조선조 후기의 유형원(반계), 이익(성호), 안정
복(순암), 홍대용(담헌), 박지원(연암), 박제가(초정), 정약용(다산), 김정
희(추사), 최한기(혜강) 등이 대표적인 사람들이다.

　　이들은 종래의 학자들이 파고든 리기심성(理氣心性)의 문제로부
터, 현실적이고 실천적인 공용성(utility) ― 리기론과 심성론의 철학적
사유의 추구가 무의미하다든가 혹은 공용성이 전혀 없다고 보는 것은
잘못이다. 실학파의 경우에 있어서 공용성의 추구란 역사적 산물이
요, 실용적(實用的; pragmatic) 혹은 실증적(實證的; positive)인 의미를
담고 있다. 동시에 그것은 그와 같은 실용, 실증을 추구하는 사회과학
적 방법론을 포함하는 것이다 ― 을 추구하는 방향으로 그들의 관심
이 전환된 것이다.

10.1.2 실학(實學)이란 무엇인가?

'실학'의 의미가 너무 잡다하고 가지가 무성하여 관련 자료를 놓고 정리를 하자면 혼란에 빠진다. 잡다한 가지 속에서 몇 가닥 줄기를 간추려 낸다면 실학사상은 (오늘날 우리가 말하는 학문적 분류에 의하면) 역사학, 경제학, 정치학, 자연과학, 지리학, 농학 그리고 철학 등의 학문을 내포한다. 역사적으로는 1930년대 이후 실학 연구가 활발히 진행되었으며, 근대 지향적, 민족적 성격의 사회과학과 근대적 사회과학방법에 한정되었다.

이 경우는 실학 개념을 현실적 공용성(utility)에만 국한하여 지나치게 좁은 의미로 파악하기 쉽다. 많은 학자들이 실학을 공리공담(空理空談)의 이기론(理氣論)에서 탈출하려는 것으로만 파악하여 실학자들의 철학적 탐색을 의미 없는 것으로 처리해 버린 잘못을 범하였다.

'철학으로서의 실학'에 대한 연구가 시급하다고 할 수 있으며, 실학에 대한 올바른 해명은 인간의 내면적 사유의 논리, 내면적 윤리의 해명에까지 나아가야 할 필요성을 느낀다. 그러므로 실학 개념을 조선 후기 사상사에 있어서 역사와 철학적 관점에서 볼 때에 골자를 정리하면 다음과 같다.

첫째로 조선조 후기 실학은 조선 후기에 일어난 개혁유학(改革儒學)이다.

둘째로 1870년대는 조선 후기 실학의 최종단계에 해당하며, 이때에 이미 실학파의 학자들은 서양문명을 배경으로 한 외세(外勢)의 충격을 실감하고 있었다.

셋째로 조선 후기 실학은 기본적으로 유학사상의 전개형태라고 본다. (성리학에 대해서는 비판적일 수 있다. 反儒學은 아니다.)

첫 번째 항목의 '개혁유학'의 뜻을 "수기치인의 전인적 인간상을 추구하던 수사학(洙泗學)적 원시유교"라고 본다면, 실학의 전반적인 의미가 유교사상과 동떨어진 것이 아님을 알 수 있다. 그리하여 실학의 명칭을 '수기치인이라는 유학의 본령에 충실한 학풍'으로 이해하고, 더 나아가 '의리(義理) 편중에서 탈피한 개혁유학' 혹은 '민족의식과 근대지향의식에 충실한 개혁유학' 등의 뜻으로 부른다.

실학 개념 및 명칭에 대하여 시비(是非)가 있으나, 여기에서 이들을 소개할 필요는 없다고 본다. 실학이 유학사상의 한 전개형태라고 할지라도, 그것은 '근대정신'이라고 부를 만한 요소를 내포한 사상체계로 본다는 점이다. 그 근대정신의 구체적인 판단을 탈(脫) 성리학적 경향에서 찾아야 할 것이다.

그 이유는 실학자들의 주장 속에서 봉건사회의 구조적 모순을 지적하고, 이를 비판하는 '자유의 정신'이 보이며(실학자들이 자유의 정신을 주장하였다고 해서 그들이 봉건사회를 개혁하기 위하여 행동에 착수한 것은 아니다), 실증주의적 정신이라고 할 수 있는 사고의 '과학성'이 존재하며, 또한 이른바 '실사구시'(實事求是)의 현실성이 엿보이기 때문이다.

실학자들의 자유정신, 과학정신 그리고 현실성 등이 사회구조를 근본적으로 변혁시키는 힘(동력)으로 작용하지 못한 점은 문제다. 천관우는 이에 대해서 서구의 문예부흥에서 보는 혁명적인 흐름으로 나타나지 못한 것은 동양적 세계의 정체적, 순환적, 후진적 전통에 사로잡힌 것이라고 지적하였다. 저자(황준연)는 그와 같은 주장에 찬성하지 않는다. 실학자들의 사유체계가 '근대정신'을 내포하고도 사회개혁의 실현을 보지 못한 것은 단순히 동양적 세계의 후진성에 사로잡힌 것이 아니라, 조선조 후기 사회의 구조적 특성에 기인한다.

10.2 조선조 후기 실학사상의 전개

10.2.1 실학의 학파구분

실학은 18세기 영조, 정조 시대 이후에 발전한 사상 체계이다. 성리학(주자학) 이론의 수용 혹은 비판적 경향과 그 주동인물을 기준으로 삼아서 분류하면 다음과 같다(이우성,『실학연구입문』, 1974).

실학의 제 1 기 경세치용파(經世致用派; 18세기 전반까지)
실학의 제 2 기 이용후생파(利用厚生派; 18세기 후반까지)
실학의 제 3 기 실사구시파(實事求是派; 19세기 전반까지)

조선 후기 사상사에 있어서 주자학(성리학)과 실학의 관계를 놓고 볼 때에 제 1 기 경세치용파는 유형원(柳馨遠), 이익(李瀷), 안정복(安鼎福) 등을 중심으로 하며, 대체로 주자학과 실학의 큰 모순이 없이 추구되던 시기이다.

제 2 기 이용후생파는 홍대용(洪大容), 박지원(朴趾源), 박제가(朴齊家) 등을 중심으로 하며, 주자학의 학풍에 비판적이며, 성리학이론의 변형을 시도하려는 태도가 있었다.

제 3 기 실사구시파는 정약용(丁若鏞), 김정희(金正喜), 최한기(崔漢綺) 등이 대표이며, 탈성리학(脫性理學)의 경향까지 나가고 있다. 각 시기의 대표적 인물들을 중심으로 실학자들의 생애와 사상을 소개하고자 한다.

10.2.2 대표적인 실학자의 생애와 사상전개

(1) 유형원(柳馨遠)

유형원(반계磻溪; 1622-1673)은 조선조 중기 광해군 14년 서울에 태어나서 인조, 현종 년간을 살았다. 젊은 시절 여러 차례 과거에 응시 하였으나, 시험운이 나빴다. 33세 되던 해에 겨우 진사과에 급제하였으나, 벼슬을 단념하고 전라도 부안현 우반동에 숨어 살았다.

그는 평생을 전라도 변산(邊山)에 묻혀서 학문에 전념하였는바, 그의 독실한 진리탐구의 태도는 오늘의 학자들에게도 큰 교훈이 되고 있다. 그는 『이기총론理氣總論』, 『논학물리論學物理』, 『경설經說』, 『정음지남正音指南』, 『무경4서武經四書』, 『여지지輿地志』, 『수록隨錄』 등을 저술하였는데, 그중에서도 『수록隨錄』 ― 이를 『반계수록磻溪隨錄』이라고 부른다 ― 이 그의 대표작이다.

위당 정인보(鄭寅普; 1892-?)의 표현에 의하면, "조선 근래의 학술사를 종합하여 보면 반계(磻溪)가 1祖, 성호(星湖)가 2조, 다산(茶山)이 3조이다"(정인보, 『담원 정인보전집』 제2권, 1983)라는 말과 같이 유형원은 실학사상을 체계화한 인물이다.

『반계수록』을 통해서 알 수 있듯이, 그의 관심은 성리학은 물론 문학, 사학, 지리학, 어문학 등 광범위한 분야에 걸쳐 있다. 토지제도는 그의 주요한 관심사였다. 그는 『수록』 전제(田制) 上편에서 다음과 같이 말하고 있다.

옛적의 정전법(井田法)은 지극한 것이다. 경계를 다스리는 일이 한번 올바르면 만사가 다한다. …비록 치세(治世)를 원하는 군주가 있을지라도 전제(田制)를 바로잡지 않으면 백성의 생업이 항구적이지 못할 것이요, 부역(負役)이 고르지 못할 것이요, 호구(戶口)가 밝혀지지 않

을 것이요, 군대가 정비되지 않을 것이요, 재판이 끊이지 않을 것이
요, 형벌이 줄어들지 않을 것이요, 뇌물을 주고받음을 막지 못할 것
이요, 풍속이 도탑지 못할 것이니 이와 같이 되고도 정치와 교육을
행한다는 것은 있을 수 없는 일이다. 그 까닭은 무엇인가? 토지란 천
하의 근본이기 때문이다. 대본(大本)이 이미 드러나면 온갖 법도가
이를 따라서 하나라도 마땅히 얻지 아니함이 없을 것이며, 대본이 이
미 문란하면 온갖 법도가 이를 좇아서 하나라도 그 마땅함을 잃지
아니함이 없을 것이다.

유형원은 토지제도가 바로 잡히면 모든 제도가 바로 잡힌다고 보
고 있다. 『대학』에 "사물에는 근본과 가지가 있다"[物有本末]라는 말을
생각할 때, 근본을 확립하여야 정치와 교화가 가능하다고 말한 것
이다.
　그는 조정의 무능을 비판하며, 산업(현대적 의미의 산업이 아니라
농업을 가리킴)이 진흥되지 못함을 지적하고 대안을 제시하고 있다. 그
러나 그의 주장은 근대적 의미의 국가형성을 말하는 것이 아니며, 농
업사회 내에서의 개혁이라는 점을 기억해야 하겠다.

(2) 이익(李瀷)

　이익(성호星湖; 1681-1763)은 당쟁시기 몰락하는 남인계 집안에서
태어났다. 부친 이하진(李夏鎭)은 '경신대출척'(庚申大黜陟)에 관련되
어, 대사간을 파직(罷職)당하고 평안도 운산(雲山)으로 유배되었으며
(성호는 이곳에서 태어남), 형 이잠(李潛)은 희빈 장씨의 사건에 연루되
어 매를 맞아 죽는 불행한 일이 있었다. 이와 같은 환경에 영향을 받
은 이익은 과거공부를 포기하고, 문을 잠그고 오로지 학문연구에 몰
두하였다. 그는 물려받은 재산을 관리하며 농사에 종사하면서 한편으

로 학문에 종사하였던 것이다.

이익이 이렇듯 전원(田園) 생활을 하면서 학문에 종사할 수 있었던 배경은 당시 양반, 지주의 일반적인 생활 기반이었던 토지가 있었기 때문이며, 또한 그 밖에 부친이 중국 북경(北京)에 갔을 때 가지고 온 수천 권의 서적이 큰 도움이 되었다. 그는 83세(1763년 사망)의 고령에 이르기까지 평생을 광주(廣州)의 첨성촌(瞻星村; 현재 경기도 안산시 성포동; 묘소가 그 곳에 있음)에 살면서 재야의 생활을 계속하였다. 그의 대표적 저술에는 『성호사설星湖僿說』, 『곽우록藿憂錄』, 『이자수어李子粹語』, 『질서疾書』 등이 있다.

이익의 학문은 철저히 유교적 기반 위에 이루어졌다. 그는 성리학에 있어서 영남학파에 속하며, 퇴계의 성리설을 따르고 있다. 그러므로 퇴계의 '리기호발설'(理氣互發說)을 지지하고, '리'와 '기'의 상호발현(나타남)을 인정하였다. 그러나 그는 성리설에 있어서는 퇴계의 입장을 지지하였지만, 경세론에 있어서는 율곡 이이(李珥)와 유형원의 주장을 받아들이고 있다. 그는 율곡이야말로 조선왕조 창립 이래 시무(時務)를 가장 잘 알았던 인물로 보았다.

이익은 전제(田制)를 논하면서 균전(均田)의 중요성을 역설하였는데, 토지를 겸병(兼倂)함으로써 파산하게 되어 떠돌아다니는 서민들에게 생활기반을 보장하기 위하여 매매할 수 없는 일정 면적의 토지(대략 100畝의 크기)를 영업전(營業田)으로 부여하자는 주장을 하였다. 뿐만 아니라 그는 노비제의 비인간적인 측면을 지적하고, 노비도 일정범위 안에서 과거에 응시할 수 있게 해야 하며, 천한 신분을 면해 주는 길을 가는 것이 국력을 기르는 방법의 하나임을 주장하였다.

이익은 서양의 학문(서학西學)을 수용하는 데 적극적 관심을 보였던 점에서 당대의 어떤 학자보다도 개방되어 있었다. 그의 대표적인 저서 『성호사설』 천지문(天地門)에 의하면 독일의 선교사 아담 샬 폰

벨(Adam Schall von Bell; 중국명; 탕약망湯若望)의 역법이야기가 자주 인용되고 있는데, 서양력에 대한 그의 신빙성을 돋보이게 한다.

그는 부친이 북경에서 가지고 온 서적들에 도움을 입어서, 상당히 많은 한역 서학관계의 자료들을 보았다. 그중 중요한 것으로는 서양의 천문도, 시헌력, 만국지도, 마테오 리치(Matteo Ricci; 중국명; 리마두利瑪竇) 저술의 『기하원본』과 『천주실의』 등이다. 실학자로서 이익의 서양학문에 대한 관심은 조선학자들의 지리적 세계관을 확대시켰고, 그와 같은 점에서 의식의 변화를 초래하게 하는 데 공헌이 컸다. 그중에서도 천주교 교리서에 대한 이익의 접근은 유교적 세계관에 젖어 있던 조선의 지식인에게 새로운 세계관을 소개하였다는 점에서 의의가 있다.

(3) 안정복(安鼎福)

안정복(순암順庵; 1712-1791)은 신후담(愼後聃), 윤동규(尹東奎)와 함께 이익의 제자이다. 그는 정치권력에서 소외된 남인계열의 가정에서 태어났으며, 할아버지가 울산 부사(府使)를 역임한 바 있다. 저서에 『하학지남下學指南』, 『동사강목東史綱目』, 『열조통기列朝通紀』, 『만물유취萬物類聚』 등이 있다.

안정복의 학문은 주희와 퇴계의 성리학을 존숭하였으며, 동시에 일상생활에 필요한 학문[下學]을 추구하였다. 그는 백과사전적인 박학(博學)의 학풍을 좇아서 학문 활동을 하였는데, 『만물유취』에서 천지자연의 질서에서부터 사회제도에 이르기까지 다양한 주제를 취급하였다. 안정복은 스승 이익의 영향을 받았으나 서양의 과학에는 오히려 무관심하였고, 천주교 교리에 대해서는 비상한 관심을 표시하였다. 그는 유교의 입장에 있었고, 서학(천주교)을 이단으로 거부하였다.

안정복의 학문에 있어서 지적할 수 있는 바는 국학(國學)에 대한

인식태도이다. 그는 『동사강목』에서 우리나라 역사를 주희의 『통감강
목』의 필법과 체계에 따라 정리하였는데, 한국 역사의 독자성을 재인
식함으로써 민족역사의 자주성을 드러내고자 하였다. 이와 같은 저술
에 있어서 실증성을 중시하고, 객관성을 유지하려고 하였다.

(4) 홍대용(洪大容)

홍대용(담헌湛軒; 1731-1783)은 북학파(北學派)의 대표자이다. 그
는 영조 7년 서울에서 태어났으며, 할아버지는 대사간이요, 부친은 목
사(牧使)였으니 뼈대 있는 집안의 출신이다. 그의 스승은 당대의 학자
인 김원행(金元行)이다.

누구나의 인생에 있어서 전환의 계기가 있는 것처럼 홍대용에게
도 인생의 커다란 변화의 기회가 있었다. 그가 숙부 홍억(洪檍)을 따라
서 청나라 수도 북경(北京)을 방문한 것은 35세 때의 일인데, 유리창
(琉璃廠) 거리에 갔다가 남방 항주(杭州) 출신인 엄성(嚴誠), 반정균(潘庭
筠) 등을 알게 되었다. 이를 인연으로 해서 그는 청나라의 학문, 즉 '북
학'(北學)을 주장하게 되었고, 학문을 실용과 후생의 길에서 찾게 된다.

홍대용은 조선에서 처음으로 '지동설'(地動說)을 주장한 학자로
유명하다. 이 같은 주장은 폴란드 출신의 천문학자 코페르니쿠스(N.
Copernicus; 1473-1543)로부터는 300년, 이탈리아의 갈릴레오(G. Galileo;
1564-1642)로부터는 200년이 뒤지는 일이지만, 조선 실학자로서는 처
음 있는 일이었다. 그는 저서 『담헌서湛軒書』 보유(補遺)편 「의산문답
醫山問答」에서 이렇게 말한다.

무릇 땅덩어리는 하루 동안에 한 바퀴를 돈다. 땅의 둘레는 9만 리,
하루는 12시간이다. 9만 리의 큰 땅덩어리가 12시간에 맞추어 움직
이고 보면, 그 빠르기가 번개나 포탄보다도 더하다.

이와 같은 홍대용의 말을 독창적인 연구의 산물이라고 할 수는 없겠다. ― 홍대용의 경우는 김석문(金錫文)의 학문을 익혀서 공부한 모범답안지라고 주장하는 학자가 있다(민영규, "17세기 이조 學人의 地動說,"『강화학 최후의 광경』, 1994) ― 그러나 주희의 성리학이 아직 지배적인 풍토에서 이와 같이 참신한 주장을 할 수 있다는 그 자체가 놀라운 일이다. 그는 또 이렇게 말하고 있다.

실옹(實翁)이 말하길 "슬프다, 도술(道術)이 망한지 오래다. 공자가 죽은 후에 제자들이 어지럽혔고 주자(朱子) 문하의 말단에서 선비들이 주자의 뜻을 혼란시켰다. 그 업적을 높이면서 그 참됨을 잊었고, 그 말씀을 익히면서 그 뜻을 잃었다. 정학(正學)을 일으킨다고 하지만 실제로는 자랑하는 마음에서 나왔고, 사악한 학설을 배척한다고 하나 실제로는 이기려는 마음에서 나왔고, 몸을 지키겠다는 지혜가 실제로는 이기심에서 나왔다. 이 네 가지 마음이 서로 다르니 참된 뜻은 날로 없어지고, 세상은 물 흐르듯이 날로 허망한 데로 달음질치고 있다(같은 책, 「의산문답」).

이와 같은 홍대용의 말에서 '허'(虛)를 경계하고 '실'(實)을 추구하는 정신을 확인할 수 있다. 그의 학문은 자연과학에 대한 폭넓은 관심과 현실의식을 바탕으로 전개되었으며, 실제에 유용한 것이면 청나라의 문물이라도 받아들여야 한다는 입장이었다.

(5) 박지원(朴趾源)

조선조 후기 실학에 있어서 박지원(연암燕巖; 1737-1805)의 위치는 그의 문장과 더불어 비중이 크다. 저서 중에『허생전許生傳』,『양반전兩班傳』,『호질虎叱』등은 문학계에서도 중요한 자료이며, 그의 태도는 기성의 권위주의에 도전하고 양반의 허구와 위선적인 태도를 신랄하게 비판하는 것으로 일관하고 있다.

박지원은 1780년 44세 되던 해에 청나라 황제의 여름 별장이 있는 열하(熱河; 瀋陽; 현 沈陽) 지방을 다녀온 일이 있었는데, 이 경험을 살려서 정리한 글이 『열하일기熱河日記』이다. 그는 이 책에서 "용(用)을 이롭게 한 다음에야 생(生)을 두텁게 할 수 있고, 생을 두텁게 한 연후에야 덕(德)을 바르게 할 수 있다"라고 말한다. 이것은 『서경』에서 말하고 있는 덕을 바르게 함[정덕正德], 용을 이롭게 함[이용利用], 생을 두텁게 함[후생厚生]; 곧 '3사'(三事)의 내용 중에서 이용과 후생의 선행(先行)을 주장한 것으로 윤리(正德)는 먹을 것과 입을 것이 풍족한 연후에 가능하다는 현실주의적 사고를 의미한다.

박지원은 명나라에 대한 의리론과 청나라에 대한 북학론의 모순을 일으키지 않고 양립이 가능하다고 인식하였다. 그의 학문은 북학의 연장선에 있으며, 자연과학에 대한 소개, 상공업과 무역에 대한 관심 등을 통하여 실학정신을 강조하였다. 『열하일기』 중의 「옥갑야화」에 수록된 '허생전'(許生傳)은 그의 현실주의적 경제관념을 웅변적으로 보여 준다.

(6) 박제가(朴齊家)

박제가(초정楚亭; 1750-1805?)는 승지 박평(朴坪)의 서자(庶子)로 서울에서 태어났으며, 북학을 원숙한 단계로 끌어올린 실학자이다. 그는 29세(1778년)에 처음으로 북경을 방문한 이래, 4차례의 중국방문이 있었다. 제1차 방문을 마치고 돌아와서 『북학의北學議』를 저술하였다.

박제가는 상공업, 특히 외국과의 무역을 장려하는 한편 개방외교를 주장하였으며, 과거제도와 재정정책, 그리고 장례(葬禮) 등을 개혁하자고 주장하였다. 그의 실학정신의 특징도 정덕·이용·후생의 조화에 있었다.

박제가는 "진실로 백성에게 이롭다면 비록 그 법이 오랑캐에서 나왔다고 하더라도 성인은 장차 취할 것인데, 하물며 중국의 옛 법도임에랴"(『북학의』 존주론尊周論)라고 말하며, 청나라의 문물을 적극적으로 받아들여야 한다고 주장하였다. 그는 과감하게 당시의 폐단을 지적하고 있는데, 1786년 정조 10년에 올린 상소문 '병오소회'(丙午所懷)가 그것이다. 박제가가 주장한 "네 가지 모순과 세 가지 폐단"을 요약하면 다음과 같다:

네 가지 기만(欺瞞)이란 첫째로 인재를 기르거나 재용을 개발할 생각은 하지 않고, 갈수록 백성들이 가난해지는 나라의 자기모순(국가의 자기기만), 둘째로 지위가 높을수록 사무를 천하게 여겨서 아랫사람에게 일을 맡기는 사대부의 자기모순(사대부의 자기기만), 셋째로 과거시험 준비를 하는 선비들이 삼림에 숨어서 문장에만 정신을 쏟고 세상의 쓸 만한 책을 볼 것이 없다고 하는 과거의 모순(선비의 자기기만), 넷째로 부자, 형제간에도 서로 칭호를 부르지 못하고, 한 집안의 친척을 노예로 대하는 사람이 있고, 또한 손자나 조카뻘밖에 되지 않는 어린아이가 신분이 다르다고 하여 어른을 꾸짖는 경우가 있으면서 오히려 경박하게 청나라를 깔보고 자신은 예의니 중화(中華)니 하는 사회풍속의 자기모순(습속의 자기기만)이 그것이다.

세 가지 폐단이란 첫째로 사대부는 나라에서 양성하는데, 나라의 법률을 사대부에게 적용시키지 않는 경우의 자기폐단, 둘째로 과거는 인재를 등용하기 위한 수단인데, 과거로 말미암아 오히려 쓸 만한 인재의 등용이 막히는 폐단, 셋째로 서원(書院)을 세워서 선현(先賢)에게 제사를 거행하는 것은 선비를 존중함에 있는데, 실제로는 병역을 기피하고 제사를 빙자하여 금지된 술을 만드는 폐단이 그것이다.

박제가는 이상과 같은 사회의 모순과 폐단을 지적하고 이것을 과감하게 개혁하자고 주장하고 있다. 박제가의 개혁론은 16세기 율곡 이이(李珥)가 주장한 『동호문답』에 있어서 각종 시무(時務)의 개혁과 통하는 바 있다.

(7) 정약용(丁若鏞)

정약용(다산茶山; 1762-1836)은 진주목사를 역임한 남인계 인물 정재원(丁載遠)의 아들로 태어났다. 과거에 급제한 뒤 남인이 정계에서 권력을 잡을 때 병조참의, 곡산부사, 승지 등을 지냈다. 정조가 세상을 떠나고, 남인의 실권(失權) 이후 전라도 강진 땅에 유배되어 18년간을 죄인의 신분으로 살아야 했다.

역사상 뛰어난 인물이 그렇듯이 정약용도 자신의 처지에 비관만 하지 않고, 놀라운 창조력을 발휘하여 조선조 후기 실학사상의 가장 뛰어난 저서라고 할 수 있는 『여유당전서與猶堂全書』를 남겼다. 그의 학문적 업적은 광범위하여 인문, 사회과학 전분야에 걸쳐서 영향을 끼쳤다.

정약용의 학문체계는 근본적으로 유교 경전인 6경 4서에 대한 주석(註釋)과, 자신의 저서인 1표 2서(一表二書) 안에서 구축되고 있다. 그는 살아 있을 때(61세) 자신의 묘지명을 미리 지었는데, 이 글에 그의 사상적 대강이 담겨 있다. —6경은 유교의 경전인 『시경』, 『서경』, 『주역』, 『예기』, 『춘추』, 『악경』 등이며; 4서는 『논어』, 『맹자』, 『대학』, 『중용』이다. 1표 2서는 다산 자신의 저술로 『경세유표』, 『목민심서』, 『흠흠신서』를 말한다 —

[정약용의 학문체계]
a. 자기수양[修己] — 뿌리(本)… 철학·종교·윤리 → 6경 4서
b. 사회활동[治人] — 가지(末)… 정치·경제·법률 → 1표 2서

정약용의 학문적 뿌리는 정치학이 아니라 철학·종교 혹은 윤리학이다. 본체의 응용관계로 말한다면 6경 4서는 '본체'요, 1표 2서는 '응용'이다. 오늘날 한국의 정약용에 대한 연구는 『목민심서』와 같은 정치, 행정 분야에 치우쳐 있는 듯하다. 자신을 닦는 '수기'분야와 남을 다스리는 '치인'분야가 상보적인 관계라면, 그의 학문은 뿌리와 가지[본말本末], 본체와 응용[체용體用]의 합일을 지향한 것이다.

그의 학문적 업적 중에서 『경세유표經世遺表』, 『목민심서牧民心書』가 목민관(행정가)에게 귀감이라면; 『논어고금주論語古今注』, 『맹자요의孟子要議』, 『대학공의大學公議』, 『중용자잠中庸自箴』, 『매씨서평梅氏書評』 등은 유교사상의 정수(精髓)에 관한 것이다.

정약용은 인간의 본성인 '性'의 해석에 있어서 주희와 같이 '리(理)로 파악하지 않고, 하나의 '기호'(嗜好)현상으로 이해하였다. 이때의 '기호'란 곧 '즐기어 좋아함'이라는 뜻이다. 그는 다음과 같이 말한다.

> 본성이란 즐기어 좋아함이다. 그런데 여기에는 몸의 기호가 있고, 또 이성(理性)의 기호가 있는바, 균일하게 '본성'이라고 말한다. 그러므로 (『서경』의) 「소고召誥」에서 '성품을 조절한다'라고 하며, (『예기』의) 「왕제王制」에서 '백성의 성품을 절제한다'라고 하며, 『맹자』에서 '마음을 분발시키고 성질을 참게 한다'라고 하는 것이다. 또한 귀·눈·입·육체의 기호로써 본성이라고 하였으니, 이것이 몸(形軀)의 기호이다. 하늘이 명하신 것을 본성이라거나, 본성과 천도라고 하거나, 본성이 착함, 본성을 다함이라고 하는 본성들은 이성(理性; 靈知)의 기호이다(『여유당전서』 제 1 집, 제16권, 「자찬묘지명自撰墓誌銘」).

여기에서 말하는 '형구'(形軀; body), 곧 형체의 기호는 육체적인 몸이 즐기어 좋아함을 말하며, '이성'(理性; reason)의 기호는 천명의

좋아함과 싫어함이다. 다시 말하면 식욕과 성욕의 욕구, 귀·눈·입·몸
의 욕구는 『서경書經』 주서(周書) 「소고」편에 나오는 '절성'(節性), 그리
고 『예기』 「왕제」편의 '절민성'(節民性), 그리고 『맹자』 「고자」편 下의
'동심인성'(動心忍性) 등은 전자에 속한다. 한편 『중용』에서 말하는
'하늘이 명하신 것을 본성이라고 한다'(天命之謂性), 『논어』 공야장 편
에서 말하는 '본성과 천도'(夫子之言性與天道), 그리고 『맹자』에서 말
하고 있는 '성선'(性善), '진성'(盡性) 등은 후자에 속한다.

정약용의 인간본성에 대한 주장은 하나의 기호처럼 '좋아함과 싫
어함'의 문제이지, 인간의 내부적인 자주권이 배제되어 버린 고원 광
대한 법칙, 즉 하늘이 명(命)한 것은 아니라는 내용이다.

정약용의 실용적 학문체계는 주로 1표 2서에서 드러나고 있다.
그의 저서 『경세유표經世遺表』는 국가행정기구의 재편성, 전제의 개
혁, 조세제도의 개선 등을 취급하고 있으며; 『흠흠신서欽欽新書』와
『목민심서牧民心書』는 목민관, 즉 공무원의 정신적 자세와 취하여야
할 태도에 대해서 언급하고 있다.

정약용은 이상과 같은 저술에서 문벌, 계급 및 지방색의 타파를
주장하고 인재본위로 관리를 등용할 것을 주장하였다. 또 목민관이
백성을 위해서 존재하는 것이지 백성이 목민관을 위해서 존재하는 것
은 아니라는 민주주의 사상을 표현하였다. 그는 중농주의를 바탕으로
환곡(還穀)의 폐지를 주장하고, 지주(地主)도 토지세를 부담해야 한다
는 공전균세론(公田均稅論)을 주장하였다.

(8) 김정희(金正喜)

김정희(추사秋史, 완당阮堂; 1786-1856)는 정조 10년 충남 예산에서
태어났다. 부친 김노경(金魯敬)은 판서를 지낸 인물로서 김정희가 명문
대가 출신임을 알 수 있다. 그는 1819년 과거에 급제한 이래 규장각 대

교, 성균관 대사성을 거쳐서 병조참판 등의 벼슬을 역임하였다. 대부분
의 실학자들이 권력에서 소외된 불우한 환경이었음에 비추어 본다면,
김정희의 가정환경과 벼슬살이는 매우 이례적인 경우에 속한다.

김정희는 헌종 경자년(1840년) 윤상도의 옥사에 연루되어 죄인의
몸으로 10년을 제주도에서 유배생활을 하였으며, 철종 신해년(1851년)
권돈인(權敦仁)의 예론(禮論)을 배후에서 조종하였다는 혐의로, 다시
귀양을 가서 북청(北靑)에서 2년을 보냈다.

김정희는 청나라의 '고증학'(考證學)을 도입한 대표적인 실학자이
다. 그는 '추사체'(秋史體)라고 부르는 서법(書法)의 창안자로서 유명
하다. 그는 금석학, 문자학, 역사 및 지리학 등에 정통하였으며, 사상
적으로는 불교에 심취하였다. 저술을 즐겨하지 않아서 젊었을 때 저술
한 것을 불에 태워 버렸다고 전하는데, 저술로는 『완당전집阮堂全集』
10권이 남아 있다.

김정희는 24세의 청년시절 부친을 따라서 북경에 갔는데(1809년,
순조 9년), 그 곳에서 청나라 학자 옹방강(翁方綱; 1733-1818) 및 완원
(阮元; 1764-1849)을 사귈 기회가 있었다. 그들이 고증학의 대가였고,
김정희의 학문도 고증학의 바탕 위에 성립되었다. 그중에서도 금석학
에 밝았으며, 당시까지만 해도 무엇인지 내용을 몰랐던 북한산의 석
비(石碑; 북한산 순수비)가 신라의 진흥왕 순수비(巡狩碑)라고 밝혀 낸
것은 그의 공로이다.

김정희의 학문은 철저히 "실제 있는 일에서 올바른 이치를 찾는
다"[실사구시實事求是]는 정신 속에서 발전하였다. 그의 '실사구시설'에
의하면 학문이란 다음과 같은 것이다.

대체로 성현의 가르침은 몸소 실천하는 데에 있는 것이지 공허한 이
론을 숭상하는 것이 아니다. … 그러므로 학문의 길에 반드시 한(漢),

송(宋)의 경계를 나눌 것이 없고; 정현(鄭玄), 왕필(王弼)과 정호(程顥), 정이(程頤) 및 주희(朱熹)의 장단을 비교할 필요도 없으며, 주희(朱熹), 육구연(陸九淵), 설선(薛宣), 왕수인(王守仁)의 문호를 다툴 필요도 없다. 다만 마음을 고르고 고요하게 하여 널리 배우고 독실히 행할 것이니, 오로지 '실제 있는 일에서 올바른 이치를 찾는다'는 이 한 마디 말을 기본으로 삼아서 실행하는 것이 좋을 것이다(『추사집』 실사구시설).

청나라의 고증학(考證學)은 송학의 의리론적인 해석을 벗어나 한(漢)나라 학문의 훈고학적인 해석을 존중하였는데, 김정희도 사실중시의 '실사구시'의 정신을 존중하였다. 그는 학문에 있어서 자의(恣意)로 추측하지 않고 실증이 없이는 확언하지 않는 태도를 지녔다. 그는 옛 것을 철저히 탐구하는 '존고'(存古)의 태도를 견지하였는데, 이와 같은 태도는 학문적 기본 입장이었다. 그러나 그의 학문을 복고적(復古的)인 것으로 보아서는 안 되고, 오히려 옛 것을 수용함으로써 적극적으로 미래를 지향하는 태도로 이해해야 하겠다(서경요, "김완당의 學藝와 存古정신," 『한국학보』 제11집, 1978).

현재 국내의 완당연구는 지나치게 예술 방면에 치우쳐 있다. 누가 뭐래도 그는 유학(儒學; 經學)의 지식으로 무장한 당대 지식인이었다. 불교에 관한 관심이 특출한 점은 여타 성리학자들과 구별된다. 향후 완당 연구는 성리학 및 불교 분야를 보완해야 한다고 판단한다.

(9) 최한기(崔漢綺)

최한기(혜강惠崗; 1803-1877)의 생애는 충분히 밝혀지지 않은 상태이다. 그는 양반 가문의 출신이지만 벼슬을 한 일이 없고, 변두리의 주변에 처한 양반에 속하였다고 볼 수 있겠다. 그의 학문적 저술은 상당히 알려져 있다. 그의 대표적인 저술에 『신기통神氣通』, 『추측록推測錄』, 『인정人政』 등이 있다.

조선조시대 대부분의 선비들처럼 최한기의 학문도 유학에서 출발하였다. 그러나 기존의 이론을 그대로 답습하지 않고 비판적인 태도를 취하고 있다. 그에게 있어서 학문이란 실제성이 있는 것을 의미하였다. 다시 말하여 '실사구시'의 정신이야말로 참된 학문의 도리이다. 그는 다음과 같이 말하고 있다.

> 무릇 온갖 사무(事務)라야 참되고 절실한 학문이다. 사무를 버리고서 학문을 구함은 허공에 매달은(쓸데없는) 학문이다. … 사농공상과 군대 같은 것들이 모두 학문의 실제자취니, 그 행사와 조치를 본다면 그 학문의 성패나 우열을 점칠 수 있다. 만일 부질없이 허망한 것이나 익히고 고담준론이나 하고, 문자로써 사업을 삼고, 문호(門戶)를 전수나 한다면 그로 하여금 일을 맡겨도 일을 잘 처리하지 못할 것이며, 사람을 가르치도록 하여도 조리를 밝힐 수 없을 것이다. 그러므로 이름은 비록 학문일지라도 사무의 조치에 어두워서 또한 사람들에게 도움을 주는 바가 적을 것이다(『인정人政』 11권, 교학문).

어떻게 해야 사무(事務)의 학문을 할 수 있는 것인가? 최한기는 그 방법으로서 '신기통'과 '추측'을 말한다. '신기'(神氣)란 "여러 감각기관과 4지 등 신체를 통괄하고 생성하는 것"인바, 이것이 "막힘이 없이 트여야"[通] 생명체가 유지될 뿐 아니라 정신작용이 원활해진다. 또한 '추측'(推測)이란 마음의 능력으로 일어나는 일종의 인식작용인바, 그것은 경험을 토대로 이루어지는 인식작용이라고 본다. 그러므로 용어상으로는 '추'(推)는 인하다, 써하다(以), 말미암다, 이르다 혹은 나아가다는 뜻이고, '측'(測)은 헤아리다, 추측하다, 알다, 다스리다는 의미이다(『추측록』 제 1 권, 추측제강推測提綱).

'신기'를 '통'하고 그것을 '추측'함으로써 우리가 지각한 모든 대상이 근거를 갖고 증험할 수 있는 것이 된다. 그러므로 추측하여 지각한 것은 선천적으로 주어지는 것이 아니라, 인간의 '신기'가 경험을 통하여 얻어지는 것이다. 이와 같은 경험적인 지식만이 참다운 지식이며, 그것을 추구하는 학문이 실제적인(즉 '실사구시') 학문이라는 것이다.

10.3 조선조 후기 실학사상연구의 문제점

하나의 학풍으로서 조선조 후기에 존재하였던 '실학'은 오늘날 학자들 사이에 이론(異論)없이 합의된 개념이 아니다. '실학'을 말할 때는 어떤 입장에서 서술하는지를 밝히지 않으면 안 된다. ─ 이와 같은 문제점을 생각하여, 이을호 교수가 '실학개념논변의 시비(是非)'라는 글에서 실학의 문제를 정리한 바 있다(이을호,『한국개신유학사 시론』, 1982) ─

앞에서 말한 바와 같이 저자는 실학을 18세기 영조, 정조 시대 이후의 역사현상으로 받아들이고, 이우성 교수의 분류에 따라 경세치용파, 이용후생파, 실사구시파 등의 제3기로 나누어서 이에 해당하는 9인의 학자를 소개하였다. 그러나 조선조 후기 실학연구에는 많은 문제가 남아 있다. 그 이유는 실학의 정합성(整合性)을 지나치게 사회, 경제 및 자연과학의 측면에서만 파악한 점에 있다.

실학자들이 이기론, 심성론 등의 철학적인 분야보다도 농업, 상공업, 지리, 자연과학 분야에 무게를 둔 점이 있다. 그러나 실학자들을 반(反)주자학으로 몰아세울 수는 없다. ─ 말의 의미에 있어서 조선조의 학자들 중 반주자학자(反朱子學者)가 있었는지 의문이 간다 ─ 비록 주희(朱熹)에 대해서 비판적인 자세를 취한 학자들이라 하더라도(예: 정약용·김정희 등) 반주자학이라고 부르는 데는 한계가 있다. 그들이 모두 유교의 영향 속에 놓여 있었음을 소홀하게 보아서는 안 된다.

저자는 실학자들을 탈성리학 ─ 탈성리학(脫性理學)이라고 해서 탈유교(脫儒敎)는 아니다 ─ 의 경향을 취한 학자들로 국한시키는 것이 현명하다고 본다. 그렇다면 앞에서 언급한 유형원, 이익, 안정복 (이상 경세치용파) 등은 실학자들이 아니다. 그렇게 되면 북학론을 주장한 홍대용, 박지원, 박제가(이상 이용후생파) 등과; 정약용, 김정희, 최한기(이상 실사구시파) 등만이 실학자의 그룹에 남는다.

향후의 연구자들은 조선조 성리학과 북학 사상가들의 차이점을 좀더 명확하게 분석하여 탈성리학의 경향에 대한 확실한 진단을 내리는 일이 요구된다. 그렇게 함으로써 기존의 애매모호한 실학개념을 버리고 근대적인 요소를 지닌 사상체계를 실학사상으로 규정하면 좋을 것이다.

이상의 내용을 종합하면 저자의 결론은 다음과 같다.

첫째로, 재래의 조선후기 실학자들 중에서 서학(西學)의 수용, 박학적(博學的) 경향 혹은 국학연구 또는 자연과학의 성향 등만을 기준으로 실학자를 선정해서는 안 된다. 백과전서(百科全書)의 지식을 자랑하는 것을 실학으로 볼 수 없는 것이며, 자연과학의 기술적 측면 또한 인문학의 정신과는 다르다.

둘째로, 성리학은 시대의 산물이다. 성리학이 조선조 후기에 운명을 다한 것이 아니다. 실제에 어두운 학자들이 있었다고 하더라도 그것은 성리학의 이상(理想)이 아니며, 유교의 이상은 더욱 아니다. 우리는 탈성리학의 경향을 보이는 학자들을 실학자라고 말할 수 있다. 왜냐하면 그들은 '성즉리'(性卽理)의 사고를 벗어나려고 함으로써,

그만큼 근대성을 지향하였기 때문이다. 저자가 보기에 이와 같은 정신에 접근한 사람은 정약용, 김정희, 최한기 정도이다. — 근대성의 개념을 결여한 채, 탈성리학의 경향을 보이는 학자도 물론 있다. 최근의 연구결과에 의하면, 청송(靑松) 심씨 집안 심대윤(沈大允; 1806-1872)은 인간이 이익을 추구함이 본성이라고 하여 '성즉리'(性卽利)를 주장하였다고 한다(『심대윤전집』 성균관대학 대동문화연구원, 2005). 그렇다고 그를 실학자로 볼 수는 없다 —

셋째로 사상성(思想性)이 결핍된 학문은 현실의 운동의 차원에서도 실패하기 마련이다. 만일 실학이 성리학의 철학을 무의미한 것으로 여기고, 이를 극복 내지 탈피하려고만 하였다면, 그것은 실패할 수밖에 없었다. 격조 높은 학문성을 상실한 채, '실사구시'를 오로지 제도를 따지거나 혹은 옛 것을 고증(考證)하는 정도의 지말(枝末)에 그치고 말았으니, 이는 조선조 후기의 학문적 불행이다. — 한말(韓末)의 전우(田愚; 1841-1922)는 실학자들이 이름이나 따지는 명물제도(名物制度)와 그저 옛 것을 우려내는 고거원증(考據援證)에 흘러서 '실사구시'의 아름다운 뜻을 놓쳤다고 안타까워하였다(『간재집艮齋集』 후편 권17, 「화도만록華島漫錄」) —

📖 읽을거리

● 변태섭, 『한국사통론』, 삼영사, 1986.
● 천관우, 『한국사의 재발견』, 일조각, 1976.
● 이을호, "현대실학의 과제," 『다산학보』 제 3 집, 1980.
● 이을호, 『한국개신유학사 시론』, 박영사, 1980.
● 『실학논총』, 전남대학교, 1975.

- 전해종, "실학의 개념,"『한국과 중국』, 지식산업사, 1979.
- 정창렬, "실학사상 연구의 쟁점과 과제,"『월간조선』1981년 11월호.
- 이우성, 『실학연구입문』, 일조각, 1974.
- 금장태, 『한국실학사상연구』, 집문당, 1989.
- 정인보, 『담원 정인보전집』, 연세대학교출판부, 1983.
- 박종홍, 『한국사상논고』 유학편, 서문당, 1983.
- 지두환, "조선후기 실학사상의 문제점과 방향,"『태동고전연구』3집, 1987.
- 윤사순, 『한국유학논구』, 현암사, 1980.
- 한우근, 『성호 이익연구』, 서울대학교출판부, 1990.
- 민영규, 『강화학 최후의 광경』, 우반, 1994.
- 최익한, 『실학파와 정다산』, 청년사, 1989.

제11강 도교(道教)와 도교의 세계관

11.1 도교란 무엇인가?

11.1.1 도교 형성의 바탕

모든 종교는 인간의 죽음을 다룬다. 우리는 죽음의 문제를 다루지 않는 종교를 상상할 수 없다. 죽음은 곧 삶과 연결되어 있다. 죽고 사는 문제(生死事)는 중대한 문제이다. 대부분의 종교는 죽음을 피할 수 없는 것으로 받아들인다. 그런데 죽음 자체를 거부하고, 불사(不死)의 정신을 주장한 종교가 있다. 중국 고대의 도교(道教)가 그것이다.

도교는 불교, 유교와 더불어 중국 3대 종교의 하나이다. 이는 인간의 수명을 연장하려는 장생불사(長生不死)의 욕망과, 도(道)를 통하여 신선(神仙; 죽지 않는 존재)이 되기를 구하는 민중종교이다.

도교의 성립 과정은 불투명하고 혼란스럽다. 우리는 중국 고대 민간신앙에 대하여 관심을 기울일 필요가 있다. 고대는 다신교(多神教) 사회였다. 고대인은 자연 현상을 두려워하고, 귀신을 믿었고, 조상신을 숭배하였다. 여기에 역(易), 방술(方術), 도참(圖讖), 점복(占卜), 무축(巫祝), 천문(天文), 둔갑(遁甲), 음양오행(陰陽五行), 의학(醫學) 등의 문화현상이 있었다. 이러한 요소들이 혼합된 체 한대(漢代)의 도교 결사(結社) 운동체로 나타난다. 한마디로 도교는 비빔밥이다.

한(漢) 나라 이전 형성된 노장(老莊) 사상이 도교 이론에 작용하였음을 지적해야 하겠다. 우주의 궁극적 실체를 '도'(道)로써 파악하는 노자(老子)의 『도덕경道德經』(책 이름을 『老子』라고도 함), 삶의 궁극적 원리를 무위(無爲)로 파악하는 장자(莊子)의 『남화경南華經』(책 이름을 『莊子』라고도 함)이 도교의 성립에 있어 사상적 기반으로 수용되었다. 철학사에서는 노장 사상을 도가(道家)라고 표현하는데, 이때의 도가를 도교와 같은 것으로 볼 수는 없다. ―『사기史記』를 저술한 사마천(司馬遷)의 아버지 사마담(司馬淡)이 쓴 "6가요지"에 '도가'가 들어 있다―

넓은 의미의 도교는 철학적인 도가(道家)를 포함한다. 도교 기반에 도가의 철학이 자리 잡고 있다는 말이다. 중국 고대의 전설적 인물 황제(黃帝)와 노자(老子)를 숭상하는 경향이 있었는데, 이를 '황노학'(黃老學)이라고 부른다. 도교의 형성과정에 '황노학'이 또한 영향을 미쳤다.

도교는 교단도교(즉 '성립도교')와 민중도교(즉 '민간도교')로 구분된다. 전자가 노장사상을 섭렵하여 교의(敎義)나 제의(祭儀), 수련방법 등의 체계를 갖추고 있는 데 대하여, 후자는 전래의 습속을 체계 없이 신앙하는 것을 가리킨다. 그러나 시간이 갈수록 교단도교도 점차 교의와 사상의 틀을 벗어나서 민중 신앙적으로 전개되며, 송대(宋代) 이후에는 민중도교의 성격이 훨씬 강해진다. 선(善)을 권장하는 서적의 보급과 함께 유행한 후기의 도교는 유교, 불교, 도교[유불선儒佛仙] 3교의 융합적 성격을 지닌다.

11.1.2 최초의 교단 도교와 수(隋)·당(唐) 시기

최초의 교단도교는 2세기 중반 후한(後漢) 시대 우길(于吉)이 조직한 태평도(太平道)이다. 이를 계승한 장각(張角; ?-184)은 10만 명에 달하는 신자들을 조직하여 황하의 하류지역에 나라를 세우고 후한의 군대와 전투를 벌였다. 태평도에서는 병을 앓고 있는 환자에게 신 앞에서 참회케 하고, 부적(符籍)을 불에 살라서 물에 탄 것을 마시게 하는 치료 방법이 성행하였다. 태평교도들은 전투에서 노랑색의 두건(黃巾)을 쓰고 싸웠으므로, 이들을 '황건적'(黃巾賊)이라고 불렀다. 이들은 후한을 크게 위협하였으나 장각이 죽자 쇠퇴하고 평정되었다. ─『삼국지』의 인물 조조(曹操)가 황건적을 격파하고 장각을 죽였다고 한다. 장각이 병들어 죽었다는 일설이 있다 ─

태평도에 이어 후한 말엽 사천(四川) 지방에 장릉(張陵; 일명 張道陵; ?-177?)에 의해서 오두미도(五斗米道)가 창건되었다. ─'도교'라는 이름이 나중에 생겼는데, 장릉을 도교의 창시자로 보는 견해가 있다 ─ 그는 노자를 비롯한 신들에게 비술(秘術)을 전해 받았다고 하면서 병을 잘 다스렸고, 이름이 널리 퍼져 신도를 모았다. 신도가 되기 위해서 쌀 다섯 말[五斗米]을 바쳐야 했기 때문에 그 이름이 생겼다. 오두미도는 다른 이름으로는 정일교(正一敎) 혹은 천사도(天師道)라고 한다. 장릉(張陵)은 나중에 신선이 되어 촉(蜀) 땅의 곡명산(鵠鳴山)에 숨어버렸다고 전한다.

5세기 전반 북위(北魏)의 구겸지(寇謙之; ?-448)에 의해서 '신천사도'(新天師道)가 창건되었다. 오두미도의 개혁파인데 스스로 '도교'라고 칭함으로써 도교라는 명칭이 생겼다. 구겸지는 태상노군(太上老君; 노자를 가리키는 다른 이름)과 선인에게서 교전(敎典)을 전해 받고 천사(天師)의 지위를 부여받았다고 한다. 구겸지의 활동이 있기 전까지 도교는 민간신앙에 불과하였지만 남북조(420-589) 시대 북위(北魏)의 임금 태무제(太武帝; 재위 432-452)가 도교를 받아들이니, 도교는 세력을 얻어 불교를 밀어 내고(446년에서 452년간에 걸쳐 태무제太武帝에 의한 불교 탄압이 있었다. 이를 태무제의 파불破佛 사건이라고 함) 국가종교가 되었다. ─ 태무제 때 재상이었던 최호(崔浩; ?-450)가 왕에게 도교의 믿음을 권하고, 왕은 구겸지를 맞아들이고 위(魏)의 수도인 평성(平城)에 도교의 도량을 열었다 ─

도교는 수(隋) 나라 때 세력을 확장하였고, 7세기 당(唐) 나라 때는 황실의 보호를 받아 노자(老子)가 황실의 조상으로 격상되었다. ─ 당(唐) 고조(高祖; 李淵)와 노자(李耳)와 성이 같은 이유라고 한다. 권력자가 노자의 신화를 이용한 것으로 판단된다 ─

이제 도교는 국가사직을 수호하는 종교로 발전하였으며, 고구려 말엽 당나라에서 도교를 받아들인 점은 이와 같은 역사적 배경이 작용하고 있다. 도교는 처음에 부적(符籍)이나 주문(呪文) 중심의 도(道)였으나,『도덕경』과『주역周易』의 가르침을 수용하여 철학적 교리를 갖추었다. 또 유교를 비판하면서『노자』,『장자』,『주역』이라는 3현(三玄)의 학문(3현학三玄學)을 근간으로 참다운 도리(진도眞道)를 칭하고, 불교의 자비와 민중구제의 교설까지 뒤섞어서 성도(聖道)가 되었다고 자부한다(후꾸나가 미쯔지福永光司,『道敎思想史硏究』, 1988).

당 나라가 성할 때 노자를 산동성 태산(泰山)에서 제사지내고, 태상현(太上玄) 황제라고까지 칭하였으니(이때는 666년이다) 그 위세를 알 만하다. 그러나 5대 10국(907-960년간)의 분열시기에는 사상계의 변화와 함께 도교도 새로운 변모를 맞이하게 된다.

송대(宋代)가 되면 불교는 화엄학 등의 정밀하고 치밀한 교학불교가 쇠퇴하고, 천태종, 선종, 정토종 등의 실천 수행불교가 융성해지며; 유교도 경세론 내지 훈고학 위주의 경향에서 인간본성의 수양을 강조하는 거경궁리(居敬窮理)의 학문 성리학으로 전환된다. 이와 같은 분위기에서 도교 또한 실천성을 강조하는 혁신 3교단(태일교, 진대도교, 전진교)이 출현한다.

12세기 초 하남성(河南省)의 소포진(蕭抱珍)이 창교한 태일교(太一敎)는 부적을 중시하고, 부수(符水; 부적을 불살라 물에 탄 것)에 의한 치료를 담당하였고, 산동성(山東省)의 유덕인(劉德仁; 1123-1180)이 창시한 진대도교(眞大道敎)는 유교와 불교사상이 가미된 교법을 제정하였다.(유덕인이 신도들에게 가르친 9개 조항의 교훈은 일종의 윤리강령이다.) 섬서성(陝西省)의 왕중양(王重陽; 1113-1170)이 창도한 전진교(全眞敎)는 3교 일치설에 입각하여 연단(煉丹)과 민중구제이념을 전개하였다 (구보 노리타다窪德忠, 『도교사』, 1977).

한국의 고려중기 예종(1105-1122) 때 북송으로부터 변혁기의 교단도교를 받아들인다. 그러나 고려조의 도교는 실천 수행적 성격보다 의례적(儀禮的) 성격이 강한 경향을 보이는데, 이는 사직(社稷)을 보전하기 위한 고려조정의 기복(祈福) 신앙태도 때문으로 판단된다.

11.2 도교경전에 대한 소개

11.2.1 『도장道藏』의 탄생

도교의 대표적 경전이 무엇이냐고 물으면 대답이 쉽지 않다. 도교는 여타 종교처럼 체계적인 형태를 갖춘 종교가 아니다. 경전(經典)도 난삽하기 이를 데 없다. 여러 가지 자료를 종합하여 저자는 대표적인 도교경전을 다음과 같이 정리한다.

시 대	편 저 자	책 이 름
춘추전국	노자(老子)	『노자老子』(일명 『도덕경道德經』)
춘추전국	장자(莊子)	『장자莊子』(일명 『남화경南華經』)
서한(西漢)	유안(劉安)	『회남자淮南子』
동한(東漢)	위백양(魏伯陽)	『참동계參同契』 (일명 『주역참동계周易參同契』)
동한(東漢)	우길(于吉)	『태평경太平經』
서진(西晉)	위화존(魏華存)	『황정경黃庭經』
서진(西晉)	갈홍(葛洪)	『포박자抱朴子』
북위(北魏)	구겸지(寇謙之)	『황제음부경黃帝陰符經』
송(宋;12세기)	이창령(李昌齡)	『태상감응편太上感應篇』

　　도교의 일체를 포함한 경전을 『도장道藏』이라고 부른다. 이것은
불교의 『대장경大藏經』에 대응하는 개념이다. 역대의 도교총서를 가
리키며, 『도장경道藏經』 혹은 『도일체경道一切經』으로도 부른다. 도교
사상은 이들 경전이 찬술되면서 체계화되었는데, 그 비롯은 교단교도
의 성립과 때를 같이한다.

　　후한(後漢) 태평도의 신자들은 『태평경太平經』 170권을 찬술하였
다. 오두미도의 신자들은 별도로 경전을 찬술하지 않고 『도덕경』을
받들었다. 화제(和帝; 재위 89-105) 말엽 채륜(蔡倫)이 종이를 발명하
자, 이로 계기로 출판 사업이 진흥되었다. 그 결과 불교 서적이 많이
번역, 유포(流布)되었으며, 『태평경』의 성립 등 도교경전이 비약적으
로 증가하였다. 동진(東晉)의 갈홍(葛洪; 호 抱朴子; 283-343)은 '단학'
(丹學) 수련의 안내서가 된 『포박자抱朴子』 70권을 비롯하여 『신선전
神仙傳』 10권을 찬술하는 등, 670여 권에 달하는 도교경전을 집성하
였다.

443년 앞에서 말한 구겸지(寇謙之)의 '도교' 종단 창립 이래 남북조 시대의 송(宋; 420-479) ― 이 시대를 후대 12세기의 宋 나라와 구별하기 위하여 류송(劉宋) 시대라고 말함 ― 나라 사람 왕검(王儉)이 지었다는 전적(典籍) 목록 『칠지七志』(473년)에는 도경록이 들어 있고, 양(梁; 502-557) 나라 사람 완효서(阮孝緖)가 지은 『칠록七錄』(523년)의 「선도록仙道錄」에는 경계부 290종 828권이 들어 있다. 당대(唐代)에 위징(魏徵)이 칙명에 의해서 찬술한 『수서隋書』(629년) 「경적지經籍志」의 도경목록에는 경계(經戒), 방중(房中), 이복(餌服), 부록(符籙)의 4류 377부 1,216권을 싣고 있어서 도교사상의 체계화를 보여 준다. 여기에서 '삼통사보'(三洞四輔)의 내용을 포함한 『도장道藏』의 완성된 체계를 갖추게 된다. ―'3통 4보'는 통진(洞眞), 통현(洞玄), 통신(洞神)의 3통과; 태현(太玄), 태평(太平), 태청(太淸), 정일(正一)의 4보를 말한다 ―

도교사상의 유포와 교단도교의 전개에 따라서 도교 서적의 수집 편찬이 이루어졌다. 당(唐) 현종(玄宗; 재위 712-756) 때의 『흠정도장본』과 북송(北宋)의 왕흠약(王欽若) 등이 도교경전 4,565권을 수록한 『보문통록寶文統錄』(1010년)과 이것을 발췌하여 정리한 『운급칠첨雲笈七籤』 120권 그리고 도교의 경전 5,481권을 수록한 『만수도장萬壽道藏』(1114년)이 그것이다. ―『운급칠첨』은 갈홍의 『포박자』와 함께 도교 연구에 있어서 빼놓을 수 없는 저술이다. 여기서 말하는 '7첨'(七籤)이란 3통과 4보의 일곱 가지를 가리킨다 ―

금(金) 나라는 손명도(孫明道)를 시켜서 『대금현도보장大金玄都寶藏』(1186년)을 편찬케 하였고, 명(明) 나라 때에 도교경전 5,305권을 수록한 『정통도장正統道藏』(1445년)이 편찬되어 규모가 큰 도교사원(도관道觀)에 배포하였다. 청(淸) 나라는 도교에 대하여 각별한 관심을 기울였는데, 인종(仁宗; 재위 1796-1820)년간 장원정(蔣元庭)이 『도장집요道藏輯要』를 편집, 판각하였다. 오늘날 유행하고 있는 『도장道藏』으로는 이와 같은 『정통도장』과 『도장집요』가 대표적이며, 흔히 『도장』이라고 말하면 이들을 가리킨다.

11.2.2 『도장道藏』의 체계와 삼통사보(三洞四輔)

『도장道藏』의 체계를 정리하면 다음의 표에서 보는 바와 같다. 통진, 통현, 통신의 3통(三洞)과 태현, 태평, 태청, 정일의 4보(四輔)로 분류된다. 3통은 도교의 세계관인 3청의 각 교주(敎主; 사람이 아니고 신선을 가리킴)가 말한 교법으로 각각 대, 중, 소의 3승의 인간을 제도(濟度)한다는 도교적 해석에 입각하고 있다.

경전에 의하면 이 세상에는 3존신(三尊信)이 존재한다. 그들의 이름은 천보군(天寶君), 영보군(靈寶君), 신보군(神寶君)이다. 천보군은 옥청궁(혹은 玉淸境)에 살면서 과거의 시간을 다스린다. 영보군은 상청궁(혹은 上淸境)에 거주하며 현재의 시간을 감독한다. 신보군은 태청궁(혹은 太淸境)에 거주하며 미래의 시간을 감독한다. 도교에서는 옥청, 상청, 태청을 3청이라고 부른다. ─ 우리나라 서울에 소재한 삼청동(三淸洞)의 이름은 여기에서 기원한다. 실제로 삼청동에는 조선조 초기에 도교의 제사를 관장하던 소격전(昭格殿)이 있었다 ─

『도장』의 체계에서는 3통·4보가 중요한 내용을 구성한다. 문자적인 의미를 설명하면, 3통(三洞)의 '통'(洞)은 '通'字로 통하는데, 현묘에 통달한다는 뜻이다. 4보(四輔)는 '네 가지를 보좌한다'는 뜻으로 3통을 도와준다. '태현'은 통진부를 보좌하고, '태평'은 통현부를 보좌하며, '태청'은 통신부를 보좌하고, '정일'은 3통 전체를 보좌한다. 경전상으로 보면 태현은 『도덕경』이 중심이며, 태평은 『태평경』이 중심이다. 그리고 태청은 금단복약(金丹服藥)에 의한 장생선인(長生仙人)을 강조한 경전이 주요 내용이었으며, 정일은 5두미도의 경전이 수록되어 있어서 3통보다 내역이 오랜 경전형태를 이루고 있다.

장군방(張君房)의 『운급칠첨』에서는 3통·4보를 자세히 설명하고 있다. '칠첨'(七籤)이라는 용어 자체가 이와 같은 3통과 4보를 추첨한 다(籤)는 데에서 유래한 것임을 알 수 있다. 형식상으로 4보가 3통을 보좌하므로 양자는 종주관계와 비슷하지만, 실제로는 같은 지위를 갖는다. 『도장道藏』의 체계를 정리하면 다음과 같다.

『도장道藏』의 체계

삼통(三洞)	교주(教主)	교법(教法)	사보(四輔)	
통眞부 ——	玉청궁 天보군 ——	大승上법 ——	태玄부	
통玄부 ——	上청부 靈보군 ——	中승中법 ——	태平부 ——	正一부
통神부 ——	太청궁 神보군 ——	小승下법 ——	태淸부	

11.3 도교의 세계관

『포박자』, 『황정경』, 『운급칠첨』 등이 대표가 되는 『도장道藏』에 나타난 도교사상의 내용을 전체적으로 조명하면, 다음과 같이 네 가지 분야로 설명할 수 있다.

11.3.1 교학(教學)

도교에 대한 첫 번째의 관심은 우주의 생성에 대한 문제, 도의 기원과 전개, 천계(天界)의 종류, 신선(神仙)에 관한 해석이 된다. 도교의 우주는 '無'로부터 비롯한다. 無(이때의 '무'란 아무것도 없다는 뜻이 아니

도교의 천계天界구조

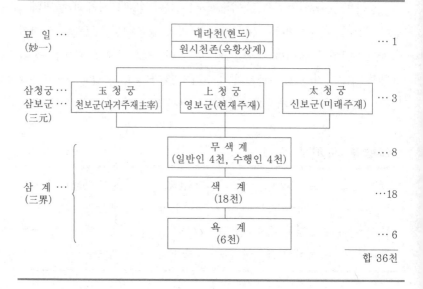

묘 일 … (妙一)		대라천(현도) 원시천존(옥황상제)		… 1
삼청궁 … 삼보군 … (三元)	玉 청 궁 천보군(과거주재主宰)	上 청 궁 영보군(현재주재)	太 청 궁 신보군(미래주재)	… 3
삼 계 … (三界)		무 색 계 (일반인 4천, 수행인 4천)		… 8
		색 계 (18천)		…18
		욕 계 (6천)		… 6

합 36천

라, 우주의 元氣와 같은 의미이다)에서 묘일(妙一), 삼원(三元), 만물이 생
겨난다.

　3원(三元)의 단계에서 천보군, 영보군, 신보군 등이 화생하였다.
이들이 다스리는 곳이 옥청, 상청, 태청의 3청궁(三淸宮)이다. 3보군
(三寶君)은 이름을 달리하지만 '원초적인 하늘의 존경받는 초자연적인
존재'[원시천존元始天尊]이며, 도교는 원시천존을 최고신으로 숭배한다.
이를 '옥황상제'(玉皇上帝)라고 부른다. 옥황상제는 시간과 공간을 초
월하고, 인과의 법칙에 얽매이지 않으며, 영원히 절대로 스스로 존재
한다. 3존신은 옥황상제[원시천존]의 화현(化現)에 지나지 않는다.

　도교에 있어서 천계란 욕계(欲界)·색계(色界)·무색계(無色界)의 3
계 36천으로 나누어진다. 욕계는 6천, 색계는 18천, 무색계가 4천이
다. 현세에서 선행을 쌓은 사람이 그 단계에 따라 각각의 하늘(天)에

이르는데, 무색계에 이른 사람들 가운데 수행이 충분히 완성된 선남선녀(善男善女)는 네 가지 天에 오를 수 있다. 그 위에 있는 것이 삼청궁이며, 다시 그 위에 원시천존이 있는 최고의 天(이를 '대라천'이라고 부름)이 있다.

원시천존(옥황상제)은 대라천(大羅天)의 옥경산 꼭대기 현도(玄都)에 살고 있다. 3청궁에는 중앙과 좌우에 3궁전이 있고, 각 궁전에는 선왕(仙王), 선공(仙公), 선경(仙卿), 선대부(仙大夫)가 있다. 이와 같은 도교의 천계는 현세의 궁전조직의 반영임을 알 수 있다.

천계에는 노자를 신격화한 태상노군도 있으나, 그가 있는 곳은 알 수 없다. 화신(化身)하여 석가모니 불타가 된 노군(老君)은 항상 태청궁에 머무른다는 이야기도 있다. 이들 천계의 명칭은 불교로부터 차용한 것이다. 최고의 천에 살고 있는 최고신 원시천존은 세계(중국)의 창시자이기도 하다. 원시천존은 지상에서 저절로 화생한 태원옥녀(太元玉女)와 결혼하여 천황씨(天皇氏), 지황씨(地皇氏), 인황씨(人皇氏)를 낳는다. ― 중국의 신화에서 등장하는 반고진인(盤古眞人)이 곧 원시천존의 화생(化生)이다 ― 이렇게 해서 황제(黃帝) 때에 세계(중국)의 국토가 열리고, 인간이 번식하기 시작하였다고 전한다.

11.3.2 방술(方術)

두 번째는 주술(呪術), 부적(符籍), 기도의식 등 방술 부문이다. 주술에는 불교도처럼 수인(手印)을 짓고 주문을 외우는 방법과 신을 불러 몸을 보호하는 방법, 혹은 악귀나 악령을 막는 법, 주술적인 보행법(예: 우보禹步; 禹 임금처럼 걷는 법) 등 여러 가지가 있다.

부적은 재앙과 화를 멸하고 복을 부르는 것, 장수(長壽)를 기원하는 것, 병을 치료하는 등 목적에 따라서 여러 가지가 갖추어 있다. 그 종류도 몸에 지니는 것, 실내, 문, 입구 등에 붙이는 것, 각종 의식에 쓰이는 등으로 나눌 수 있다. ―조선조 말엽 동학농민운동 당시 부적이 활용되었으며, 강일순(姜一淳)의 '천지공사'(天地公事) 또한 부적을 사용한 사실을 볼 수 있다. 현재 일반인이 식당 혹은 카페 등을 개업하면서 부적을 붙이는 모습을 볼 수 있다. 그 효용이 어떻든 관습은 이토록 오랜 역사를 가진다―

도교의 기도의식인 제사에는 여러 가지 종류가 있다. 조상의 영혼을 구제하는 황록초(黃籙醮), 모든 사람을 구원하려는 목적으로 행하여지는 옥록초(玉籙醮), 일식(日食), 홍수, 기아를 몰아내고 태평을 빌기 위하여 황제의 뜻에 따라서 거행되는 금록초(金籙醮) 등이 행하여졌다. 도교의 제사는 '재초'(齋醮)라는 특수 용어를 사용한다.

11.3.3 양생(養生)

도교는 장생불사를 소망하는 종교이다. 그러므로 의술(醫術)에 관심이 많으며, 이는 곧 양생의 문제를 말한다. 도교의 주된 목적이 늙지 않고 오래 사는 데에 있으므로 자연과학 특히 의학 분야와 깊은 관계를 갖는 일은 우연이 아니다.

철학으로서의 도가(道家)와 종교로서의 도교(道敎)는 이 점에서 차이점이 있다. 전자는 자연의 도에 따르는 것이 인간의 도리이므로 생명이 다하면 죽음은 당연한 것이라고 본다. 그러나 후자는 자연에 역행하여 죽음을 피하고 생명을 연장하려는 방법, 즉 불노장생(不老長生)에 대해서 관심을 가졌다.

양생에는 ① 벽곡법(辟穀法), ② 복이법(服餌法), ③ 조식법(調息法), ④ 도인법(導引法), ⑤ 방중술(房中術)의 다섯 가지로 나눌 수 있다.

'벽곡법'이란 불에 익히지 않은 생식(生食)을 먹음을 말한다. 5곡

을 먹지 못하기 때문에 대추, 감초, 산삼(山蔘) 등 약초를 뭉쳐서 알약
[환丸]의 형태로 먹는다. 옛날 산에 사는 사람들은 불을 피우는 일이
보통 어려운 일이 아니었다. 이 때문에 생식을 취한 것이지, 현대인이
따라서 할 일은 아니다.

'복이법'은 '벽곡'과 다소 중복된다. 솔방울, 국화, 송진(松津), 창
포 등으로 약을 만들어 먹는다. 벽곡의 특징은 단사(丹砂)의 복용에
있다. '금단'(金丹)이라고 호칭되며, 도교 연금술(鍊金術)의 발전을 가
져왔다. ― 중국 황제들 중 몇 사람은 '금단'을 먹고 곧바로 죽은 사
람이 있다. '금단'이 '금단의 열매'(禁斷; the forbidden fruit)가 아닌지
모르겠다 ―

'조식'이란 '태식'(胎息)과 같은 의미이다. 호흡을 조절함으로써
양생을 도모하는 방법으로 '기'(氣)의 흐름을 조절하는 행위이다. 인
간의 몸은 밖으로부터 폐를 통하여 들어오는 외기(外氣)와, 배꼽 아래
에 위치하는 단전(丹田)에서 발생하는 내기(內氣)가 있다. '복기'(服氣)
의 수행을 통하여 '기'의 순환을 도모하고 신령스러운 태[성태聖胎]를
완성시킨다. 조식법은 심호흡을 통하여 건강을 증진시키는 차원을 넘
어서 정교한 이론을 발달시켰다. 불사(不死)를 추구하는 도사들의 집
념을 확실하게 만날 수 있는 영역이다.

'도인'이란 신체의 여러 부분을 두드리거나 어루만지는 것으로
안마(按摩; 맛사지massage)의 방법이다. 현대의 표현으로는 체조법인
데, 여러 가지 체조 형태가 있듯이 중국 고대에도 다양한 형태가 존재
하였다. ― 적송자(赤松子), 팽조(彭祖) 등 고대 신선의 도인법에 관한
기록이 있다. 현대 중국에서 발맛사지[足按摩]는 훌륭한 건강 증진법
의 하나이다. 고대 도교의 양생법을 현대에서 상품화한 것이다―

'방중술'이란 일종의 양성(養性) 방법이다. 유가(儒家)에 있어서
'양성'은 인간의 본성(nature)을 기르는 내적 수양론이지만, 도교의 '양

성'은 남녀의 섹스 행위(sexual intercourse)를 통하여 건강을 증진하고 수명을 연장하는 방법이다. 원조는 팽조(彭祖)로 알려져 있다. 팽조는 방중술을 연구하고 운모(雲母)를 먹은 결과, 760세 이상을 살았다고 전한다. 남녀의 성행위는 인간사의 중요한 문제이고, 도사들은 다양한 실천 방법을 남겼다. 이들의 목표는 쾌락 추구가 아니고 장생(長生)의 확보라는 차원에서 참고할 만한 것이 많다. 세상에는 항상 묘한 사람들이 있는 법이다. 최음제(催淫劑)를 제조하여 팔아먹는 파렴치한 인물들이 있었다. ─ 당대(唐代)까지 도사들은 결혼하여 자녀를 거느렸다. 그들은 금욕주의(禁慾主義)를 바람직한 것으로 여기지 않았다. 명대(明代) 이후 유가의 선비들이 『도장道藏』을 편찬할 때, 방중술에 관한 자료를 많이 제외시켰다. 금욕(禁慾)은 본성이 아니고, 문화 현상의 일부이다 ─

양생법은 애당초 갈홍(葛洪)이 『포박자』에서 신선(神仙)이 되는 방법으로 서술한 것이지만, 5세기 이후 일반 도교수행자의 건강 증진법으로 발전하였다.

11.3.4 윤리(倫理)

도교에 대한 네 번째의 관심은 윤리 혹은 계율(戒律)의 분야이다. 윤리의 영역으로 지적할 수 있는 것은 충(忠)과 효(孝)의 덕을 쌓는 일, 나라의 법률에 따르는 일 등이다. 그 내용으로 보아서 유교의 영향이 짙은 것을 알 수 있다. 그와 같은 경향은 특히 12세기 송(宋)대 이후 민중도교에서 강조되었다.

민간에 큰 영향을 주었던 이창령(李昌齡)의 『태상감응편太上感應篇』에서는 "화복은 문이 없으니 오직 사람이 스스로 불러들인다"라고 시작한다. 이것은 스스로 지은 화(禍)는 피할 수 없고 자업자득이라는

윤리적 규범을 담고 있다. 『태상감응편』의 몇 구절을 소개하면 아래
와 같다.

- "천지에는 죄과를 맡은 신이 있어 사람이 저지른 죄의 경중에
  따라 사람의 수명을 빼앗는다."
- "모든 사물에 자비를 베풀어라."
- "나라에 충성하고 부모에 효도하며 형제간에 우애하라."
- "초목과 곤충이라도 함부로 해치지 말라."
- "욕을 당하면 원망하지 말고 총애를 받으면 경계하라."
- "무릇 하늘의 신선이 되고자 하는 자는 1,300가지 선(善)을 닦아야
  하며, 땅의 신선이 되고자 하는 자는 300가지 선을 닦아야 한다."
- "벌레를 묻어서 남을 저주하거나, 약을 써서 나무를 죽여선 안
  된다."
- "우물과 부뚜막을 넘거나, 음식과 사람을 뛰어넘어선 안 된다."

『태상감응편』을 포함한 도교 경전에는 하나같이 생명에 대한 존
중사상이 담겨 있다. 생태(生態; Ecology)의 측면에서 본다면, 도교는
매우 귀중한 열쇠가 될 수 있을 것이다. 만일 현대문명이 도교의 내
용대로 생태적 환경을 보존하면서, '지속 가능한 발전'을 계속 유지할
수만 있다면, 그보다 더욱 이상적인 경지는 없을 것이다.

『태상감응편』이외에 『공과격功過格』의 유포에 의한 영향도 크
다. 『공과격』이란 사람이 하루하루의 생활을 반성하고 그 선악의 정
도를 일기(日記) 식으로 기록하는 것을 말하는데, 가장 오래된 것은
남송(南宋) 효종(孝宗) 때(1171년)에 우현자(又玄子)라는 인물이 전하는
『태미선군공과격太微仙君功過格』이다.

태미선군(太微仙君)이 꿈에 말한 것을 기록한 이 책에 따르면, 공

격(功格) 36조와 과율(過律) 39조로 분류하여 매일 이것을 보고 선과 악을 계산하고 이를 가감(加減)한다. 그리하여 한 해가 다하면 마치 연말정산하듯이 당해 연도의 통계를 내는데, 이는 교사가 학생의 점수를 기입하는 것과 같다. 간단히 예를 들면 다음과 같다.

- 부자(富者)가 되어서 처(妻)를 버리는 것 → 100過 (i.e. −100)
- 술 마시고 난동 부리는 것 → 5過 (i.e. −5)
- 노비(奴婢)나 첩(妾)을 학대하는 것 → 30過 (i.e. −30)
- 중병(重病)든 사람을 고치는 것 → 30功 (i.e. +30)
- 일 년간 소고기 혹은 개고기를 먹지 않는 것 → 5功 (i.e. +5)
- 미인(美人)에게 마음을 두지 않고 쳐다보지 않는 것 → 5功 (i.e. +5)

가령 어떤 사람이 1년간 소고기나 개고기를 먹지 않았고, 미인(美人)을 음탕한 마음으로 쳐다보지 않았다면, 그는 5功+5功=10功이 된다. 그러나 그가 노비 혹은 첩을 학대하였다면 30過가 되므로, 30過 − 10功=20過가 되어서 결국 죄(罪)가 무겁다는 결론을 얻는 것이다.

『공과격』의 사상은 공(功)이 많으면 복을 얻고, 과(過)가 많으면 화를 얻는다는 생각에서 유래되었다. 오늘날까지 널리 유포되고 있는 것은 명나라 시대의 인물 원료범(袁了凡)이 지은 『공과격』이다. ─ 원료범은 성(姓)이 원(袁)이고, 이름은 황(黃)이다. 명대(明代)의 인물로 벼슬은 병부주사(兵部主事)를 역임하였다. 1592년 일본이 조선을 침략하였을 때, 장군 송응창(宋應昌)의 군대를 따라서 조선전쟁(임진왜란)에 참가한 일이 있다 ─

📖 읽을거리

- 사까이 다다오(酒井忠夫),『도교란 무엇인가』, 최준식 옮김, 민족사, 1990.
- 고야나기 시끼다(小柳司氣太),『노장사상과 도교』, 김낙필 역, 시인사, 1988.
- 하찌야 구니오(蜂屋邦夫),『중국사상이란 무엇인가』, 한예원 역, 학고재, 1999.
- 구보 노리타다(窪德忠),『도교사』, 최준식 역, 분도출판사, 2000.
- 홈스 웰치·안나 자이델 편저,『도교의 세계─ 철학, 과학, 그리고 종교』, 윤찬원 역, 사회평론, 2001.
- 위앤양(袁陽),『중국의 종교문화』, 박미라 옮김, 길, 2000.
- 황준연,『중국철학과 종교의 탐구』, 학고방, 2010.
- 김낙필, "한국철학사 연구의 반성과 문제점: 도가와 도교,"『철학』제27집, 한국철학회, 1987.
- 김백현, "도교속의 노장철학─ 노장에서 초기도교까지,"『중국학보』제34집, 한국중국학회, 1994.
- 김성환, "도학·도가·도교, 그 화해 가능성의 재조명,"『도교학연구』제16집, 한국도교학회, 2000.
- 이종은, "동양의 도교문화: 도교사상의 현대적 의의,"『한국학논집』제26집, 한양대학교 한국학연구소, 1995.
- 福永光司,『道教思想史研究』, 岩波書店, 1988.
- 窪德忠,『道教史』, 山川出版社, 1977.
- 胡孚琛,『中華道教大辭典』, 中國社會科學出版社, 1995.
- 世界宗教研究所道教研究室, 王卡 主編,『中國道教基礎知識』, 宗教文化出版社, 2002.
- Randall L. Nadeau, *Conficianism and Taoism*, Edited by Lee W. Baily, *Introduction to the World's Major Religions* (Vol. 2), Greenwood Press, Westport, Connecticut, 2006.

제 12 강 도교의 신(神)들과 도교적 세계관의 한국 중세사회에의 영향

12. 1 도교 세계의 신(神)들
— 일반적으로 숭배되는 신(神)들을 중심으로

12.1.1 신(神)과 선인(仙人)

도교에서 신(神)이 무엇을 뜻하는지 문자적인 의미부터 새겨보자. 동한(東漢) 시대 문자학자 허신(許慎)의 자전『설문해자說文解字』에는 "神이란 天神이다"라고 풀이하고 있다. '神'은 '申'의 가차자(假借字)로서 번개를 표현한다. 번개가 번쩍이고 우레 치는 자연현상을 신격화하여 신앙 대상으로 삼았다는 말이다. 이와 같이 산과 강, 비와 바람 등의 천지자연, 초목금석 등 자연물을 신격화한 자연신(自然神)과 사람이 죽은 후 귀신을 신으로 격상시킨 인격신(人格神)이 있다.

하늘의 별과 달과 태양이 모두 신이며, 사람의 생사와 운명을 지배하는 것이라고 믿었다. 특히 고대 점성술에서 별을 중시하는 경향을 볼 수 있는데, 북극성 또는 북두칠성 신앙이 대표적이다. 그와 같은 개별적인 자연현상에 대한 믿음이 통합되어 하늘에 대한 신앙으로 추상화되었는데 상제(上帝) 혹은 호천상제(昊天上帝)라고 불린 최고신이 그것이다. 추모 혹은 공포의 대상이 되기도 했던 정치가, 장수한 인물, 도를 깨친 사람 등이 사후에 귀신(鬼神)으로서 제사의 대상이 되었다. 성곽을 지키는 신, 집을 지키는 신, 자연과 날씨를 관장하는 신들에게 각각 부여된 능력이 있으며, 이 신들은 사람의 현실생활에서 여러 가지 능력을 보여 주었다. 도교는 일체의 상황을 신과 연결시켰다.

도교의 독특한 신격으로 선인(仙人)이 있다. 선인은 민간신앙의 세계에서 태어난 존재로, 전국(戰國) 시대에서 진(秦)·한(漢) 시대에 걸쳐 발생하였다. 선인은 나이를 먹지 않고 죽지 않으며, 어디든 자유롭게 이동할 수 있는 능력을 가진 존재이다. 선인에게도 서열이 있다. 예를 들면 시해선(尸解仙)이 있는데, 수행을 많이 쌓은 도사가 죽으면 속인들의 눈에는 죽은 듯이 보이지만, 실제는 선인이 되었다는 것이다. 이 것이 시해선(尸解仙), 즉 시체로 가장하는 술법을 사용하여 살아 있는 몸에서 해탈된 선인으로 선인 계급에서 하위에 속한다. 『포박자』 권 2에 의하면 선계(仙界)에 오르는 수준에 따라 상·중·하의 세 단계로 구분된다. 상(上)은 천선(天仙)으로 허공에 올라 우주에 소요할 수 있는 경지이고, 중(中)은 지선(地仙)으로 명산을 여행하며 33 동천(洞天), 72 복지(福地)에 태어날 수 있는 경지이다. 하(下)는 육체를 남기고 혼백만 벗어나는데, 이를 시해선(尸解仙)이라 부른다(『포박자』 論仙 제2).

12.1.2 일반적으로 숭배되는 신(神)들

도교는 많은 신들을 숭배하는 다신교(多神敎)이다. 불교에도 사찰의 수호신이 있지만, 주요 신앙 대상은 부처이고 보살이다. 따라서 신이라고 말할 경우는 대부분 도교에서 숭배하는 신을 가리킨다. 다만, 도교의 신은 민간신앙에서 모시는 신들이 섞여 있어서 경계선이 모호하다. 간과하지 말아야 할 점은 송대(宋代) 이후 기층 인민에게는 신(神)의 존재가 도교적이든 불교적이든 상관이 없었다는 점이다. 즉 유·불·도 3교의 구별은 문제가 되지 않았다. 도교만을 놓고 볼 때, 일반적으로 숭배되고 있는 신(神)들을 열거하면 다음과 같다.

① 원시천존(元始天尊)

옥황상제라고도 부른다. 이는 북송(北宋)의 진종(眞宗; 재위 998-1022) 이후 굳어진 호칭이다. 천지가 분화되기 이전 음양이 혼돈한 상태의 일원기(一元氣)를 신격화한 호칭이다. 원시천존은 분화되어 3존(三尊)이 되며 3청(三淸)에 거주한다.

② 노군(老君) 혹은 태상노군

노자를 말하며 원시천존의 화신으로서 시대를 따라 세상에 현신한다. 황제(黃帝) 시대는 광성자(廣成子)로, 소호(少昊)의 시대에는 수응자(隨應子)로 현신하는 등 다양한 화신이 있다. 노자는 그 화신으로서 현묘옥녀(玄妙玉女)의 모태 내에 81년간을 머물다가 그녀의 왼쪽 갈비뼈(左脅)를 가르고 태어났다. 노자의 이름을 내세우는 경전에 『서승경西昇經』 및 『화호경化胡經』 등이 있다.

③ 현천상제(玄天上帝)

북극성으로서 현무(玄武), 혹은 진무(眞武)라고 부른다. 고대인들은 북극성을 태일(太一)이라고도 칭하였으며, 한대(漢代)에는 대단히 존숭하였는데 그 결과 호천상제(昊天上帝)의 지위를 빼앗기에 이르렀다.

④ 북두성(北斗星)

도교에서는 사방 및 중앙에 두성(斗星)이 있다고 보는데 북두칠성은 생명의 장단을 관장하는 것으로 널리 신앙되었다. 『태상감응편』에 '삼태북두신군'이라는 표현이 있으며, 『음즐문陰騭文』에도 봉진조두(奉眞朝斗)를 선행으로 인정한다. 또한 『도장』 중의 『태상현령북두연명진경太上玄靈北斗延命眞經』은 잘 알려진 경전으로 여겨진다. 북두칠성 중의 앞의 네 별은 괴성(魁星)이라고 불리어져 과거에 응시하려는 사람들에게 신앙되었다. 문창제군도 이와 비슷한 성격을 지닌다.

⑤ 문창제군(文昌帝君)

문창성은 별 이름이다. 도교의 전설에 의하면 황제(黃帝)의 아들로서 이름을 휘(揮)라고 한다. 천제가 그로 하여금 문창부(文昌府)의 일과 인간의 록적(錄籍)을 관장하게 했다. 학교에서 그를 숭배하고 문예의 신으로 받들었다. 어떤 과거응시자가 그의 사당(廟)에서 잠을 자고 영험을 입었는데 그때부터 문창성의 이름이 더욱 드러났으며, 원대(元代)부터는 문창제군이라는 존호를 부여하였다.

⑥ 성황신(城隍神)

특정한 장소를 지키는 신에 성황신과 토지신이 있다. 성황신은 관제적 성격이 강하기 때문에 사람들의 인기를 끄는 면에서는 열등한 입장이다. 성황신은 수해와 가뭄을 막는 일에서부터 명계(冥界)의 모든 일을 다루는 지방신으로 격상되었다.

⑦ 토지신(土地神)

성황신과 비슷한 성격의 신이다. 토지신은 이미 주대(周代)에 사신(社神)이 있었다. 사람이 죽은 후에 임명을 받는 토지신과는 성격이

다르다. 토지신 신앙은 삼국시대에 생겨나 당대(唐代)에 성황신이 널리 숭배되자, 성황신의 부하로 여겨지게 되었다. 송대(宋代)에 널리 토지신 신앙이 전국으로 전파되었는데, 토지의 평안, 풍작, 치병, 재앙의 제거, 또 돈을 벌게 해준다거나 토지관리 등 여러 가지가 있다.

⑧ 후토신(后土神)

후토(后土)는 대지의 신이라는 의미를 가지고 있다. 토지신의 분신(分身)으로 여겨진다. 이는 고대의 사(社)로부터 발전한 것으로 한대(漢代)에 황제(皇帝; emperor)가 제사지내는 신으로 되었다. 당대(唐代) 이후에 대지의 신과는 별도로 수묘신(守墓神)으로서의 개념이 첨가되었다. 『대당개원례大唐開元禮』 권138에는 길한 무덤이라고 판명되거나, 묘(墓)를 이장(移葬)한 후에도 공물을 바치고 제사를 지낸다. 『대명회전』 권96에는 황제나 황족이 죽었을 때에도 후토신에게 제사지냈다. 전한(前漢) 말기에 여신으로 여겨서 후토낭낭(后土娘娘)이라고 하였다.

⑨ 종산신(鐘山神)

한말(漢末)의 장수 자문(子文)을 제사지낸 것이다. 자문은 주색을 좋아했는데 적과 싸우다 종산에서 죽었다. 오(吳)의 손권(孫權) 때에 기적을 보인 때부터 그를 제사지내게 되었다. 육조(六祖) 시대에 특히 그에 대한 신앙이 성행하였다.

⑩ 삼관(三官)

도교에서 신들의 체계는 3청(三淸), 4어(四御), 두모(斗姆; 斗姥) 이외에는 명확하지 않지만, 두모(斗姆) 다음으로 세계 전체를 관할하는 3관(三官)이 있다. 天, 地, 水의 3관으로서 장도릉의 시절부터 그 신앙이 시작되었다. 3원(三元)이라고도 하는데, 상원 천관(天官)은 1월 15일, 중원 지관(地官)은 7월 15일, 하원 수관(水官)은 10월 15일에 각각 태어나 사람들의 선악을 감독한다고 한다. 이들의 탄생일에 제사를 지냈다.

⑪ 재신(財神)

3월 15일을 탄생일로 보고 집집마다 재단을 북방에 쌓고 소주(燒酒)와 소고기를 올린다. 또 1월 15일은 접로두(接路頭)라는 신의 탄생일로서 금라(金鑼; 징)를 울리거나 폭죽을 태우며 이를 맞아들인다.

⑫ 관제(關帝; 관우關羽)

관우의 신령이다. 그가 죽은 후 신령이 나타난 사실은 『삼국지연의』에 보이지만, 북송(北宋) 무렵부터 신으로 받들어졌으며 명대(明代)에는 관성제군(關聖帝君)으로 봉해졌고, 청대(淸代)에는 충의신무관대제(忠義神武關大帝)의 존칭을 내렸다. 관제는 청군(淸軍)이 명군(明軍)과 싸울 때 가호를 해주었기 때문에 청조에서 특히 존숭되었다. 그 이후로 일반인들은 그를 숭상하여 작은 부락에까지 관제를 모신 사당이 만들어졌다. 관제는 이처럼 무(武)의 신, 호국(護國)의 신이었으나 돈을 많이 벌게 해주는 재물신으로도 숭상되어 상인들이 많이 모신다. 그는 또 가람신, 절의 수호신으로도 되었다. ─ 조선 왕조 시절 이후 임진왜란 이후 관제(關帝) 신앙이 높아졌다. 서울의 동대문과, 전북 전주(全州), 남원 등 전국 곳곳에 관제 사당이 남아 있다 ─

⑬ 동악(東嶽; 태산)

태산의 신선부군을 제사지낸다. 태산이 사람의 생사를 관장한다는 것은 오랜 전설로서 『후한서後漢書』의 권120의 오환전(烏桓傳)에

"오환이 죽으면 태령적산에 돌아가는 것은 혼이 대산(岱山)에 돌아가
는 것과 같다"라는 내용이 있다. 장화의 『박물지』에도 "태산은 천제
의 자손이다. 인간의 혼을 불러내는 것을 주관한다. 동방은 만물의 시
작이므로 인간의 생명을 안다"고 하였다.

⑭ 여조(呂祖)

전진교의 5조 가운데 한 명으로 5대 무렵의 인물이다. 전하는 바
에 의하면 이름은 암(嵒), 자는 동빈(洞賓)이며 호는 순양자(純陽子)이
다. 당(唐) 정관(貞觀) 14년(789)에 영락현에서 태어났다. 로산(盧山)에
서 화룡진인(火龍眞人)으로부터 천둔검법(天遁劍法)을 전수받고 64세
에 종리권(種離權)으로부터 10회의 시험을 거친 후 신선이 되었다. 그
의 능력과 기적이 대단하였다는 것은 『고금도서집성』 열전 권23에 수
록된 사실을 보아도 알 수 있다. 오늘날 각지에 여조의 사당이 있다.

⑮ 8명의 신선[八仙]

종리권(種離權), 여동빈(呂洞賓), 장과(張果), 남채화(藍采和), 한상
자(韓湘子), 조국구(曹國舅), 하선고(何仙姑), 이원중(李元中)의 8인을
말한다. 종리권과 여동빈은 앞에서 거론하였고, 남채화는 당말(唐末)
의 인물이며, 한상자는 유학자 한유(韓愈)의 조카이며, 조국구는 송
(宋) 인종의 황후 조씨의 동생이다. 하선고는 여동빈과 같은 시대의
여성이며, 이원중은 당(唐) 대종(代宗; 재위 762-779) 때의 인물이다.
이 8선의 행적은 전설적이다.

12.2 도교적 세계관의 한국 중세사회에의 영향

12.2.1 한국도교의 형성과 전개

A. 한국도교의 형성과 중국도교의 전래 및 수용

한국도교의 연원에 대해서는 학자에 따라서 견해가 다르다. 대체로 큰 가닥은 두 줄기로 파악이 되는데, 하나는 교단도교(敎團道敎)를 중국으로부터 수용했다는 견해이며, 또 다른 하나는 신선사상(神仙思想)의 원류를 우리나라 자체에서 찾는 견해이다.

저자를 알 수 없으나 인조(仁祖) 때에 관동지방에서 발굴되어 택당(澤堂) 이식(李植; 1584-1647)에 의해서 세상에 소개된 『해동전도록 海東傳道錄』 — 이 책은 일설에는 한무외(韓無畏)가 지었다고 함. 이종은 교수의 한글국역본이 있음 — 은 한국도교의 맥을 중국의 전진교 (全眞敎)에서 찾았으며, 신라의 최승우(崔承祐)가 제일 먼저 접했다고 한다. 고운 최치원(崔致遠; 857-?)에 의해서 세상에 전해졌으며, 이들은 『참동계參同契』를 중시하였다. 이와 같이 중국도교에 근원을 둔 신라의 선파는 최치원으로부터 전수되어 — 최치원은 조선 단학(丹學)의 시조이다 — 조선조 김시습(金時習)에게 전수되었다. 이는 다시 홍유손(洪裕孫), 정희량(鄭希良), 윤군평(尹君平) 등에게 전수되었으며, 나중에는 북창 정렴(鄭磏), 토정 이지함(李之菡), 곽재우(郭再祐) 등에게 전파된 것이라 한다(이능화, 이종은 역주, 『조선도교사』, 1977).

홍만종(洪萬宗; 1643-1725)이 편찬한 『해동이적海東異蹟』에 의하면, 조선 선파의 근원을 단군에게서 찾고 있다. 조여적(趙汝籍; 조선 선조 때의 인물)이 지은 『청학집靑鶴集』 — 이종은 교수의 한글국역본이 있음 — 에서는 한국도교의 근원을 단군의 조부 환인(桓因)에게까지

거슬러 올라간다. 『조선도교사』의 저자 이능화는 다음과 같이 말하고
있다.

> 단군 삼대의 신화와 최근 도교의 3청설은 우리 해동(海東)이 신선의
> 연원이라고 국내의 서적들이 한결같이 말하고 있다. 예로부터 신선
> 을 말하는 사람은 누구나 황제(黃帝)가 공동산(崆峒山)에 있는 광성
> 자(廣成子; 신선의 이름, 갈홍의 『신선전神仙傳』에 보임/저자주)에게
> 도를 물었다고 한다. 그러나 진나라 갈홍이 지은 『포박자』에는 황제
> 가 동쪽 청구(靑丘)에 와서 자부(紫府)선생에게 『삼황내문三皇內文』
> 을 받았다고 한다. 자부선생은 동왕공(東王公)으로서 그가 동방에 있
> 는 까닭에 세상에서 동군(東君)이라 이르는 것이다.

동북아시아를 중심으로 널리 퍼져 있던 신선사상이 중국의 도교
형성에 어떠한 역할을 담당하였는지는 향후의 연구대상이 된다. 한국
의 토양 위에 신선사상이 가꾸어져 있었으며, 그것이 중국으로부터
수입된 교단도교를 수용하는 바탕이 되었다고 보인다.

중국의 도교가 한국 땅에 전해진 것은 삼국시대이며, 불교 및 유
교의 전래와 같은 시기였을 것으로 추측된다. 백제 근초고왕(재위 346-
375) 때 장군 막고해(莫古解; 일명 막해)가 도가의 말을 인용하여 "만족
함을 알면 욕됨이 없고, 그칠 줄 알면 위태하지 않다" 하고 간언하
였다는 내용이 그 한 예이다(『삼국사기』 백제본기 제2, 근구수왕). 이는
『도덕경』의 이야기이고, 교단도교(성립도교)의 구체적인 전개는 7세기
인 고구려 말엽에 이르러서이다.

고구려 영류왕(榮留王) 7년(642년) 2월 왕이 사신을 당나라에 파견
하자, 당 고조(이연李淵)는 도사를 고구려에 보내어 천존상과 도법을
가지고 가서 노자(『도덕경』으로 생각됨)를 강론하게 했으므로, 영류왕
과 당시 신하들이 이를 들었다고 한다. 도교의 사상적 경향을 분명하

게 알 수 있는 때는 보장왕(寶藏王) 2년(643년)의 일이다.『삼국사기』
에는 이렇게 기록되어 있다.

> 3월(643년)에 개소문(蓋蘇文)이 왕에게 아뢰어 말했다. "3교(유교, 불
> 교, 도교)는 비유하면 솥발[鼎足]과 같은 것이므로 하나라도 빠지면
> 안 됩니다. 이제 유교와 불교는 다 같이 흥성하나 도교는 아직 성하
> 지 않으니, 이른바 천하의 도술을 어찌 갖추지 않습니까? 삼가 사신
> 을 당나라에 보내어 도교를 구하여 나라 사람들을 가르치기 바랍니
> 다." 왕은 이를 옳다고 여겨서 글을 올려서 청하니, 당태종은 도사
> 숙달(叔達) 등 8명을 보내고 겸하여 노자의『도덕경』을 보내 주었다
> (『삼국사기』고구려본기 제9, 보장왕).

여기에서 우리는 고구려 말기에 불교와 유교가 흥성하는 가운데
에 도교가 전래, 수용되었음을 알 수 있다. 전래된 성립도교는『삼국
유사』의 기록에 의하면 5두미도(五斗米道)로 보인다. 조정이 도교에
기울어짐에 따라 도참(圖讖)이 유행하는 등 사상적 혼미가 발생하고,
반룡사의 고승 보덕(普德) 스님이 650년 방장(方丈)을 백제지역의 고
대산(현 전주 고덕산)으로 옮기는 사태가 발생한다. 이와 같은 사상적
갈등이 고구려의 국론을 분열시키고 국력의 쇠퇴를 가져다 준 점이 있
다. 이후 고구려는 유교, 불교, 도교 3교의 통합으로 나아가게 된다.

B. 통일신라 시기의 도교

통일신라시대 도교의 흐름은 크게 두 가지 경향으로 나누어서 찾
아볼 수 있다. 하나는『도덕경』및『남화경』을 비롯한 도가서(道家書)
의 유행이며, 다른 하나는 고유사상의 전통 위에서 형성된 이른바 '풍
류도'이다. 이는 종교와 학문에 있어서 도교와 불교가 서로 드나들었
던 풍토를 말해 주며, 후자는 3교사상의 본질적 만남을 제시해 주고

있다. 최치원의 '난랑비서'(鸞郎碑序)의 문장이 이것을 대변한다(난랑
비서의 내용은 본서 제4강을 참조할 것).

최치원이 말한 풍류도는 고대 한국의 신선도(神仙道)로 보이는데,
이와 같은 사실이 김대문의 저술 『화랑세기』에도 보인다.

> 화랑은 선도(仙道)이다. 우리나라에서 신궁(神宮)을 받들어 하늘에
> 큰 제사를 지내는 것은 연(燕) 나라가 동산에, 노(魯) 나라가 태산에
> 제사지내는 것과 같다(김대문, 『화랑세기』, 이태길 역, 1989).

이와 더불어 신라 말기 최치원이 쓴 재초(齋醮) 청사를 주목할 필
요가 있다. 그가 당(唐)에 머물 때 지은 청사(靑詞)들 — 도교에서 제
사지낼 때에 쓰는 축문, 이 축문은 보통 푸른 종이에 쓰는 까닭에 '청
사'라고 한다 — 은 『계원필경집』에 수록되고 있는데, 그의 도교사상
을 보여 준다. 이는 고려시대에 성행하는 '청사'들의 모범이 된다. 조
선조의 단학파들이 최치원을 가리켜 중국 도교(그중에서도 수련도교)를
전해 준 인물로 평가한 것은, 그가 도교의 수련에 있어서 일가견이 있
었음을 말해 준다.

C. 고려 시대의 도교 신앙

신라 말, 고려 초기는 중국과의 교섭이 빈번하였으며, 선종(禪
宗)의 승려를 비롯한 유학승들이 대거 귀국하였으므로, 중국도교의
사상이나 의례(儀禮) 등이 함께 전해졌을 것으로 본다. 선종 승려들
에게 유행한 도참신앙이 한 예이다. 고려태조 왕건(王建)은 후세의
왕들에 대한 교훈으로 이른바 '10훈요'(943년)를 남겼는데, 그 가운데
에 도교적 요소가 섞여 있다. 대표적인 내용을 소개하면 다음과 같다:

> 제2조 모든 사원은 모두 도선(道詵)이 산수의 순역(順逆)을 점치고
> 개창한 것이다. 도선이 이르기를 "내가 정한 곳 이외에 마구 절을 지

으면 지덕(地德)을 손상시켜 왕업이 오래 가지 못한다"라고 하였다.
나는 후세의 국왕, 공후, 후비, 신하들이 각기 원당(願堂)을 핑계삼아
혹시 더 짓지나 않을까 크게 걱정하는 바이다. 신라 말에 다투어 절
을 지어 지덕을 감손케 한 결과 결국은 멸망에 이르렀으니 경계하지
않을 수 없다(『고려사』 2, 태조 26년).

고려 초기에는 이처럼 불교와 도참사상이 뒤섞인 가운데 도교적
요소가 짙게 깔려 있었다. 고려도교는 유교 및 불교와 교섭을 하면서,
혹은 도참신앙을 통하여 전개되었고, 중기에 이르러 중국의 교단도교
를 수용하려는 방향으로 나아갔다. 예종(睿宗) 대에 송나라에 건너가
도사들을 초빙한 청하자(靑霞子) 이중약(李仲若; ?-1122 고려 숙종, 예종
연간의 인물. 의약에 밝았음)은 대표적인 인물이다(서거정 찬, 『동문선』 제
65권).

인종 때에 고려를 다녀간 송나라 사람 서긍(徐兢)이 저술한 『고려
도경高麗圖經』(1123년)에는 "송나라 대관(大觀 ; 송 휘종의 연호) 4년 경
인년(1110)에 천자는 고려에서 도교의 가르침에 대해 듣기를 원하고
있음을 알고, 사신을 파견하고 도사 2인을 동반하여 보냈다. 그러자
고려조정에서는 도교의 교법에 통달한 사람들을 가려 뽑아 도사들로
하여금 훈도케 하였다. 예종은 신앙이 독실하여 정화(政和; 송 휘종의
연호) 연간에(1111-1118) 비로소 복원궁(福源宮)을 세우고 고려인 중에
서 도사 10여인을 배출하였다"라고 기술하고 있다.

도교신앙이 독실한 예종의 힘을 빌린 이중약은 중국에 건너가 도
사들을 데려옴으로써 고려도교를 교단도교로 체계화시키고 있다. 복
원궁은 사직과 왕실의 안녕, 번영을 위한 재사(재초齋醮)를 실행하는
것이 주요 업무였으므로 일반 백성들에게 자유로운 감화를 미치기는
어려웠다. 의례가 체계화되고 도사 배출을 위한 법도가 갖추어지며,

이에 따라 배출된 도사와 함께 각처에 도관(道觀; 도교의 사원)이 설치된 것은 이러한 분위기를 바탕으로 한 것이다.

청사를 비롯한 각종의 도교 관계문헌이 이때부터 전해진 것인데, 고려도교를 과의(科儀)도교라고 부르는 것처럼, 의례를 중심으로 한 도교가 유행하였다. 인종 이후 7명의 어진 선비 등 숨어버린 문사들이 남게 된 사실은, 당시 도교사상의 유행과 이자겸(李資謙)의 난(1122년)을 비롯한 어지러운 사회 환경을 반영하고 있다.

재초(齋醮; 도교의 기도의식. '재'는 심신을 청정하게 하는 것이며, '초'는 丹을 만들어 술과 음식을 바쳐서 제사를 올리는 것)의 설행은 현세 이익신앙과 결부되어 다양하게 나타나며, 고려 후기에 이르면 '3시 신앙'이 있었다. '삼시'(三尸)란 인간의 생명을 관장하는 神으로 상시(上尸)·중시(中尸)·하시(下尸)의 3신을 말한다. 3시는 사람의 눈에 보이지 않지만, 인간의 몸속에 벌레 형태로 존재한다. 上尸(일명 색욕문色慾門; 팽거彭倨)는 인체의 상부기관인 머리, 눈, 이빨, 코 등에 있고; 中尸(일명 애욕문愛慾門; 팽지彭質)는 내장기관에 있으며; 下尸(일명 탐욕문貪慾門; 팽교彭矯)는 인체하부의 비뇨기 계통에 있다.

'삼시(三尸) 신앙'으로 말미암아 수경신(守庚申)의 관습이 민간에 지켜졌다. '수경신'이란 '경신일(庚申日)을 지킨다'라는 의미로 이날 밤에 잠을 자지 않고 밤을 새웠다. 왜냐하면 몸에 있는 '삼시'가 밤중에 몸을 빠져나와 옥황상제에게 죄를 일러바치기 때문이다(경신일에 밤을 새는 기록은 『운급칠첨』 81권에 보임). — 고려 원종(元宗) 6년 여름 4월 경신일 태자(충렬왕)는 안경공 완창을 연회에 초청하여 풍악을 울리고 밤을 새웠다. 나라의 풍속이 도가(道家)의 말에 의하여 언제나 이 날이 되면 반드시 모여서 술을 마시고 밤새도록 자지 않았다(『고려사』世家 26권) —

이 시기 고려는 불교와 도교가 기복(祈福)신앙으로 변질되었으며,

이는 조선왕조의 초기에 타도의 대상이 되었다. 이때에 도교사원(도관
道觀)도 많이 혁파를 당하였으나, 소격전(昭格殿)과 같은 제사기관은
조선조에도 한 동안 존재하여 사직수호를 위한 의식을 행하였다(조선
조 중종 때, 소격서 혁파 문제는 중종과 조광조趙光祖의 갈등사항이 되었음).

D. 조선시대의 도교

조선조는 유교가 지배적인 가운데, 도교는 의례중심의 과의(科儀)
도교에서 수련도교로 전환한다. 왕실의 비호 아래 국가사직을 위하여
의례를 행하는 것이 고려시대 도교의 특징이었다면, 도관이 없어진
조선조의 사회에서는 은둔하여 세상을 피해서 살아가는 도사들에 의
해 도교가 전승되고 자연히 내단(內丹), 외단(外丹)의 수련도교가 융성
해진 것이다.

단학(丹學) 비법을 체계화하여 갖추게 된 인물로서 매월당(梅月堂
혹은 청한자淸漢子) 김시습(金時習; 1435-1493)이 있다. 그는 주지하는
바와 같이 유학의 학문을 갖추고 승려가 된 인물이며, 동시에 도교에
넘나든 드문 이력을 지니고 있다. 김시습은 한국단학의 대가로서 연
단(煉丹) 원리는 내단에 의지한다. 외단(外丹)이 신선이 되기 위한 타
력적, 외적 방법이라면; 내단(內丹)은 자력적, 내적 수련에 의한 공을
쌓음으로써 천지운행의 법칙에 의하여 몸 안에 음양조화를 도모하는,
즉 몸에 단(丹)을 형성하여 장생불로하려는 본성적 수련법이다.

김시습의 도교사상은 우주와 인간에 있어서 편만한 '기'(氣)를 바
탕으로 형성되어 있으며, '기'는 그의 유학, 불교학에도 근간을 이루
고 있다. 이후 조선단학파의 수행체계는 김시습의 틀을 바탕으로 이
루어지고 있다.

김시습 이후 조선의 단학파는 다음 표에서 보는 바와 같이 전승
되고 있으며, 이와 같은 때에 유교, 불교, 도교의 3교를 융합하려는

시도가 있게 된다. 득통 기화(己和; 1376-1433) 스님의『현정론顯正論』
이 효시(嚆矢)였다면, 청허당 휴정(休靜; 1520-1604) 스님의『삼가구감
三家龜鑑』은 시대 분위기를 반영한 시대의 작품이다.

　　조선단학파가 융성하던 때에 조선은 임진왜란(1592년) 등 커다란
사회적 변혁을 겪게 된다. 관제(關帝) 신앙 ─ 중국 촉(蜀)나라의 장수
관우(關羽)를 숭상하는 것 ─ 이 수입되어 민중에 널리 알려진 것도
이 시기부터이다. 수련도교는 이제 민중도교로 바뀌면서 현실생활 속
에서 윤리적 종교를 표방하게 되는 것이다.

김시습 이후의 단학계보 丹學系譜

> 김시습(金時習; 1435-1493)

- 홍유손(洪裕孫; 1431-1529) ─ *박묘관(朴妙觀) ─ *장세미(張世美)
  ─ 강귀천(姜貴千) ─ 장도관(張道觀)

- 정희량(鄭希良; 1469-?) ─ *대주(大珠) ─ 정렴(鄭磏; 1506-1549)
  ─ *박지화(朴枝華; 1513-1592)

- 윤군평(尹君平) ─ 곽치허(郭致虛) ─ 한무외(韓無畏; 1517-1610)

- 서경덕(徐敬德; 1489-1546)

*표는 승려를 가리킨다. (양은용, "청한자 김시습의 단학수련과 도교사상,"『도
교와 한국문화』, 1988에서 인용함)

12.2.2 도교적 세계관의 한국 중세사회에의 영향

　　한국도교는 멀리 단군시대로부터 ─ 조여적(趙汝籍)이 지은『청학
집』에는 동방선파의 조종인 "환인(桓因)은 명유(明由)에게 수업하였고,

명유는 광성자(廣成子)에게서 수업하였는데, 광성자는 옛적의 선인이다”라고 하였다 —, 가깝게는 신라시대의 최치원 등에 의해서 중국도교가 전래되어 고려, 조선조를 거쳐 오늘에 이르고 있다. 도교의 세계관은 조선 중세사회에 있어서 어떠한 영향을 주었을까? 이 문제를 대략 세 가지로 나누어서 정리하고자 한다.

첫째, 도교는 유교 및 불교의 세계관과 함께 한국인의 정신세계를 형성하였다. 종교적인 분야는 말할 것도 없고, 각종의 문학작품 속에서 장생불로를 소망한다든가, 신선이 되기를 동경하는 등 헤아릴 수 없이 많은 시(詩)와 산문 등에 도교사상이 잠재되어 있다. — 이와 같은 문학작품의 대표로 고려조 이인로(李仁老)의 작품, 조선조의 유몽인(柳夢寅)의 작품을 꼽을 수 있다. 한때 장안의 지가(紙價)를 올린 소설『단丹』(1985)도 한국인의 심층세계에 자리잡고 있는 도교적 정신세계와 연결되어 있다 — 문인화(文人畵)와 같은 예술분야에도 도교사상이 깊은 영향을 주었다.

둘째, 단학수련이나 도교의학은 조선인의 의료(醫療) 분야의 발달에 영향을 주었다. 조선단학파의 정렴(鄭磏)과 정작(鄭碏) 형제는 천문, 지리를 포함하여 의술에 능하였는데, 특히 정작은 조선시대 대표적인 의서(醫書)라 할 수 있는『동의보감東醫寶鑑』편찬에 참여한 것으로 알려져 있다. 정통 유학자인 퇴계 이황(李滉) 선생이 도교의 도인법(導引法)에 관심을 가지고 필사본『활인심방活人心方』을 남긴 것으로 보아도 —『활인심방』을 퇴계의 저술로 말하는 것은 잘못이다. 이 책은 명(明) 태조 주원장(朱元璋)의 아들인 주권(朱權)이 저술한 것이다 — 도교적 세계관이 한국 중세인의 정신에 영향을 주었다고 볼 수 있다. 한말 증산 강일순(姜一淳)이 의통(醫統)을 강조한 사실도 이와 무관하지 않다.

셋째, 착한 일을 권장하는 도교서적의 보급으로 인하여 권선징악

(勸善懲惡)의 윤리가 형성되었다. 도교의 전설에 의하면, 사람은 태어날 때부터 몸속에 세 마리 벌레(三尸)가 들어있는데 이들 벌레는 형체가 없어서 육안으로 볼 수가 없다. 이들은 사람의 행위를 지켜보았다가 경신일(庚申日)의 밤에 사람의 몸을 빠져 나와 원시천존(옥황상제)에게 선악을 고해바친다. 그러면 옥황상제는 그 사람의 악행(惡行) 정도에 따라서 수명을 덜게 한다(도교에서는 사람의 정해진 수명을 120세로 잡고 있다). 이와 같은 내용은 도교사상이 지니고 있는 권선(勸善)에 관한 이야기이다. 문학작품의 소재가 권선징악으로 결론지어지고 있음을 본다. 따라서 선을 권장하는 윤리의식이 한국도교의 성격 가운데에 하나가 되었다고 볼 수 있다.

한국사상에 있어서 도교 연구는 미급한 단계를 벗어나지 못하고 있다. 그것이 미치는 민간차원의 광범위한 영향력에 비추어 볼 때, 아쉬움을 금할 수 없다. 도교사상이 이렇게 멀어지게 된 것은 유교와 불교의 세력에 밀린 점이 있다. 여기에 더하여 현대문명의 합리주의 사조는 결정적 요소이다. 물체의 존재는 그늘을 동반하게 마련이다. 현대문명의 세계에서 그늘을 제거해 버린 과학 지상(至上)주의야말로 정신세계에서는 위기가 아닐까? 서구문명에 식상한 일본의 지식인과, 서양의 지식인들이 도교(Taoism)연구에 깊은 관심을 보이고 있는 현실에 비추어, 향후 한국학자들의 도교에 대한 연구가 필요함을 강조한다.

📖 읽을거리

● 사까이 다다오(酒井忠夫), 『도교란 무엇인가』, 최준식 옮김, 민족사, 1990.
● 구보 니리타다(窪德忠), 『도교사』, 최준식 역, 분도출판사, 2000.

● 김대문, 『화랑세기』, 이태길 역, 민족문화, 1989.

● 이능화, 『조선도교사』, 이종은 역주, 보성문화사, 1977.

● 차주환, 『한국의 도교사상』, 동화출판공사, 1986.

● 이종은 역주, 『해동전도록·청학집』, 보성문화사, 1986.

● 양은용, "청한자 김시습의 단학수련과 도교사상," 『도교와 한국문화』, 아세아문화사, 1988.

● 이시이 마사코(石井昌子), "道敎の神ダ," 『道敎』 1, 平河出版社, 1983. (후꾸이 코쥰福井康順 등, 『道敎』 제 1 권, 平河出版社, 1983 소재)

한국의 기층민중을 위하여
- 민족 종교적 탐색 -

　조선왕조는 임진왜란(壬辰倭亂; 1592)과 병자호란(丙子胡亂; 1636)의 두 차례 전쟁을 치르면서 국력이 쇠퇴하였고, 엔트로피(entropy)가 증가하여 멸망의 길로 접어들었다. 시대가 어떻든 사람들은 살아남아야 했다. 가을날 산자락에 우거진 억새풀처럼 기층민중은 덩어리진 채, 억세게 이 산하에 뿌리를 내리고 끈질긴 생명력을 지속하였다. 그들에게는 존재의 희망이 있어야 했으며, 그 희망은 비교적(秘敎的, esoteric)인 것이라고 말해도 좋을 것이다.

　동양(중국)의 3대사상이 민족적인 형태로 고개를 들고 일어서니; 동학, 증산, 원불교가 그것이다. 저자의 종합적 판단으로는 동학은 유교적(儒敎的)이요, 증산은 도교적(道敎的)이며, 원불교는 불교적(佛敎的)이다. 일반인에게 그 이름도 생소한 분야(정역正易)도 있다. 이들은 한말(韓末) 조선의 인민들이 등을 대려고 하였던 영역임에 틀림없다.

　국제화의 시대니, 개방화의 시대니 하는 말이 무게도 없이 마구 사용되고 있는 현실이다. '개방'과 '국제'가 우리의 민족종교를 쇠퇴 혹은 말살시키고 여타 종교를 번영시키는 수단으로 사용되어서는 안된다. 우리는 열린 마음으로 개방과 국제화를 받아들이되, 여타 문화에 대해서 비판적인 태도를 지니고 그 바탕을 관찰하는 슬기가 있어야 한다. 또한 거대 종교에 기죽지 말고, 기층 민중의 전통 신앙에 관심을 가져야 하겠다.

13.1 동학사상의 전개와 그 한계

13.1.1 동학의 사상체계에 대한 검토

(1) 천주에 대한 문제[侍天主]

동학은 1860년대 경주의 최제우(崔濟愚; 1824-1864)에 의해서 창도된 한국의 민족종교이다. 동학의 사상체계는『동경대전東經大全』이라는 한문본의 경전과『용담유사』라는 한글본의 경전에 담겨 있다. 전자가 상층부의 지도층과 지식층을 위해서 한문체로 씌어진 것이라면, 후자는 기층 민중을 상대로 한글로 지어진 것이다. 내용에 있어서는 큰 차이가 없다. 이와 같은 동학 경전을 중심으로 동학사상의 중심개념인 '천주'(天主)와 '지기'(至氣)의 의미를 검토해 보자.

『동경대전』의 21자 주문에서 드러나고 있는 바와 같이 동학의 근본사상에는 '천주'의 개념이 제기되고 있다. 동학교도들이 '천주를 섬긴다'(시천주侍天主)라고 말함은 무엇을 의미하는가?

한자술어로 표기되고 있는 천주란 우리말의 '하느님' 혹은 '한울님'의 한문의역이라는 점에 주의를 기울여야 하겠다. 존중의 대상은 하늘이고, 천주라고 할 때의 '주'(主)는 존칭을 뜻하는 것이다. 그러므로 '하느님'이라고 하든, '하늘'이라고 하든 실제상 차이가 없다('天主'라고 하든, 그냥 '天'이라고 하든 차이가 없다는 말이다).

문제는 명사개념 하늘에 있는 것이 아니라 '모신다' 혹은 '섬긴다'라는 뜻의 '시'(侍)字에 있다. 사람이 하늘을 섬긴다라고 말할 때의 하늘은 구름이 둥둥 떠다니는 혹은 비행기가 날아다니는 물리적인 하늘이 아님은 명백하다. 그러한 하늘이 신앙의 대상이 되는 것은 인간의 무지의 소치에 불과하다. 섬김의 대상이 되는 하늘은 당위(solen)적으로는 어떤 인격성을 소유하고 있는 존재라야 한다.

주의해야 할 일은 '천주'는 인격성을 지닌 존재 —『동경대전』의 포덕문에 의하면, 최제우가 상제(上帝)의 말을 들었는데, 상제가 곧 인격적 존재이다 — 로 이해되지만, 천주가 우주만물을 창조하는 존재는 아니라는 점이다. 같은 용어로 '천주'를 사용하지만, 천주교(가톨릭교)의 하느님이 동학의 하느님과 다른 점은 여기에 있다. 동학에서의 하느님은 도교적인 '무위이화'(無爲而化)의 개념에 가깝다.

어떻게 천주를 섬길 수 있다는 말인가? 여기에는 방법상 수련이 필요하다. 동학에서 "마음을 지키고 기운을 올바르게 한다"(수심정기守心正氣)는 것은 시천주의 과정에 있어서 수행상 지켜야 하는 방법적 절차이다. '수심정기'는 유교윤리에서 강조되고 있는 개념이다. 동학 경전『용담유사』에 보이는 "수심정기 하여 내어 / 인의예지 지켜 두고 / 군자말씀 본받아서 / 성(誠)·경(敬) 두 글자 지켜 내어"(『용담유사』, 도덕가)라고 말한 것이 그것이다. '수심'은 진실함(誠)이오, '정기'는 경건함(敬)이다.

동학의 신앙대상으로서의 천주(하느님)는 그 실체를 접근하기가 어렵다. 사람이 하느님을 모시기 위해서는 지극한 태도를 갖춤이 요구된다. 이 태도가 수심정기인데, 하느님을 모실 수 있는 일상적인 힘을 발휘하는 것은 주문(呪文)이다. 주문에 의해서 신이 강림하게 되

며, 사람은 신을 모시게 된다. 동학의 대표적인 주문으로 '21字 주문'
이 있다.

지기금지 원위대강   (至氣今至 願爲大降)

시천주조화정   (侍天主造化定)

영세불망 만사지   (永世不忘 萬事知)

(지극한 기운이 여기에 이르니, 원컨대 氣化의 내림이여,

하느님을 모시니 조화가 그 덕을 합하고 마음을 정하도다.

평생을 잊지 못하니 만사를 알진저)(『동경대전』 논학문)

(2) '기'에 관한 문제[至氣]

동학의 주문에서 "지극한 '기'가 여기에 이른다"(至氣今至)라고 할
때의 '지기'란 무엇일까? '지'(至)는 지극하다는 뜻이다. '기'(氣)는 허
령하고 창창하여 온갖 사물에 관여하지 않음이 없고, 온갖 사물을 지
배하지 않음이 없으며, 형용할 수 있을 듯하면서 표현하기 어렵고, 들
릴 듯하면서 보이지 않는다. 그것은 곧 혼원(渾元)의 일기(一氣)이다.

동학의 21자 강림주문에서는 유교적인 '태극' 혹은 '리'의 개념이
아닌 '혼원일기'(渾元一氣)라는 개념이 중시되고 있다. 그렇다면 동학
의 '기'와 유학(성리학)의 '기'의 개념은 어떻게 다른 것일까?

저자는 성리학의 설명에서 유교적 '기'의 개념을 정리한 바가 있
다. 즉 "'기'는 일종의 현상이며, 만물의 질료적인 것이며, 때때로 운
동과 같은 의미로 쓰인다. '기'는 경중(輕重), 청탁(淸濁), 수박(粹駁)의
성질이 있고; 생멸(生滅), 취산(聚散), 굴신(屈伸)의 작용이 있다."

성리학적 '기' 개념이 그대로 동학의 '기' 개념에 수용된 것은 아
니다. 동학의 '기'는 리기론(理氣論)적인 '기'의 개념에 도교적인 기론
의 성격이 보태진 듯하다(신일철, "동학사상의 도교적 성격문제," 『한국사

상』 제20집, 1985). 그래야만 시천주와의 관련문제를 푸는 데에 도움이 된다. 『동경대전』의 설명문을 보면 다음과 같다:

> '금지'(今至)는 지금 입도(入道)하여 지극한 가운데 접하고 있음을 안다는 것이요, '원위'(願爲)는 바란다는 뜻이요, '대강'(大降)은 지기에 화합하기를 바란다는 뜻이다(『동경대전』 논학문).

이상 지기(至氣), 기접(氣接), 기화(氣化) 등의 술어가 도교적인 성격을 지니고 있음을 알 수 있다. 그렇다고 '지기' 개념을 도교적인 것으로만 이해함에는 한계가 있다. 최제우의 '기'에 대한 개념은 유교적 우주생성관에서 영향을 받았음이 분명하다. 그는 태극 → 음양 → 오행 → 만물의 순서에 의한 송학(宋學; 주자학)의 이론체계에 따라서 '5행의 질료'를 말하고 있다. 이와 같은 성리학적 '기'의 개념에 주술적인 기능을 더하여 —주술적인 방법으로 전술한 '시천주'가 가능하게 된다— 샤마니즘의 체험세계에까지 나아간 것이다. 요컨대 최제우의 '기'의 개념은 성리학(주자학) + 도교 + 샤마니즘을 뒤섞어 놓은 것으로 파악된다.

13.1.2 동학사상의 한계

(1) 세속의 윤리

어려운 시대에는 사람들이 본성을 잃고 방황하게 마련이다. 그러니 사상인들 방황이 없겠는가? 동학이 출현한 시대는 조선왕조의 성리학이 해체되고 있는 시기이다. 유교사상이 동요하고, 각종의 제도가 기능을 발휘하지 못하는 마당에 유교윤리(도덕) 또한 온전할 수 없는 노릇이다.

동학이 이러한 시대상황을 극복하고 새로운 가치체계를 주장하게 된 것은 한국사상사에 있어서 획기적인 일이다. 동학의 세속윤리가 확립된 것은 동학의 제2대 교주인 최시형(崔時亨)에 이르러서이다. 제1대 교주 최제우가 하늘을 섬기는[시천주侍天主] 상향적인 방향이라면, 제2대 교주에 와서는 사람을 하늘같이 섬기라[사인여천事人如天]라는 하향적인 방향으로 윤리화한다. 세속윤리의 몇 가지 예를 들면 다음과 같다.

- 집안의 모든 사람을 한울(하늘)같이 공경하라.
  며느리를 사랑하라. 노비를 자식같이 사랑하라.
- 아침저녁으로 밥을 낼 때 한울님(하느님)께 마음으로 고하라.
- 묵은 밥에 새 밥을 섞지 말라.
- 일체 모든 삶을 한울(하늘)로 인정하라.
  어린이를 때리지 말라. 이는 한울님을 치는 것이다.
- 잉태했거든 몸을 조심하고 아무것이나 함부로 먹지 말라.
- 다른 사람을 시비하지 말라.

이상의 내용은 부녀신도에게 수행법을 구체적으로 지시한 것인데, 유교 + 도교의 경향이 짙다. "사람 섬기기를 하늘과 같이 하라"(事人如天)고 하는 최시형의 주장은 평등, 무차별의 윤리 규범이다. 하늘을 지고한 숭배의 대항으로 삼았던 유교문화(특히 고대중국의 유교철학)에 비하여 상당한 가치관의 전환이 아닐 수 없다. 동학에서는 가치관의 근본적인 전환을 말하고 있는데, "나를 향하여 위패를 설치함"[향아설위向我設位]이 그것이다.

옛날부터 제사를 지낼 때에 벽을 향하여 위패를 설치함은 도리에 어굿나는 일이다. 이제 묻노니 부모가 죽은 뒤에 정령이 어데로 갔으며, 또 스승의 정령이 어데 있는가? 믿음이 이치에 합할 것인가? 생각건대 붐의 정령은 자손에게 전하여 왔으며, 스승의 정령은 제자에게 강림되었을 것이라고 믿는 것이 이치에 합당하도다. 그러면 나의 부모를 위하거나, 나의 스승을 위하여 제사를 지낼 때는 그 위패를 반드시 자아를 향하여 설치함이 가하지 아니하냐 … (신일철, 앞의 책).

최시형의 이야기는 가치관의 일대전환을 말한다. 제사에 있어서 젯상을 신위를 향하는 '향벽설위'(向壁設位)를 할 필요가 없고(즉 귀신을 향하여 설치할 필요가 없다는 뜻), 인간인 나 자신을 향하는 '향아설위'(向我設位)를 하라는 것은 기존의 가치관에 대한 수술이 아닐 수 없다. 철학적 술어로 '향벽설위'가 과거 윤리의 모습이라면, '향아설위'는 미래 윤리의 모습이다. 그것이 한자술어로 '개벽' 혹은 '후천개벽' 등의 용어로 쓰이고 있다.

(2) 동학사상의 한계

세상에는 가끔 종교 혹은 철학사상이 상아탑 속에만 머물 수 없는 사건이 발생한다. 우리가 한때 '동학난'이라고 부르다가 이제 '동학혁명' 혹은 '동학농민전쟁'으로 부르는 1894년(갑오)의 운동은 조선왕조의 운명을 사실상 결정지어버렸다. —'동학농민전쟁'은 중국의 '태평천국' 혁명운동과 흡사한 점이 많다. 홍수전(洪秀全)은 남경을 점령하고 상당 기간 중국의 남부를 통치하였다. 동학교도들이 전주(全州)를 점령하고 일시 '해방구'의 상태로 자치 정부를 구성하였으나, 그 기간이 너무 짧았다— 전봉준(全琫準)이 내건 통문형식의 4대강령을 들여다보기로 하자.

- 사람을 죽이지 않고, 동물을 죽이지 않는다.
- 충효(忠孝)를 온전하게 하고, 세상을 구하며 백성을 안정하게 한다.
- 왜양(倭洋)을 몰아내고, 왕도를 깨끗이 한다.
- 군사를 몰아 서울에 들어가 권세 있고 귀한 자를 진멸시키고, 도덕을 크게 진작시켜 명분을 세움으로써 임금의 교훈에 따른다.

이상 동학교도의 생명존중과 유교적 충효에 대해서 알 수 있다. 그러나 그들이 소망한 질서는 공화국 혹은 민주정부의 구상이 아니었다. 동학교도는 왕조의 앙시앙 레짐(ancien regime)으로의 복귀를 소망한 것이다. 그들의 '새로운 하늘과 땅'은 왕조적인 것이었고, 충효를 온전하게 회복하는 단계였다.

여기에서 동학교도들의 혁명운동(농민전쟁)에 대하여 설명할 필요는 없다. 그것은 본서의 관심에서 영역이 다른 문제이다. 다만 한말의 사회적, 정치적 상황에 비추어 동학교도의 운동이 어떠한 한계를 지니고 있었는지를 사상적인 점에 초점을 두고 정리하는 데에 그친다.

첫째로 하느님을 섬긴다[侍天主]는 것은 인간으로서의 도리이다. 그런데 사람이 곧 하늘[人乃天]이라고 했다. 그러므로 결국에는 사람을 섬기는 것이 천주를 섬기는 것이 된다. 이와 같은 인식의 전환은 기층 민중으로 하여금 자신들도 사회와 국가의 변혁에 참여할 수 있다는 의식을 가져다주었다. 반면에 인간을 하늘에 비유한 관계로 초월성을 상실하였고, 그만큼 종교성이 약화되었다.

둘째로 동학의 유토피아적 개벽사상은 '향벽설위'를 '향아설위'와 같은 파격적인 형태로 전환하려는 일대 사상적 전향이 담겨 있다. 그러나 정작 — 전쟁 때의 구호에서 볼 수 있듯이 — 동학의 교도들은 전통적 유교의 세계관을 벗어나지 못하였고, 개벽의 시대에 요구되는 새로운 철학 혹은 질서에까지 접근하지 못하였다.

끝으로 동학사상의 민족주의적 성격을 지적할 수 있다. 외부 세계에 대한 강렬한 저항의식을 갖게 된 데에는 여러 가지 원인이 있으나, 기층 민중의 차원에서는 매우 강렬한 민족적 응집력을 발휘하였다. 그러므로 일찍이 생각조차 할 수 없었던 집단시위가 나타났다. 그러나 여기에도 문제는 있다. 민족자강의 신념을 표방한 것은 비난할 수 없는 일이지만, 국제사회에 대한 지식의 결핍과 그에 따른 반응의 치졸함이 국제적 고립을 면할 수 없게 하였다. ─ 이 문제는 단순논리로 접근할 수 없다. 저자는 각종 정보(information)를 수집하는 데 있어서 시대적 한계가 있었다고 판단한다. 청(淸) 나라에서 수입한 자료를 통하여 서양문물까지도 밝은 추사(秋史; 김정희)와 같은 인물도 ‘국제정세’라고 부를 수 있는 차원까지는 접근하지 못하였다 ─

서구와 일본에 대한 강한 반대를 표시하면서도 그들이 획책하는 것이 무엇이며, 우리의 힘이 과연 어느 정도가 되는지, 또한 어떻게 그들에게 대처해야 할지를 알지 못하였다. 즉 지피지기(知彼知己)를 못하였으니, 전쟁에서 패배할 수밖에 없었던 것이다. 유교 경전에 능한 관료들은 말할 것이 없고, 개벽을 시도하려는 동학의 지도자들도 ‘국제사회’의 질서에 대해서 무지하였다.

동학은 1860년대 한국의 역사적 상황에서 발생한 종교사상이요, 또한 농민전쟁을 통하여 혁명운동까지 진척하게 된 사회적 운동이다. 동학의 운명이 쇠잔하게 되어버린 이유는 동학 농민전쟁의 실패에 있었지만, 그보다 더 큰 이유는 세계문명의 대세가 한국의 민족적 종교의 번영을 억눌렀다고 보는 것이 타당할 것 같다.

13.2 증산사상의 의미는 무엇인가?

13.2.1 증산사상의 중심체계 ─ 천지공사(天地公事)

증산 강일순(姜一淳; 1871-1909)은 전북의 정읍에서 태어나 전주(全州)를 중심으로 기이한 생애를 살다 간 사람이다. 증산(甑山)은 그의 호이다. 증산의 생애와 행적을 알 수 있는 책으로 전북 김제군 금산면 금산리의 증산교 본부에서 발행한 『대순전경大巡典經』이 있다.

증산의 사상에서 중심적인 개념은 '천지공사'(天地公事)이다. 천지공사란 '하늘과 땅을 뜯어 고치는 일련의 작업'을 말한다. 사람이 하늘과 땅을 뜯어 고친다는 말은 무엇을 뜻하는 것일까? 왜 그와 같은 필요성이 제기되었을까? 이를 위해서는 당시의 시대상황을 검토할 필요가 있다. 『대순전경』에서는 이렇게 말하고 있다.

> 혁명난 후로 국정은 더욱 부패하여 세속은 날로 악화하고, 관헌은 오직 포학과 토색을 일삼고, 선비는 허례만 숭상하며, 불교는 혹세무민(惑世誣民)만 힘쓰고, 동학은 혁명 실패 후에 기운을 펴지 못하여 거의 자취를 거두게 되고, 서교(西敎; 예수 신, 구교)는 세력을 신장(伸長)하기에 진력하니, 민중은 곤궁에 빠져서 안도할 길을 얻지 못하고, 사방이 현혹에 싸여 의지할 바를 알지 못하여 두려움과 불안이 온 사회를 엄습하거늘 천사(天師; 증산을 가르킴) 개연히 세상을 구할 뜻을 품으사 유불선, 음양, 참위의 모든 글을 읽으시고; 다시 세태(世態)와 인정(人情)을 체험하기 위하여 정유(1897년)로부터 유력(遊歷)의 길을 떠나시니라(『대순전경』제1장 27절).

이상과 같이 증산 강일순은 세상을 구제하기 위하여 각지를 떠돌며 '천지공사'를 실시한다. 이와 같은 공사를 단행하기 위해서는 일정한 권능(능력)이 필요하였다. 그러므로 그는 나이 30(1901년)에 전주 근교의 모악산 대원사에서 들어가 득도를 하는 과정을 밟는다. 그리고는 그 해 겨울부터 '천지공사'를 시작한다. 그렇다면 천지공사는 왜 불가피한 것으로 인식되었을까? 여기에는 세 가지 분야가 있다.

첫째로 시대의 운수(運數) 및 도수(度數)를 뜯어 고쳐야 한다는 인식이 있었다. 시대는 바야흐로 과거운[선천]에서 미래운[후천]으로 바뀌는 순간에 있었다. 이것이 동학에서 말하는 '개벽'이다. 그러므로 이러한 개벽의 새로운 날을 위하여 이른바 '운도공사'(運度公事)가 필요하였다.

둘째로 인간세계까지 이렇게 흐트러지고 난세가 이어지는 이유는 결국 인간계를 좌우하는 신명세계의 혼란에 기인하는 것으로 인식되었다. 그러므로 인간과 신명의 조화를 위해서도 하나의 작업이 필요하게 되었다. 이것이 곧 '신명공사'(神明公事)이다.

셋째로 인간들이 아전인수(我田引水)의 고집만을 일삼고, 기성종교들은 부패하여 새로운 길을 제시하지 못하고 있다는 인식이 있었다. 그러므로 인간으로 하여금 심신의 수행을 닦게 하는 이른바 '인도공사'(人道公事)가 필요하였다.

(1) 운도공사(運度公事)

강일순은 천지자연의 질서란 어느 시기가 되면 크게 변하는 것으로 보았다. 다시 말하면 우주자연의 운행과 인간의 길흉화복의 질서에는 운수가 있다는 것이다. 그런데 그는 한말의 시기를 과거운(선천운)과 미래운(후천운)으로 바뀌는 과도적 시기임을 의식하였다.

일반적으로 현실의 고(苦)에 가득 찬 사람들은 현실이란 일종의 꿈이나 가짜 같은 것이고, 참다운 낙(樂)의 세계, 혹은 진짜세계는 따로 존재하는 것으로 위안을 삼는다. 강일순도 괴로움에 가득 찬 민중의 삶의 현실을 직시하고, 후천세계에 새로운 삶의 모습이 전개된다고 하고, 그를 위해서 운도의 조정을 단행한 것이다. 이와 같은 운도 조정에는 네 가지가 있는데; 액운공사, 세운공사, 교운공사, 지운공사가 그것이다.

① 액운(厄運)공사

액운공사란 과거(선천), 미래(후천)의 교역의 시기에 발생하게 되는 재난을 모면하는 공사를 말한다. 공사의 바탕에는 세상이 병들어 있다는 의식이 놓여 있다. 그러므로 액운공사는 '의통'(醫統)의 개념이 중시된다. 이는 육체적인 질병의 치료만을 가리키는 것이 아니라(1820년 초부터 1880년대까지 각종의 전염병이 전국 각지에서 발생하여 많은 사람들이 죽었으므로, 육체적 질병 또한 관심이 되었다), 윤리가 무너져서 천하에 병이 돌게 되었다는 의식도 들어 있다: "그 임금을 잊은 자 도(道)없음이요/ 그 아비를 잊은 자 도(道)없음이요/ 그 스승을 잊은 자 도(道) 없음이니/ 세상에 충(忠) 없고, 세상에 효(孝) 없고, 세상에 열(烈) 없으니, 그러므로 천하가 모두 병들었도다"(『대순전경』 제 4 장 129절).

이처럼 육체적인 병보다도 마음의 병, 즉 도덕의 병이 더욱 심각한 것이었다. 그러므로 강일순은 자신의 집에 약방을 차리고 환자들을 치료하였으며, 아울러 제자들에게 의통을 전수시키려 하였다.

② 세운(世運)공사

세운공사란 세계의 운도를 조정하여 상극(相剋)투쟁의 혼란으로부터 상생(相生)의 도로써 화평한 세계로 나아가게 하는 공사를 말한다. 이에 조선(한국)의 운명에 대한 공사가 단행되는데, 장차 한국을 상등국가(上等國家)로 만들기 위하여 잠시 일본에 맡겼다가 ─ 임진왜

란 이후에 신명들 사이에 원한이 쌓여 있으므로, 일시 일본을 해원(解
冤)시켜서 조선을 맡게 하였다 ─ 다시 서양의 신명들을 불러 모으고,
조선의 신명들과 서로 소통하게 하는 길을 택하였다.

　　그런데 이 공사를 위해서는 큰돈이 필요한데, 증산은 제자를 시
켜 전주의 부자(이름은 백남신)에게 가서 십만 냥의 돈을 얻게 한다.
그리고 그 돈의 증서를 불사름으로써 공사를 마친 것이다. ─종이에
글씨를 써서 불사르는 방법은 공사의 일반적 방법이다. 그것은 샤마
니즘 혹은 도교의 '재초'(齋醮)에 많이 쓰인다 ─

　③ 교운(敎運)공사

　　교운공사는 도를 발전시키는 것을 내용으로 하는 공사이다. 그렇
다면 증산의 도는 대체 어떠한 도인가?『대순정경』에 의하면 증산의
도는 유, 불, 선 3교(동양)와 그리스도교(서양)의 정수를 통일한 것과
같다. 증산의 도는 샤마니즘(Shamanism)과 직결되는 선가의 신도와
음양, 풍수, 도참사상 등 전래의 민간신앙을 바탕으로 하고; 여기에
불교, 유교, 동학, 서학 등 기성종교의 교의를 곁들인 일종의 싱크리
티즘(Syncretism)과 같다.

　④ 지운(地運)공사

　　지운공사란 민족과 민족의 싸움이 그치지 않는 것은 지방신과 지
운이 통일되지 못한 까닭이라고 하여 그 통일을 위한 공사를 하는 것
을 말한다.『대순전경』에서는 풍수지리(風水地理)에 관한 기술이 많이
나오는데, 전주의 모악산이나 순창의 회문산, 무안의 승달산 이야기
등이 그것이다. 그는 제자 황응종의 집에서 산하의 대운을 거두어 돌
린다는 지운공사를 하는데, 백지 120장과 양지 4장에 글을 써서 식혜
에 버무리고, 이것을 밤중에 흙에 파묻게 하는 방법을 사용한다. 그

방법이 주술적이지만, 그 효과는 한국의 지운이 성하여 세계의 상등
국가가 된다는 내용이다.

(2) 신명(神明)공사

인간세계가 난리를 면하지 못하는 이유는 신명계의 부조화에 있
다. 그러므로 천신(天神), 지귀(地鬼), 인귀(人鬼) 등 모든 귀신의 세계
를 통일하여 신명계의 불안 및 원한을 제거할 필요가 있다. 여기에서
는 신명의 해원, 신명의 배치, 신명의 통일 등 세 가지 절차가 있다.

첫 번째로 신명의 해원(解冤)이다. 이때의 신은 원한을 품고 있는
잡귀(雜鬼)이다. 증산은 한 사람의 박수무당이 되어서 적극적으로 신
명의 원한을 풀어 주고자 한다. 신명의 해원을 위해서는 음식(시루떡,
술, 밥, 식혜 등)과 폐백(돈, 의류 등), 무구(巫具; 금줄, 부적 등)를 바탕으
로 한 굿이 있게 된다. 부적이나 경문 등을 불사른다. 다음으로 신명
의 배치가 있다. 배치란 신명들이 동요해서 떠돌지 않고 적절하게 안
착시키는 것을 말한다. 신명의 배정이라고 표현할 수도 있다. 끝으로
신명의 통일이다. 떠돌이 신세를 면한 신명이라 할지라도 종과 류에
따라서 뭉쳐질 필요가 있다. 신명의 통일에는 지방신 통일, 문명신 통
일, 조상신 통일의 세 가지 종류로 나눌 수 있다. 지방신의 통일이란
신명계에 있어서 특수한 영역을 말한다. 말하자면 조선민족의 단군신
과 같은 민족적 신명이다. 문명신의 통일이란 문명단위의 보편적 개
념이다. 중국문명권의 공자, 인도문명권의 석가모니, 기독교문명권의
예수, 회교문명권의 마호메트 등과 같은 성현의 신명이 그것이다. 각
종교가 우열을 다투며 유심론, 유물론, 자본주의, 공산주의 등으로 나
뉘어 싸우고 있는 것은 곧 여러 문명신이 각기 자기종교만을 주장하
여 통일을 이루지 못한 탓이니, 이러한 문명신의 통일이 필요하다는
뜻이다. 조상신의 통일이란 곧 선령의 화합과 단결을 말한다.

(3) 인도(人道)공사

인도공사란 사람으로 하여금 과거의 윤리도덕을 반성하게 하고, 심신의 수행을 통하여 건전한 인격체가 되게 하는 공사를 말한다. 인도공사는 증산 윤리사상의 핵심부분이다. 해원의 사상, 상생의 사상, 평등의 사상, 평화의 사상 등으로 나누어서 설명하고자 한다.

① 해원(解冤)의 사상

이는 천지공사의 가장 핵심적인 내용이다. 해원이란 무엇인가? 해원이란 억울함, 즉 한(恨)을 푼다는 뜻이다. 즉 해한(解恨)의 뜻이다. 샤마니즘의 세계에서는 이승에서 풀지 못한 한이 저승에도 따라간다고 본다. 그러므로 '씻김굿'과 같은 굿의 형태를 빌려서 한풀이를 하는 것이다. 증산의 해원의 사상에는 전통사회에 있어서 부당하게 한을 품게 되었던 많은 여성들의 해원과도 연결된다. 다음으로 신분의 차이에서 발생하는 원한이다. 반상(班常)의 구별, 직업의 귀천에서 나타나는 차이 들이 그것이다. 증산은 선천시대는 원한이 맺혀 있던 시대로 보았고, 후천시대에 그 한(恨)을 풀고자 소망하였다. 몇 마디 그의 말을 들어보자.

- 이때는 해원시대라 사람도 이름 없는 사람이 기운을 얻고, 땅도 이름 없는 땅에 길운이 돌아오느니라(『대순전경』 6:5).
- 파리 죽은 귀신이라도 원망이 붙으면 천지공사가 아니니라(『대순전경』 6:44).
- 한 사람의 원한이 능히 천지의 기운을 막히게 하느니라(『대순전경』 6:45).
- 악을 악으로 갚으면 피로 피를 씻기와 같으니라(『대순전경』 6:49).

② 상생(相生)의 사상

생을 권장하고 죽음을 싫어함은 인간의 본능이다. 그러므로 사람들은 어린애가 태어날 때 기뻐하고 축하하며, 사람이 세상을 떠날 때에 슬퍼하고 위로한다. 증산 상에 있어서 '해원상생'이라고 표현하는 것이 이것이다. 선천시대가 상극(相剋)의 시대라면, 후천시대는 상생의 시대가 되어야 한다는 것이다. 증산의 말을 인용하면 다음과 같다.

> 선천에서 상극의 이치가 인간과 사물을 맡았으므로 모든 인사가 도의에 어그러져서 원한이 맺히고 쌓여 3계에 넘침에 마침내 살기가 터져 나와 세상에 모든 참혹한 재앙을 일으키나니, 그러므로 이제 천지도수를 뜯어 고치며 신도를 바로잡아 만고의 원을 풀고 상생의 도로써 선경(仙境)을 열고 조화정부를 세워 하염없는 다스림과 말 없는 가르침으로 백성을 화하며 세상을 고치리라(『대순전경』 5:4).

③ 평등의 사상

강일순은 선천의 시대는 음을 누르고 양을 존중하는(억음존양抑陰尊陽) 불평등의 시대로 인식하였다. 그러므로 과거에는 남녀의 차별이 있었고, 반상의 지배와 복종이 있었으며, 적서(嫡庶)의 갈등이 있었다. 이제 후천의 미래에는 이와 같은 차별이 시정되어야 한다. 그는 다음과 같이 말하고 있다.

> 이때는 해원시대라, 몇 천 년 동안 깊이깊이 갇혀 있어 남자의 장난거리와 사역거리에 지나지 못하던 여자의 원을 풀어 정음정양(正陰正陽)으로 하늘과 땅을 짓게 하려니와 이 뒤로는 예법을 다시 꾸며 여자의 말을 듣지 않고는 함부로 남자의 권리를 행하지 못하리라(『대순전경』 6:134).

이는 남녀평등의 도리를 말하는 것이다. '억음존양'의 불평등에서 '정음정양'(正陰正陽)의 평등으로 나아가는 것이다. 신분의 차별에 대해서도 그는 이렇게 말한다.

> 양반을 찾는 것은 그 선조의 뼈를 오려내는 것 같아서 망하는 기운이 이르나니, 그러므로 양반의 기운을 속히 빼고 천인을 우대하여야 속히 좋은 시대가 이르리라(『대순전경』 6:6).

이것은 신분상의 평등을 말함이다. 앞에서 "사람도 이름 없는 사람이 기운을 얻는다"라고 했으니, 신분이 귀한 사람과 천한 사람이 따로 있는 것이 아니다. 이는 일종의 '인권존중'에 대한 이야기라고 해석할 수 있다.

④ 평화의 사상

평화란 만인이 소망하면서도 실제로는 그것을 얻지 못하고 사람들은 싸움과 소요 속에서 살아가는 것이 현실의 모습이다. 개인뿐만이 아니라 나라와 나라, 민족과 민족이 또한 갈등 속에서 투쟁을 계속하고 있다. 해원을 통한 상생의 길을 모색하고 있는 증산으로서는 평화에 대한 신념이 유달리 강하였다.

- 전쟁은 가족전쟁이 큰 것이니 한 집안 난리가 온 천하의 나리를 끌어내느니라(『대순전경』 2:53).
- 다른 사람이 나를 치면 그의 손을 만져 위로할지니라(『대순전경』 6:47).
- 악을 악으로 갚으면 피로 피를 씻기와 같으니라(『대순전경』 6:49).

이상과 같은 네 가지 사상은 편의상의 구별이지, 실제로는 서로 관련을 맺고 있다. 즉 해원, 상생, 평등, 평화는 한 줄기에 달린 같은 잎사귀이다.

13.2.2 돌아오는 세계의 모습

세상이 난리를 만나면 사람마다 기준을 잃고 흔들린다. 사람들은 떠돌고, 마음을 붙이지 못하며, 서로를 믿지 못한다. 그리고 서로 비난하고 싸우며, 각기 자기가 옳다고 주장한다. 무엇이 참으로 옳은지 도덕(윤리)의 기준이 무너졌으니 판단할 수가 없다. 불교에서 말하는 '중생고해'(衆生苦海)가 빈 말이 아니다.

증산 강일순이 만난 세상은 한국의 역사상 가장 참담하고 어두운 시기로 기록이 될 것이다. 그는 500년 조선 왕조의 마지막 문턱에서 왕조의 운명과 자신의 운명을 동시에 거두어 갔으니, 1909년(39세)의 일이다. 그러나 그는 그냥 떠난 것이 아니라 돌아오는 세계의 모습을 그리고 갔다. 이제 증산이 그린 후천선경을 들여다보기로 한다.

(1) 공간개념의 변화

이른바 개벽의 새로운 시대는 공간적인 면에서 과거와는 전혀 그 양상을 달리한다. 증산은 1903(계묘) 봄, 그를 따르는 제자들에게 이렇게 말하고 있다.

> 옛적에는 동서양의 교통이 없었으므로 신명도 또한 서로 넘나들지 못하였더니, 이제는 기차와 배로 수출입하는 화물의 표호를 따라서 서로 통하여 다니므로 조선신명을 서양으로 건너보내어 역사를 시키려 하노니, 재물을 얻어서 길을 틔워야 할지라(『대순전경』 4:3).

이상과 같이 말하고 그는 앞에서 말한 바와 같이 십만 냥의 증서를 불사르며 천지공사를 단행한 것이다. 그는 또한 미래(후천)의 모습을 다음과 같이 말한다.

후천에는 천하가 한 집안이 되어… 모든 일을 자유욕구에 응하여 신명이 수종들며, 비행기(雲車)를 타고 공중을 날아 먼 데와 험한 데를 다니며, 하늘이 나직하여 오르내림을 뜻대로 하며… (『대순전경』 5:16).

이상 증산이 예언한 것처럼 미래의 세계는 천하가 한 집안같이 되므로, 이른바 공간의 개념이 변하게 되는 것이다. 증산은 이처럼 과거에는 상상하기 힘든 변화의 물결을 예언한 것이다. ― 예언이라는 표현보다는 증산의 구도대로 ·되었다 ― 공간개념의 변화에는 방위마저도 수정된다고 하였다. 그는 다음과 같이 말한다.

공부하는 자들이 방위가 바뀐다고 이르니, 내가 천지를 돌려놓았음을 세상이 어찌 알리요(『대순전경』 5:44).

이와 같은 이야기는 후천시대는 단순한 공간개념의 변화 정도에 머무는 것이 아니라 아예 공간의 방위 자체가 재조정된다는 말이다. 김항(金恒)의 『정역』에서 지구의 공간변화가 암시되었는데, 증산은 과감하게 방위의 변화를 선언한 것이다.

(2) 시간개념의 변화

물리학상으로 공간과 시간은 분리될 수 있는 개념이 아니듯이 철학상으로도 공간과 시간을 분리할 수 없다. 상이한 시간이란 동시적인 것이 아니라 계시적이며, 상이한 공간은 계시적이 아니라 동시적이다(I. 칸트, 『순수이성비판』). 그러나 형이상학의 본질로도 시간과 공간을 구분하는 것은 관념에서만 가능하다. 그러므로 만일 공간개념의 변화가 일어난다면, 그에 따라서 시간개념이 변화가 야기되는 것은 자연스러운 일이다. 미래(후천)는 농업사회의 시간개념을 가지고는 살아갈 수가 없다. 왜냐하면 인간의 선험형식으로서의 시간마저도 공간의 변화에 따라서 개념의 변화를 초래하기 때문이다. 증산은 다음과 같이 말한다.

> 용력술을 배우지 말라. 기차와 배로 백만근을 운반하리라. 축지술을 배우지 말라. 비행기(雲車)를 타고 바람을 어거하여 만 리 길을 경각에 대이리라(『대순전경』 5:21). 또 기차도 화통 없이 몇 만 리를 삽시간에 통행케 되며… (『대순전경』 5:18).

이와 같은 이야기는 교통기관의 발달로 인하여 공간의 거리가 짧아짐에 따라서, 시간의 개념까지도 변화하게 된다는 이야기이다. 생각건대 일본의 대륙침략정책에 의해서 서울과 인천을 잇는 경인(京仁) 철도가 완성된 해는 1900년(광무 4년)의 일이다. 이때는 강일순이 살아 있었던 시절이므로 그 실상을 알았을 것이다. 그런데 그는 화통도 없는 기차가 곧 나타나, 몇만 리를 삽시간에 통행한다고 예언한 것이다.

더욱 흥미로운 일은 비행기[운거雲車]에 관한 이야기이다. 과학사에서는 미국의 월버 라이트(Wilbur Wrght, 1867-1912)가 그의 동생과 함께 비행기를 제작하여 1903년 12월에 최초의 비행에 성공하였다고 전한다. 이 소식을 증산이 들었는지는 알 수 없다. 아무튼 그는 미래에는 비행기가 만 리 길을 순간(頃刻)에 대어서 공간의 축소는 물론 시간이 단축됨을 예견한 것이다. 이와 같은 공간과 시간의 변화 이외에도 돌아오는 세계의 모습은 전반적인 변혁의 시기가 됨을 그는 말하고 있다.

> 앞으로 오는 좋은 세상에는 불 때지 않고 밥을 지어 먹으며, 손에 흙을 묻히지 않고 농사지으며, 도인의 집마다 등대 한 개씩 세우는데

온 동네가 크게 밝아 햇빛과 같으리니, 이제 전등은 그 표본에 지나지 못하는 것이니라(『대순전경』 5:18). 후천에는 천하가 한 집안이 되어… 소리내어 웃는 모양에 화기가 무르녹고 움직이고 말하고 침묵함이 도덕에 합하며, 쇠약하여 병들어 죽음을 면하여 불노불사하며, 빈부의 차별이 철폐되고, 맛있는 음식과 좋은 옷이 요구하는 대로 설합에 나타나며… 지혜가 밝아서 과거·미래·현재 시방(十方) 세계의 모든 일을 통달하며, 물·불·바람의 3재가 없어지고, 상서로운 기운이 무르녹아 청명한 낙원으로 변하리라(『대순전경』 5:16).

이와 같은 강일순의 이야기에서 우리는 유토피아가 도래할 것임을 알 수 있다. 생각하건대 증산의 꿈은 당시 왕조 말기 조선인의 꿈이요, 오늘날 한국인의 꿈이며, 나아가 세계 인류의 꿈이다. 과연 인류는 그와 같은 꿈을 가까운 장래에 실현할 수 있을까?

📖 읽을거리

- 신일철, 『동학사상의 이해』, 사회비평사, 1995.
- 김인환, 『동학의 이해』, 고려대학교 출판부, 1994.
- 윤석산 주해, 『용담유사』, 동학사, 1999.
- 윤석산, 『수운 최제우』, 모시는 사람들, 2006.
- 김상일, 『수운과 화이트헤드』, 지식산업사, 2001.
- 유동식, 『한국종교사상사』(경전집), 연세대학교 출판부, 1992.
- 증산교 본부 발행 『대순전경大巡典經』.
- 유병덕, 『동학·천도교』, 시인사, 1987.
- 최동희, "동학사상," 『한국철학연구』 하권, 동명사, 1978.
- 신일철, "동학사상의 도교적 성격문제," 『한국사상』 제20집, 1985.

제 14 강　그리스도교의 도입과 한국 전통사회의 반응

- 조선시대 유교와 천주교는 왜 사이가 나빴는가? -

　　저자는 한국사상(종교)에 있어서 그리스도교가 차지하는 비중을 놓고 오랫동안 고민해 왔다. 현상으로서의 종교를 놓고 볼 때에, 한국 (남한)사회의 그리스도교化는 작은 문제가 아니다. 이제 현대 한국 (남한)은 모범적인 그리스도교 국가라고 말할 수 있다. 단일 교회로서 세계에서 가장 많은 신도수를 가진 교회가 한국의 서울에 있고, 인구 (남한)의 1/4에 해당하는 그리스도교 신자를 보유한 나라가 아닌가?

　　그리스도교는 세계의 종교 가운데에 한국과 동질(同質)의 문명에 기반을 두고 있는 종교가 아니다. 열성적인 신도가 많고 뛰어난 목사 (牧師)가 있다 하더라도, 그들은 유태 문명의 『성경』(The Bible)을 즐겨 읽는 수준이지, 그 신학(神學) 이론을 한국인의 입장에서 새로 해석하여 그리스도교의 신학 발전에 공헌하였다는 한국인을 아직 찾기 어렵다. ― 비유하자면 불교 이론 분야에 있어서, 『화엄경疏』, 『금강삼매경論』, 『대승기신론疏』 등을 남긴 원효(元曉)라든가 혹은 『수심결修心訣』, 『원돈성불론圓頓成佛論』 등을 남긴 지눌(知訥)과 같은 뛰어난 이론가가 없으며; 성리학 분야에 있어서 퇴계 이황(李滉) 또는 율곡 이이(李珥)와 같은 대학자를 배출하지 못하고 있다는 말이다 —

그러나 한국사상(종교)史의 분야를 놓고 볼 때에, 그리스도교의 전래에 따른 조선인의 반응을 검토하는 일은 필요하다고 본다. 그러므로 저자는 조선조 후기 그리스도교(여기서는 천주교를 의미함) 도입에 따른 갈등 문제를 철학(세계관) 방면에 비중을 두고 검토하는 정도로 그치고자 한다.

인간의 역사는 기록의 역사이다. 한국사상사의 내용도 기록 속에서 존재한다. 기록의 역사에 있어서 가끔 한두 권의 서적이 사람들에게 큰 영향을 준다. 이탈리아 예수회 소속으로 명말(明末) 중국에 파견된 선교사 마테오 리치(Matteo Ricci; 리마두利瑪竇; 1552-1610)의 한문 저서『천주실의天主實義』는 그와 같은 예의 하나이다. 이 책은 17세기 초부터 조선의 선비들 사이에 읽혀졌으며, 조선의 지식인들에게 큰 영향을 끼쳤다. 유교 문화권에서 오랜 세월 동안 성리학의 '세계관'에 익숙하게 젖어 있었던 조선의 지식인들은『천주실의』및 또 다른 책들을 읽음으로써, 세계관의 변화를 초래하게 되었던 것이다.

이제 저자는 시간적으로 18세기, 주로 1750년-1850년 사이에 조선의 한양(漢陽), 그 한양 땅의 성균관 반촌(泮村), 경기도, 전라도 그리고 중국 베이징(北京) 일원에서 발생한 사건을 놓고, 그 사건의 배경을 분석하고자 한다. 이와 같은 사건의 배경에는 넓은 의미에 있어서 동서양에 걸쳐 시대와 공간을 뛰어넘어 많은 인물들이 관련되어 있다: 아리스토텔레스(Aristotle; B.C. 384-B.C. 322), 토마스 아퀴나스(St. Thomas Aquinas; 1225-1274), 마테오 리치(Matteo Ricci; 1552-1610), 주희(朱熹; 1130-1200), 성호(星湖) 이익(李瀷; 1681-1763), 하빈(河濱) 신후담(愼後聃; 1702-1761), 순암(順菴) 안정복(安鼎福; 1712-1791), 다산(茶山) 정약용(丁若鏞; 1762-1836) 그리고 이승훈(李承薰), 정약전(丁若

銓), 이벽(李蘗), 정하상(丁夏祥), 윤지충(尹持忠), 권상연(權尙然), 황사영(黃嗣永) 그리고 정조(正祖) 대왕 등이 그들이다.

이상 열거한 당대 인물들 가운데 조선조 지식인(독서인)에 속하는 많은 사람들이 고종명(古終命)을 하지 못하고, 형장의 이슬아래 목이 떨어졌거나, 혹은 유배되어 목숨을 잃었다. 이 사건은 분명 비극에 속한다. 이와 같은 사건의 배경에 인간의 서로 다른 '세계관'이 놓여 있다. 이때의 세계관이란 즉 "자연적 세계 및 인간 세계를 이루는 인생의 의의나 가치에 관한 통일적인 견해"라는 뜻이며, 그것은 지리적 개념이 아니라, 철학에서의 존재론적(ontological)인 개념이다.

상호 충돌하는 세계관을 분석함에 있어서 중립적(中立的) 태도를 취하는 일은 어려운 일이다. 그러나 기왕의 연구 대부분이 천주교 교회 측의 인사들에 의하여 진행되었으며, 유교(儒敎) 측의 연구 자료가 부족하다. 이와 같은 현상은 공평성을 상실한 것이며, 더 나아가 학문적 내용을 믿음(신앙)의 영역 속에 편입시키는 위험성을 내포하고 있다. ― 저자는 세계관의 차이에서 초래되는 문제를 검토함으로써 상호이해를 촉진하자는 것이지, 어떤 세계관이 타당하니까 여타 세계를 배척하려는 것이 아니다. 어떤 세계관이 타당한 것인지는 검증할 수 없다. 그럼에도 만일 누군가 오직 신념(믿음)에 의지하여, 자신의 세계관이 타당하고 다른 사람의 세계관이 타당하지 않다고 말한다면, 그것은 이성(理性)의 문제가 아니라 권력의 차원으로 전락한다 ―

저자는 먼저 귀납적(歸納的; inductive) 방법에 의존하여 발생한 사례(事例)들을 나열하고, 이어서 그와 같은 사건들이 전개되었던 근원적인 배경을 검토한다. 그리고 여기에서 저자가 사용하는 '서학'이란, 16세기 이후 중국 및 조선조에 전파된 '서양의 학문'을 말하며, 그 내용에 있어서는 자연과학 분야(예; 기하학 혹은 지리학, 천문학 등)를 배제한 '좁은 의미의 서학' 즉 서양의 종교, 철학 그중에서도 천주교(天主

敎; Catholicism)에 한정됨을 밝혀 둔다.

14.1 사건(facts)의 전개

조선조 후기 17세기-18세기 서학(천주교)의 수입과 더불어 이 땅에서 발생한 사건(facts)은 한국사상사의 중요한 카테고리(범주)를 구성하며, 그것은 한국인의 세계의 일부이다. 이제 1783년(癸卯)-1840년(庚子) 사이에 조선 땅에 일어난 일련의 중요한 사건들(facts)을 연대순으로 정리하면 다음과 같다:

① 1783년(계묘; 淸 건륭제 48년): 서장관 이동욱(李東郁)의 아들 이승훈(李承薰)이 부친을 따라서 북경에 갔다 돌아오는 길에 다량의 천주교 서적을 수입하였다.

② 1785년(을사): 이승훈, 정약전, 정약용, 이벽 등이 중인 김범우(金範禹)의 집에서 천주교 예배를 보다 적발되었는데, 추조(秋曹)에서는 양반 자제들을 훈방하는 데 그치고 중인 신분인 김범우만 유배 보내었다. ― 을사 추조적발(秋曹摘發) 사건 ―

③ 1787년(정미): 이승훈, 정약용의 무리들이 성균관 근처의 마을[반촌泮村]에서 천주교 서적을 강습하고 설법을 베풀었다. ― 반회(泮會) 사건 ―

④ 1791년(신해): 전라도 진산(珍山) 땅에서 양반 지식인 윤지충이 어머니가 죽었는데, 상복을 입지 않고 조문(弔問)을 거절하였으며, 외제(外弟) 권상연과 함께 신주(神柱)를 불태우고, 제사를 폐지하였다. 이 사건으로 윤지충, 권상연 등이 처형당하였다. ― 진산(珍山) 사건 ―

⑤ 1800년 6월 정조 대왕이 승하(昇遐)하였다.

⑥ 1801년(신유) : 순조 원년. 정약용의 조카사위인 황사영이 충
   북 제천의 토굴 속에 숨어 있다가 체포되었다. 그가 붙잡혔을
   때 13,311字에 달하는 장문(長文)의 글이 새겨져 있는 명주천
   (백서帛書)이 함께 발견되었는데, 그 내용은 조선 천주교의 박
   해 상황을 베이징 천주교의 본당에 보고하는 것으로; 군함 수
   백 척에 병사 5-6만 명을 싣고 와서 조선정부를 위협하여 천
   주교를 용납하게 해야 한다는 가공(可恐)할 만한 내용이 있었
   다. ― 황사영 백서(帛書)사건 ―

⑦ 1801년(辛酉) : 황사영 백서사건 등과 관련하여; 황사영, 황심,
   옥천희, 최필공, 류항검, 윤지헌(윤지충의 동생), 정약종(정약용
   의 형), 이가환, 이승훈 등과, 중국인 신부 저우웬모(周文謨)가
   처형당하였다. 이때에 정약전은 흑산도로, 정약용은 강진으로
   귀양갔다. 옥사에서 죽은 천주교도는 대략 300여 명에 이른
   다. ― 신유 사옥(邪獄)/ 혹은 신유 박해(迫害) ―

⑧ 1839년(기해) : 서양인 신부 앙베르(范世亨; Imbert), P. 모방
   (Pierre Maubant), J. 샤스탕(Jacques Chastan)이 처형당하였다.
   그리고 정약종의 아들 정하상, 유진길 등 천주교도 남녀 130
   여명이 죽음을 당하였다. ― 기해 사옥/ 혹은 기해 박해 ―

무엇이 이와 같은 죽음을 불러일으킨 것인가? 그보다도 무엇이
사람들에게 죽음을 각오하게 만들었는가? 그리고 무엇이 그들로 하여
금 신앙을 위하여 공동체(국가)의 존립마저 위태롭게 하였는가?

14.2 서학(천주교)의 세계관 — 마테오 리치의 세계관

앞에서 말하였듯이 서학 곧 천주교의 세계관이 조선에 전파된 것
은 이탈리아의 신부 마테오 리치의『천주실의』를 통해서이다. 그러므
로 저자는 먼저 마테오 리치의 인물과 그 주장을 통하여 서학의 세계
관을 들여다보고자 한다.

16세기 이탈리아 예수회(Society of Jesus) 소속 신부 마테오 리치
의 사상 형성에 영향을 준 직접적인 인물은 13세기 토마스 아퀴나스
(1225-1274)이다. 그런데 이른바 '토미즘'신학은 시대를 1,000년이나
거슬러 올라가서 그리스의 철학자 아리스토텔레스에 뿌리를 두고 있
다. 마테오 리치 신부의 입장에서 사상 계보를 압축하면 다음과 같다:
아리스토텔레스 → 아비시나Avicenna(Ibn Sina; 980-1037) → 토마스 아
퀴나스 → 마테오 리치

여기에서는 아리스토텔레스 철학의 존재론 혹은 아비시나 형이
상학의 상세한 점을 소개할 필요는 없다고 본다. 그러나 리치의 세계
관(리치는 토마스 아퀴나스의 세계관을 수용하였다)을 검토하는 일은 필요
한 일이다.

14.2.1 마테오 리치의 보유론(補儒論)

이탈리아 동북부 시골 마을 마체라타 출신인 마테오 리치는 1571
년 8월 로마의 성 안드레아 뀌리날레(Santa Andrea's Qurinale) 신학교
에 입학하면서, 예수회의 견습 수사로 출발하였다. 그리고 이어서 피
렌체(플로렌스)의 예수회 대학 그리고 로마의 예수회 대학에서 수학하
였다. 그가 신학교에서 배운 신학 이론의 중심이 곧 '토미즘'철학이

었음은 의심의 여지가 없다(마테오 리치, 송영배 등 6인 옮김, 『천주실의』, 1999).

1580년 사제 서품을 받은 리치는 1582년 8월 중국의 아오먼(오문 澳門; Macao)에 도착하였고, 이후 광둥성 짜오칭(조경肇慶)에서 중국어 를 배우며 중국 선교의 길을 닦아 나갔다. 사오저우(소주韶州) 거주시 절에 『사서四書』의 라틴어 번역을 시작하였으며, 난창(남창南昌)에서 는 한문으로 『교우론交友論』을 저술하였다. 그는 변두리에서 중심으 로 향하는 끊임없는 역정을 결행하여, 난징(남경南京)을 거쳐서 드디 어 1601년 베이징(북경北京) 진입에 성공하였고, 1610년 베이징에서 사망할 때까지 중국의 중심부에 머물렀다.

마테오 리치의 선교 방법은 중국 문화와의 조화, 즉 '보유론'(補儒 論)으로 알려져 있다. 그의 '보유론'이 하나의 책략(tactic)에 속하는 것 인지, 아니면 순순한 선교 방법인지에 대하여 논의할 필요가 있을 것 이다. 아무튼 그가 사대부의 동정과 이해를 쟁취하기 위하여 유교에 는 긍정적이고 불교를 배척하였음은 사실이다.

리치는 중국인이 공자(孔子) 혹은 조상에게 제사를 지내는 행위 를 종교 의식(儀式)으로 간주하지 않았다. 그리고 그가 유학(공자의 철 학)을 찬양한 까닭은 유학의 철학이 천주교의 '자연법칙'(즉 자연이성) 과 부합되고 있음을 믿었기 때문인데, 그가 말한 자연법칙(자연이성) 은 토마스 아퀴나스의 개념이다. 마테오 리치의 입장이 이와 같이 유 학에 대하여 조화 내지 부회(附會)의 입장을 취하고 있는 이상, 그의 생전에 중국 정부와 큰 갈등을 불러일으키지 않았다. 그러나 천주교 교단의 입장에서는 그의 선교 전략을 성공적으로 인식하지 않았다. ― 마테오 리치가 죽은 후, 중국에 들어왔던 도미니크 수도회(Domi-nican Order), 프란시스코 수도회(일명 방지거회; Franciscan Order) 그리 고 파리 외방전교회(外方傳敎會; MEP: Les Mission Etrangeres de Paris) 등이 모두 리치의 전교 방법에 대하여 반대를 표시한 점이 그것이다. 이들 교단들의 건의에 의하여, 1704년 교황 클레멘스(Clemens) 11세가 중국 천주교도의 공자 숭배 및 조상 제사를 금지하는 결정을 내리게 된다—

14.2.2 서학의 우주론(宇宙論; 존재론)

세계관의 형성에 절대적인 영향을 미치는 카테고리(범주)로서 우주론을 들 수 있다. 이 경우의 '우주'는 물리학 혹은 천문학에서 말하는 태양계 혹은 은하계를 말하지 않는다. 그것은 '존재하는 모든 것'(every thing that exists), 다시 말하여 세계를 의미한다. 천주교에서는 존재하는 세계는 천주(Deus)에 의하여 창조된 것으로 본다. 마테오 리치는 세계는 천주, 즉 '외재적인 초월자'가 목적인(目的因; Final cause)을 실현하기 위하여 운동인(運動因; Efficient cause)을 부여한 것으로 주장한다. 마테오 리치는 이처럼 아리스토텔레스의 '4인설'(四因說)을 빌려서 Deus의 천지창조를 설명하고 있다.(이와 같은 설명은 아리스토텔레스의 說에 대한 토마스 아퀴나스의 이론의 연장이며 리치의 독창적인 것으로 볼 수는 없다.)—1268년 토마스 아퀴나스는 아리스토텔레스의 『영혼에 대하여』(De Anima; 라틴어本)에 대하여 주석(commentary)을 붙였으며, 그것은 『신학대전』(Summa Theologica) 후반부에 반영되고 있다—만물이 천주에 의하여 창조되었다고 주장하는 리치에 대하여 중국 선비는 자못 심각한 질문을 던지고 있다:

중국 선비가 말한다: 만물을 창조한 시조가 선생이 말하는 천주(天主)라고 한다면, 그 천주는 누구에 의하여 생겨난 것입니까? 서양 선비가 대답한다: 천주는 시작도 끝도 없으며 만물의 시조요, 만물의

뿌리입니다(송영배 등, 『천주실의』).

존재론(우주론)의 측면에서 볼 때, 전자의 질문은 "無에서 有를 창조해낸 존재가 있을 수 있는가?"하는 날카로운 문제이다. 이에 대하여 후자(서양 선비, 즉 마테오 리치)는 '무시무종'(無始無終)으로 대답한다. 그리고 그것을 인식할 수 있는 근거는 인간에게 부여된 '양능'(良能)이라는 것이다. ─현대물리학의 상대성 이론(the theory of relativity)과 콴툼 이론(the quantum theory)은 이와 같은 문제에 대하여 해답을 찾고자 한다. 이른바 "콴툼 물리학"(Quantum physics)은 "無에서 有를 얻을 수는 없다"라는 가설을 빠져나가는 근거를 제공한다 ─

14.2.3 서학의 영혼설(靈魂說)

마테오 리치는 인간의 영혼을 어떻게 이해하고 있을까? 그는 이에 대하여 토마스 아퀴나스의 '삼품설'(三品說)을 따르고 있다. 리치는 이 세상에 존재하는 혼(魂)에는 세 가지 품격이 있다고 말한다. 하품(下品)의 혼은 생혼(生魂)이니 초목의 혼이 그것이다. 초목이 말라비틀어지면 혼도 소멸한다. 다음으로 중품(中品)의 혼이 있으니, 이는 각혼(覺魂)으로 동물의 혼이 그것이다. 동물이 죽으면 혼도 따라서 소멸한다. 마지막으로 상품(上品)의 혼은 영혼(靈魂)이니 인간의 혼이 그것이다. 인간의 영혼은 신체가 죽더라도, 죽지 않고 영원히 존재한다. 이 내용을 저자는 아래와 같이 정리한다:

① 식물─생혼(生魂; vegetative soul)을 가진 존재─下品─소멸
② 동물─각혼(覺魂; sensitive soul)을 가진 존재─中品─소멸
③ 인간─영혼(靈魂; rational soul)을 지닌 존재─上品─불멸(不滅)

이와 같은 영혼의 이해에 대하여 다산(茶山) 정약용은 위 내용과 매우 흡사한 주장을 하고 있어서 관심을 끈다: "본성에는 3품이 있다. 초목의 본성은 생명[生]이 있으되, 도리[覺]는 없다. 동물의 본성은 생명도 있고, 도리도 있다. 우리들 사람의 본성은 이미 生과 覺이 있고, 신령[靈]스러우며 또한 착하다[善]. 상중하의 3급은 결코 같지 않다"(정약용, 『여유당전서』 2-84, 중용강의 권一).

사람의 혼이 동물의 혼과 다른 점은 어디에 있는가? 이 점에 대하여 리치는 장황하게 여섯 가지 항목을 나열하면서 그 차이점을 설명하고 있다. 그는 동물은 영생(永生)을 바라지 않는다고 말하고, 오직 인간만이 '즐거운 곳'[락지樂地]에서 살기를 원한다고 말한다. 외재적 존재로서의 천주가 만물을 창조하고, 그중에서도 오직 인간의 영혼만이 영원히 죽지 않는다는 이와 같은 인식은 인간의 우월성을 전제로 한 것이다. 그러나 과연 인간의 영혼은 영원토록 사라지지 않는 것인가? 또한 동식물은 과연 영생(永生)을 바라지 않는 것일까?

14.3 유학(성리학)의 세계관 — 주희(朱熹)의 세계관

알려진 바와 같이 중국사상사에 있어서 유학은 선진(先秦; B.C. 221년 이전) 시기의 유학과 12세기 이후 송학(宋學)으로 양분된다. 전자의 중심인물이 공자(孔子)라면, 후자의 대표는 주희(朱熹; 1130-1200)이다. 주희가 토마스 아퀴나스와 동시대의 인물이라는 점은 흥미로운 사실이다.

마테오 리치의 시대에 중국의 학문적 분위기는 송학(성리학)이 지배적이었다. 그러므로 리치가 상제(上帝)의 존재와 영혼 불멸을 증명함에 있어서 즉 공자 유학에 부합하고, 송명(宋明) 성리학을 배척하였다는 사실은 하나의 모순이 아닐 수 없다. 그 점에 있어서 그의 '보유론'(補儒論)은 처음부터 한계를 지니고 있었다.

14.3.1 성리학의 우주론(존재론)

성리학, 즉 송학의 우주론은 북송(北宋)의 주돈이(周敦頤; 1017-1073)를 시작으로 출발한다. 그의 주요 저작인 『태극도설太極圖說』은 성리학의 세계관을 이해하는 필수 자료이며, 주희(朱熹)는 이를 발전시켜서 신유학(성리학)의 세계관을 확립한 것이다. 주희에 의하면, '태극'이란 만물의 존립을 가능케 하는 본연(本然)의 원리(本然之理)이며, 그것은 동시에 '무극이태극'(無極而太極)이다.

'무극'이면서 동시에 '태극'이라는 말은 '무극'이 유형(有形)의 존재를 부정하면서 동시에 '태극' 자신이 내면상 부정(否定)의 인소(因素)를 포함하고 있다는 것이며, '태극'이란 별도의 사물이 존재한다는 뜻이 아니다. 그런데 '태극'이 움직여 양(陽)을 낳고, 움직임이 극(極)하여 고요하면 음(陰)을 낳는다. 한 번 움직이고 한 번 고요하면 상호 뿌리(根)가 되고, 양의(兩儀)가 확립되는 것이다. 이와 같은 '태극' 즉 '리'(理)와, 양의(兩儀) 즉 '기'(氣)의 개념은 송학의 기본적인 카테고리이며, 우주 본체론의 핵심 범주에 속한다(주돈이, 『태극도설』참조).

주희에 의하여 정리된 '태극'은 '리'(理)와 동일시되며, 우주 전체의 통체(統體) 질서로 존재하며, 동시에 만물에 각기 갖추어져서[각구各具] 존재한다. 이것이 '리일분수'(理一分殊)의 이론이다. '태극'은 만물의 존립을 가능케 하는 원리로 간주되고, 일종의 자기원인(causa sui)이며, 스스로 동정(動靜)하는 것이고, 무엇이 시켜서 그렇게 되는 것이 아니다. 이 개념을 '리', '기'와 관련하여 정리하면 다음과 같다:

태극 = '리'(理) – 만물의 존립을 가능케 하는 원리

'기'(氣) – 우주 전체를 흐르는 천지의 기(氣; 에너지)

여기에서 말하는 이른바 '태극'이란 천지의 생성에 앞서서 억지로 이름 붙인 것이며[강명强名], 태극이라는 별도의 형체가 있는 것이 아니다. 이때의 '기'(氣)란 개체를 형성하는 생성(生成)의 힘이다. 이는 '확산하여 펼치는 힘'(양기陽氣)과 '수축하여 모이는 힘'(음기陰氣)으로 나누어진다. 두 힘이 평형상태(equilibrium)가 되어서 항상성(恒常性; homeo-stasis)을 유지하는 것이 곧 살아 있는 존재의 모습이다. 평형상태가 깨어져 개체가 사라지는 것, 곧 '기'(氣)가 흩어지는 것이 죽음이다.

이와 같은 송학의 세계관에 의하면, '외재적인 초월자' 곧 Deus의 존재가 아니라, 태극 내부의 내재적인 에너지(氣)가 작용하여 만물이 이루어진다고 해석되는 것이다. 그러므로 여기에는 천주교에서 말하는 창조설(創造說)이 발을 붙일 곳이 없다.

14.3.2 성리학의 영혼설

토마스 아퀴나스의 정통신학에서는 인간의 존재란 물질적인 신체(body)와 정신적인 영혼(soul)이 함께 공존한다고 본다. 중요한 사실은 그와 같은 공존의 형태가 아리스토텔레스 철학에서 말하는 형상(form)과 질료(matter)의 형태가 아니라, 형상(form)과 실체(subject)의 관계라는 점이다. 그러므로 예를 들면 죽은 사람의 시체(屍體)는 이미 인간이 아니다.

이미 앞에서 언급하였듯이, 리치에 의하면 인간은 영혼(靈魂; rational soul)을 지닌 상품(上品)의 존재이며, 신체는 죽더라도 영혼은 영

원히 존재하며 불멸한다는 것이다. 선진(先秦) 유학의 『예기禮記』에도 그와 비슷한 내용이 보이는데, 형백(形魄; body)은 땅으로 돌아가지만, 혼기(魂氣; soul)는 하늘로 돌아간다는 것이 그것이다(『예기』 교특생). 이 내용은 주희에 의하여 더욱 구체화된다.

> 기(氣)를 혼(魂)이라고 한다. 체(體)를 백(魄)이라고 한다. 사람에게는 다만 많은 '기'가 있는데, 그 '기'가 다한 뒤에 혼기(魂氣)는 하늘로 돌아가고, 형백(形魄)은 땅으로 돌아가고 죽는다(주희, 『주자어류朱子語類』 권3).

그렇다면 주희 또한 하늘로 돌아간 영혼을 불멸의 존재로 파악한 것일까? 그렇지 않다. 주희는 결코 사후(死後) 영혼의 존재를 인정하지 않았다. 주희는 말한다.

> 만일 성현(聖賢)이 편안하게 죽었다면, 어찌 (그 氣가) 흩어지지 않고 괴이(怪異)한 존재[귀신鬼神]로 남아 있겠는가! 황제(黃帝)와 요·순(堯·舜)이 이미 죽었는데, 신령스러운 귀신[영괴靈怪]으로 남아 있다는 이야기를 듣지 못했다(주희, 『주자어류朱子語類』 권3).

주희의 이론이 이와 같다면, 유교에서 말하는 '제사' 행위란 무엇인가? 조상에 대한 제례란 마테오 리치가 지적한 것처럼, 조상의 영혼이 불사(不死)의 존재로 남아 있을 때 가능한 것이며 또한 의미가 있는 것이 아닌가? 이에 대하여 주희는 "선조(先祖)가 세상을 떠나서 오래된 경우, '기'(氣)의 유무(有無)를 알 수 없다. 그런데도 제사를 받드는 자손이 있는 것은, 필경 일기(一氣)가 있다는 것이다. 이것은 느껴서 통하는(감통感通) '리'(理)가 있기 때문이다"(주희, 『주자어류朱子語類』 권3)라고 말하고 있다.

이 경우 주희의 이야기는 불가지론적(不可知論的; agnostic)인 입장을 표현하고 있는 것처럼 보인다. 그러나 그 이면을 고찰하면 결국 인간의 사후(死後)에 육체는 물론, 영혼도 소멸한다고 보는 것이다. — 주희의 견해는 영혼(靈魂; soul)이 영원히 불멸하는 것이 아니고, 잠시 머문다고 해석할 수 있다. 그러므로 유교의 조상제사는 헤아릴 수 없는 조상을 향하여 올라가는 것이 아니라, 4代 정도에 한정된다. 사실 유교의 제사 행위는 죽은 자를 기억하는 행위를 통하여, 살아 있는 자의 결속(단합)을 도모하는 측면이 강하다 —

14.4 조선 유학자들의 서학 비판

서학(천주교)의 존재론의 근거는 천주(天主)가 '외재적인 초월자'로서 만물을 창조하였다는 점에 있다. 이에 대하여, 유학(성리학)의 존재론은 '태극' 내부의 내재적인 '기'(氣)가 작용하여 만물이 이루어진다고 보는 견해이다. 그리고 서학의 영혼설이 인간의 영혼이 영원히 존재하며 불멸하다는 점에 대하여, 유학의 영혼설은 영혼이란 잠시 떠도는 '유기'(遊氣)로 존재하지만, 결국에는 소멸한다는 것이다.

16세기 이후 이른바 '4단 7정설'(四端七情說) 그리고 '인물성동이론'(人物性同異論)의 담론에 익숙한 조선의 지식인들이 이와 같은 천주교 이론에 대하여 입을 다물고 있을 수는 없는 일이었다.

(1) 성호(星湖) 이익(李瀷; 1681-1763)의 경우

성호 이익은 성리학(철학)의 측면에서는 회재 이언적(李彦迪)과 퇴계 이황(李滉)의 흐름을 이어받았고, 경세학(經世學; 실학)의 측면에서는 율곡 이이(李珥)와 반계 유형원(柳馨遠)의 학풍을 따랐다. 그러므로 이익 학문의 경향은 기존 성리학을 '전승'(傳承)하는 보수적인 입

장과, 새로운 학풍을 전개하는 '개신'(改新)적 경향이 공존한다. 이 때
문에 그의 제자들은 '우파'(右派)와 '좌파'(左派) ―'우파'란 유교의 입
장에서 서학을 비판한 사람들로서; 신후담, 안정복이 대표적인 인물
이다. '좌파'란 서학에 대한 학구적인 연구를 넘어서 신앙의 차원으로
받아들인 사람들로, 권철신(호 녹암鹿菴; 1736-1801)이 그 대표적 인물
이다 ― 혹은 '신서파'(信西派)와 '공서파'(攻西派) 등으로 갈래를 쳤다.

    성호는 근본적으로 성리학자이다. 그의 주요 저술인『사칠신편四
七新編』을 놓고 볼 때에, 그가 얼마나 순정한 유학인지를 알 수 있다.
―이익은 35세 무렵에『사칠신편』을 저술하고, 만년까지 곁에 두고
계속 수정을 가하였다. 한글 번역본이 있다. 이상익,『역주 사칠신편』
1999 ― 그러므로 그가 서학을 비판한 점은 이상할 것이 없다. 그러나
그의 서학 비판은『천주실의』를 조선의 지식인층에게 소개하는 선에
서 그쳤다. 그는 마테오 리치가 불교의 윤회설을 비판하는 점을 놓고
역으로 천주교에 대하여 의문을 제기한다.

    그렇다면 왜 유독 [불교의] 윤회설만이 잘못된 것이고, [그리스도교의]
    천당 지옥[의 주장]은 옳은 것인가?(『천주실의』, 천주실의 발문).

    이익은 이처럼 서학을 소개하는 태도를 취하였으므로 그를 가리
켜 "서학 수용의 선구자"라고 부를 수는 있으나, 그의 서학 비판은 이
론적인 면까지 파고 들어간 것이 아니다. 그는 다만 서학의 교리를
황당무계한 것으로 여기고, 불교의 이론처럼 혹세무민의 것으로 경계
하는 선에서 마무리를 지었다. 그러므로 서학 비판에 대한 성호의 공
로는 그에게 있기보다는, 그의 영향을 받은 제자들 가운데 '공서파'(攻
西派; 신후담, 안정복 등)에 있다고 보아야 하겠다.

(2) 하빈(河濱) 신후담(愼後聃; 1702-1761)의 경우

성호학파 중에서 서학을 가장 체계적으로 비판한 인물은 하빈 신후담이다. 그는 『서학변西學辨』을 저술하여 서학의 세계관을 혹독하게 비판하였는데, 이를 감정적인 것으로만 볼 수 없는 문제점을 포함하고 있다. 그를 가리켜 '신유학 원리주의자'라고 부를 수 있지만, 그는 오로지 유학 경전만을 읽은 외골수는 아니었다. 그는 마테오 리치의 『천주실의』, 프란체스코 삼비아소의 『영언려작靈言蠡勺』 그리고 쥴리오 알레니의 『직방외기職方外記』 등을 읽었다. 문제는 신후담에게 이들 저술에서 나타난 세계관이 부도덕하고, 이기심을 조장하는 것으로 받아들여졌다는 점이다.

신후담은 마테오 리치의 『천주실의』에서 말하는 "천주가 만물을 창조하고 주재(主宰)하며 안양(安養)한다"라는 말을 가장 중요한 명제로 삼고 이를 비판하였다.

> 이른바 천주가 만물을 제작하고 주재(主宰), 안양(安養)한다는 것이 이 일편의 가장 중요한 부분이다. 그 말투를 보면 우리 유가에서 상제(上帝)를 말하는 주장에 따름으로써 진실을 꾸미고, 허위를 숨기려는 것 같다. …천지가 천주의 제작으로 말미암아 형성된다고 말하면, 이는 '리'(理)로도 증명이 안 되고 경서(經書)에서도 고증이 안 된다.…(신후담, 『서학변』 천주실의 首篇).

이처럼 신후담은 먼저 리치의 천주를 유가의 상제와 비유함으로써 일견 리치의 주장에 표면상 동조하는 것처럼 보인다. 그러나 리치의 개인적인 신앙에 기반을 두고 있는 결코 증명할 수 없는 주장에 대하여 일침(一針)을 놓는다. 그리고 그는 매우 신중하게 리치의 설에 대하여 반기를 든다.

천지가 개벽하는 일은 참으로 말하기 어렵다.『역경』에서 태극이 양
의(兩儀)를 낳는다고 하였다. '양의'란 음양 2기(二氣)인데 이는 형이
하(形而下)의 기(器)다. 태극은 한번 음하고 한번 양하는(一陰一陽)
소이인데 이것은 형이상(形而上)의 도(道)이다. … 상제(上帝)가 비록
천지를 주재(主宰)는 하지만 천지를 제작(i.e. 창조)한다고 말할 이치
는 있을 수 없다(신후담,『서학변』천주실의 首篇).

여기에서 주목할 점은 리치가 이해하는 '천주'(天主; Deus)의 개념
과 신후담이 이해하는 '상제'(上帝)의 개념 차이이다. 전자는 외재적
초월자(인격자)로서의 '창조자'를 말하지만, 후자는 '리'(理) 혹은 '도'
(道)를 의미하는 것이다. 그러므로 신후담의 존재론은 주희(朱熹)의
그것처럼 '태극' 내부의 내재적인 '氣'(에너지)가 작용하여 만물이 이
루어지는 것이지, 외재적 초월자가 창조하는 것이 아니라는 점
이다.

신후담은 이처럼 서학의 창조설을 부정할 뿐 아니라, 영혼설에
있어서도 견해가 다르다. 선교사 프란체스코 삼비아소(필방제畢方濟)
는 그의 저서『영언려작』에서 영혼(아니마)을 '자립체'(自立體) 혹은
'본자재'(本自在) 등의 용어를 사용하여 설명한 바 있다. '자립체'란 아
니마의 총칭(總稱)으로 다른 사물에 의지하지 않고 스스로 존재하는
사물을 가리키며, '본자재'란 아니마에 대한 전칭(專稱)이다. ─ 프란
체스코 삼비아소(1582-1649)는 이탈리아 예수회 수사로서 1610년 아
오먼(澳門)에 도착하였고, 1613년 이후 주로 북경에 머물렀다. 중국의
독서인 서광계(徐光啓)와 인연을 맺었으며, 1649년 광둥성 광저우(廣
州)에서 세상을 떠났다. 그의 저서『영언려작』은 그가 구술하고, 서광
계가 필록(筆錄)한 것이다 ─ 신후담은 이를 다음과 같이 비판한다.

생각건대 필방제(畢方濟)는 사람의 영혼이란 스스로가 체(體)를 이루어서 다른 것에 의뢰하지 않기 때문에 자립체(自立體)라고 부른다. 그러나 사람이 태어날 때 먼저 형체가 있은 연후에 양기(陽氣)가 달라붙어 영혼이 된다. … 주자(朱子) 또한 영혼이 하늘로 돌아가는 것을 이 '기'(氣)가 흩어지는 것이라고 말하였다. 이로써 미루어보면 영혼이란 형체에 붙어서 있는 것이고, 형체가 없어지면 이 '기'(氣) 또한 아주 없어지는 것이다. 어찌 자립체(自立體)일 수 있겠는가?(신후담, 『서학변』 영언려작 제1편).

하빈 신후담은 이와 같이 영혼(아니마)의 '자립성'(自立性)을 부정한다. 그에 의하면 인간의 영혼이란 신체에 의지하고 있으므로 자립체일 수 없다는 것이다. 그는 이를 바탕으로 '본자재'(本自在)를 또한 부정하였다.

이미 '자립체'라고 말하는 것이 잘못임을 안다면, '본자재'라고 말하는 것은 공격하기 전에 저절로 무너진다. 그리고 영혼이 생혼(生魂) 및 각혼(覺魂)과 다르기 때문에 불멸한다고 말하는 것은 또한 그럴 수 없다. … 본래 영혼이 있고 또 생혼이 있고 또 각혼이 있어서 세 가지가 독립하여 한몸(一身)에 있는 것이 아니다(신후담, 『서학변』 영언려작 제1편).

신후담의 견해는 결국 영혼(아니마)은 소멸한다는 것이며; 식물, 동물 그리고 인간의 영혼은 하나이며, 구분되지 않는다는 것이다. 그는 세 가지 혼(魂)은 나눌 수 없는 것이고, 다만 식물에 비하여 동물의 영혼이 조금 우수하고, 또한 동물에 비하여 인간의 영혼이 조금 우수한 것이라고 말하였다.

(3) 순암(順菴) 안정복(安鼎福; 1712-1791)의 경우

순암 안정복은 성호 이익의 제자이다. 그의 생애에 있어서 성호를 만난 것은 비록 몇 차례 되지 않지만, 성호가 미친 영향은 막대한 것이다. 1757년(정축년) 안정복은 성호에게 다음과 같은 내용의 편지를 올린다.

요즈음 서양서를 읽었습니다. 그 학설이 비록 정밀하고 분명하지만 이단(異端)의 학문임에 틀림없습니다. …또 『변학유독辯學遺牘』은 연지(蓮池) 스님과 이마두[리치]가 학문을 따진 글입니다. …스승님은 이 책을 보셨는지요?(안정복, 『순암문집』 권2, 上星湖先生 별지).

이상 편지문의 내용에서 우리는 안정복이 『천주실의』, 『기인십편 畸人十篇』 그리고 『변학유독辯學遺牘』 등의 천주교 서적을 읽었음을 알 수 있다. 그는 이어서 서학의 영혼설(즉 귀신설)에 대하여 다음과 같이 비판하고 나선다.

귀신에 대한 학설은 계사전(繫辭傳), 제의(祭義) 및 염락(濂·洛)의 여러 선생의 학설로써 그 정상을 알 수 있지만, 끝내 의심할 바가 있습니다. …곧 '기'(氣)가 모이면 生하고 흩어지면 죽어서 공무(空無)로 돌아갑니다. 서양 선비[西士]는 다음과 같이 말합니다. 곧 '기'(氣)가 모여 사람이 되고, 이미 사람이 된 뒤에 따로 영혼이 있어서 죽어도 없어지지 않고, 본신(本身)의 귀신이 되어 영원히 존재한다고 합니다. …이것은 흩어지는데 늦고 빠름[지속遲速]이 있다고 말하는 것은 옳습니다. 그러나 영원히 흩어지지 않는다고 말한다면 옳지 않습니다(안정복, 『순암문집』 권 2, 상성호선생 별지 戊寅).

순암은 여타 유학자들처럼 생사를 '기'(氣)의 모임과 흩어짐으로 인식하고 있고, 그중에서도 흩어진 기[유기遊氣]가 잠시 머물러 있을 수는 있으나, 결국에는 소멸하는 존재로 파악하고 있다. 순암의 서학 비판은 그의 저술 『천학고天學考』와 『천학문답天學問答』에서 체계를 갖추고 진행된다. 그는 서학에서 말하는 천주(天主)의 존재를 유교의 상제(上帝)와 유사하다고 보고, 이를 인정한다. 그러나 천주를 섬기는 동기가 전혀 다른 데 있다고 말한다.

> 예수[야소耶蘇]가 세상을 구하는 뜻은 오로지 후세(後世)에 있으며, 천당과 지옥으로써 선(善)을 권장하고 악(惡)을 경계한다. 그러나 (유교의) 성인이 道를 행하는 뜻은 오로지 현세(現世)에 있으며 명덕(明德)과 신민(新民)으로써 교화를 하는 것이다. 그 공사(公私)의 구별이 자연히 같지 않다. …어찌 조금이라도 후세(後世)에 복을 바라는 생각이 있겠는가(안정복, 『순암문집』 권17, 天學問答).

안정복에 의하면, 죽어서 후세의 천당에 가려고 천주를 받들어 복을 구하는 행위는 순수한 동기가 결여된 이기적인 것이다. 이에 대하여 유교는 순수한 동기인 명덕(明德)과 신민(新民)에서 출발한다. 그것은 보상을 바라는 심리가 아니라, 현실 사회에서 치루어야 할 의무이다. 그러므로 유교의 길은 공(公)이며, 서학의 길은 사(私)라고 본다. 또 순암에게 있어서 상제(上帝; 天主)의 주재(主宰)는 곧 '태극' 즉 '리'(理)의 다른 표현에 지나지 않는다.

> 사람들이 '天'이라고 부르는 것에는 두 가지가 있다. 하나는 주재(主宰)의 天인데, 천명(天命)의 性이니 혹은 천명(天命)을 두려워함과 같은 것을 말한다. 이 天은 곧 '理'이다. 다른 하나는 형기(形氣)의 天인데, 이 天은 곧 '物'이다. 주돈이(周敦頤)의 『태극도』는 공자의 "태극이 양의(兩儀)를 낳는다"라는 말에 근거를 두고 있다. 주재(主宰)

한다는 것으로써 말하면 상제(上帝)라고 한다. 소리도 냄새도 없는 것으로써 말하면, '태극'(太極) 혹은 '리'(理)라고 한다. 상제와 태극 즉 '리'(理)를 갈라서 말할 수 있겠는가?(안정복, 『순암문집』권17, 천학문답).

이와 같은 순암의 이야기는 천주(天主)의 개념이 비록 상제(上帝)라는 용어와 동일언어로 사용되고 있다고 할지라도, 그 의미는 리치의 그것과 다른 것이다. 즉 순암의 경우 그것(상제)은 '리'(理) 혹은 '도'(道)를 의미하는 것이며, 리치의 경우 그것(천주)은 외재적 초월자를 뜻한다. 그리고 신후담의 경우와 마찬가지로 그것은 주희(朱熹)의 세계관, 즉 세계는 '태극' 내부의 내재적인 '기'(氣)가 작용하여 이루어지는 것이며 외재적 초월자가 창조하는 것이 아니라는 점에 의견을 같이한다.

문제는 사실 마테오 리치의 성리학 이해 수준에 있었다. 앞에서 말하였듯이 '태극' 즉 '리'는 정통 성리학의 핵심 범주(카테고리)에 속한다. 마테오 리치가 이 문제를 언급하지 않고 그냥 넘어갈 수는 없었다. 그는 "만물의 제1 원인에 대하여, '理' 혹은 '태극'은 만물의 궁극적 근원에 해당할 수 없다"라는 표현을 사용하며 이 문제와 직면한다.

제가 보기에 '무극이면서 태극'(無極而太極)의 그림[圖]은 단지 홀수와 짝수의 형상(form)을 취하여 말한 것에 지나지 않습니다. …(그것은) '추상적 관념'(虛象)이기에 실제적 내용[實]이 없는 데도, (천지 만물의 근원으로서) 믿을 만한 '리'(理)가 있겠습니까? …태극이 오직 '리'(理)라고 해석된다고 해도, 천지 만물의 근원이 될 수는 없습니다(『천주실의』).

리치의 이와 같은 성리학(宋學) 개념의 이해는 그 본질을 투명하게 본 것이라고 말하기 어렵다. 그가 사용한 개념 중 허(虛)와 실(實)의 개념이 분명하지 않으며, 또한 "태극이 오직 '理'라고 해석된다고 해도, 천지 만물의 근원이 될 수는 없다"는 데 있어서는 아전인수(我田引水)의 억지스러운 태도가 엿보인다. 그는 애당초 '리' 혹은 '태극'을 격하(格下)시키기 위하여 자신의 논리를 동원한 것이다. ─ 예수회 소속 선교사로서 마테오 리치의 목적은 결국 선교 자체에 있었다. 그러므로 그가 '리' 혹은 '태극'을 격하시킴으로써 성리학의 세계관을 공파(攻破)하려고 시도한 것은 하나의 책략일 수 있다. 리치의 유학(儒學) 이해 수준에 대하여는 서양 학자도 비판을 하고 있다(Jacques Gernet, *China and the Christian Impact*, 1985) ─

그러나 성호 이익에 따르면, '태극'(理)은 음양 이기(二氣), 즉 만물을 생성하는 적연부동(寂然不動)의 존재(원리)이다. 그 자신은 움직이지 않으면서[미동未動] 만물을 움직이는[능동能動] 존재이다(이익, 『성호전서』 제7권 사칠신편). 그것은 원래 무어라고 이름을 붙일 수 있는 존재가 아님에도, 이미 말하였듯이 억지로 이름(強名)을 붙인 것이다. 그래서 '무극'이면서 동시에 '태극'이다.

이상에서 본 바와 같이 서학(천주교)의 세계관은 유학(성리학)의 그것과는 근본적으로 다르다. 이를 놓고서 어느 하나는 잘못이라고 선택을 강요할 수 없다. 저자의 판단으로 그것은 견해 차이의 문제이지 시비(是非) 증명의 문제가 아니다. 이와 같은 세계관의 차이 혹은 그를 바탕으로 한 권력 다툼의 결과가 조선조 후기 이 땅에 일련의 불행한 사건들을 야기시켰다.

왜 조선조 후기에 '사옥'(邪獄) 혹은 '박해'(迫害)가 발생하게 되었을까? 그것은 아마도 상호 '융화할 수 없는 차이점'(irreconcilable differ-

ence) 때문이었을 것이다. 불행이 있다면 자신이 등을 대고 있는 세계
는 결코 오류(誤謬)가 있을 수 없다는 맹목적 확신(믿음)이다. 그리고
그에 따른 자존심의 확대 및 권력의 쟁취가 결국 충돌을 빚었고, 이른
바 사옥(혹은 박해)의 역사를 만들어 낸 것이다.

　　그러나 조선왕조는 내부적인 엔트로피(entropy)가 서서히 증가하
여 멸망의 길로 접어들었다. 그리고 한말(韓末) 서양문화에 대한 탄압
으로 연결되는 불행한 역사의 시발점이 되었다. 이점 유가 지식인
들의 독존(獨尊) 내지 자만심(自慢心)의 결과라고 볼 것이다. 천주교
측의 반성은 없을 것인가? 이른바 '제 2 차 바티칸 공의회'(公議會;
Second Vatican Council) 기간(1962년~1965년) 제261대 교황, 지오반니
(Giovanni) 23세에 의하여 공표된 결과는 무엇을 말하는가? 만일 이
개혁이 200년 만 앞섰다면 그토록 많은 사람들이 조선 땅에서 피를
흘리는 일은 발생하지 않았을 것이다.

📖 읽을거리

- 이기경·이만채 편, 『闢衛編』, 김시준 역, 명문당, 1987.
- 마테오 리치, 『천주실의』, 송영배 등 옮김, 서울대학교출판부, 1999.
- 이익, 『星湖全書』, 여강출판사, 1984년 영인본.
- 금장태, 『동서교섭과 근대한국사상』, 한국학술정보, 2005.
- 강재언, 『조선의 西學史』, 민음사, 1990.
- 빈센트 크로닌, 『西方에서 온 賢者』, 이기반 역, 분도출판사, 1999.
- 조너선 D. 스펜스, 『마테오 리치, 기억의 궁전』, 이산, 2002.
- 이상익, 『역주 사칠신편』, 도서출판 다운샘, 1999.
- 최동희, 『西學에 대한 韓國實學의 반응』, 고려대학교 민족문화연구소,

1988.

● 최기복, "明末淸初 예수회 선교사들의 補儒論과 性理學 비판,"『교회사연구』제 6 집, 한국교회사연구소, 1988.

● 한자경, "18세기 조선 유학자들의『천주실의』비판,"『철학연구』제69집, 철학연구회, 2005년 여름.

● 도날드 베이커,『조선후기 유교와 천주교의 대립』, 김세윤 역, 일조각, 1997.

● Donald Baker, "The Use and Abuse of the Silhak Label: A New Look at SinHudam and his SoHakPyon,"『교회사연구』제 3 집, 한국교회사연구소, 1981.

● 朱熹,『朱子語類』.

● 馮達文, 郭齊勇,『新編中國哲學史』下冊, 人民出版社, 2004.

● 林金水, 鄒萍,『泰西儒士利瑪竇』, 國際文化出版公司, 2000.

● 王玉川, 劉俊餘,『利瑪竇中國傳敎史』(上,下), 光啓出版社, 民國 75年.

● 汪前進,『西學東傳第一師 ― 利瑪竇』, 科學出版社, 2000.

● 孫尙揚,『明末天主敎與儒學的交流和衝突』, 文津出版社, 民國 81年.

● Anthony Kenny, *Aquinas on Mind*, Routledge, 1993.

● Anthony Kenny, *Aquinas on Being*, Oxford Univ. Press, 2002.

● Jacques Gernet, *China and the Christian Impact*, Cambridge University Press, 1985.

● Thomas Aquinas, *Summa Theologica*, Benziger Bros. edition, 1947.

제15강 전통과 현대의 갈림길

'새 술은 새 부대에 담아서 보관해야 한다'라고 주장하는 사람이 있다. 틀린 말은 아니다. 헤진 부대의 틈새로 아까운 술이 새어나가서야 되겠는가? 그러나 부대는 새 것(new)이어야 하지만, 술은 묵은 것(old)이 맛을 더할 수 있다. 이 속담을 전통과 현대로 비유할 때에, 전통을 버리고 현대만을 좇는다면 우리는 기억상실증 환자처럼 될 것이다. 여기에 과거의 시간이 갖는 의미가 있다. 문제는 전통의 좋은 점을 살리고 — 전통이 모두 가치 있다고는 볼 수 없다. '습'(習) 혹은 '인습'(因習; convention)처럼, 인간의 창조적 능력을 가로막는 전통은 극복되어야 한다 —, 새로운 부대를 준비하는 일이다. 그러므로 전통과 현대는 한 번 갈라지면 영 못 만나는 Y자형의 두 갈래 길이 아니고, DNA 분자구조처럼 S자를 위아래로 겹친 § 형으로 서로 얽혀 있는 길이라고 보아야 하겠다.

마지막 강의에서 저자는 전통의 측면보다는 현대의 측면에 비중을 둔다. 여기에서는 사회변화 형태를 놓고 농업사회(AS), 산업사회

(IS), 정보사회(TS)의 기본질서와 그에 따른 사상 및 종교의 추세(趨勢)를 관찰 정리하는 데 그친다. 저자는 농업을 기반으로 한 한국사회의 유교 공동체가 사실상 해체(解體)되었다고 진단하고; 산업, 정보사회의 변화; 법치(法治)의 필요성 그리고 '국제화' 시대 한국의 선택 등 세 가지 점에 대하여 의견을 펼치고자 한다.

15. 1 농업사회–산업사회–정보사회

이와 같은 분류는 설명 편의상의 것이며, 그 시기와 내용에 있어서 개략적(槪略的)인 것임을 강조한다. 이는 각 국가마다 일률적이지 않다. 예를 들어 한국(남한)의 산업사회 진입은 1970년대 이후의 일인데, 2000년대 벌써 정보사회로 발을 딛고 있다. 그러나 북한은 2000년 현재 농업사회로 진단할 수 있고, 또한 중국은 '개혁개방' 이후 2007년 현재 농업사회, 산업사회의 틀을 유지하면서 정보사회에 부분적인 발을 딛고 있다. ─중국의 국무원 총리 원 자바오(溫家寶)는 2006년 아프리카를 방문하였을 때, 중국을 '개발도상국'이라고 칭하였다─ 유럽의 경우도 서유럽과 동유럽 간에는 많은 차이가 존재한다. 그러므로 이와 같은 분류는 문명 차원의 거시적(macro)인 것임을 다시 강조한다.

15.1.1 농업사회(Agricultural Society; AS)

농업의 시작은 아득하게 먼 옛날로 소급된다. 역사 이전은 잘 알 수 없고, 대략 B.C. 2000년경 고대 이집트(Egypt) 및 고대 중국 ─ 신농씨(神農氏) 이야기로 초기 농업사회의 진입을 암시하고 있으나, 이

는 전설이고 실제로는 B.C. 1600년경 상(商) 왕조 시절에 농업이 진흥
되었다고 본다 — 에 농업사회가 시작되었다. 인간이 땅에 정착(定着)
한 이후, 생활필수품이 토지로부터 조달되었다. 땅의 경작은 부(富)를
창출하는 중요 수단이었던 까닭에, 일찍부터 동물 등을 이용한 경작
방법이 채택되었다. 그러나 이 사회는 노예 혹은 봉건사회를 막론하
고 생산규모란 보잘 것이 없었고, 생산물품의 흐름 즉 '물류'(物流)는
물물교환의 형식에 의하여 마련되었다.

　　농업사회의 의사소통(커뮤니케이션)은 당사자 간에 얼굴을 맞대고
(즉 'face to face' 방식임) 이루어졌다. 중앙정부 혹은 지방간에, 파발마
(擺撥馬) 또는 봉화(烽火) 수준의 통신이 존재하였지만, 그 효과는 매
우 미약하였다. 그러므로 이 사회는 기본적으로 고립된 체제이고, 간
혹 문명이 서로 다른 체제간의 교역(交易)이 있기는 하였지만(예: '실
크로드'를 통한 중국과 로마의 교역), 교역의 형태는 이웃 국가에 제한되
었다.

　　사회 전반을 지배하는 규범은 법질서라고 표현하기에 과분하다.
동서양에 질적인 차이가 있으나, 관습에 의존하였고 법(法)보다는 윤
리 혹은 도덕의 의한 지배체제였다.

　　농업사회의 사유 구조는 농업을 위한 질서(하늘과 땅) 속에서 편
성되었다. 고대 그리스의 '자연철학' 혹은 중국의 '제자백가' 철학은
모두 인간의 정착생활과 관련되어 있다. 그리스 시대 해양문명을 통
한 유동성(流動性)의 측면이 있었고, 몽골에 유목민(遊牧民)이 존재하
였지만; 이는 현대의 '노마디즘'(nomadism; 유목생활)이라고 부를 만한
수준이 아니다. — 그중에서도 중국의 철학사상은 철저히 농업화를
전제로 한다. 즉 '제자백가'로부터 송대 '성리학'(신유학), 혹은 청대
'고증학'에 이르기까지 하늘과 땅, 음과 양의 중심이다. 『주역』 계사
上 제 1 장의 "하늘은 높고 땅은 낮으니, 건(乾)과 곤(坤)이 정해진다"

(天尊地卑, 乾坤定矣)라는 대표적인 구절이다 — 농업사회의 철학은 형이상학(도덕)의 수준에 머물렀다.

농업사회의 종교는 지역을 바탕으로 한 소박한 형태로 진단된다. 종교의 전파는 이웃나라를 통해서 이루어졌다. 이 사회에서는 한 나라에 복수적(plural) 종교가 동시적으로 존재하는 경우란 드물다. 전통 중국의 경우 도교, 불교, 유교, 이슬람교 등이 공존한 것은 하나의 국가라기보다는 대륙으로서 가능하였다. 따라서 '싱크레티즘'(syncretism) 현상은 볼 수 없다. 이 사회에 있어서 종교의 영향은 지배층의 수용(受容) 여부에 따라서 기층 민중에 큰 영향을 주었다.

농업사회는 기본적으로 '직성(直性)사회'이다. '직성사회'란 저자가 사용하는 용어로 "감성에 대비하여 융통성이 적고, 물리적인 힘에 의존하는 경직된 사회"를 말한다. 그러므로 직성사회는 부드럽지 않고, 세련되지 못하며, 단선적(單線的)이고 일차원(一次元)의 사회이다. 농업사회는 '직성'이 갖는 성격 때문에, 땅(토지)을 빼앗는 전쟁이 끊임없이 일어났다.

15.1.2 산업사회(Industrial Society; IS)

(1) 산업사회란?

산업사회는 1760년대 영국의 '산업혁명'을 시작으로 18세기 후반까지 유럽 각국의 사회구조를 전반적으로 바꾸어 놓은 사회형태를 말한다. 산업사회라고 하여 농업이 무의미하다는 말이 아니다. 이는 질적으로 매우 다른 사회를 가리킨다. 그렇다면 유럽의 사회변화를 초래한 산업혁명이란 무엇을 말하는 것인가? 여기서는 산업혁명의 결과만을 언급하기로 한다. 차하순 교수는 산업혁명의 결과로서 다음과 같은 3가지 사항을 들고 있다.

　　산업혁명의 중요한 결과는 첫째로 생산증대 및 거기에 따른 시장 확대이다. 새로운 기계에 의한 생산으로 많은 종류의 생산품이 쏟아져 나왔고, 마침내 그것을 소모할 시장을 필요로 하게 되었다. 국내시장만으로 불충분하고 자연히 해외시장을 개척하지 않으면 안 되었다. 둘째로 지적될 수 있는 것이 산업혁명 이후 유럽의 인구가 급증하였다는 사실이다. 19세기, 즉 한 세기 동안 유럽인구는 1억 7천 5백만에서 4억으로 증가하였다. 특징적인 것은 이러한 증가된 인구가 도시에 집중되었다는 점이다. 셋째로 산업혁명은 인구의 증가와 이동을 결과했을 뿐 아니라, 사회계급의 재편성을 초래하였다. 즉 자본을 소유하는 공장주와 노임에 의존하는 노동자 등 두 새로운 계급이 등장하였다. 이 두 계급 사이에 부유하지도 빈곤하지도 않은 소시민층 (petite bourgeoisie); 즉 상점주, 공무원, 법률가, 의사, 자작농, 교사 등이 있었다(차하순, 『서양사총론』, 1983).

　　이상은 산업사회의 모습을 설명하는 데에 설득력이 있다. 한국 (남한)의 경우, 1970년대 이후 산업사회로 진입하였다. 1970년대 이후 남한의 생산증대 및 시장확대는 통계를 거론할 필요가 없게 되었고, 경제의 활로가 해외시장에 놓여 있을 정도로 국제화되기에 이르렀다. 인구 또한 과거 농업사회와는 비교가 안 될 정도로 급격한 증가와 이동의 문제를 발생시켰다. 서울의 경우, 이 도시는 조선왕조 초기 인구 20만 명을 수용할 수 있는 도시로 계획되었다고 한다. 이는 500년의 세월이 지난 뒤에야 당초의 구상에 들어맞는 규모에 이르게 되었는데, 1920년경 서울의 인구는 25만 정도에 지나지 않았다는 것이다(노정현, 『한국근대화론』, 1981). 그런데 서울은 1960년에 240만, 1975년

700만, 1979년 820만 명으로 증가한다. 그리고 1988년에 1,000만 명을 넘어섰다(1995년 1월 7일자 한겨레신문).

이와 같은 인구의 증가 내지 집중의 문제는 그것이 국내적인 인구이동(internal migration)이라는 점에서 그 심각성을 더해 주고 있다. ─ 이는 산업화의 과정에서 발생한 불균형인데, 인구에 관한 한 서울은 비대해졌으나; 강원도, 충청북도, 전라남도, 전라북도 등의 4개 지역은 절대인구가 감소하였다 ─ 이처럼 산업화는 사회계급의 재편성을 초래한다. 산업사회는 또한 자본을 소유한 자본가와 노동력을 제공하고 임금을 받는 노동자의 계층으로 나누어지게 된다. 그리고 산업화가 고도화할수록 자본가와 노동자 사이에 빈부의 차이가 생긴다. 노사문제는 이러한 차이에서 생겨나는 문제이다.

산업사회는 다음의 3가지 특징이 지적되고 있다. 응집현상(congestion), 단조로움(monotony), 그리고 생활불안정(insecurity)이 그것이다(차하순, 앞의 책). 응집현상이란 생산수단이 공장 내에 배열해 있고, 이를 중심으로 인구 및 주택이 밀집함을 가리킨다. 단조로움은 노동이 분업형태로 실시되기 때문에 동일한 작업이 계속 반복되는 현상을 가리킨다. 능률과 시간 때문에 노동자는 자동기계와 같은 동작을 반복하게 된다는 것이다. 생활불안정이란 노동자들이 항상 해고당할 걱정 속에서 살아야 하며, 가장(家長)인 노동자도 실업의 불안을 덜어버릴 수 없음을 말한다.

유럽에서 적용된 산업사회의 특징이 한국에도 그대로 적용된다고 볼 수는 없다. 그러나 우리의 산업화 과정에서 서울과 같은 대도시에의 밀집현상을 부정할 수 없고, 생명과 항상 접하는 농업사회보다는 노동의 측면에서 산업화가 훨씬 단조로우며, 또한 해고의 위험을 감수하며 살아가는 근로자들을 무시할 수 없다. 산업사회의 이러한 특징들은 농업사회에서 볼 수 없던 문제를 발생시키며, 가치관의 혼란과 갈등을 야기시킬 뿐 아니라, 기존질서의 해체(解體)를 초래하고, 가족관계까지도 붕괴시킬 위험을 내포하고 있다.

(2) 산업사회의 이상적인 인간

산업사회는 사회의 모습만이 달라지는 것이 아니다. 여기에는 새로운 인간이 탄생한다. 인간은 생산과 소비에 있어서 주체적인 지위를 상실하고(생산은 타인의 손에 의해서 이루어지며, 소비도 주체적 판단에 의하기보다는 광고 등의 홍보 수단에 의하여 조정당한다), 거대한 조직 속의 일원으로 전락한다.

현대 산업문명 속의 인간은 인격의 목적성보다는 수단적 가치가 존중된다. 이 사회에서는 공산품의 생산성을 극대화시킬 수 있는 인간만이 '우수하고 뛰어난' 인간이다. 생산되는 제품이 파괴적인 것이든, 혹은 인간의 생명에 해로운 것이든 이러한 것을 묻지 않는다. (무기武器 공장에서 일하는 사람들은 무기의 유해성에 대해서 잘 알고 있지만, 생산을 계속한다.) 철학자 마르쿠제(H. Marcuse, 1898-1979)는 이렇게 경고하고 있다.

우리는 합리적으로 그리고 생산적으로 살다 죽는다. 우리는 죽음이 삶의 대가이듯이 파괴가 진보의 대가이며, 사업은 계속해야 하고, 체념과 고통이 은혜와 기쁨의 전제여건이며, 사업은 계속해야 하고, 선택 가능한 것은 유토피아라는 것을 알고 있다. …사회는 인간의 기술적 활용을 내포하는 사물과 관계의 기술적 조화를 성장시킴으로써 스스로를 재생산한다. 즉 생존경쟁과 인간 및 자연의 착취가 더욱 과학적이며 합리적으로 된 것이다(H. Marcuse, One-Dimensional Man, 1964).

산업사회에서 요구되는 인간은 이처럼 도구적 인간, 곧 '1차원적 인간'이다. 인간의 도구적 성격을 명료하게 표현한 것에는 다음과 같은 구절이 보인다. "산업사회는 형이상학적인 것을 물리적인 것으로, 내적인 것을 외적인 것으로, 정신의 모험을 기술의 모험으로 변형시킬 도구적 성격을 소유한다"(마그쿠제, 같은 책). 이상과 같이 인간의 도구적 성격이 강조되는 까닭은 생산성의 극대화, 즉 경제성의 원리가 자리잡고 있기 때문이다. 산업사회는 경제적 인간관을 그 이상으로 한다. 한국의 철학자 김려수는 다음과 같이 말한다.

> 한 문명의 기초에는 한 집단으로 하여금 그 문명의 구축을 가능케 한 그 집단의 자기 이해의 내용을 형성하는 일련의 가치와 규범으로 구성된 이념체계, 즉 인간관이 있다. 산업혁명 이후 1세기 반이라는 기간 중에 성취된 산업문명은 Homo economicus의 승리요 완성이다 (김경동, 김려수 등, 『근대화』, 1979).

산업사회의 이상적 인간이란 곧 경제적 인간(호모 이코노미쿠스)이다. 그렇다면 '경제적 인간'이란 어떤 형태의 인간을 말하는 것인가? 김려수는 사회학자 M. 베버와 T. 파슨스의 설명모형에 따라서 '호모 이코노미쿠스'를 합리적 존재, 기계적 존재, 독립적 개체, 세속적 존재, 자연의 정복자 그리고 물질주의적 인간으로 묘사하고 있다(김경동, 김려수 등, 같은 책).

이처럼 '호모 이코노미쿠스'는 합리성을 존중하며, 목적적이라기보다는(독일의 철학자 I. 칸트는 인간성을 언제나 목적으로만 사용할 것이며, 수단으로서 사용하지 않도록 하라고 말한 바가 있다) 기계적, 수단적인 인간을 말한다. 그 같은 인간은 종교적이라기보다는 세속적이며, 외부적 대상으로서의 자연을 무차별적으로 정복하는 물질주의적 인간이다.

산업사회는 '호모 이코노미쿠스'를 기대하기 때문에 사람들은 '경제적 동물'로 전락한다. 극도로 합리적 존재로서의 인간 또는 기계적 존재로서의 인간은 인정(人情)에서 멀어지며, 심지어 인정과 같은 감정 자체를 멸시하기도 한다. 인간은 그만큼 기계화되며, 궁극에는 냉혈동물과 같은 존재로 전락한다. 이것이 곧 인간성의 상실이다. 이러한 인간은 환경파괴에 대하여 도덕적 가치판단을 보류하기 때문에 환경 오염문제 등을 야기시킨다. ─ 환경오염 문제에 대한 해결은 우리들이 무엇이든지 '할 수 있다'는 진보(進步)사상의 결함을 깨닫는 일에서 출발한다. 그렇다고 기술발전을 죄악시(罪惡視)할 수는 없으므로, 기술과 환경의 조화를 찾는 일이 중요한 일이다 ─

(3) 산업사회의 문제점

산업사회를 부정적인 측면에서 문제점을 찾고자 한다면, 어떠한 것이 있을까? (산업사회에 긍정적인 측면이 많이 있다. 그러나 여기에서는 부정적인 요소들을 지적하는 방법을 택한다.) 산업사회의 부정적 측면들은 다음과 같이 4가지로 나누어 설명할 수 있다.

첫째, 산업화의 과정을 추구하면서 생명의 본질보다는 인위적인 부산물(副産物)에 신경을 쓴다. 농업사회는 항상 생명과 접촉한다. 그러나 산업사회는 생명을 조장하고, 양육하고, 거두어들이는 것이 아니라; 생명현상에 대한 무관심 내지 몰이해로 가득 차 있다. 이것이 생명 경시(輕視)를 초래하게 되는 이유의 하나이다.

둘째, 산업사회는 구조적으로 기술사회이다. 그런데 이러한 기술 중시 현상이 또한 인간의 가치를 파괴시킨다. 그리고 기술이 만들어내는 물질적 욕구는 끊임없이 팽창한다. 따라서 산업사회의 인간은 내적인 만족감을 가질 수 없다. 기술발달이 자연(노동)의 쇠사슬에서 인간을 해방시켰으나, 다시 외적인 물질의 노예로 사람을 몰아넣는다. 더 나아가 기술 자체가 우상(偶像; idola)으로 숭배되고, 내면적인 존재 [to be]의 측면보다는 외면적인 소유[to have]의 측면이 중요시된다.

셋째, 산업사회에서는 생산의 물질적 수단이 정신적 수단을 대신하게 된다. 즉 물질적 부(富)의 추구가 절대시되는 까닭에 경제적인 부의 추구를 위한 인간의 생산업적과 효율성만이 의미를 지니게 되고, 생산성과 효율성이 거의 없는 노인과 가난한 이들은 천대를 받게 된다. 그리하여 마음의 청아(淸雅)함과 담박성(淡泊性)과 같은 정신 자산이 무시된다. 그리고 긴장(스트레스)과 좌절과 공격성향이 몸에 젖어들게 된다. 산업사회는 이와 같은 스트레스로 말미암아 사람들의 신경이 극도로 피곤해진 나머지, 밤마다 불나비처럼 안식처를 찾아서 마약, 술 혹은 섹스(sex)의 감각적 쾌락에 몸을 던진다. 이러한 현상은 사회의 구조 자체와 연결되어 있어서 개인은 마비적(paralyzed) 존재가 된다.

넷째, 산업사회에서는 세속적 문명이 종교를 밀어낸다. 산업사회 자체가 종교를 배척한다고는 생각되지 않으나, 산업화의 부산물이 결국 종교를 세속화(世俗化; secularization)하고 있음은 사실이다. 다시 말하면 공업적 기술화가 탈종교적 성격을 가속화시키고, 세상을 점점 '세속도시'(secular city)로 변모시킨다. 세속도시란 오로지 자신만을 위하여 사는 사람들이 모인 시끄러운 도시이다. 이는 제한된 물건을 소유하고 다른 사람들과 함께 나눌 수 없는 재물과 쾌락을 독점하려고 날뛰는 군상(群像)들의 도시이다. 관조(觀照) 혹은 명상(暝想)을 하지 않으며, 초조함 속에 끊임없는 투쟁에 몰두해 있는 곳이 세속도시의 모습이다. 여기에는 종교적 대상에 대한 경외심이라든가, 종교적인 윤리규범들이 그 의미를 잃는다.

이상의 4가지 산업사회의 부정적 측면은 각기 독립된 것이 아니고 복합적으로 얽혀 있다. 산업사회의 경제적 기업 및 조직체 내에는 건설적인 일과 파괴적인 일, 삶을 위한 작업과 죽음을 위한 작업이 불가해(不可解)하게 결속되어 있다. 개인들은 자신의 내적인 의사와는 상관없이 이러한 작업을 시도하는 조직 속에서 살아야 한다. 조직이야말로 산업사회의 효율성을 보장하는 절대적인 존재이다. 또한 산업사회에서는 구조적으로 공격성향을 피할 수 없다. 수송 수단의 편리성을 제공하는 각종의 교통기관이나 대량 생산을 보장하는 수많은 기계도 이러한 공격성향을 북돋우는 데 기여한다.

그리하여 산업사회는 문명의 성장과 보존이 아니라 기존사회를 유지하는 데서 오는 기득권에 의하여 필요하게 되는 어떤 억압, 즉 과잉억압(過剩抑壓; surplus-repression)이 개인들 안에 새로운 긴장과 스트레스를 가져온다. (한 사회를 유지하기 위한 과잉억압은 시대와 장소에 따라서 인간의 숙명일 수 있다. 그러나 산업사회에서는 체제적 조정과 효과적 통제에 의하여 보다 더 심각하고 교묘하게 사람들에게 억압을 가한다.)

이러한 상태에서는 책임감과 죄의식의 쇠퇴가 광범위하게 일어나며, 반면 인간의 공격성향은 증대된다. 그러나 책임감과 죄의식을 증대시키면서, 공격성향을 제한하는 제도적 장치가 미급하다. 그러므로 공격적 성격을 억제하고 승화시킬 수 있는 다른 가치(예: 불교·유교와 같은 전통사상의 사유체계)들이 무력화하고 사라져 가는 위기에 놓여 있다.

산업사회의 물량주의적 감각이 누더기를 몸에 걸쳐 입고도 자존심을 지키며 살았던 의연(毅然)한 의기를 지닌 선비의 모습을 초라한 모습으로 소외시킨다. 그리고 사회 지도층에 속하는 인사들도 사치와 부패에 중독된다. 물론 이 경우는 산업사회의 과정과 무관할지는 모르나(농업사회에도 지도층의 사치와 부패는 있었으므로) 적어도 산업사회가 '자기통제'(自己統制) ― 저자는 전통사회의 불교나 유교사상에 있어서 자기통제의 기능이 일종의 청렴(淸廉) 문화를 창조할 수 있었다고 믿는다 ― 의 기능에 대해서 무관심하고, 또한 자기통제의 제도적 장치를 마련하지 못한 결과로 나타난 것이다.

산업사회는 '직성사회'이다. 인간 노동력의 상당부분을 기계가 대체(代替)하고 있으나, 산업화의 과정에서 경직성(硬直性)을 피하기 힘들다. 산업혁명 이후 서유럽의 국가들이 제국주의적 침략전쟁을 일

삼았던 것은 '직성'(直性)의 표현이다. 이 사회의 전쟁 양상이 농업사
회와 다른 점은 땅(토지)을 빼앗기보다는, 원료(에너지)의 확보를 위한
전쟁이라는 점이다.

산업사회의 종교는 국가간의 소통에 의하여, 문명이 다른 나라에
까지 전파되었다. 복수적(plural) 종교가 동시적으로 존재하는 경우가
발생하였고, 한국(남한)처럼 '싱크레티즘'(syncretism) 현상을 볼 수 있
는 나라도 생겨났다. 그러나 이것은 종교 현상의 이야기이고, 내용면
에서는 세속화를 피할 수 없게 되었다.

15.1.3 정보사회(Information Society; TS)

(1) 정보사회란?

정보사회란 정보(情報)의 생산, 분배, 확산 및 사용이 어떤 사회의
정치, 경제 혹은 문화적 활동에 중대한 영향을 미치는 사회를 말한다.
정보사회는 본질적으로 산업사회의 연장선에 있다. 즉 산업사회를 완
전히 졸업하고 '정보사회'라고 이름하는 새로운 땅으로 건너가는 것이
아니다. 정보사회란 하나의 '경향성'(tendency)을 말하는 것이지, 그 대
상을 확정하여 "무엇이 이렇다"라고 정확하게 진단할 수 없다. 그럼에
도 불구하고 이 사회가 농업사회는 물론 산업사회와도 질적인 면에서
상당한 차이를 보이고 있기 때문에 이를 분리하여 설명할 필요가 있다.

철학적으로 정보사회와 관련을 맺는 용어는 포스트-모더니즘
(post-modernism), 지식사회, 혹은 네트워크(network) 사회 등의 개념이
다. 정보사회는 서유럽 및 미국 등에서는 1970년대에 그 증상이 보이
기 시작하였으나, 대부분의 국가들은 2000년대 중반 현재 '정보화' 혹
은 '정보혁명'(이 용어는 1870년대 영국의 '산업혁명'처럼 확실하게 진단이

내려진 용어는 아니다)을 달성한 것이 아니다. 저자는 캐나다, 프랑스, 독일, 이탈리아, 일본, 러시아, 영국, 미국 등 G-8에 속하는 국가와 기타 몇 개의 나라들이 정보사회의 징후(symptom)를 보이고 있다고 판단한다. 한국(남한) 또한 정보사회의 단계로 진입하고 있다.

최근의 경향으로는 정보사회와 정보사회가 아닌 사회의 구분에 대하여 합의가 이루어지고 있으며, 대부분의 연구자들은 1970년대 이후 기술(테크놀로지) 변화가 정보사회를 촉진하고 있다고 믿는다. 인터넷은 정보사회를 보는 대표적인 예가 될 것이다. 피터 드러커(Peter Drucker), 다니엘 벨(Daniel Bell), 알랭 뚜렝(Alain Touraine), 앨빈 토플러(Alvin Toffler) 등은 이 사회에 대한 대표적인 연구자들이다.

(2) 정보사회는 '감성사회'이다

정보사회(TS)는 '감성사회'로 진단된다. '감성'이란 무엇을 말하는가? 한자어의 '감성'(感性)은 영어로 센서빌리티(sensibility)로 번역할 수 있다. 미국의 행동심리학자 대니얼 골먼(Daniel Goleman)은 1995년 그의 저서 『감성지수感性指數』(emotional intelligence quotient)에서 '감성'의 의미를 개인차원에서 정리하였다. 그런데 저자가 말하는 '감성'은 개인의 차원을 넘어서서 사회적인 것이다.

'감성공학'(感性工學; human sensibility ergonomics) 혹은 '정서공학'(情緒工學; emotion technology)이라는 말이 있다. 이들 개념은 인간의 감성을 정량적(定量的)으로 측정하여, 이를 공학적으로 분석하여 제품 개발이나 환경 설계에 적용함으로써, 더욱 편리하고 쾌적한 인간의 삶을 도모하려는 기술을 말한다. 감성공학은 인간공학, 인지공학 등 인간 특성의 연구에 기본을 둔 생체측정기술; 인간 특성에 적합하도록 사용자 인터페이스를 실현을 위한 센서 공학, 신경망 기술 등 인간의 오감(五感) 센서 및 감성처리 기술; 산업 디자인 등의 감성 디자인;

마이크로 기구 설계, 극소기계 응용 등 마이크로 가공 기술; 가상현실 기술 등을 개발하려는 공학기술이다. 이와 같은 '감성공학'은 냉장고, 세탁기, 에어컨 등 전자제품 개발에 있어서 인간의 생체적, 심리적 적합성을 고려하여 제품을 생산하려는 것이다. 또한 소프트웨어 휴먼 인터페이스를 고려한 연구 등인데, 유럽과 일본 등에서 개발중인 운전자 졸음방지 시스템은 그 좋은 예이다.

이와 같은 '감성공학' 내지 '정서공학'의 개념은 비록 그것이 제품의 생산, 분배 및 소비 등의 차원에 머물거나; 혹은 건축학, 공업디자인 또는 산업미술 분야에서 중요성을 지닌다고 하더라도; 저자가 말하고자 하는 '감성사회'의 모습을 전반적으로 설명하는 것은 아니다. 그것은 '감성사회'를 이룩하는 부분적인 구성요소일 뿐이다. 저자가 말하는 '감성사회'의 개념은 현미경이 필요 없는 거시적(macro) 개념이다.

정보사회는 감성 중시의 사회이므로, IT(정보산업) 혹은 BT(생명공학) 분야 등은 모두 '감성'의 개발을 전제로 한다. 이러한 성격은 '직성'의 산업사회와 크게 다른 점이다. 이 사회의 전쟁은 땅 혹은 원료확보보다는 '지능'을 확보하기 위한 수단이 될 것이다.(혹은 상대방의 '지능'을 무력화無力化시키는 전쟁도 가능하다고 본다.) 이 경우 전쟁에 동원되는 병사(兵士)는 IT 분야의 첨단 장비, 즉 로봇 등으로 대체될 가능성이 있다.

(3) 정보사회의 이상적인 인간과 문제점

정보사회의 이상적인 인간은 산업사회와 비슷하다. 인간은 여전히 목적(인격)보다는 수단시된다. 조직의 규모가 감소하고, 업무의 형태가 네트워크 안에서만 이루어질 수 있다. 그러나 '호모 이코노미쿠스'를 벗어나지 못한다.

정보사회의 문제 또한 산업사회의 그것과 궤(軌)를 같이한다. 다만 질적인 차이가 발생한다고 본다. 이 사회 역시 생명의 본질보다는 인위적인 부산물(副産物)에 신경을 쓴다. 또한 정보사회는 구조적으로 기술사회이다. 테크놀로지는 더욱 세밀하게 발전할 것이다. 그러나 여전히 '존재'의 측면보다는 '소유'의 측면이 중시될 것이다. 이 사회는 마찬가지로 물질적 수단이 정신적 수단을 대신한다. 다만 정보가 가져다주는 '웰빙'(well-being)을 확보한다면, 마음의 담박성(淡泊性)을 어느 정도 회복할 수 있다고 본다. 그리고 스트레스의 일부가 완화될 가능성이 있다. 그러나 욕망의 노예에서 해방되는 것은 아니다. 이 사회에서는 세속적 문명이 종교를 밀어낸다. 그런데 이 사회에서는 종교의 필요성이 더욱 증대한다. 이는 하나의 모순이라고 생각한다. ─ 오스트리아의 천재 철학자 L. 비트겐슈타인은 "우리는 모든 가능한 과학적 질문들이 답변된다고 하더라도, 우리의 인생자체에 대한 문제는 대답된 것이 아니라는 것을 느낀다"라고 주장한다(『논리-철학 논고』 6.52) ─

농업사회, 산업사회 및 정보사회의 이해를 위하여 도표를 만들면, 다음과 같다.

농업사회 - 산업사회 - 정보사회의 개략적 비교

형태 항목	농업사회(AS)	산업사회(IS)	정보사회(TS)
노동주체	인간 + 동물	기계	기계 + 지능(예: 로봇)
생산양식	소규모	대량생산	대량 + 맞춤생산
의사소통	당사자(face to face)	유선통신(line)	유선 + 무선(wireless)
사회형식	직성(直性)	직성	감성(sensibility)
국 제 화	고립 혹은 인접국	국가단위	국제화(globalization)
법	관습법(윤리적 지배)	성문화(成文化)	성문화(극도 細分化)
종 교	지역종교	다양화(세속화)	다양화(세속화) ※ 필요성 증대

15.2 법치(法治)로 가는 길

15.2.1 윤리가 인간의 올바른 이익을 보호하지 못하면 법이 보장해야 한다

윤리가 제 기능을 다하지 못하면 결국 법으로 가야 한다. 윤리 혹은 도덕질서만으로 사회가 굴러갈 수 있다면, 그것은 바람직한 일이다. 중국 고대철학의 학파들 중에서 유가(儒家)는 도덕(윤리)에 의한 질서를 소망하였고, 법가(法家)는 법에 호소하였다. 결과는 법가의 승리였으며, 법가에 의하여 천하통일이 이루어졌다.

진시황(秦始皇)을 비난하고, 공자(孔子)를 칭찬하기는 쉬운 일이다. 그러나 농업 생산량이 비교적 풍부한 산동(山東)의 노(魯) 나라에 비하여, 사막 기후의 척박한 곳에 자리잡은 진(秦) 나라의 경제 현실을 들여다보기는 어렵다. B.C. 221년 전후의 진나라는 거듭되는 흉년을 견딜 수 없었다. 도로에 굶어 죽어가는 시체들이 널려 있자, 진왕 정(政)은 하늘을 우러러 '검은 머리'[여민黎民]들을 구하고자 맹세하였다. 그에게 유가의 도덕은 허황된 구호였을 뿐이다.

인간은 근본적으로 이익(먹거리를 포함한 의복과 주택 등 일체의 것)을 추구하는 존재이다. 문제는 나의 이익이 남의 이익과 충돌하는 현실에 있다. 그러므로 어떤 형태의 사회이든 간에 나의 이익과 남의 이익을 함께 보장할 수 있다면, 그것은 좋은(desirable) 사회이다. 이와 같은 이익의 보장을 지도자(혹은 지배자) 개인이 해줄 수 있는 체제를, 저자는 인치(人治)라고 부른다. 그리고 개인보다는 제도 즉 법질서를 통한 보장을 받는 사회를 법치(法治)라고 부른다.

1997년 외환위기를 만나 온 나라가 빈털터리가 된 사실은, B.C.

221년 전후 진(秦)의 흉년과 비유될 수 있을까? 결국 우리는 부끄러움을 무릅쓰고 IMF(국제통화기금)의 지배를 받았다. IMF 지배를 받게 된 원인 중의 하나로, 법치에 의한 지배의 부족이 지적되었다. 이제 세계은행(IBRD)과 국제통화기금(IMF)과 금융기관이 자금을 원조하는 국가들에 대하여 법치를 요구하고 있는 현실을 이해할 필요가 있다.

그러나 동아시아 국가는 전통적으로 법치에 대하여 회의적이거나 혹은 저항의식을 가지고 있다. 중국문화의 질서에서 우리는 잘 정돈된 법치의 지배를 찾기가 쉽지 않다.(이것은 서양문화의 입장에서 진단한 것이고, 전통사회의 중국에 법의 지배가 없었다는 이야기는 아니다.) 한국사회 또한 마찬가지이다. 지배하는 사람은 있었어도 지배하는 규범은 발달하지 못하였다. 왜 그러했을까?

역사적으로 우리에게 법이란 개인의 이익을 증진시키기보다는, 지배하는 집단의 이익을, 다시 말하여 지배 자체를 유지하는 수단으로 인식되었다. 그러므로 사람[인치人治]이 중요하지, 법의 지배[법치法治]는 항상 뒷전으로 밀렸다. 개인 간의 갈등 관계에서도 일단 법에 의한 해결책이 제시되면, 그것은 인간관계의 철저한 분리 혹은 단절로 받아들여지고 있는 현실이 아닌가?

철학적으로 분석하면 법에 의한 지배[법치]란 인간의 이성(reason)에 호소하는 것이며, 인간에 의한 지배[인치]란 인간의 감정(sense)에 의지하는 것을 말한다. 다른 말로 표현하면 전자는 '합리'(合理)에 의존하는 질서이고, 후자는 '합정'(合情)에 등을 대는 질서이다.

'합리'에 의존하는 사회란 찬바람이 부는 냉랭한 사회이다. 그러나 '합정'에 의존하는 사회란 융통성이 있고, 조금은 따뜻한 바람이 부는 사회 구조이다. 얼핏 보아서 '합정'에 의한 사회가 더욱 정(情)있고 살 만한 사회라고 생각할 수 있다. 개인 입장에서 본다면 '합정'에 의한 사회가 더 좋은(good) 사회라고 볼 수도 있다. (쉬운 예를 들어 말하면, 교통위반 사례에 대하여 담당 경찰관이 그 위반 정도가 가벼운 것이라면, 이를 법적으로 처리하지 않고 봐주면 개인적으로 이익이 된다.)

문제는 이와 같은 '합정'에 의한 사안의 처리가 복잡한 현대 시장 경제 질서 속에서, '합리'에 비하여 보다 높은 손실비용(일종의 거래 비용)을 초래한다는 점이다. 개인의 이익이 곧 전체의 손해로 발생하며, 이것은 다시 개인의 손해로 되돌아오게 된다. 사람에 의한 지배[인치]는 그 관리 범위가 제한되어 있고, 또한 공정성을 보장할 수 없다는 점에서 문제가 남는다. 그러면 어떻게 해야 한단 말인가?

15.2.2 법치로 가는 길

결국 법치로 가야 한다. '달리는 호랑이 등'에서 뛰어내릴 재주를 가진 개인은 없다. 중세의 은자(隱者)처럼 살아가려고 마음먹고, 홀로 산 속에 파묻혀서 동물처럼 살아간다면 모를까, 어떤 형태로든 사회를 벗어나지 못하는 한, 법의 지배를 피할 수 없다. 법의 그물은 인간이 '사회적 존재'인 이상 피할 수 없는 올가미이다. 윤리 규범 혹은 이른바 도덕 질서가 상호간에 충돌하는 개인의 이익을 조정하지 못한다면, 법에 의존하는 방법 이외에 다른 선택은 존재하지 않는다.

그렇다면 '법치로 가는 길'은 어떤 길인가? 국제 금융 및 행정법의 전문가로 알려진 베리 M. 헤이거(Hager)의 주장을 인용하고, 여기에 저자의 견해를 덧붙인다. 법치로 가는 길에는 다음과 같은 9가지 핵심 요소가 있다(베리 M. 헤이거 지음, 『법치로 가는 길』, 좌승희 옮김, 21세기북스):

① 입헌주의
② 법에 의한 정부(政府)의 지배

③ 독립된 사법부

④ 공정하고 일관성 있는 법의 적용

⑤ 투명하고 열려 있는 법의 존재

⑥ 효율적이고 시의적절한 법 집행

⑦ 재산권과 경제권의 보호

⑧ 인권과 지적재산권의 보호

⑨ 투명하고 공인된 과정을 통한 법의 변화

'입헌(立憲)주의'란 헌법을 세우는 일이다. 헌법의 존재는 민주주의 국가의 필수적인 요소이다. 국민 개개인이 헌법을 제정하는 일에 직접 참여할 수 있다면, 가장 바람직한 일이다. 그러나 현실적으로는 의회를 구성하는 대표자들을 선출하는 방법에 의존한다. 헌법은 위임받은 대표자들에 의해서 제정되고 또한 적합성을 가진 절차에 의하여 공포되어야 한다.

'법이 정부를 지배한다'라고 함은 하나의 당위적(sollen) 혹은 선언적 규범이며, 각 국가의 현실을 볼 때에 반드시 법이 정부를 지배하고 있다는 것은 아니다. 일반적으로 인간에 의한 지배[인치] 구조를 갖춘 사회일수록 법이 정부를 지배하지 않는다. 그러므로 시민의 조합 혹은 시민 단체가 정부의 행위를 효과적으로 감시하는 장치(제도)를 마련해야 한다. 시민에 의한 감시 기구의 조직 및 그 실천성 등은 어떤 사회의 민중의 성숙도를 요구한다. 이와 같은 성숙도를 높이는 방법으로 효과적인 교육제도가 필요하다.

'독립된 사법부'는 법치로 가는 길목에 있어야 할 가장 중요한 원칙이다. 이 원칙은 정부의 제도와 함께 법관의 개인적 자질을 어떻게 높일 수 있는가 하는 문제와 관련된다. 올곧은 법관은 사법부의 위상을 지킬 수 있는 마지막 보루(base)이다. 법관은 소송에 영향을 받을 수 있는 어떤 것으로부터도 보호되어야 하며, 그와 같은 이유로 해서 법관은 근무 환경, 보상 그리고 숫자로 계산할 수 없는 존경심 등이 보장되어야 한다.

'법이 공정하고 일관성 있게 적용되어야 한다'라고 함은 형식적인 헌법의 공포만으로 법치주의의 모습을 갖추었다고 생각해서는 안 된다는 말이다. 독재자일수록 그 형식에만 매달리는 법이다. 사실 법을 일관성 있게 또한 공정하게 적용하는 일은 쉬운 일이 아니다. 특히 한국사회처럼 온정(溫情)주의를 바탕으로 한 지역적, 씨족적 혹은 종교적 편견이 지배적인 곳은 법을 공정하게 집행하기가 매우 어렵다. 그런데 사실상 이 공정성의 원칙은 법치주의의 성패를 가름할 정도로 중요한 조항이다. 만일 이 원칙이 지켜지지 않으면, 법치주의란 공염불에 그치고 말 것이 아닌가?

'법이 투명하고 모든 사람에게 열려 있어야 한다'라고 함은 법의 공개의 원칙을 말한다. 정부의 행위는 열려 있는 법의 집행이므로, 권력 행사의 예측 가능성을 점칠 수 있다. 이와 같은 정부 행위의 예측 가능성은 곧 법에 대한 신뢰의 확보로 연결되며, 이른바 법을 지키면 손해보지 않는다는 의식의 전환을 가져다준다. 법원은 이와 같은 이유로 소송의 과정을 공개하게 되어 있다. 시민은 법 집행의 공개를 요구할 수 있으며, 정보(information)는 일정 특수 목적을 제외하고 열려 있어야 한다.

'법의 적용은 효율적이고 시의적절해야 한다'라고 함은 법의 시간성에 대한 원칙이다. 『주역』 택뢰수(澤雷隨: 상☱ 하☳)괘 단사(彖辭)에 다음과 같은 말이 있다. "천하 만물이 모두 때를 따르나니, 적절한 때를 따르는 것이 얼마나 큰일인가!"(天下隨時, 隨時之義大矣哉!) 그렇다. 때늦은 정의(justice)란 이미 정의가 부정된 것과 같다. 민사소송의 지연은 경제적 이익의 손상을 가져오며, 형사소송의 지연은 피고인의 인권에 엄청난 피해를 줄 수 있다. 그러므로 법원은 그 시의성을 확보할 수 있는 장치를 개발해야 한다. 또한 소송사건을 시의 적절하게 해결하지 못하면, 정치적 혹은 경제적인 압력에 의하여 공정성을 상실하기 쉽다. 무릇 모든 법관은 소송을 신중하게 처리하되, 시기를 놓쳐서는 안 된다.

'계약 등 재산권과 경제권은 보호되어야 한다'라고 함은 시장경제를 채택하고 있는 현대문명에서는 필수적인 요소이다. 사유재산의 보장과 공공이익을 위한 사유재산권에 대한 제약은 상호 갈등관계에 놓인다. 고속도로의 건설과 같은 공공이익을 위한 토지수용(eminent domain)은 시장가치에 의하여 보상을 받아야 한다. 경제발전에 대한 법치주의의 공헌은 아직 충분히 검토되지 않았다. 그러나 이 원칙은 마땅히 존중되어야 할 것이다.

'인권과 지적재산권은 보호되어야 한다'라고 하는 원칙은 표현의 자유 혹은 종교의 자유 등과 관계가 있다. 기본권 개념은 역사적으로 여러 차례 '권리' 선언에 의하여 그 중요성이 강조되었는데, 법치주의의 확립을 위하여 필요불가결의 요소이다. 지적재산권은 그 역사가 짧지만, 개인 혹은 단체의 경제권에 속하며 시장경제를 바탕으로 한 현대사회의 중요한 권리 중의 하나이다. 종교의 자유에 대한 개인적 권리도 정부의 부당한 간섭을 배제하기 위하여 중요한 것이다.

'법은 투명하고 공인된 과정을 통하여 변화되어야 한다'라고 함은 법조차도 하나의 유기물처럼 진화의 역사를 거친다는 뜻이다. 『주역』 계사전의 이야기처럼 "궁하면 변하고, 변하면 통하며, 통하면 또 오래가는 것"(窮則變, 變則通, 通則久)이다. 세상만사 변하지 않는 것이 있을까? 그러므로 법치란 결코 경직된 법의 적용이 아니다. 그것은 질서 있는 메커니즘에 의하여 변화를 마땅히 변화하여야 한다. 국가의 헌법조차도 개정할 수 있는 마당에, 여타 하위의 법규범은 더욱 말할 것이 없다. 다만 이 변화(개정)는 공인된 질서에 의하여 투명하게 바뀌어야 한다. 결코 밀실(密室)에서 몇 사람의 손으로 처리되어선 아니 된다.

15.2.3 신용사회의 건설을 위하여

현대 한국사회의 도덕적 해이(moral hazardness)는 우려할 만한 수준이다. 특히 IMF 지배체제 이후 우리나라는 사회 곳곳에서 신용(credit) 붕괴의 조짐이 드러나고 있다. 신용이란 인간의 믿음, 상호 신뢰를 바탕으로 한다. 말하자면 우리는 불신(不信) 속에서 살고 있다는 말이다. 이와 같은 신용 붕괴를 막으려는 노력은 곧 사회(공동체)를 방어하려는 자위적(自衛的)인 데 목적이 있다. ─2002년 12월 전경련 보고서는 한국경제의 미래와 관련하여 노사문제의 개선을 가장 중요한 문제로 지적하였다. 노동관련 제도의 개혁을 통하여 노동자의 폭력적 시위문화를 개선할 것을 주장하였다. 동시에 사용자에게도 투명경영, 윤리 경영의 실천을 강조하였다. 이와 같은 법치주의 확립의 필요성 곧 사회 방어의 의식으로 본다 ─

저자는 한국사회의 전통적 윤리 도덕규범이 사회 방어의 기능을 담당하지 못하고 있다고 진단하였고, 이 때문에 법치를 주장하였다. 그러나 이때의 법치란 사회가 해체(解體)되는 것을 방어하는 필요조건이지 그 충분조건은 아니다. 고대 중국의 진(秦) 나라의 경우에서 볼 수 있듯이, 제도만을 위한 과도한 법치체계는 결코 이상이 아니다. 법질서에 의한 지배를 존중하되 궁극적 이상은 도덕의 재건을 통한 신용사회의 건설에 있다. 그 길은 곧 믿음의 회복을 통하여 가능할 것이다. 어떻게 하면 믿음을 회복할 수 있는가?

15. 3 '국제화' 시대 전통과 현대의 갈림길

15.3.1 국제화란 무엇인가?

2007년 4월 2일 한국(남한)과 미국은 오랜 줄다리기 끝에 마침내 한미자유무역협정(KORUS FTA)의 체결을 완료하였다. 이 협정은 2011년 10월 미국 의회와, 같은 해 11월 한국 국회의 비준(批准)을 통과하고, 2012년 3월 15일 정식으로 발효되었다. 발효의 과정은 힘들었지만, 이제 두 나라는 FTA를 실천하게 되었다. 이는 우리의 생존이 국제사회와의 관계 속에서 이루어지고 있음을 보여 주는 하나의 실례(實例)이다. 그렇다면 '국제화'(Globalization)란 무엇을 말하는 것인가?

국제화란 국가와 국가, 혹은 국가와 가족 또는 개인 간에 지구적 차원에서 연결되는 질서를 말한다. 이는 정치, 경제, 사회, 기술, 문화 등의 분야에서 증대하는 상호 의존성을 표현하는 용어이다. 이 질서는 개인의 일상생활에까지 영향을 주는 하나의 '거대 현상'(big phe-nomenon)이며, 일반인의 노동에서부터 정치적 영역에 이르는 지구적 차원의 혁명으로 볼 수 있다(Anthony Giddens).

국제화는 지금 '여기 있는'(in here) 현상이고, 현재 진행중인 데에서 의미를 갖는다. 지구적 차원의 무역을 놓고 볼 때에, 보호주의(protectionism)는 국제화의 반대 개념이다. ― 국제화의 개념이 완성된 것이 아님을 주의할 필요가 있다. 그것은 바다에 항해중인 배가 항구를 떠나 대양(大洋)의 폭풍우를 향하여 질주(疾走)하고 있는 현실속의 개념이다. 그러므로 국제화란 '과정으로서의 국제화'(globalization as a process)를 말한다 ―

역사적으로 국제화는 매우 오랜 시간을 통하여 진행되어 왔다.

멀리는 중국과 로마의 '실크로드'를 통한 무역의 거래, 몽골 제국의 서구 압박에 의한 민족의 이동으로부터; 가깝게는 1860년 이후 산업 사회의 등장과 함께 통상, 무역을 통하여 국가와 국가는 불가피하게 연결되고, 이에 따라 개인도 영향을 받았다. 산업사회의 산물인 테크 놀로지를 바탕으로, 교통수단과 통신시설의 발달은 더욱 국제화를 촉 진시키는 요소로 작용하고 있다.

그러나 기술(테크놀로지) 발달에 의한 인간 생활의 개선에 대한 기대감이 국제화의 시대를 초래하였으나, 문제가 없는 것이 아니다. 각 국가들은 국제화가 가져다주는 긍정적 측면과 부정적 측면을 놓고 토론할 수 있다. 국제화의 추세에 따라서 손해를 보는 분야와 이익을 보는 분야가 생기는 것은 현실이다. (중요한 사실은 앞에서 말하였듯이, 우리가 '달리는 호랑이 등'에서 뛰어내릴 수 없다는 점이다.) 그러므로 머리 를 짜내어 폭풍우를 이겨나가는 태도가 필요하지, 폭풍우 때문에 항 해 자체를 포기할 수는 없는 일이다.

국제화는 경제적 측면, 재정적 측면, 정치적 측면, 문화적 측면 그리고 환경의 측면에 있어서 동시 다발적으로 진행되는 하나의 질서 이다. 이 질서에는 협상의 기술이 매우 필요하다. 각국은 협상을 두려 워해서는 안 되고, 또한 두려운 나머지 협상해서도 안 된다. 이 질서 에서는 철저하게 '기브 & 테이크'의 두뇌 싸움이 전개될 것이다. 지식 을 바탕으로 '정보사회'의 마인드를 갖춘 국가일수록, 협상에서 유리 한 고지를 차지할 것이다. ─ 이 책의 머리말에서 말한 것처럼, 우리 는 재치 있고 유능한 '어름-사니'[남사당패의 줄타기 고수]가 되어서 고 도의 줄다리기 기능을 터득하고, 살아남는 길을 택하여야 한다 ─

15.3.2 한국의 선택

역사에는 가설이 없다. 그러나 만일 한말(韓末) 유교적 지식인이라 할 수 있는 조선의 관료들이 나라의 문을 개방하고, 슬기롭게 반응하였다면 어떻게 되었을까? 저자는 '동학농민전쟁' 당시 동학군 지도자들이 국제적 질서에 어두웠던 사실을 가슴 아프게 생각한다. 그들이 소망한 질서란 왕조로 돌아가자는 '앙시앙 레짐'의 그것이요, '척양척왜'(斥洋斥倭)의 그것이었다. 이웃 나라 일본의 반응을 눈여겨보았던 한말의 지식인 관료들이 없었단 말인가?

각설하고 "옛 것을 충분히 익히고, 그리고 새로운 것을 찾는다" (溫故而知新)라는 말이 있다. 21세기의 진입을 앞두고 한국은 어디로 갈 것인가? 과연 어디로 가야, 한 국가로서 높은 품격(品格)을 유지할 수 있을까? — 2006년 일본 독서계를 뜨겁게 달군 책이 있는데, 그것은 『國家の品格』이다. 이름도 이상한 오차노미즈(お茶の水) 여자대학의 후지와라 마사히코 교수가 이 책의 저자이다. 그는 개인에게 인격이 있듯이 국가에도 국격(國格)이 존재한다고 말한다. 그리고 품격 있는 국가란 독립적 의지에 따라서 행동하고, 높은 도덕성과 문화를 가지고 있어야 한다고 주장한다. 그는 키워드를 일본 전통사회의 '무사도'(武士道)와, 일종의 미의식(美意識)인 '모노노 와와레'(物の哀れ)에서 찾았다 —

미국 캘리포니아주 UC 머시드(Merced)의 총장을 역임한 강성모(미국명; 스티브 강; 1945-) 교수는 다음과 같이 말하였다: "21세기는 '3개의 T'가 키워드가 될 것이다. 3T는 IT(Information Technology; 정보기술), BT(Bio Technology; 생명공학), NT(Nano Technology; 극미세 기술)다. 3T 시대에는 핵심기술이 서로 연계되어 미래의 전자, 정보통신, 기계, 생명과학에 이르기까지 각종 기술들이 융합된다. 이를 활용하기 위하여 산업체와 대학간의 산학협동이 필수적이다. 특히 나노기술의 발전 가능성은 무진장이다. 한국 대학은 이런 점에 중점을 두고 이공계 학생들의 수학, 과학 기초실력을 단단히 다져야 한다"(캘리포니아주 중앙일보 2007년 3월 2일). — 강성모 교수는 미국 이민 100년사에 한국인으로는 처음 4년제 대학 총장이 된 인물이다. 그는 한국에서 대학을 졸업하고 1969년 미국으로 건너왔으며, UC 버클리에서 전자공학 분야로 박사학위(1975년)를 받았다. 제15대 한국과학기술원(KAIST) 총장을 지냈다 —

저자는 21세기 한국의 선택에 있어서 '3T' 산업이 중요하다는 강성모 총장의 이야기를 한국의 지도자들이 귀담아 들어야 한다고 믿는다. 그러나 IT, BT, NT 등 '3T'를 발전시키는 일만이 전부는 아니다. 저자는 '명품(名品)국가'를 만들기 위해서는 문사철(文史哲)의 인문학 마인드도 필요하다고 믿는다. (이 책의 머리말을 다시 한 번 눈여겨 보기 바람.) 예를 들어 조선시대의 '선비정신'의 회복은 그 하나의 예가 될 것이다.

'3T' 산업은 일종의 '기동부대'(task force; 그 기반에 자연과학이 놓여 있다)이며; 전투부대를 돕는 '지원부대'(그 기반에 인문학이 놓여 있다)가 있어야 한다. 그것은 전통문화에서 찾아야 하지 않을까? 이들은 상호 유기체(有機體)로서 얽혀 있다. 어느 하나를 빠트리면 안 된다. 저자는 이처럼 '기동부대'(현대)와 '지원부대'(전통)가 적절히 조화를 갖출 때, 한국은 '품격 있는 나라' 혹은 '명품국가'로 다시 태어날 것으로 믿는다.

그러므로 우리가 추구해야 할 길은 폐쇄된 민족주의가 아니다. 전통을 바탕으로 민족의 문화, 사상, 종교를 존중하고 발전시켜나가면서[온고溫故], 동시에 '국제화' 시대 문명의 추세를 놓치지 않아야 한다[지신知新]. 1970년대 한국(남한)은 산업화 부문에서 성공하고, 1980

년대 민주주의 발전에서 성공함으로써 세계의 100여 개국 가운데 비
교적 괜찮은 나라로 자리잡았다. 그러면 현재 한국(남한)은 품격(品格)
을 갖춘 '명품국가'라고 할 수 있는가? 21세기 한국(남한+북한)이 선택
해야 할 길은 국제화 시대의 추세를 인정하면서 민족 내부의 역량을
결집하여, 세계 10위권의 나라로 우뚝 서는 일이다. 이 작업은 '직성'
(直性)의 방법으로 성공하기는 힘들다. '감성'(感性; sensibility)을 키울
일이다.

📖 읽을거리

- 차하순, 『서양사총론』, 탐구당, 1983.
- 노정현, 『한국근대화론』, 박영사, 1981.
- 김경동, 김려수 등, 『근대화』, 서울대학교 출판부, 1979.
- 류승국 외, 『이성과 현실』, 박영사, 1978.
- 베리 M. 헤이거 지음, 『법치로 가는 길』, 좌승희 옮김, 21세기북스.
- Anthony Giddens, *The Third Way*, Cambridge : Polity Press, 1998.
- Anthony Giddens, *Sociology*, Cambridge : Polity Press, 2001.
- C. J. S. Hayes, *A Political and Cultural History of Modern Europe*, vol. 2.
- Hebert Marcuse, *One-Dimensional Man*, Routledge & Kegan Paul Ltd., London, 1964.
- Andrew Jones, *Dictionary of Globalization*, Cambridge : Polity Press, 2006. cf. 후반부 "Additional Readings"는 '국제화'의 참고자료로 매우 유용함.
- Mark Juergensmeyer, *Religion in Global Civil Society*, Oxford University Press, 2005.

[부록 1] 백파(白坡)와 초의(草衣)의 선(禪) 논쟁

A. 용어 문제

한국불교의 이해에는 많은 걸림돌이 있다. 저자의 판단으로 가장 큰 장애(障碍)는 용어 문제이다. 대부분의 학자들이 용어가 품고 있는 기본 개념을 설명하지 않고, 이론을 전개하는 까닭에 — 사람들은 자신에게 익숙한 것은 남도 익숙하다는 착오를 범하기 쉽다 — 독자들은 익숙하지 않은 용어를 만나면 처음부터 의기(意氣)가 꺾인다.

백파와 초의의 선(禪) 논쟁 본론에 앞서서 이에 필요한 불교 용어를 설명할 필요를 느낀다. 여기에서 말하는 조사선 혹은 여래선의 용어는 사전적(辭典的)인 지식이지만(문제는 사전의 설명조차 이해되지 않는 경우가 많으므로), 저자가 이해하는 범위 내에서 이를 설명하고자 한다.

조사(祖師)란 무엇인가? 조사는 중국불교의 종파(宗派)의 창시자[개조開祖]와 관련이 있다. 선종(禪宗) 제1조 보리달마(菩提達磨) 이래, 제6조 혜능(慧能)을 포함하여 '5가 7종'의 창시자 및 대표적인 선승(禪僧)들은 모두 조사들이다. 이들이 수행하는 선법(禪法)이 '조사선'(祖師禪)이다. 이는 '남종선'(南宗禪)이라고도 호칭한다. 조사선의 교지는 "敎外別傳, 不立文字, 以心傳心, 見性成佛" 16자의 정신을 바탕으로 깨침[覺]을 구하는 수행 방법이다.

여래(如來)란 무엇인가? 불교 용어의 하나인 여래는 산스크리트어 'tathāgata'(음역 多陀阿伽陀)의 한역(漢譯)이다. 'tathā'(이와 같이) +

'gata'(갈 수 있다)인데, 한역자는 'tathā'(이와 같이) + 'āgata'(올 수 있다)로 해석하여 오는 사람, 즉 여래(如來)로 하였다. 이는 다양한 의미로 사용되고 있는데, 민간에서 사용하고 있는 여래는 불교의 창시자 고타마 붓다(석가모니)를 지칭한다. 그러나 수행자 일반을 가리키는 경우가 있고, 진리 자체를 의미하는 경우도 있다.

경전 상에서 여래는 다양한 의미로 사용되고 있다. "모든 법이 같다"(諸法如義; 『금강경』 제17)라는 뜻이 있고, 혹은 "가는 바도 없고, 오는 바도 없다"(無所從來, 亦無所去; 『금강경』 제29)라는 주장도 있다. "여실하게 오는 까닭에 여래라고 한다"(如實而来, 故名如来; 『전법륜론 轉法輪論』/『대지도론大智度論』 24)라는 표현도 있다. 여래선(如來禪)은 고타마 붓다가 수행하는 선 혹은 일반칭으로 부처가 수행하는 선의 의미를 지닌다. 이는 조사선에 대응(對應)하는 개념으로 『능가경楞伽經; Laṅkāvatara-sūtra』에서 유래하며, 규봉(圭峰) 종밀(宗密)은 이를 '최상승선'(最上乘禪)이라 하였다.

당(唐) 나라 이후, 조사선은 선종 제1조 달마(達磨)의 마음에서 마음으로 전핸[以心傳心] 참된 선(禪)으로 여겨졌다. 이에 대하여 여래선은 마음을 무시하지 않지만, 여기에 더하여 『능가경』, 『반야경』 등에서 설법한 고타마 붓다(즉 如來)의 교설(敎說)에 의거하여 깨침을 얻는 수행법을 가리킨다. ― 선종의 깨침을 얻는 과정은 말씀[교설]이 아니고 마음에 의함이 원칙이다. 그러나 사람들의 그릇[근기根器]에 차이가 있으므로 불가피하게 방편으로 교설에 의지한다는 뜻이다 ―

불교 용어 '의리'(義理)는 일반인들이 어떤 사람을 가리켜 '의리 있는 사람'이라고 말할 때의 의미와 다르다. 이는 전술한 조사와 여래에 비하여 잘 쓰이지 않는 용어이다. 『불교사전』(任繼愈 주편, 江蘇古籍出版社)에도 용어 자체가 등장하지 않는다.

저자는 이를 "경전(經典)이 설명하는 의의, 도리, 이유"정도로 이해하고 있다. 의리선(義理禪)은 중국불교의 일반 개념에 속하지 않고, 사용되지도 않는다. ― 의리선이 문제가 되는 까닭은 백파가 이 용어의 의미를 조사선과 여래선에 비하여 매우 저급한 단계로 파악한 점에 있다 ―

B. 중국 선(禪)의 등급과 백파의 3종설 창안

백파(白坡) 긍선(亘璇; 1767‑1852)은 선승(禪僧)이지만, 교학(敎學)을 버리지 못한 듯하다. 그는 『선문수경禪門手鏡』을 저술하여 ―'禪文'으로 잘못 기재된 글이 있다. '禪門'이 옳다고 판단한다― 3종선(三種禪)에 관한 논쟁에 불을 붙였다. 오로지 이심전심(以心傳心)으로 마음을 닦아서 깨침을 구한다는 선(禪)에 무슨 종류와 등급이 있다는 말인가?

중국 선종에서 중시하는 경전인 『능가경楞伽經; Laṅkāvatara‑sūtra』에 우부소행선(愚夫所行禪), 관찰의선(觀察義禪), 반연진여선(攀緣眞如禪), 여래선(如來禪) 등의 4종선이 등장한다(『능가경』 4권본, 권2). 그리고 당(唐) 나라 선승 규봉(圭峰) 종밀(宗密)의 『선원제전집 도서禪源諸詮集都序』에는 외도선(外道禪), 범부선(凡夫禪), 소승선(小乘禪), 대승선(大乘禪), 최상승선(最上乘禪; 이는 다른 이름으로 如來淸淨禪임) 등의 5종선이 언급되고 있다.

또한 규봉보다 후배인 향엄(香嚴)과 앙산(仰山)의 선문답 속에 '조사선'(祖師禪), '여래선'(如來禪)의 술어가 등장한다(『오가정종찬五家正宗贊』 下 참고). '호남의 대선사[禪伯]'로 부르는 당대의 선승 백파가 이와 같은 경전의 내용을 몰랐을 리 없다. 그는 일종 학문적 객기(客氣)가 발동하여 3종선을 내세운 것으로 파악된다. 그의 3종선은 임제(臨濟) 의현(義玄; ?‑867)의 삼구(三句)를 내세워 (억지로) 틀을 짜서 맞추었기 때문에 여기에서 평지풍파가 일어났다.

그렇다면 임제의 삼구설(三句說)은 무엇인가? 이는 매우 난해한 개념이다. 저자가 이해하는 방식으로 해설하면 다음과 같다(이하 원문은 中華電子佛典協會, 『임제어록臨濟語錄』 참고 / 번역은 저자의 시도임):

① 제1구: 삼요(三要)의 인주(印朱)를 찍을 때 붉은 무늬점이 나타난다. 추축(推測)을 용납하지 않고 주인과 손님이 나누어진다.
  (三要印開朱點側 未容擬議主賓分)

② 제2구: 묘해(妙解; 문수보살)가 어찌 무착(無着) 스님의 물음을 받아들이겠는가? 임시방편(方便)으로 어떻게 망상을 끊은 문수보살과 상충하겠는가? (妙解豈容無著問 漚和爭負截流機)

③ 제3구: 무대에서 꼭두각시를 보라. 꼭두각시가 움직이는 것은 배후에서 이를 잡아당기는 사람이 있기 때문이다.
  (看取棚頭弄傀儡 抽牽都來裏有人)

이상의 내용은 선문답인 까닭에 실체와 진실을 알기는 어렵다. 특히 제2구는 『벽암록碧巖錄』 35則을 참고해야 파악이 된다. 임제는 이상에서 말한 제3구의 언설 이외에 다음과 같은 말을 덧부쳤다:

만일 처음의 1구를 깨달으면 조사나 부처와 더불어 스승이 될 수 있다. 만일 제2구의 말에서 깨달으면 사람과 하늘의 스승이 될 수 있다. 만일 제3구의 말에서 깨달으면 자신조차 구제하지 못할 것이다.
(若第一句中得, 與祖佛為師. 若第二句中得, 與人天為師. 若第三句中得, 自救不了.)

이상 『임제어록』의 내용을 파악한 뒤에라야, 우리는 백파와 초의가 논쟁하였던 내용이 무엇인지를 어느 정도 감잡을 수 있다.

백파의 주장에 의하면, '조사선'은 진공(眞空)의 본래 면목과 묘유(妙有)를 깨닫는 최고급의 선으로 상근기(上根器)의 인물들이 수행한다. 이들은 마치 새가 하늘을 날아가는 것 같이, 허공에 도장(印章)을 찍는 것과 같아 자취가 없다(이 단계는 임제臨濟 3구설에 의하면, 인공印空의 경지이다). '여래선' — 여래청정선(如來淸淨禪)의 줄임 말 — 은 묘법(妙法)을 체험하지는 못하지만, 여래 즉, 고타마 붓다의 마음에 닿는 상급의 선으로 중근기(中根器)의 인물이 수행한다. 이들은 마치 물에다 도장을 찍는 행위와 같아 역시 자취가 없다(이 단계는 3구설에 의하면, 인공印水의 경지이다). 이들 두 종류의 선은 일정한 틀[格]을 초월한 까닭에 '격외(格外)의 선'으로 부를 수 있다.

이에 대하여 마치 꼭두각시가 줄에 의지하듯이 리(理)와 사(事) — 『화엄경』에서 말하는 본체로서의 '리'와 현상으로서의 '사'를 생각할 것 —, 유(有)와 무(無)의 관계를 벗어난다고는 하지만 아직 문자에 걸려있는 단계를 '의리선'(義理禪)이라고 부르고 이 등급은 하근기(下根器)의 인물이 수행한다고 말하였다. 이들은 진흙에다 인장을 찍는 것과 같아서 자취가 있다(3구설에 의하면, 인니印泥의 경지이다). '의리선'은 자취가 남기 때문에 온전한 깨침이 아니고, 온전한 선(禪)도 아니라는 말이다. 그래서 '의리선'은 입으로만 떠드는 '구두(口頭)의 선'이라고 비하(卑下)하였다.

이쯤해서 끝났으면 좋으련만, 백파는 한 술 더 떠서 3종선을 중국 불교의 각종 종파에 연결시켰다. 즉 임제종·운문종은 최상승의 조사선에 해당하고, 법안종·위앙종·조동종은 중급의 여래선에 해당하고, 우두종(牛頭宗; 달마 4대 법손 道信이 대표하는 종파로 唐 나라 초기에 끊김)·하택종(河澤宗; 하택 神會를 개조로 하는 종파)·신수종(神秀宗; 北宗)은 최하급의 의리선에 해당한다고 주장하였다.

이상 백파의 3종선 주장 내용을 다시 정리하면 아래와 같다.

① 조사선(언어 이전의 단계로 진리의 궁극이며, 무차별의 경지) → 임
제 제1구 → 상근기(上根器; 뛰어난 인물)가 수행함 → 공중에
도장을 찍음(印空; 흔적 없음) → 임제종, 운문종이 이에 해당함
② 여래선(언어를 방편으로 이용함) → 임제 제2구 → 중근기(中根
器; 보통 인물)가 수행함 → 물에 도장을 찍음(印水; 흔적 없음)
→ 조동종, 위앙종, 법안종이 이에 해당함
③ 여래선(언어에 묶임) → 임제 제3구 → 하근기(下根器; 저급한 인
물)가 수행함 → 진흙에 도장을 찍음(印泥; 흔적 있음) → 우두
종·하택종·신수종이 이에 해당함

C. 초의(草衣) 의순(意恂)의 백파 3종선 분류에 대한 비판

이상과 같은 3종선의 등급과 그에 따른 분류에 대하여 입을 다물
고 있을 승려들이 있겠는가? 일지암의 젊은 스님 초의(草衣)가 총대를
메었다.

백파 긍선의 3종선에 대하여 강력하게 이의를 제기한 인물은 초
의(草衣) 의순(意恂; 1786-1866)이다. 그는 풀[草]로 만든 옷을 입고 있
을 인물이 아니었다. 그는 강철로 만든 옷을 입고 독한 차(茶)를 마시
며 백파 3종선에 대하여 비판의 문을 열었다. 그의 저술『선문사변만
어禪門四辨漫語』는 이를 위하여 세상에 탄생하였다. 그는 말한다:

부처님(석가모니 / 저자 注) 말씀에 "내 어느 날 성불하고 어느 날 열
반에 들대, 그 중간에 한 글자도 설법한 일이 없다"라고 하시니, 설
법을 하고도 설법하지 않았다는 말씀은 즉 방편[權; 말씀]을 가지고
실상[實]을 밝히는 (臨濟의) 이른바 제2句가 아니겠는가?… 그러므로
여래선에 그 뜻하는바 의리(義理)가 있고, 또 그것을 명칭과 글자

[名字]로 설명한 까닭이 있다. 조사선은 그렇지 않다. 자리를 나누어 앉게 하시니 가섭(迦葉)이 말없이 알아차렸고, 꽃을 만지작거리니 역시 말없이 알아차렸고, 발꿈치를 관(棺) 밖으로 내미니 또한 알아차렸다.… 모두 말씀에 의하여 설법한 것이 아니고, 묵언(默言) 중에 주고받아 은밀하게 일치한[契] 것이다.… 이는 일찍이 명칭과 글자에 붙인 일이 없으니, 명칭(名)으로 붙일 수 없는데 항차 의리(義理; 이론적 설명)라고 하겠는가? 여기에 '교외별전'으로서 격외(格外)라는 칭호를 받을 까닭이 있다(『선문사변만어』, 이선래의二禪來義).

이상 의순의 비판은 3종선의 구별은 무리이고, 선(禪)에는 오직 조사선과 여래선(i.e 의리선) 만이 있다는 말이다. 조사선은 '이심전심'(以心傳心)의 최상승선으로 일정한 '틀'[格]을 벗어난 초탈(超脫)의 선 수행인 까닭에 격외선(格外禪)이라 부를 수 있다. 이는 최상의 자질을 소유한 상근기의 인물이 수행한다. 조사선은 주인과 손님의 구별이 없는 언어 미출(未出)의 경지이다. 조사선은 마치 영양이 뿔을 나뭇가지 위에 걸고 발자국을 숨기는 것과 같아서 추적할 수 없고, 자취도 없다.

이에 대하여 여래선은 '개언설의'(開言說義; 말을 열고 뜻을 펼침)의 단계로 당연한 까닭에 의리선(義理禪)이라 부를 수 있다. ― 이때의 '의리'가 앞에서 말한 "경전(經典)이 설명하는 의의, 도리, 이유"라는 뜻이다. 이는 어디까지나 방편이다 ― 여래선 또한 최상의 자질을 소유한 상근기의 인물이 수행한다(백파는 여래선을 중근기中根器의 인물이 수행한다라고 하였음). 여래선은 방편으로 교설을 빌리지만, 궁극에는 언와 명상(名相)이 단절된 상태를 깨닫는 경지를 말한다.

초의에 의하면 여래선은 곧 의리선이고, 3구설의 배치는 의미가 없으며, 3종선을 종파에 대응하여 분류함은 터무니없는 주장이라고 한다. 그는 사람[人名]을 놓고 볼 때, 조사선과 여래선의 구별이 있고, 진리[法名]의 기준으로 볼 때, 격외선과 의리선의 구별이 있을 수 있다고 말하였다. 그러므로 조사선, 여래선, 격외선, 의리선 등 4종선이 있는 것이 아니고, 조사선(格外의 선)과 여래선(義理의 선)의 2종선이 있을 뿐이다. ― 유홍준은 『완당평전』에서 "선을 넷으로 나누었다"라고 말하였는데, 이는 잘못이다. 유홍준의 저술은 수작(秀作)이지만, 옥(玉)에도 티가 있다(유홍준, 『완당평전』 1 학고재, p.385) ―

우리가 기억할 일은 백파의 용어 의리선은 별도의 선으로 저급한 단계의 선이지만, 초의의 의리선은 동시에 여래선이며, 저급한 경지가 아니라는 점이다. 같은 용어를 놓고 이해의 경지가 다르다는 점을 눈여겨 볼 필요가 있다. 앞에서 말한 바와 같이, '의리'의 뜻이 그 쓰이는 곳이 넓은 까닭에 백파가 이를 천하게 여기고, 이를 별도로 여겨서 3종으로 구분한 것은 잘못이라고 본다(박종홍, "사상사적으로 본 호남," 『한국사상사논고』, 1983).

D. 추사(秋史) 김정희의 백파에 대한 비판

백파 3종선과 초의 2종선의 주장이 팽팽하게 대립되는 가운데 일련의 승려들이 여기에 뛰어들었다. 백파의 제자 설두(雪竇; 有炯; 1824-1889)가 『선원소류禪源溯流』에서 스승 백파의 설을 찬성하며 변호를 펼쳤고, 초의의 제자 우담(優曇; 洪基; 1822-1881)이 『선문증정록禪門證正錄』에서 스승 초의의 설을 옳다고 주장하고 나왔다. 여기서는 이들의 주장 내용을 생략하기로 한다.

승려는 아니지만, 승려와 비슷한 삶을 살았던 추사(秋史) 김정희 또한 칼을 갈았다. ― 저자는 추사의 삶을 예술적 측면에서만 고찰해서는 그의 참된 모습[眞面目]을 이해할 수 없다고 본다. 추사를 알고자

한다면 먼저 불교 공부를 해야 한다 ─

추사의 논지는 그의 짧은 저술 「변망증십오조辨妄證十五條」에서 볼 수 있다. ─이 글을 「백파망증십오조白坡妄證十五條」라고 부르는 사람도 있다─ 이는 "망령된 백파 늙은이를 열다섯 가지 사항으로 비판함"이라고 풀어서 말할 수 있다. 이 글을 읽으면 온몸이 떨리고 몸에 붙은 온갖 털이 움직이는 느낌을 갖는다. 그만큼 추사의 말은 독설(毒舌)에 가깝다. 몇 개 조항을 개략적으로 소개한다:

제1조 : 스님은 선문(禪門)에서 망령스럽게 변증하거나 풀이하기를 일삼더니 그것으로 부족하여 이제 또 대담하게 복희, 문왕, 주공의 글을 손대는가? 『한역漢易』, 『송역宋易』 이래로 『주역』을 연구하는 자들이 수 없이 많지만, 일찍이 '적연부동'(寂然不動)으로 '진공'(眞空)을 삼고, '감이수통'(感而遂通)으로 '묘유'(妙有)를 삼는 자는 없었소. 그 어찌 이와 같이 무엄하고 거리낌이 없을 수 있소?… 이제 스님의 설명이 이와 같으니 선문의 모든 사람들이 자고이래 무식한 무리들뿐이라 더 이상 따질 것이 없소. 내가 그들을 상대로 따지는 일이 창피하기가 애들과 더불어 떡[餠]을 놓고 다투는 일과 같은 것이오. 이것이 스님의 망령된 증거 첫 번째이외다.

제2조 : (스님이) 심지어 정이(程頤), 주희(朱熹), 퇴계, 율곡의 학설을 끌어다가 무엄하고 거리낌 없이 떠드니 이와 같은 사람이 없었소. 이는 닭 울음소리, 개짓는 소리를 가지고, 함지(咸池; 黃帝가 지었다는 음악 / 저자 황준연 注; 이하 同), 영(英; 舜 임금이 지었다는 음악), 소(韶; 舜 임금의 음악), 호(護; 湯 임금이 伊尹에게 명하여 지었다는 음악)의 음률과 같은 것으로 여기니, 하늘도 두렵지 않고 땅도 두렵지 않으니, 이것이 스님의 망령된 증거 두 번째이외다.

제5조 : 『금강경』을 32分으로 나누는 문제는 스님의 보는 바[知見]로 서야 어찌 관문(關門)을 투철하게 얻을 수 있겠소?… 제5분(如理實見分 / 저자 注)의 네 구절(四句偈; "凡所有相, 皆是虛妄, 若見諸相非相, 卽見如來"/ 저자 황준연 注)은 아래 문장과 한줄기로 흐르는 물이니, 칼로 물을 칠 수 없는 것과 같은 것이외다.… 그런 즉 스님의 구두선 (口頭禪)이 '화살을 쫓아서 과녁을 세우는 격'[隨矢立的]으로서 전혀 엉 뚱한 것이 아니겠소? 이것이 스님의 망령된 증거 다섯 번째이외다.

제6조 : 원효와 보조(普照)가 대혜(大慧; 宗杲) 스님의 글을 벗을 삼 았다고 하였으니, 어느 책에 이런 말이 있다는 것인가?… 이것이 스 님의 망령된 증거 여섯 번째이외다.

제10조 : 무릇 경전 번역상의 잘못은 보통 있는 사실이요, 그럴 수밖 에 없는 일이외다.… 선문(禪門)의 사람들이 대부분 무식한 무리들이 라 경전을 원본과 대조 없이 장님이 장님에게 건네듯이 전하여 말하 기를, '부처님이 말씀하시기를' 운운한다.… 다만 구두선으로 사설 (邪說), 망녕된 증거를 일삼고 있으니 그렇지 않은가? 이것이 스님의 망령된 증거 열 번째이외다.

제11조 : 부처보다 앞선 시대에 스승 없이 스스로 깨달은 사람은 뛰 어난 견해[高勝]라고 하고, 부처보다 훗날 태어나 스승 없이 스스로 깨달은 사람은 자연질서에 위반하는 외도(外道)라고 하니, 이는 웃기 는 말씀이외다.… 시험삼아 묻노니 우리나라 원효(元曉)의 스승은 누 구인가?… 진묵(震默)이 입적할 때, 문도들이 '어느 법계(法系)를 이 으리까?'(i.e. 불교 조직상의 宗統 혹은 法統을 어디에 댈 것인가 하는 뜻 / 저자 황준연 注)라고 물으니, (진묵은) 웃으면서 '서산(西山)이 명 리(名利)를 탐하는 승려이지만, 그래도 여기에 잇대어라'라도 하였다

는 말이 있으니, 진묵과 같은 고승도 (스승 없이 깨쳤으니) 자연질서
에 위반하는 외도(外道)라는 말인가?… 스님이 원용한 '불전불후설'
(佛前佛後說)은 그야말로 우스운 일이외다. 이것이 스님의 망령된 증
거 열한 번째이외다.

제12조 : … 이제 고양이가 쥐를 노리듯이 심안(心眼)은 서로 이어지
고[屬], 닭이 알을 품듯이 따뜻한 기운이 서로 이어진다[續]는 두 구절
에 이르러서는 다만 입으로만 허황함을 알겠소.… 스님은 매번 80년
공부를 쌓은 나를 누가 넘어설 수 있느냐고 호언장담하는데, 그 공부
가 겨우 이것인가? 묻노니 '심안(心眼)은 서로 이어짐'(心眼相屬)이란
무슨 뜻이며, '따뜻한 기운이 서로 연속됨'(煖氣相續)이란 또 무슨 기
운[氣]인가?… 아무런 심증도 없이 이것저것을 주어 보태서 입으로
만 지껄이는 꼴이 볼만 하구려. 이것이 스님의 망령된 증거 열두 번
째이외다.

제13조 : 말씀[話]과 화두(話頭)는 같지 않소. '話'는 평상적인 이치에
따르는(順理) 이야기로서 사람이면 모두 이해할 수 있는 것이요, '화
두'는…'바로 끊어'(直截) 의미를 취하니, (뜻과 이치로 따져서는) 사
람들이 도저히 이해가 되지 않는 것이외다.… 꽃을 들어보였다는 말
씀[拈花話], 앉을 자리를 나누었다는 말씀[分座話], 발뒤꿈치를 들어보
였다는 말씀[示趺話]의 세 가지 '話'字는 그 얽힘이 매우 심한 것이외
다. 다만 꽃을 들어보였을 뿐이지 어디에 말씀(話)이 있으며, 자리를
나누었을 뿐 어디에 말씀(話)이 있으며, 발뒤꿈치를 들어보였을 뿐이
지 어디에 말씀(話)이 있다는 말인가?… 이에 사설(邪說)이고 망령된
증거가 아닌 것이 없소.… 이것이 스님의 망령된 증거 열세 번째이
외다.

제15조 : 『반야경』이 공종(空宗)이 됨은 선문(禪門)의 바꿀 수 없는 말씀이외다. 스님은 "성종(性宗), 의리선, 격외선이라고 한들 무엇이 불가함이 있으리오"라고 말하니, 만일 이런 식으로 밀고 나가면 『아함阿含』, 『방등方等』으로부터 원교(圓敎) 대교(大敎)에 이르기까지 모든 경전이 공종, 성종, 선종을 갖추지 않음이 없을 것이니, 하필 『반야경』뿐이겠소? 또 대승, 소승, 원교, 대교 등으로 분류할 필요도 없지 않겠소? 그렇지 않은가? 이것이 스님의 망령된 증거 열다섯 번째이외다.

(이상 자세한 내용은 1975년 『학술원논문집』 14에 실린 고형곤 박사의 "추사의 「백파 망증 15조」에 대하여"라는 글을 참조할 것. 고형곤 박사는 백파를 변호하는 입장이므로 조심하여 읽을 필요가 있음.)

E. 맺는 말

백파 3종선의 주장에 따른 논쟁을 놓고, 백파 긍선도 한 인간이라는 점에 초점을 맞춘다. 선승으로서 그가 어느 단계의 깨달음(anuttarā-samyaksaṃbodhi; 無上正等覺)을 얻었는지 저자는 알 수 없다. 그러나 그는 당대의 지식인이었고, 지식을 추구하려는 인간 본능에 따라서, 선종 '5가 7종'에 관한 책을 읽었을 것으로 짐작한다. 3종선 정립에 대한 글을 읽으면, 백파는 선승이지만 아울러 교학을 추구하는 학승(學僧)으로도 판단된다(그는 10권도 넘는 저술을 남겼다).

많은 정치인들이 정치를 그만둔다고 말하고 다시 정치에 가담하듯이, '불립문자, 이심전심'을 외치는 백파도 문자를 그만두지 못하였다. ─ 백파뿐만이 아니다. 문자를 떠나야 한다고 입에 거품을 품고 말한 선승들이 얼마나 많은 문자를 남겼는가! ─ 아무튼 이론 정립을 하려니, 문자의 틀에 갇히게 되고, 다소의 억지 학설을 도입하게 됨은 글을 쓰는 자들은 익히 알 수 있다. 하여 그의 3종설 이론은 상당한 억지 속에서 탄생한 것이다.

초의는 차(茶)를 홀짝거리며 여유를 가지고 백파를 가혹하게 몰아붙이지는 않았다. 조목 조목 백파의 문제점을 지적하였음은 물론이다. 그러나 추사는 당신의 호(號)를 따라서 백파를 심하게 몰아부쳤다. 숙살(肅殺)의 가을바람이 호되게 백파를 흔들었을까.

저자(황준연)는 백파가 비록 선승일지라도 문자를 즐겼고, 3종선을 세움으로써 당대의 승려들이 이에 영향을 받아서 문자공부를 더하였을 것으로 판단한다. 이 점 백파가 한말 불교계에 미친 긍정적 영향이다. 문제는 '불립문자'에 있다. 마음의 깨침 이전에 깨침에 도움을 주는 문자를 공부해야 한다. 공부는 하지 않고, 오직 마음만을 내세우며, '할!'을 외치거나 몽둥이(棒)를 휘두르는 승려들이 얼마나 많은가! 진지하게 '5가 7종'에 관하여 공부를 한 다음, 어느 단계에 오르면 문자를 버려야 한다. — 경허(鏡虛)가 당대의 학승이었음을 기억할 필요가 있다. 또 성철(性徹)에게는 개인장서를 모은 도서실이 있다고 들었다. 성철이 읽은 과학 서책을 보면 입을 다물 수 없다 —

추사의 백파에 대한 글을 읽으면, 그의 귀족주의적 선민(選民) 의식을 엿볼 수 있다. 그의 말이 거친 점은 일반인에게 생소할 수 있다. 저자는 추사를 괴인(怪人)이라고 본다. 천재는 흔히 '괴'(怪)를 연출한다. 서법에서 말하는 '추사체'(秋史體)는 저자가 보기에 일종의 괴체(怪體)에 속한다. 그는 말을 돌려대는 인물이 아니었다. — 양아들에게 보낸 편지에 의하면, 가훈이 '곧바른 도리로 행하라'(直道以行)이었다 — 이 점은 선비로서 결격 사유가 아니다. 추사는 개인감정으로 백파를 비난한 것이 아니고, 선승으로서 요구되는 격조 높은 스님이 될 것을 요구하였다고 판단한다. 자잘한 문자를 농락하는 자잘한 스님이 되어서는 곤란하다는 이야기이다.

청송(靑松) 고형곤 박사는 추사와 백파의 논쟁을 놓고 무승부라고 결론지었다. 저자(황준연)는 생각한다. 이 논쟁이 무슨 이기고 지는 바둑 게임과 같은 것인가? 각자는 각자의 길을 갈 뿐이다. 선승으로서 백파는 선승의 길을 가야 하는 것이다. 학자(독서인)로서 추사는 또 그의 길을 갈 뿐이다.

[追記] 추사가 백파 스님에게 「망증십오조妄證十五條」를 보낸 것은 제주도 유배시절이다. 세월이 흐르고 백파가 먼저 세상을 버렸다. 앞에서 언급한 백파의 제자 설두(雪竇)는 추사(당시 70세)를 찾아와 백파스님의 비문(碑文; 현재 전북 고창 선운사 경내에 있음)을 요청하였다. 추사는 비석의 전면에 "華嚴宗主 白坡律師 大機大用之碑"라고 쓰고 후면에 설명문을 부쳤다. 설명문에 왈: "예전에 나는 백파와 더불어 논변을 벌린 일이 있다. 세상 사람들이 망령되게 떠드는 것과는 크게 다르다. 이에 대하여는 오직 백파와 나만이 아는 것이니, 萬 가지 방법으로 입이 닳게 떠들어도 깨닫지 못할 것이다." 그렇다. 이것이 선가(禪家)의 논리다.

※ 이상 저자의 글은 백파와 초의 선(禪) 논쟁에 관한 하나의 시론(試論)이다. 추후 내용을 보완하여 관련 학회지에 게재할 의사가 있음을 밝힌다.

[부록 2] 도교 세계의 신(神)들

— 도홍경(陶弘景) 편찬『진령위업도眞靈位業圖』와 섭덕
휘(葉德輝) 편찬『삼교원류수신대전三敎源流搜神大全』에
나타난 神을 중심으로(후꾸이 코준福井康順 등,『道敎』
제1권, 1983) —

A.『진령위업도』속의 여러 신들

도교 신령의 계보(系譜)를 처음 작성한 도사는 양(梁) 나라의 단
양(丹陽) 말릉(秣陵) 사람 도홍경(陶弘景; 456-536)이다. 후한(後漢) 이
래 도교는 갈현(葛玄), 갈홍(葛洪)과 육수정(陸修靜; 406-477) 등을 거
쳐 도홍경에 와서 정점에 도달했다. 그는『진고眞誥』20권,『등진은결
登眞隱訣』3권,『진령위업도眞靈位業圖』1권을 편찬하여 도교사상을
체계화함으로써 도교학을 하나의 독립된 학문으로 완성시켰다.

『진령위업도眞靈位業圖』의 정식 명칭은『통현영보진령위업도洞玄
靈寶眞靈位業圖』이며,『도장道藏』제73책에 수록되어 있다. 이 책은
진선(眞仙)을 제1단계에서 제7단계까지 나누어 놓고, 각 단계에는
주존(主尊)이 있으며 좌우에 많은 신들을 배치하고 있다. 이 책의 내
용과 일치하는 것으로 북주(北周) 무제(武帝)의 칙령에 의해 편찬된
『무상필요無上秘要』가 있다. 다만, 선계를 7개의 단계로 나누지 않은
것과, 진선을 배열하는 순서가 거꾸로 되어 있는 점이 다르다. 여기서
는『진령위업도』에 나타난 신들에 대해 알아보자.

① 첫 번째 단계의 주존(主尊) ― 원시천존(元始天尊)

첫 단계의 주존(主尊)은 앞에서 설명한 원시천존(元始天尊)이다. 도교의 최고신으로서 3계(三界), 4종천(四種天), 3청경(三淸境) 위에 있는 대라천(大羅天)에서 설법하고 있다고 한다. 도홍경의 신령 계보에 따르면 '원시천존'이 최고 신격의 위치를 차지하고 있는 반면, 북위(北魏)의 구겸지(寇謙之) 시대에 최고 신격이었던 '태상노군'(太上老君)은 뒤로 밀려나 있다. 그 이후 현재에 이르기까지 '원시천존'은 도교의 최고신으로, '태상노군'은 응현신의 하나로 취급되어 왔다. 『수서隋書』 「경적지經籍志」에는 도홍경이 설정한 원시천존을 도교 교주(敎主)로 인정하고 있다.

② 두 번째 단계의 여성 진인[女眞人] ― 남악 위부인(南嶽魏夫人)

두 번째 단계의 주존은 옥신현황대도군(玉晨玄皇大道君)이다. 그는 3청경 가운데 상청경에 주석하고 있다. 이 단계의 좌우 뒤편에는 여성 진인들이 배열되어 있다. 여성 진위의 두 번째에 자허원군영상진사명(紫虛元君領上眞司命) 남악위부인(南嶽魏夫人)이 있다. ―'원군'(元君)이란 도교에 있어서 여성에게 붙여지는 말이다― 남악 위부인은 선계의 명칭이고, 그녀는 본래 서진(西晉)의 사도(司徒) 위서(魏舒)의 딸로서 위존화(魏存華)라고 하였다.

위존화는 젊어서 수도에 마음을 두어 노장백가의 책을 읽고, 호마산과 복령환을 먹었으며; 복기, 도인과 같은 신선술에 열중하였다. 24세 때 남양(南陽) 유문(劉文)의 아내가 되었고 두 아들을 두었다. 남편이 수무현(修武縣)의 지사로 취임하자, 남편과 별거하면서 선술을 닦았다. 만년에는 그녀에게 진령(眞靈)이 내려와 『상청경』 31권과 『황제내경경黃帝內景經』 등을 주었다. 진(晉) 성제 함화(咸和) 9년(334) 83세로 시해(屍解)하여 하늘로 올라갔다. 30여 년이 지난 뒤 모산(茅山)

의 양희(楊羲; 330-386)와 허목(許穆; 305-376)에게 내려와 상청경 등의
경전과 부록(符籙)을 전하였다. ─ 남악(南岳)이란 호남성에 소재한 형
산(衡山)을 가리킨다. 위존화는 남악의 숭앙신이 된 것이다. 현재 형
산은 장사(長沙)에서 자동차로 하루거리에 있다 ─

③ 세 번째 단계의 진선들

세 번째의 주존은 금궐제군(金闕帝君)이다. 금궐제군의 출현은 분
명하지 않으나 도홍경을 중심으로 하는 상청학파(上淸學派)에 의해서
그 지위가 명확히 주어졌다고 할 수 있다. 원시천존이 살고 있는 옥
경산 속의 궁중은 상중하의 3궁으로 되어 있는데, 상궁에는 원시천존
이, 중궁에는 금궐제군이 살고 있다고 한다. 좌우위에는 역사상의 인
물들이 등장한다. 좌측에 관령 윤희(尹喜), 『포박자』의 저자 갈홍(葛
洪)의 증조부 갈현(葛玄), 공자(孔子), 안회(顔回) 등이 있으며, 우측에
는 노자와 장자 등이 배열되어 있다.

④ 네 번째 단계의 주존 ─ 태상노군(太上老君)

네 번째 단계의 주존은 태상노군(太上老君)과 태상무상대도군(太
上無上大道君) 두 신이다. 북위 구겸지의 경우에는 이 태상노군이 최
고신격으로 등장하고 있지만, 여기서는 네 번째의 위치를 차지하고
있다. 좌우의 제일 앞에 오두미도(五斗米道)를 창시한 장도릉(張道陵) 및
많은 진인(眞人), 선인(仙人)들의 이름이 나란히 있다. 오른쪽에는 장인
(丈人), 옥녀(玉女), 태청오제(太淸五帝)의 자연신과 제복(除福) ─ 진시황
때에 불노장생의 약을 구하기 위하여 동해로 파견된 인물. 서복(徐福)
혹은 서불(徐市)이라고도 함 ─, 갈홍(葛洪) 등이 자리잡고 있다.

⑤ 다섯 번째 단계의 진선들

주존은 구궁상서(九宮尙書)이다. 이 단계의 주존은 직책명이 명시되어 있고 주(注)에 이름과 출신지가 나타나 있다. 이에 의하면 그는 성이 장씨(張氏)이고 이름은 봉(奉)이며, 하내(河內) 사람이다. 공적으로는 북직(北職)을 차지하고 있으며, 단계상으로는 태극에 있다고 한다. 좌우에 있는 진선들의 숫자도 적지 않다.

⑥ 여섯 번째 주존 — 중모군(中茅君)

이 단계의 주존은 3모군의 하나인 '우금랑정록진군중모군'(右禁郎定錄眞君中茅君) 즉 중모군이다. 전한(前漢) 시대의 모영(茅盈)·모고(茅固)·모충(茅衷)의 3형제를 말한다. 3모군이라 함은 3형제가 단양(丹陽) 구곡(句曲) 출신으로 모산에서 득도했으므로 이들을 총칭한다. 『모산지茅山誌』(『三茅誌』) 권32(135) 등이 관련된다. 좌위의 맨 앞에는 소모군(小茅君)이 '삼관보명소모군'(三官保命小茅君)이라는 이름으로 자리잡고 있다. 여섯 번째 단계에는 지선(地仙)으로서 아직 직위가 결정되지 않은 사람이 많다. 지선 중에는 세 번째 단계에 속해 있으며 태극좌선공이라 불리었던 갈현(葛玄)이 있다.

⑦ 일곱 번째 단계의 주존 — 풍도(酆都) 북음대제(北陰大帝)

이 신은 천하귀신의 총대장으로서 도교의 지옥신 가운데 대표적인 존재이다. 좌위에는 맨 위에 '북제상상 진시황'(北帝上相秦始皇)과 '북제태부 위무제'(北帝太傅 魏武帝)와 같은 황제의 명칭이 열거되어 있다. 이 단계는 모두 귀관(鬼官)으로서 75개의 직책이 있고 이름이 나타난 것만 해도 119명에 이른다. 귀신의 총대장인 '풍도 북음대제'는 라풍산(羅酆山)을 다스리고 있으며, 도교 지옥의 중심적인 존재이다. 이곳에는 염라왕이 살고 있다.

풍도는 도교의 지옥으로서 사천(四川) 충주(忠州) 풍도현(酆都縣)
에 있는 큰 바위의 밑에 있다. 10 궁전이 있으며, 음사(陰司)가 여기에
주재하면서 죽은 자의 죄를 심판한다. 지옥의 종류는 138개나 된다.
이 명칭이 언제부터 시작되었는가는 분명하지 않다. 『포박자抱朴子』
의 대속(對俗) 제3에 나오며, 도홍경(陶弘景)의 『진고眞誥』에는 "옛날
의 염제(炎帝)로서 지금은 북태제군(北太帝君)이라고 부르며 천하귀신
을 관장한다"라고 있다. ― 현재의 중경시(重慶市)에서 장강을 따라서
배를 타고 내려가면, 풍도(酆都)를 만난다. 이곳에는 살아 있는 사람
들이 만날 수 있는 지옥이 있다. 그 요란하고 흉악한 몰골의 조각들
보다도, 관광객을 상대로 물건을 팔려고 아귀다툼하는 사람들이 지옥
이 아닌지 모를 일이다 ―

B. 『삼교원류수신대전三敎源流搜神大全』 속의 여러 신들

도교 신통보 『진령위업도』는 도사들에 의해 주도된 신들의 계보
이다. 여기서는 『진령위업도』 이외에, 『삼교원류수신대전』을 통하여
신들의 계보를 알아보기로 한다. 이 책은 7권으로 되어 있으며, 선통
(宣統) 元年(1099)에 섭덕휘(葉德輝)가 찬술한 것으로 전한다.

① 잠신(蠶神)의 기원으로서의 잠녀(蠶女)

인간의 생활 가운데에 의, 식, 주는 기본이다. 누에를 키우고 실
을 뽑아서 비단 옷을 만들어 입은 고대 중국인에게 잠업(蠶業)은 중요
한 사업이었다. 오늘날 신앙되는 잠신의 실체를 살펴보면 고신씨(高
辛氏)의 시대 촉(蜀) 땅에 살았던 부모와 3명의 딸로 이루어진 한 가족
으로 소급된다. 어느 날 부친이 도적에게 잡혀갔는데 모친과 딸들은
대단히 염려했다. 그리하여 모친은 "누구라도 좋다. 부친을 무사히 돌

아오게 하는 자에게 내 딸을 주겠다"고 말하였다. 그동안 부친이 탔던 말[馬]이 이 말을 듣고 곧바로 부친에게 달려갔으며, 며칠 후 부친이 말을 타고 돌아왔다. 상대가 말이었기 때문에 보상으로 좋은 풀을 먹이로 주었다. 말은 돌아보지도 않고 딸이 출입할 때마다 맹렬히 날뛰었으므로, 부친이 노(怒)하여 말을 죽여서 가죽을 뜰에 말렸다. 어느 날 딸이 곁을 지나갈 때 가죽이 갑자기 일어나 딸을 휘감아 하늘로 날아갔다. 10일 후 뽕나무 밑에서 누에로 화한 딸이 발견되었다. 후에 신으로 받들어져 마두낭(馬頭娘) 또는 청의신(靑衣神)이라고 불리웠다. 『삼교원류수신대전』 권7에는 청의신이 별도로 나오는데, 청의신은 잠총씨(蠶叢氏)로서, 촉왕(蜀王)이 된 자이다. 그는 푸른 옷을 입고 교외를 순행하고 백성들에게 양잠(養蠶)을 가르쳤다. 마을 사람들이 감동을 받아 사당을 짓고 그를 모셨다. 사람들은 이 신을 '청의신'이라 불렀다.

② 현세의 운명을 관장하는 부엌신(조신竈神 혹은 조왕竈王)

의, 식, 주 가운데 부엌의 존재는 먹거리(食)와 관계가 있다. 음식을 관장하는 부엌이야말로 신성한 장소로 여겨졌다. 명·청대 이후 사람들과 친숙했던 신은 토지신(后土)과 부엌신(竈神)이다. 중국에서 부엌신만큼 보편적으로 숭앙되는 신은 없는데 '조왕부군'(竈王府君)이라고도 하며, 부엌신은 부엌이 있는 집에서 반드시 모셔지는 신으로 시대와 지역에 따라 다르다.

『삼교원류수신대전』에 나와 있는 '사명조신'(司命竈神)을 통하여 알아보자. 『유양잡조酉陽雜組』에 의하면 부엌신의 성은 장(張), 이름은 단(單)이며 모습은 미녀와 같다고 한다. 부엌신은 큰 죄를 지은 사람으로부터는 기(紀)를 빼앗고 작은 죄를 지은 사람에게는 산(算)을 빼앗는다. ─기산이란 사람의 수명을 날짜로 계산하는 단위로『포박

자』에서는 1紀가 300일, 1算이 3일 또는 1일이라고 말하고 있다.『삼
교원류수신대전』에서는 1紀는 300일, 1算을 100일로 본다 —

오사(五祀) 중의 한 신으로서 11월 25일 하늘에 올라 사람들의 행
적에 관한 선악을 보고한다고 믿어졌으므로, 11월 24일에 제사를 지
냈다. 오늘날은 그믐에 제사지낸다.『태상감응편太上感應篇』에도 "그
믐날과 섣달에 노래하고 춤추거나 초하루나 원단에 노래하는 것, 북
을 향해 울거나 침 뱉으며 물을 끼얹는 것, 부엌을 향해 시를 읊거나
통곡하는 것, 부엌불로 향을 태우는 것, 더러운 나무로 밥을 하는 것"
을 악업(惡業)으로 규정한다. 현재 민간신앙에 따르면 부엌신(조왕)은
그 집에 사는 사람들의 행동을 감시하고 있으며, 음력 12월 23일이
되면 하늘로 올라가 옥황에게 보고하기 때문에, 좋은 일을 보고하도
록 신상 앞에서 음식을 진설한다. 조왕부군이 옥황상제의 사위라고
하는 전설도 있다(구보 노리타다窪德忠, 최준식 역,『도교사』, 2000). 이
부엌신 숭배 사상은 한국의 샤마니즘에서도 매우 중시되고 있다.

③ 측간(厠間)의 여신 — 자고신(紫姑神)

측간[변소]의 신이다.『중증신수기重增搜神記』에 따르면, 자고신은
내양현(萊陽縣) 출신으로 성은 하(何)이며 이름은 미(媚)이다. 보통 삼
고(三姑)라고 부른다. 그녀가 측간신이 된 경위를 보면, 당(唐)의 무측
천(武則天) 시절 수양현(壽陽縣)의 칙사 이경(李景)이라는 자의 첩이
되었지만, 본처의 질투를 받아 1월 15일 측간에서 살해당했다. 자고
신은 정월 보름날에 살해당했기 때문에 그 날 신령이 나타난다. 원한
을 품고 죽은 귀신은 재앙을 내리기 때문에 사람들은 자고(紫姑)의 상
을 만들어 제사를 지내고, 점을 친다. 사람들이 그녀에게 기원하면 사
람의 길흉화복을 알려준다고 믿게 되었다.

④ 남방 출신의 신 — 구리호선(九鯉湖仙)

구리선(九鯉仙)은 복건성 구화부(具化府) 선유현(仙遊縣)에 살던 하통판(何通判)의 처였던 임(林)씨가 낳은 9명의 아들을 말한다. 이 9명의 자식은 모두 장님이었다. 화가 난 부친이 이들을 모두 죽이려 하자 어머니는 자식들을 현(縣)의 동북쪽에 있는 산으로 도피시켰다. 이들은 호수 옆에 거처를 마련하고 '단'(丹)을 수련했는데, '단'이 완성되자 각각 붉은 잉어를 타고 어디론가 가버렸다. 그 호수를 '구리호선'이라고 부르며 과거를 준비하러 온 사람들이 이 사당에서 빌면 신령스러운 거북(靈龜)이 나타난다고 한다.

⑤ 물에 관계된 神 — 수신(水神), 해신(海神), 조신(潮神)

물의 신은 하백(河伯)이라고 불리며 물을 담당하는 신이다. 전하는 바에 따르면 진시황이 바다를 건널 수 있는 돌다리를 축조하려 하자 해신(海神)이 돌을 운반해 주었다. 진시황은 해신을 만나보고 싶은 생각이 들었다. 그 신은 말하길 자신을 만날 수는 있지만, 자신의 모습을 묘사해서는 안 된다고 했다. 그러나 진시황은 화가(畵家)를 시켜서 해신의 모습을 그리게 하였다. 해신은 노하여 그 곳을 떠났다고 한다. 지금의 사당은 산동성 문등현(文登縣)에 있다. 조신(潮神)은 백마 혹은 하얀 수레를 타고 호수에 나타난다고 한다.

용어해설(glossary)

[가]

가차자(假借字) : 흡이 비슷한 다른 글자를 빌려서 뜻을 표기한 글자. 별자(別字).

갈애(渴愛) : 맹목적 사랑, 사랑의 목마름(갈증), 욕망에 집착함.

감성공학(感性工學; human sensibility ergonomics) : 인간의 감성을 정량적(定量的)으로 측정하여, 이를 분석하여 제품 개발이나 환경 설계에 적용함으로써, 편리하고 쾌적한 인간의 삶을 도모하려는 기술을 도모하는 공학. 정서공학(情緒工學; emotion technology)이라고도 함.

감성사회 : 감성(感性; sensibility)이 지배적인 사회.

감성지수(感性指數; emotional intelligence quotient; EQ) : 인간의 감정을 통제, 조절하고 타인과 원만한 관계를 유지할 수 있는 능력을 數値로 표현하는 말. 미국의 행동심리학자 대니얼 골먼(Daniel Goleman)이 주장함.

개벽(開闢) : 개벽, 새로운 세상.

거경(居敬) : 경건함에 처하다(머물다, 행동하다).

거경궁리(居敬窮理) : 경건하게 행동하고 사물의 이치를 궁구함.

건곤정위(乾坤正位) : 하늘과 땅이 제자리를 잡다.

검군(劍君) : 신라시대 대사(大舍) 구문의 아들. 화랑의 한 사람. 흉년이 들었을 때, 친구들의 유혹에 굴하지 않고, 또한 친구들을 배반하지 않고 죽음.

결집(結集; 팔리어 saṃgíti;) : 경전의 정리를 위하여 함께 암송함(하다).

고주몽(高朱蒙) : 고구려의 시조로 전해지는 인물. 동명성왕.

공적영지심(空寂靈知心) : 고요하고 신령스러운 마음.

관제(關帝) : 관우(關羽). 도교의 신.

귀명(歸命) : 마음이 되돌아감.

기(氣) : '기'(Chi).

기발리승(氣發理乘) : '기'가 발현(발동)할 때, '리'는 거기에 얹혀 탐.

기발리승일도설(氣發理乘一途說) : '기'가 발현(발동)할 때, '리'는 거기에 얹혀 타서 한 길로 나타난다는 학설.

기질(氣質) : 바탕, 기질.

기질지성(氣質之性) : 기질을 타고난 본성, 기질 속의 본성.

기호(嗜好) : 즐기어 좋아함(taste).

기해사옥(邪獄) / 기해박해(迫害) : 1839년(기해), 서양인 신부 앙베르 (Imbert), P. 모방(Pierre Maubant), J. 샤스탕(Jacques Chastan)이 처형 당하고; 정약종의 아들 정하상, 유진길 등 천주교도 남녀 130여 명이 죽음을 당한 사건.

[나]

낭가(郎家) : 신라시대 풍류교의 무리. 儒家 혹은 佛家에 대비한 용어.

니르바나(nirvāṇa; 팔리어 nibbāna) : 갈애(渴愛)로부터 벗어남. 열반(涅槃). 지멸(止滅). 이탐(離貪). 무위(無爲). 적멸(寂滅) ('평화'의 측면).

노마디즘(nomadism) : 유목생활. 떠돌이 생활.

[다]

단(丹) : 광물성 물질을 화로(火爐)에 넣어 달구어 만든 藥.

도(道) : 도, 길(Way).

도관(道觀) : 도교의 사원.

도사(道士) : 도교의 수행자.

돈오(頓悟) : 단번에 깨침(Sudden Enlightenment).

돈오점수(頓悟漸修) : 단번에 깨친 다음에 천천히 닦음.

대라천(大羅天) : 도교에서 생각하는 하늘. 원시천존이 살고 있는 현도
  (玄都)사 그곳에 있다.
대중부(大衆部; Mahāsanghika) : 부파불교시대 불교교단(승가)의 진보파.

[라]
리(理) : '리'(Li; pattern).
리발(理發) : '리'가 발현함(발동함).
리기호발(理氣互發) : '리'와 '기'는 서로 발현한다는 李滉의 학설.
리승기발(理乘氣發) : '리'는 '기'가 발현함에 얹혀 탄다는 奇大升의 학설.
리승기발일도설(理乘氣發一途說) : '리'가 '기'에 얹혀서 발현하지만, 발현
  (나타남)은 한 길(途)이라는 李珥의 학설.
리통기국(理通氣局) : '리'는 통하고 '기'는 국한된다는 李珥의 학설.
리법계(理法界) : 화엄종의 세계(존재)에 대한 설명이론의 하나. 자유분방
  한 차별성으로서의 세계 이면에는 동일성(同一性)이 존재한다는 것.
  '본체계'를 말함.
리사무애법계(理事無碍法界) : 화엄종의 존재에 대한 설명이론의 하나.
  이 세계는 걸림이 없는 까닭에 '무애'(無碍)임. 즉 '리'(理)로써 사물
  과 교섭하고, '사'(事)로써 본체와 융합(融合)한다는 것임.

[마]
만다라(曼茶羅; mandala) : 밀종(密宗)에서 우주의 상징으로 그린 그림.
만트라(mantra) : 밀종에서 중시하는 진언(眞言; '다라니'陀羅尼라고도 함).
망집(妄執) : 허망한 집착.
말나식(末那識; Manas-vijñāna) : 유식학파에서 말하는 제7식. 제6식인
  의식(意識) 다음에 오는 것으로, 의식의 배후에 있으면서 自我에 집
  착하는 식(識).
목적인(目的因; Final cause) : 아리스토텔레스의 '4인설'(四因說)의 하나.

무극(無極) : 무극(Ultimateless).

무극이태극(無極而太極) : 무극이면서 동시에 태극이다.

무여(無餘) 열반 : 번뇌와 신체까지도 멸하는 열반(涅槃; 니르바나).

문명충돌 : 새뮤얼 P. 헌팅턴(Samuel P. Huntington)이 주장한 문명을 기반
　　으로 하는 충돌. 7개 혹은 8개의 문명단위에서 충돌이 발생한다고 함.

문창제군(文昌帝君) : 도교의 신, 문창성.

[바]

반회(泮會) 사건 : 1787년(정미) 이승훈, 정약용 등이 성균관 근처의 마을,
　　즉 반촌(泮村)에서 천주교 서적을 강습하고 설법을 베풀었던 사건.

배불숭유(排佛崇儒) : 불교를 배척하고 유교를 숭상함.

법신불(法身佛) : 부처.

보유론(補儒論) : 마테오 리치의 선교 방법. 유교(儒敎)와의 조화를 꾀함.

본연지성(本然之性) : 본래 타고난 순수한 본성.

비린비공(批林批孔) : 린비아오(林彪)와 공자를 비판함. 마오쩌둥(毛澤東)
　　집권 후기, '십년동란'(十年動亂; 문화대혁명) 시기의 정치적 구호.

[사]

사대(四大) : 흙, 물, 불, 바람(地水火風) 등 객관세계를 구성하는 네 가지
　　요소.

사단(四端) : 네 가지 실마리.

사단칠정(四端七情) : 네 가지 실마리와 일곱 가지 정(情).

사법계(事法界) : 화엄종의 존재에 대한 설명이론의 하나. '현상계' 즉 눈
　　에 보이는 세계를 말함. 그 특징은 자유분방한 존재들이 무한한 차
　　별상을 보임.

사사무애법계(事事無碍法界) : 화엄종의 존재에 대한 설명이론의 하나.
　　일체 존재는 각기 독립하여 차별적 존재로서 개개 사물 속에 '리'(理)

를 품고 있으며, 피차간에 상호 융통이 가능함. 이는 최고급의 인식 대상임.

사성제(四聖諦) : 네 가지 거룩한 진리.

사판승(事判僧) : 속칭 산림승(山林僧). 진리 자체의 수행보다도 사원의 살림을 도맡아 하는 승려들.

사인여천(事人如天) : 사람 섬기기를 하늘과 같이 함(하다).

삼관(三官) : 도교에서 세계를 관할하는 天, 地, 水의 3神.

삼법인(三法印) : 세 가지 진리의 징표.

삼시충(三尸蟲) : 도교에서 말하는 사람 몸속의 세 마리 벌레. 이 벌레는 육안(肉眼)으로 볼 수 없고, 경신일(庚申日)의 밤에 사람의 몸을 빠져 나와 옥황상제에게 몸 주인의 선악(善惡)의 행위를 고해바친다.

삼장(三藏) : 불교 경전의 세 종류. 경장(經藏; Suttapitaka)은 고타마 붓다 및 제자들의 언행록이요, 율장(律藏; Vinayapitaka)은 교단의 계율에 관한 설명서이며, 논장(論藏; Abhidhammapitaka)은 경전의 철리(哲理)를 설명한 것이다. 보통 '경·율·논'으로 줄여서 표현한다.

삼종선(三種禪) : 조선 후기 승려 백파(白坡) 긍선이 주장한 세 가지 종류의 禪. 조사선, 여래선, 의리선이 그 내용이다.

삼통사보(三洞四輔) : 도교 경전 『도장道藏』의 기술 체계. 3통은 통진(洞眞), 통현(洞玄), 통신(洞神)을 말하고, 4보는 태현(太玄), 태평(太平), 태청(太淸) 및 정일(正一)을 가리킨다.

색(色; rūpa) : 물질. 5온의 하나.

수(受; vedanā) : 인식을 받아들이는 것으로 감각 혹은 감정. 5온의 하나.

상(想; saṃjñā) : 마음의 형상을 구성하는 것으로 지각이나 표상. 5온의 하나.

식(識; vijñāna) : 대상을 구별하여 인식하는 작용. 5온의 하나.

신유사옥(邪獄)/ 신유박해(迫害) : 1801년(辛酉), 황사영 백서사건과 관련하여; 황사영, 황심, 옥천희, 최필공, 류항검, 윤지헌(윤지충의 동생),

정약종(정약용의 형), 이가환, 이승훈 등과, 중국인 신부 저우웬모(周
文謨)가 처형당한 사건. 이때에 옥사에서 죽은 천주교도는 대략 300
여명에 이름.

실사구시(實事求是) : '실제적인 일에서 올바름을 구한다'는 뜻. 『한서漢
書』 권53 하간헌왕(河間獻王) 이야기에 근원한다. 조선 후기 실학자
들이 즐겨 애용한 용어이지만, 성리학도 실사구시를 구하는 학문이다.

상좌부(上座部; Theravāda) : 부파불교시대 불교교단(승가)의 보수파.

선지(禪旨) : 선(禪)의 취지.

선지식(善知識) : 승려를 호칭하는 다른 표현.

선천(先天) : 지나간 시대. 과거.

성(誠) : 정성(스럽다).

세계관(Weltanschauung) : 세계(우주)를 이해하는 관념 혹은 표상.

수경신(守庚申) : 경신일(庚申日)에 철야(徹夜)하는 신앙. 고려왕실에서
수용함.

수각(隨覺; anubodha) : 지식에 의한 파악.

수기(修己) : 자기 수양.

수식관(數息觀) : 불교 수행의 한 방법으로 호흡을 관찰함.

수심정기(修心正氣) : 마음을 지키고 '기'를 올바르게 함.

시천주(侍天主) : 천주(하느님)를 모시다, 섬기다.

시해선(尸解仙) : 시체로 가장하여 살아 있는 몸에서 해탈한 선인(仙人).

싱크레티즘(syncretism) : 종교 혼합주의. 한 나라에 여러 종교가 존재하
는 것.

[아]

아뇩다라삼막삼보리(anuttara samyaksaṃbodhi; 無上正等覺) : 불교에서 깨
달음을 표현하는 말. 이를 얻으면 붓다(Buddha)가 됨.

아뢰야식(阿賴耶識; Alaya-vijñāna) : 유식학파에서 말하는 제8식. 모든

인식의 근본이며 시간과 공간을 초월하고 일체 행위가 기억되어 저
장됨. 장식(藏識).

아미타불(阿彌陀佛; Amitabha-Buddha) : 정토종의 부처로 무량수불(無量
壽佛), 혹은 무량광불(無量光佛)로 번역됨.

아지비카(Ājīvika; 邪命外道) : 고타마 붓다 생존 시 존재한 교파의 하나. 이
교파는 수행방법으로 벌거벗고 하는 고행법(苦行法)을 선택하였음.

억음존양(抑陰尊陽) : 음을 억누르고 양을 존중함.

오온(五蘊) : 색, 수, 상, 행, 식(色受想行識) 등 인간의 몸과 정신을 구성하
는 다섯 가지 구성요소

업(業; karma: 팔리어 Kamma) : 까르마. 업. 조작(造作).

여래(如來) : 불교 용어. 산스크리트어 'tathāgata'의 한역(漢譯)이다. 역사
적 인물 고타마 붓다를 지칭한다. 그러나 일반적 의미의 부처님, 혹
은 수행을 하는 사람을 가리키기도 한다.

여래선(如來禪) : 고타마 붓다가 수행하는 선 혹은 일반적으로 부처가 수
행하는 선. 조사선의 대응(對應)하는 개념으로 사용되는 경우도 있
다. 『능가경楞伽經; Laṅkāvatara-sūtra』에서 유래하며, 규봉(圭峰) 종밀
(宗密)은 '최상승선'(最上乘禪)이라 하였다.

연기(緣起; pratītya-samutpāda) : '~으로 말미암아 일어나는 것'이라는 뜻
으로 우주내의 모든 존재가 상호 의존적임을 표현하는 말. 이 법칙
은 물리학에서 말하는 중력(重力)의 법칙으로 비유될 수 있음.

연기성공설(緣起性空說) : 삼론종의 주요 교리. 만물 일체가 '空'하다는 설.

열반(涅槃; nirvāṇa; 팔리어 nibbāna) : 갈애(渴愛)로부터 벗어남. 지멸(止
滅). 이탐(離貪). 무위(無爲). 적멸(寂滅) ('평화'의 측면).

운동인(運動因; Efficient cause) : 아리스토텔레스의 '4인설'(四因說)의 하나.

유여(有餘) 열반 : 번뇌가 끊어진 상태.

유전연기(流轉緣起) : 무명의 어둠 속에서 살아가는 삶의 모습.

윤회(輪廻; Saṃsāra) : 윤회. 생명이 끊임없이 순환하는 것.

원시천존(元始天尊) : 도교에서 숭배하는 최고의 神. '원초적인 하늘의
　　존경받는 초자연적 존재'라는 의미로, 옥황상제의 철학적 호칭이다.

원자(原子) 사실(atomic facts) : L. 비트겐슈타인의 『논리-철학 논고』에
　　등장하는 용어. 사례(事例; case)를 구성하며 대상(object)으로 이루어
　　져 있음.

위정척사(衛正斥邪) : 올바른 것을 보호하고 사악한 것을 배척함.

을사 추조적발(秋曹摘發) 사건 : 1785년(을사) 이승훈, 정약전, 정약용, 이
　　벽 등이 김범우(金範禹)의 집에서 천주교 예배를 보다 적발된 사건.

이종선(二種禪) : 초의(草衣) 의순(意恂)이 주장한 두 종류의 선. 조사선,
　　여래선을 말함.

이판승(理判僧) : 속칭 공부승(工夫僧). 경전공부, 수행에만 전념하는 승
　　려에 대한 호칭.

인물성동론(人物性同論) : 인간의 본성은 동물 및 식물의 본성과 같다는
　　유가(儒家)의 학설.

인물성이론(人物性異論) : 인간의 본성은 동물 및 식물의 본성과 다르다
　　는 유가(儒家)의 학설.

일차원적 인간(One-dimensional Man) : 도구적인 인간. H. 마르쿠제
　　(Marcuse)가 사용한 용어임.

일체개고(一切皆苦) : 존재는 모두 고(苦; 듀카)이다.

애국심(nationalism) : 자기 나라만의 권익을 주장하는 배타적인 애국심.

애국심(patriotism) : 자기 나라의 존재에 대한 애정(愛情)을 바탕으로 남
　　을 배려하는 애국심.

엔트로피(entropy) : 열역학(熱力學)에서 물체가 열(熱; heat)을 받았을 때
　　의 변화량을 말함.

[자]

장식(藏識; Alaya-vijñāna, 아뢰야식) : 유식학파에서 말하는 제 8 식. 모든

인식의 근본이며 시간과 공간을 초월하고 일체의 행위가 기억되어
저장됨.

재초(齋醮) : 도교의 기도의식. '재'는 심신을 청정하게 하는 것이며, '초'
는 丹을 만들어 술과 음식을 바쳐서 제사를 올리는 것.

적멸(寂滅) : 적막하여 아무것도 없음.

점수(漸修) : 천천히 닦음.

정(情) : 정(emotion).

정서공학(情緖工學; emotion technology) : 감성공학(感性工學) 참조.

제법무아(諸法無我) : 모든 존재는 무아이다.

제행무상(諸行無常) : 모든 지어진 것(행위)은 무상하다.

제2차 바티칸공의회(公議會; Second Vatican Council) : 1962년–1965년의
기간 동안 진행된 카톨릭 교황청의 회의. 제261대 교황, 지오반니
(Giovanni) 23세에 의하여 발표된 결과로 각 나라(민족)의 특수한 관
습을 인정함.

조사선(祖師禪) : '남종선'(南宗禪)이라고도 호칭함. 제6조 혜능(慧能)에서
시작된 선종(禪宗)의 '5가 7종'은 전부 조사선에 포함된다. 교지는
"敎外別傳, 不立文字, 以心傳心, 見性成佛" 16자의 정신을 바탕으로
깨침[覺]을 구하는 수행 방법임.

종산신(鐘山神) : 도교의 신. 한(漢) 나라의 장군 종자문(鐘子文).

주기(主氣) : '기'를 중시함.

주리(主理) : '리'를 중시함.

지치주의(至治主義) : 유교에서 말하는 요순(堯舜) 3대의 지극한 정치.

직성사회 : 직성(直性; toughness)이 지배적인 사회.

진산(珍山) 사건 : 1791년(신해) 전라도 진산(珍山) 땅에서 양반 윤지충이
어머니가 죽었는데, 상복을 입지 않고 조문(弔問)을 거절하고, 외제
(外弟) 권상연과 함께 신주(神柱)를 불태우고, 제사를 폐지한 사건.

[차]

천인합일(天人合一) : 하늘의 질서와 사람의 질서가 조화를 갖춤.

청사(靑詞) : 도교에서 제사지낼 때에 푸른 종이에 쓰는 축문.

체(體) : 본체.

체용(體用) : 본체와 응용.

초례(醮禮) : 제사 의식(儀式)에서 술을 마시는 것.

초전법륜(初轉法輪) : 처음으로 진리의 바퀴를 굴림. 고타마 붓다의 초기
    설법.

축심(軸心) 시대(the Axial Age) : 카를 야스퍼스(Karl Jaspers)가 주장한 인
    류 문명의 획기적인 시기인 B.C. 500년대를 말함.

칠정(七情) : 인간의 일곱 가지 정(情).

치인(治人) : 사회활동. 정치참여.

[타]

태극(太極) : 태극(Supreme Ultimate).

태상노군(太上老君) : 도교에서 노자(老子)를 신격화하여 부르는 이름.

태허(太虛) : 태허.

통각(通覺; pativedha) : 명상에 의한 파악.

[파]

팔불의설(八不義說) : 삼론종의 교리의 하나로, 나가르주나의 '8불중도설'
    을 말함. 불생(不生), 불멸(不滅), 불상(不常), 부단(不斷), 불일(不一),
    불이(不異), 불래(不來), 불출(不出)이 그 내용임.

[하]

해원(解冤) : 원통함을 품(풀다).

해원상생(解冤相生) : 원통함을 풀고 함께 삶(살다).

해탈(解脫; mukti; 팔리어 vimutti) : 고뇌로 부터 벗어남('자유'에 가까운 뜻).

행(行; saṃskāra; 팔리어 sankhāra) : 능동성이 있는 의지적 행위. 5온의 하나.

향벽설위(向壁設位) : 귀신을 향하여 제단(위패)을 설치함.

향아설위(向我設位) : 나를 향하여 제단(위패)을 설치함.

환멸연기(還滅緣起) : 무명(無明)을 지혜(明)로 전환하여 괴로움을 끊는 것.

현천상제(玄天上帝) : 도교의 신. 북극성. 현무(玄武).

호모 이코노미쿠스(Homo economicus) : 경제적 동물로서의 인간.

후천(後天) : 돌아오는 시대. 미래.

회창법난(會昌法難) : 당(唐) 무종(武宗) 회창(會昌; 841-847) 년간의 불교 박해사건.

황사영(黃嗣永) 백서(帛書) 사건 : 1801년(신유), 정약용의 조카사위 황사 영이 충청도 제천의 토굴 속에 숨어 있다가 체포되었는데, 13,311字 에 달하는 장문(長文)의 글이 새겨진 명주천(백서帛書)이 함께 발견 되었다. 그 내용은 조선 천주교의 박해를 北京 천주교의 본당에 보 고하는 것으로, 군함에 병사 5-6만 명을 싣고 와서 조선정부를 위협 하여 천주교를 용납하게 해야 한다는 것으로 인하여 발생한 사건을 가리킨다.

Contents

Eighth Lecture : Formation and Root of Confucian World View and its Development in the Middle Ages

Ninth Lecture : Development of Neo-Confucianism in Korea and its Representative Scholars

Tenth Lecture : Shilhak Thought in the Late Choson Dynasty

Eleventh Lecture : Daoism(Taoism) and its World View

저자 황준연 약력

연세대학교 문과대학 철학과 졸업
성균관대학교 대학원 철학박사(조선성리학 전공)
이탈리아 동방학대학(Napoli) 아시아학과 강의전담 계약교수
중국 산동사회과학원 유학연구소(濟南) 객원교수
미국 캘리포니아대학(UC Berkeley) 한국학센터 방문학자
현 전북대학교 사범대학 윤리교육과 교수

저서:『이이철학연구』(전남대출판부, 1989)
　　　『율곡철학의 이해』(서광사, 1995)
　　　『이율곡, 그 삶의 모습』(서울대출판부, 2000)
　　　『실사구시로 읽는 周易』(서광사, 2009)
　　　『중국철학과 종교의 탐구』(학고방, 2010)
　　　『〈한비자〉 읽기』(세창미디어, 2012)
　　　『중국철학의 문제들』(학고방, 2013)
역서:『중국불교와 도교 수행자를 찾아서』(심산, 2009)
　　　『역주 사단칠정논쟁』(공동)(학고방, 2009)
　　　『역주 호락논쟁』(공동)(학고방, 2009)
　　　『역주 예송논쟁』(공동)(학고방, 2009)

개 정 판
한국사상과 종교 15강

초판발행	2007년 8월 30일
개정판인쇄	2014년 2월 20일
개정판발행	2014년 2월 28일

지은이	黃俊淵
펴낸이	안종만

편 집	김선민·마찬옥
기획/마케팅	김원국
표지디자인	최은정
제 작	우인도·고철민

펴낸곳	(주) **박영시**
	서울특별시 종로구 평동 13-31번지
	등록 1959. 3. 11. 제300-1959-1호(倫)
전 화	02)733-6771
f a x	02)736-4818
e-mail	pys@pybook.co.kr
homepage	www.pybook.co.kr
ISBN	979-11-303-0082-5 93300

copyright©황준연, 2014, Printed in Korea

* 잘못된 책은 바꿔드립니다. 본서의 무단복제행위를 금합니다.
* 저자와 협의하여 인지첩부를 생략합니다.

정 가   22,000원